Literatur – Kultur – Geschlecht

Studien zur Literatur- und
Kulturgeschichte

Herausgegeben von
Anne-Kathrin Reulecke und Ulrike Vedder

in Verbindung mit
Inge Stephan und Sigrid Weigel

Große Reihe
Band 58

Susanne Goumegou
Marie Guthmüller
Annika Nickenig

Schwindend schreiben

Briefe und Tagebücher schwindsüchtiger Frauen im Frankreich des 19. Jahrhunderts

2011
BÖHLAU VERLAG KÖLN WEIMAR WIEN

Gedruckt mit freundlicher Unterstützung
der Deutschen Forschungsgemeinschaft, Bonn

Bibliografische Information der Deutschen Nationalbibliothek:
Die Deutsche Nationalbibliothek verzeichnet diese Publikation in der
Deutschen Nationalbibliografie; detaillierte bibliografische Daten sind
im Internet über http://dnb.d-nb.de abrufbar.

Umschlagabbildung:
Collage von Michael Fichert und Annika Nickenig unter Verwendung des Bildes
„Den syge pige" (Das kranke Mädchen, 1882) von Michael Ancher

© 2011 by Böhlau Verlag GmbH & Cie, Köln Weimar Wien
Ursulaplatz 1, D-50668 Köln, www.boehlau-verlag.com

Alle Rechte vorbehalten. Dieses Werk ist urheberrechtlich geschützt.
Jede Verwertung außerhalb der engen Grenzen des Urheberrechtsgesetzes
ist unzulässig.

Gesamtherstellung: WBD Wissenschaftlicher Bücherdienst, Köln
Gedruckt auf chlor- und säurefreiem Papier

ISBN 978-3-412-20663-5

Vorbemerkung

Dieses Buch beruht auf einem zweifachen Experiment: eine neue Perspektive auf das Frauenopfer in der Literatur einzunehmen und eine engere Form der Zusammenarbeit zu erproben, als es sonst innerhalb der Literaturwissenschaft üblich ist. Als 2008 die Idee aufkam, im Rahmen des DFG-Projekts „Darstellung des Pathologischen im medizinischen und literarischen Diskurs in Frankreich im 19. Jahrhundert" gemeinsam mit mehreren Autorinnen ein Buch über autobiographische Texte schwindsüchtiger Frauen zu schreiben, war vieles offen: Wer schreibt mit? Wie spüren wir die aufgrund von Zensur und Selbstzensur so selten überlieferten Briefe und Tagebücher von Frauen auf, in denen von der eigenen Krankheit die Rede ist? Über wen schreiben wir, wer sind unsere Protagonistinnen?

Schließlich haben drei Literaturwissenschaftlerinnen ein Buch über die Briefe und Tagebücher dreier schwindsuchtskranker Frauen geschrieben: Marie Guthmüller über Pauline de Beaumont, adlige Salondame und Geliebte René de Chateaubriands, Susanne Goumegou über Joséphine Sazerac de Limagne, eine dem Milieu des liberalen Katholizismus entstammende junge Hauslehrerin, und Annika Nickenig über die durch ihr Tagebuch bekannt gewordene russischstämmige Malerin Marie Bashkirtseff. Drei Autorinnen und drei Protagonistinnen, zu denen sich als vierte später noch Chateaubriands Frau Céleste gesellte. Unser gemeinsamer Schreibprozeß, so haben wir heute den Eindruck, verlief, wie das von der Krankheit rhythmisierte Schreiben unserer Schwindsüchtigen, alles andere als linear, hat sich rückblickend aber als sehr anregend und produktiv erwiesen.

Das einleitende Kapitel „Je dessèche', ‚je brûle', ‚je me consume'. Zu Krankheit, Weiblichkeit und Schreiben im 19. Jahrhundert" haben wir gemeinsam verfaßt, für Kapitel II zeichnet Marie Guthmüller verantwortlich, für Kapitel III Susanne Goumegou und für Kapitel IV Annika Nickenig. Wer einen schnellen Zugriff auf die Ergebnisse unserer Forschungsarbeit sucht, dem empfehlen wir, neben der Lektüre des Eingangskapitels, das letzte Unterkapitel zu Marie Bashkirtseff „Subjekt und Objekt der Darstellung. Bashkirtseffs zweifache Aneignung der Schwindsuchtsrepräsentation", hier laufen die Linien der in den vier Kapiteln entwickelten Argumentation noch einmal zusammen.

Auf Wunsch des Verlages haben wir die im Fließtext enthaltenen französischen Zitate ins Deutsche übersetzt. Diese Übersetzungen, die lediglich den Anspruch haben, nicht-frankophonen LeserInnen das Verständnis zu erleichtern, stammen, sofern nicht anders angegeben, von den Verfasserinnen.

Unser herzlicher Dank gilt den anderen am Pathologieprojekt Beteiligten Rudolf Behrens, Anne Seitz und Eva Siebenborn für ihre kritische Lektüre und engagierte Diskussion einer ersten Manuskriptfassung, Rudolf Behrens noch einmal besonders für entscheidende Anregungen und Hinweise in der Abschlußphase. Ohne Eva Siebenborn, die im Rahmen des Projekts an einer Dissertation zur „Darstellung der Schwindsucht im medizinischen und literarischen Diskurs in Frankreich im 19. Jahrhundert" arbeitet und uns an ihrem reichen Wissen über die ‚phtisie', die Schwindsucht, hat teilhaben lassen, hätte sich dieses Buch nicht in der vorliegenden Form realisieren lassen. Lena Schweins schließlich hat sich um die formale Gestaltung und die Überarbeitung unserer Übersetzungen mit viel Engagement und Geduld verdient gemacht, vielen Dank auch ihr!

Susanne Goumegou
Marie Guthmüller
Annika Nickenig

Bochum, im August 2010

Inhalt

I. ‚Je déssèche', ‚je brûle', ‚je me consume'. Zu Krankheit, Weiblichkeit und Schreiben im 19. Jahrhundert 11
(Susanne Goumegou / Marie Guthmüller / Annika Nickenig)

   1. Weiblichkeit, Tod und Ästhetik: das Beispiel der *Dame aux camélias* 11
   2. Das proteische Wesen der Schwindsucht im wissenschaftlichen Kontext des 19. Jahrhunderts 21
   3. Der schwindende Körper als Selbstopfer: ‚Consomption' und Weiblichkeit 28
   4. Strategien weiblichen Schreibens über die Schwindsucht 37

II. Dialogische Aushandlungen der eigenen Schwindsucht in den Briefen Pauline de Beaumonts (1768–1803) und Céleste de Chateaubriands (1774–1847) 43
(Marie Guthmüller)

   1. Die schöne Leiche als Initiation der *Mémoires d'outre tombe* 43
   2. Märtyrerin und Megäre: Geliebte und Ehefrau in den *Mémoires d'outre tombe* und in Briefen René de Chateaubriands 51
   3. Mitleid erregen und verführen: Pauline de Beaumonts Briefe an das Ehepaar Joubert 60
      a) Lücken und Leerstellen 60
      b) Die ‚phtisie' im Zeichen des Vitalismus: Exzeß und Wechselhaftigkeit 62
      c) Schreibend verführen 72
   4. Kontrolle und Aneignung: Die Korrespondenz Céleste de Chateaubriands 81
      a) Ein langes Leben mit der Schwindsucht 81
      b) Gesundheit und Krankheit im Dialog 86
      c) Überdauern des Körpers in der Schrift 101
   5. Die Inszenierung des leidenden Körpers im Schatten des Mémoirenprojekts 103

III. **Sich-Einschreiben in christliche Diskursmuster.
Zu Tagebuch und Korrespondenz von Joséphine Sazerac
de Limagne (1848–1873)** 107
(Susanne Goumegou)

   1. Die Schwindsüchtige als ‚petite Sainte' in der katholischen
     ‚littérature intime' 107
   2. Tagebuchpraxis und Schwindsuchtsmodellierung im katholischen
     Milieu 111
     a) De Limagnes Tagebuch im Kontext der katholischen
        Erziehungspraxis 111
     b) Körper und Krankheit im ‚journal spirituel' und in der
        Korrespondenz 119
     c) Viktimisierung, Sanktifizierung und Angelisierung in
        biographischen Darstellungen 125
   3. Leben und Sterben der Joséphine Sazerac de Limagne 135
     a) Zu Biographie und Selbstbild 135
     b) Erbauliches Sterben und Überleben in der Schrift 143
   4. Christlich krank sein: die Schwindsucht in de Limagnes Tagebuch
     und Korrespondenz 151
     a) „Se résigner à être malade" – die Krankheit annehmen (Januar
        bis Mai 1868) 154
     b) Imaginäre Reisen als Fenster zur Welt (Sommer 1868) 159
     c) Spleen, Melancholie und ‚langueur': die Gefahren der ‚inaction'
        (August bis Dezember 1868) 163
     d) Imitatio Christi, Reklusion und Auferstehung (Dezember 1868
        bis Sommer 1870) 168
     e) Feindschaft, Gefangenschaft und heldenhafte Opferbereitschaft:
        die Schwindsucht im Zeichen der Belagerung (September 1870
        bis Mai 1871) 172
     f) Der leidende Körper und das Sterben als ‚petite Sainte'
        (Mai 1871 bis Dezember 1872) 177
   5. Die Schwindsucht als Weg zu Gott in Selbst- und
     Fremddarstellung 183

Inhalt

IV. Zitat, Aneignung und Abwehr von Schwindsuchtsbildern im Tagebuch der Künstlerin Marie Bashkirtseff (1858–1884) 185
(Annika Nickenig)

1. Streben nach Dauerhaftigkeit: die Malerin Marie Bashkirtseff 185
2. Zwischen Authentizität und Verfälschung: Fremd- und Selbstdarstellung im Tagebuch 189
3. Bashkirtseffs Krankheit im medizinhistorischen Kontext 199
   a) Bashkirtseffs Leben mit der ‚phtisie' 199
   b) Miasma und Kontagium: medizinische und kulturelle Schwindsuchtsdiskurse in Bashkirtseffs autobiographischem Schreiben 208
4. Modi der Selbstdarstellung: Erklärungsmuster und Sinngebungsverfahren im Schreiben über die Schwindsucht 214
   a) Genialität und Gefangenschaft: narrative und theatrale Strategien im Tagebuch 214
   b) Identitätskonzepte im Zeichen der Schwindsucht: Einmaligkeit, Determinierung und die Übermacht kultureller Bilder 225
   c) Literarisierung des eigenen Lebens 235
   d) Auszehrung und Ästhetisierung: Bashkirtseffs Rekurs auf *La dame aux camélias* 241
5. Subjekt und Objekt der Darstellung. Bashkirtseffs zweifache Aneignung der Schwindsuchtsrepräsentation 248

V. Literaturverzeichnis 257

Quellen 257
Weiterführende Literatur 259

I. ‚Je dessèche', ‚je brûle', ‚je me consume'.¹
Zu Krankheit, Weiblichkeit und Schreiben im 19. Jahrhundert

1. Weiblichkeit, Tod und Ästhetik: das Beispiel der *Dame aux camélias*

Die wohl wirkungsreichste literarische Ausformung der Figur der schönen Schwindsüchtigen findet sich in dem Roman *La dame aux camélias* (1848) von Alexandre Dumas Fils. Der Romancier verarbeitet darin das Schicksal der Edelkurtisane Marie Duplessis und verhilft ihr in Gestalt der Kameliendame zu literarischem Weltruhm.² Mehr noch als von ihrer skandalösen Lebensweise geht das Faszinosum dabei von der im 19. Jahrhundert auch als ‚consomption' bezeichneten Krankheit aus, die im Roman ebenso wie das heroische und qualvolle Sterben der schönen Kurtisane effektvoll inszeniert wird. Der ästhetisierenden Außensicht wird im Text das Schreiben der kranken Protagonistin an die Seite gestellt, die in ihrem Tagebuch die letzten Wochen ihres Lebens festhält. Obwohl Dumas in seinem Roman die gängigen Topoi der Schwindsucht fortschreibt, scheint in der Gegenüberstellung von Fremddarstellung und Selbstdarstellung bereits eine symptomatische Verschiebung auf, die es erlaubt, *La dame aux camélias* an den Ausgangspunkt der folgenden Untersuchung zur Verschränkung von Krankheit, Weiblichkeit und Schreiben im 19. Jahrhundert zu setzen.

Im Zentrum des Romans steht die tragische Liebesgeschichte zwischen Marguerite Gautier und Armand Duval, die sich nach einer kurzen und intensiven Phase des Glücks entzweien und bis zu Marguerites elendem Tod nicht wieder zueinander finden.³ Noch bevor Armand Duval den Ablauf der Ereignisse

---

1   „Ich vertrockne, ich brenne, ich verzehre mich". Mit diesen drei Wendungen sind die wesentlichen Bedeutungsinhalte des französischen Ausdrucks ‚phtisie' (Schwindsucht) benannt, die aufgrund der Konvention, griechische Verben in der ersten Person Singular anzugeben, auch in medizinischen Lexika der Zeit in der Ich-Form erscheinen.
2   Zu Weltruhm gelangt die Figur der Kameliendame vor allem in der von Dumas selbst adaptierten Bühnenfassung (1852), in der so prominente Schauspielerinnen wie Eugénie Doche und später Sarah Bernhardt die schöne Kurtisane verkörpern, sowie in Verdis Oper *La Traviata* (1853) und diversen Verfilmungen (z.B. mit Greta Garbo). Vgl. zum Schicksal von Marie Duplessis Christiane Issartel, *Les dames aux camélias: de l'histoire à la légende*, Paris 1981 und Micheline Boudet, *La fleur du mal. La véritable histoire de* La dame aux camélias, Paris 1993. In der Untersuchung von Boudet wird das Leben der ‚historischen' Kameliendame wiedergegeben, wobei allerdings über weite Strecken der Roman von Alexandre Dumas einfach paraphrasiert oder sogar zitiert wird, ohne dies kenntlich zu machen.
3   Vgl. zu *La dame aux camélias* als Auswahl der umfangreichen Forschungsliteratur Hans-Jörg Neuschäfer, *Populärromane im 19. Jahrhundert. Von Dumas bis Zola*, München 1976; Joseph-Marc Bailbé, „Autour de *La dame aux camélias*. Présence et signification du thème de la

dem Erzähler mit der Bitte anträgt, daraus eine Erzählung zu gestalten, liest er ihm den letzten Brief vor, den er von der Sterbenskranken erhalten hat:

> Oui mon ami, je suis malade, et d'une de ces maladies qui ne pardonnent pas; [...] Il y a un mois que je suis au lit, et je tiens tant à votre estime que chaque jour j'écris le journal de ma vie, depuis le moment où nous nous sommes quittés jusqu'au moment où je n'aurai plus la force d'écrire. [...] Que Dieu serait bon, s'il permettait que je vous revisse avant de mourir! Selon toutes probabilités, adieu mon ami; pardonnez-moi si je ne vous en écris pas plus long, mais ceux qui disent qu'ils me guériront m'épuisent de saignées, et ma main se refuse à écrire davantage. Marguerite GAUTIER.[4]

> Ja, mein Freund, ich bin erkrankt, und zwar an einer Krankheit, die keine Hoffnung läßt; [...]. Seit vier Wochen liege ich, und um Ihre Achtung auch zu verdienen, zeichne ich auf, wie mein Leben verlief seit der Stunde, da wir uns trennten, und ich will schreiben, solange ich noch die Feder zu halten vermag. [...] Möchte der gute Gott zulassen, daß ich Sie vor meinem Tod noch einmal sehe! Nach menschlicher Voraussicht jedoch – leben Sie wohl, mein Freund. Verzeihen Sie, daß ich nicht ausführlicher schreibe; aber die behaupten, mich genesen lassen zu können, haben mich durch die Aderlässe erschöpft, meine Hand vermag die Feder nicht mehr zu halten. Marguerite Gautier.[5]

In diesem Brief, ebenso wie in dem von Gautier erwähnten ‚journal de ma vie', erweist sich das Schreiben über die eigene Krankheit bereits als grundsätzlich ambivalent: einerseits bilden die Schwindsucht und der nahende Tod den Anlaß des Schreibens, andererseits ist es eben diese Krankheit, die das Schreiben verhindert oder einschränkt. Die physische Schwäche und die Anfälle von Fieber und Erstickung rhythmisieren die Schreibtätigkeit und manifestieren sich in der Schrift („ma main se refuse d'écrire"), bevor der Tod der kontinuierlichen Verschriftung des Lebens schließlich für immer ein Ende setzt.

Das ‚Journal' der Marguerite Gautier bildet ein zentrales dramaturgisches Moment in der Struktur des Romans – und dies, obwohl die ‚echte' Kamelien-

---

courtisane dans le roman français", in: Paul Viallaneix / Jean Ehrard (Hgg.), *Aimer en France 1760–1860. Actes du Colloque International de Clermont-Ferrand*, Clermont-Ferrand 1980, S. 227–239; Georges Jacques, „*La dame aux camélias*, roman de Dumas fils: une réhabilitation nécessaire", in: *Les lettres romanes* 37.1-2 (1983), S. 259–285; Cyr Voisin, „Destin des maladies et littératures – l'exemple de la tuberculose", in: Arlette Bouloumié (Hg.), *Écriture et maladie*, Paris 2002, S. 15–25; Annabel Filatre, „Maladie du corps, reflets des maladies de l'âme", in: Andrée Mansau (Hg.), *Des femmes. Images et écritures*, Toulouse 2004, S. 69–80; Bernadette C. Lintz, „Concocting *La dame aux camélias*: Blood, Tears, and other Fluids (Alexandre Dumas fils)", in: *Nineteenth-Century French Studies* 33.3-4 (2005), S. 287–307. Vgl. auch das entsprechende Kapitel über *La dame aux camélias* in der entstehenden Dissertation von Eva Siebenborn mit dem Arbeitstitel *Die Darstellung der Schwindsucht im medizinischen und literarischen Diskurs in Frankreich im 19. Jahrhundert*.

4 Alexandre Dumas Fils, *La dame aux camélias*, hg. von Hans-Jörg Neuschäfer und Gilbert Sigaux, Paris [1848] 1981, S. 72.

5 Die deutsche Übersetzung der *Kameliendame* wird im folgenden zitiert nach: Alexandre Dumas, *Die Kameliendame*, übers. von Walter Hoyer, Frankfurt a.M. 1999, hier: S. 36f.

dame, Marie Duplessis, nach deren Vorbild Alexandre Dumas sein Werk komponierte, niemals ein Tagebuch verfaßt hat.[6] Dumas erfindet die Existenz dieses Tagebuchs und nutzt es, um die letzten leidvollen Tage der Kameliendame darzustellen. Dies ist nicht nur ein Kunstgriff, der es ihm erlaubt, Duvals Informationslücken in der homodiegetisch erzählten Geschichte zu füllen. Die Erfindung einer solchen ‚écriture journalière' bietet auch ein Mittel, um die Sicht der Kameliendame, ihr Erleben und Erleiden der Krankheit zur Darstellung zu bringen und ermöglicht weiterhin, die Beziehung zwischen Marguerite Gautier und Armand Duval im Zeichen der Krankheit zu inszenieren. Fast scheint es so, als *müsse* die Kranke ein Tagebuch führen, als gehöre dies zum kulturell verankerten Stereotyp der jungen schwindsüchtigen Frau.

Darüber hinaus ist bezeichnend, daß das Tagebuch aufgrund der Adressierung an Duval in seinem Status zwischen Brief und Tagebuch oszilliert. Es enthält eine Bitte um Anerkennung, die aber nur schreibend gewonnen werden kann, und markiert darin zugleich die Abhängigkeit von einem Gegenüber („je tiens tant à votre estime que chaque jour j'écris le journal de ma vie"). Die Abwesenheit des Adressaten motiviert dabei das Schreiben über die Krankheit, welches wiederum darauf abzielt, die fehlende Antwort zu überbrücken, und gibt ihm zugleich eine Richtung.

Das prekäre Verhältnis von Krankheit und Schreiben, oder genauer: die Verflechtung von Schrift, Körper und Schwindsucht im Dumas'schen Œuvre scheint sich zu verdichten, wenn man den vermittelten Status des Tagebuchs innerhalb des Romantextes betrachtet. Dabei wird deutlich, daß die intimen Aufzeichnungen der Marguerite Gautier, bevor sie den Leser erreichen, in ihrem Realitätsstatus mehrfach gebrochen sind. Zum einen ist das Tagebuch, auch wenn es wörtlich zitiert wird, über die Instanzen des anonymen Erzählers und des als Binnenerzähler fungierenden Liebhabers Duval zweifach gerahmt und damit in doppelter Weise vermittelt. Zum zweiten gibt es eine Herausgeberschaft in Form der Figur Julie Duprat, einer Vertrauten der Kameliendame, die mit zunehmender körperlicher Schwäche Marguerite Gautiers auf deren Bitten hin die Schreibtätigkeit übernimmt, bis zu deren Tod weiterführt und das Werk vollendet, indem sie die letzten qualvollen Stunden dokumentiert:

> Tout est fini. Marguerite est entrée en agonie cette nuit à deux heures environ. [...] Des larmes silencieuses ont coulé de ses yeux et elle est morte. Alors, je me suis approchée d'elle, je l'ai appelée, et comme elle ne répondait pas, je lui ai fermé les yeux et je l'ai embrassée sur le front.[7]

---

6 „Marie Duplessis, on le sait, fut une tardive autodidacte, l'écriture n'était pas son véritable talent et elle était loin de nos modes où tout personnage public se lance dans la rédaction de ses Mémoires. [...] Elle fait partie de ces femmes dont on croit tout connaître et dont on ne sait rien, parce que ce sont toujours des hommes qui en parlent." Issartel, *Les dames aux camélias*, S. 16.

7 Dumas Fils, *La dame aux camélias*, S. 247f.

> Es ist vorüber. Gegen zwei Uhr in der Nacht setzte Marguerites Todeskampf ein. [...] Stumme Tränen quollen aus ihren Augen, und so verschied sie. Ich trat sofort zu ihr und rief sie beim Namen, und als keine Antwort kam, drückte ich ihr die Augen zu und küßte sie auf die Stirn.[8]

Zum dritten wird das Tagebuch in der Textanordnung erst in dem Moment zitiert, als die Liebesgeschichte zwischen Marguerite und Armand längst vergangen, die Sterbende der Schwindsucht bereits erlegen ist. Die Kranke kommt also erst nachträglich zu Wort, ihre Stimme dringt zu dem Leser erst in dem Augenblick vor, als bereits von anderen Figuren und Instanzen ein umfassendes Bild der jungen Frau gezeichnet worden ist. Die Worte im Tagebuch der Marguerite Gautier, die Beschreibung ihrer eigenen Krankheit und ihres Körpers, stehen also in einem Spannungsverhältnis zu der umfassenden Fremddarstellung, die im Roman bereits erfolgt ist und aufgrund derer die Kameliendame trotz ihres Lebens als ‚femme entretenue' auf den Mythos der schönen Heiligen festgeschrieben wird.

Ein ganz ähnlicher Fall von ästhetischer Stilisierung, von einem Ineinandergreifen von Fremd- und Selbstdarstellung im Modus der Schwindsucht, findet sich in der Gegenüberstellung der intimen Aufzeichnungen Pauline de Beaumonts mit der Mortifizierung, die diese durch René de Chateaubriand in den *Mémoires d'outre tombe* (1848) erfährt. Chateaubriand stilisiert hier seine schon jung an der Schwindsucht verstorbene Geliebte, die er während ihrer letzten Tage in Rom begleitet hatte, zur schönen Heiligen. Er errichtet ihr in seinem Text ein Denkmal und macht sie so zur ersten schönen Schwindsuchtstoten der französischen Literaturgeschichte. Gleichzeitig nimmt sein monumentales und einflußreiches Werk in dem Tod der Pauline de Beaumont seinen Ausgangspunkt, denn das autobiographische Projekt wird während der Rom-Reise entworfen und rekurriert auf das Sterben de Beaumonts als Initiationsmoment des eigenen Schreibens. Die Versehrtheit des Körpers wird dabei ausgeblendet und die unschöne Symptomatik der Krankheit mithilfe einer metaphorischen Darstellungsweise sublimiert, was in der Inszenierung einer schönen Leiche kulminiert.

Die Entstehung des Kunstwerks über die Opferung der schönen Frau ist ein langlebiger Topos der Literatur. So erklärt Sigrid Weigel das dialektische Modell aus Zerstörung und Erschaffung in ihrer Monographie *Topographien der Geschlechter* (1990) als einen Prozeß, bei dem die künstlerische Produktion im Prinzip des Weiblichen seinen Ausgangspunkt nimmt, dieses Weibliche jedoch überwunden, versehrt und verzehrt werden muß:[9]

---

8 Dumas, *Kameliendame*, S. 261f.
9 Walter Benjamin hat diesen Vorgang in seinem kurzen Text *Nach der Vollendung* theoretisiert, und Weigel leitet ihre Argumentation weitgehend von diesem Passus ab: „Die Schöpfung nämlich gebiert in ihrer Vollendung den Schöpfer neu. Nicht seiner Weiblichkeit nach,

> Die künstlerische Produktion, verstanden als Schöpfung und vor allem als Selbst-Schöpfung, geschieht demnach nicht unabhängig vom Weiblichen. Sie geht davon aus – als Ursprung, Empfängnis, Inspiration – und sie geht darüber hinaus, und zwar gerade mit dem Ziel, diesen Ursprung zu überwinden [...]. In diese neue Schöpfung geht das Weibliche als Stoff ein; doch wird es darin verbraucht, ‚erschöpft'; es ‚stirbt' darin ‚ab'. Das bedeutet, daß sich männliche Kunstproduktion dem Stoff des Weiblichen verdankt und sich über den Ausschluß der Frau vollzieht.[10]

Der Vorgang der Kunstproduktion scheint also die Substitution der realen Frau durch deren imaginiertes Abbild zu beinhalten. Damit ist die Tötung oder Überwindung des Weiblichen konstitutiv für die Hervorbringung einer kulturellen Ordnung überhaupt, was in der Darstellung der schönen Leiche zum Ausdruck kommt.

Das ästhetische Potential dieses Motivs hat Elisabeth Bronfen in ihrer Monographie *Nur über ihre Leiche. Tod, Weiblichkeit und Ästhetik* (1994) untersucht. Ausgehend von der Bemerkung Edgar Allen Poes, der Tod einer schönen Frau sei das poetischste Thema der Welt,[11] führt Bronfen aus, wie die ästhetische Darstellung von Tod und Weiblichkeit die Konstituierung der Frau als das ‚Andere der Kultur' begründet und dabei zugleich Furcht und Sehnsucht des männlichen Künstlers zusammenführt. Die ambivalente Position der schönen Leiche als Inbegriff von Natürlichkeit einerseits und Ausgangspunkt für das Kunstwerk andererseits erklärt sich durch ihre widersprüchliche Kodierung aus Textualität und Materialität, insofern die Faktizität des Körpers in eine Zeichenhaftigkeit überführt wird:

> Die Gleichsetzung von Weiblichkeit mit Tod besagt: Während die weibliche Leiche in der kulturellen Narration als Kunstwerk behandelt oder die schöne Frau getötet wird, um ein Kunstwerk hervorzubringen, entstehen – umgekehrt – Kunstwerke nur um den Preis des Todes einer schönen Frau – oder sie werden behandelt wie weibliche Leichen.[12]

Dieser Vorgang erfüllt sich in der Darstellung weiblicher Schwindsucht in besonderer Weise: In dem Maße, wie der versehrte Körper allmählich schwindet, entsteht im Schreiben ein idealisierendes, entkörperlichendes Abbild, das den

---

in der sie empfangen wurde, sondern an seinem männlichen Element. Beseligt überholt er die Natur: denn dieses Dasein, das er zum ersten Mal aus der dunklen Tiefe des Mutterschoßes empfing, wird er nun einem helleren Reiche zu danken haben." Walter Benjamin, *Schriften*, Bd. IV, Erster Teil, Frankfurt a.M. 1972, S. 438f.

10 Sigrid Weigel, *Topographien der Geschlechter. Kulturgeschichtliche Studien zur Literatur*, Hamburg 1990, S. 237f.

11 Elisabeth Bronfen, *Nur über ihre Leiche. Tod, Weiblichkeit und Ästhetik*, München 1994, S. 89. Bronfen bezieht sich dabei auf Poes Essay „The Philosophy of Composition": „[...] the death, then, of a beautiful woman is, unquestionably, the most poetical topic in the world [...]." Edgar Allan Poe, *Tales, Poems, Essays*, London / Glasgow 1965, S. 508.

12 Bronfen, *Nur über ihre Leiche*, S. 110.

realen Körper mehr und mehr ausblendet und sich an seine Stelle setzt. Geht bei Chateaubriand auf subtile Weise der reale Tod seiner jungen Geliebten in das Kunstwerk ein und über, wird er sozusagen zum Ausgangspunkt des Kunstwerks und damit zugleich selbst zum Kunstwerk stilisiert, so finden wir in Dumas' Roman eine ‚mise en abyme' dieses Vorgangs. Die Begegnung Alexandre Dumas' mit der Kurtisane Marie Duplessis bildet den Ausgangspunkt seines Schreibens, der dazu führt, daß die junge Frau nach dem Tod durch eben dieses Schreiben einen mythischen Status erhält.[13]

Der Roman gibt nicht nur eine amouröse Episode aus Dumas' Leben wieder und stilisiert sie zu einer tragischen Liebesgeschichte, sondern er stellt zugleich sein eigenes Verfahren aus, indem er thematisiert, wie der Tod der schönen Frau ins Kunstwerk eingeht und zugleich in seiner Materialität daraus verbannt wird:[14] „Toutes ces circonstances, dont j'avais quelquefois été le témoin, repassaient devant moi et je regrettais la mort de cette fille comme on regrette la destruction totale d'une belle œuvre."[15] Dumas'Text rückt das Wechselspiel zwischen Faszination und Abwehr von Tod und Weiblichkeit in den Blickpunkt, indem er dem schönen Portrait der jungen Kameliendame das medusenhafte Schauerbild ihrer exhumierten Leiche kontrastiv gegenüberstellt.[16] Mit der makabren Beschreibung der verwesenden Leiche, die nach der Öffnung des Grabmals aus weißem Marmor zum Vorschein kommt, markiert der Roman nicht nur die Überführung der baren Körperlichkeit in den Text und führt vor Augen, daß unter der schönen Oberfläche des Denkmals der Körper einer toten Frau verborgen ist. Er macht auch die Vergänglichkeit weiblicher Schönheit im Tode,

---

13 Einen Hinweis auf die Verankerung des Romans im Leben Alexandre Dumas' gibt paratextuell das Vorwort von Jules Janin mit dem Titel *Mademoiselle Marie Duplessis*: „Ainsi le livre [de Dumas] obtint un grand succès, mais bientôt les lecteurs, en revenant sur leur impression fugitive, firent cette observation que *La dame aux camélias* n'était pas un roman en l'air, que cette femme avait dû vivre et qu'elle avait vécu d'une vie récente; que ce drame n'était pas un drame imaginé à plaisir, mais au contraire une tragédie intime, dont la représentation était toute vraie et toute saignante." Dumas Fils, *La dame aux camélias*, S. 494.

14 Das Sterben der schönen Frau wird also, wie Bronfen es beschrieben hat, innerhalb des Kunstwerks zu dessen selbstreflexiver Komponente: „Weil ihr Sterben als Analogie zur Schaffung eines Kunstwerks und der abgebildete Tod als Verdoppelung der formalen Darstellung desselben dient, bezeichnet der ‚Tod einer schönen Frau' die *Mise en abyme* eines Textes, das Moment von Selbstreflexivität, da der Text sich selbst und den Prozeß seiner Komposition zu kommentieren scheint und sich somit de-komponiert." Bronfen, *Nur über ihre Leiche*, S. 107.

15 Dumas Fils, *La dame aux camélias*, S. 57. („All diese Besonderheiten, die ich beobachtet hatte, zogen vor meinen Augen vorüber, und ich bedauerte den Tod des Mädchens, wie man die Zerstörung eines schönen Werkes bedauert." Dumas, *Kameliendame*, S. 16)

16 „Les yeux ne faisaient plus que deux trous, les lèvres avaient disparu, et les dents blanches étaient serrées les unes contre les autres. Les longs cheveux noirs et secs étaient collés sur les tempes et voilaient un peu les cavités vertes des joues [...]." Dumas Fils, *La dame aux camélias*, S. 87.

die materielle Zersetzung des zuvor umfassend ästhetisierten Körpers deutlich und thematisiert auf diese Weise genau die textgenerierenden Voraussetzungen, die in Chateaubriands Schrift ausgeblendet werden.

In der semantischen Zusammenführung des Todes der jungen Frau mit der Zerstörung eines schönen Kunstwerks werden sowohl die Inszenierung wie auch die Wirkmächtigkeit des Mythos Kameliendame offenbar. So wird in dieser Verknüpfung die Ästhetisierung des Todes der jungen Frau deutlich; gleichzeitig ist es eben dieser Tod, der die Voraussetzung dafür bildet, daß das Kunstwerk überhaupt entstehen kann. Im Fall der Kameliendame ermöglicht der Tod die Hervorbringung des Kunstwerks – in Form eben der Erzählung, die der Leser schließlich in den Händen hält. Allein die Existenz des Textes widerspricht dann dem, was in der zitierten Passage ausgesagt wird: mit dem Tod des Mädchens wird kein Kunstwerk zerstört, es wird eines hervorgebracht.

Sowohl *La dame aux camélias* wie auch die *Mémoires d'outre tombe* illustrieren die in *Die imaginierte Weiblichkeit* (1979) von Silvia Bovenschen formulierte These, wonach die Überfülle an Bildern und Projektionen von Frauen in Kunst und Literatur die wenigen Informationen über die historisch verankerte, gesellschaftlich agierende Frau aus dem Blickfeld rückt. Innerhalb dieses Substitutionsvorgangs wird die ‚reale Frau' nicht nur aus der Kunst, sondern per se in ihrer potentiellen Rolle als Künstlerin ausgeschlossen: „Allein die imaginierte, die symbolische Frau ist der Kunst nahe."[17] Die Texte von Dumas Fils und Chateaubriand, die beide im Jahr 1848 erscheinen, bilden paradigmatische Beispiele dafür, daß die ‚reale' Frau während der Entstehung des Kunstwerks ausgeblendet oder ‚geopfert' wird.

Die Tatsache, daß Dumas seine Protagonistin ein Tagebuch schreiben läßt, macht aber zugleich deutlich, daß neben einer Schrift, in welcher der schwindsuchtskranken Frau die Position des Opfers zugewiesen wird, eine Form der ‚écriture' existiert, die eine weibliche Selbstartikulation zuläßt. Mit dem fiktiven ‚journal de ma vie' der Kameliendame scheint also die Möglichkeit einer Variation auf, die sich auf die Tagebücher und Briefe realer Frauen übertragen läßt. Dabei wirft die Betrachtung von Selbstzeugnissen schwindsüchtiger Frauen eine Reihe von Fragen auf: Was ändert sich, wenn die beschriebene Ambivalenz aus Konstitution und Auslöschung, die der Schrift zu eigen ist, autobiographisch gewendet wird? Besteht auch in dieser Form des Schreibens die skizzierte Opferrolle fort, oder entstehen hier Möglichkeiten, sich dieser zu entziehen oder sie anders auszugestalten? Wird in den Texten schwindsüchtiger Frauen ein anderes Schreiben über die Krankheit sichtbar – und damit ein anderer Blick auf die Krankheit? Ausgehend von der für *La dame aux camélias* skizzierten Konstel-

---

17 Silvia Bovenschen, *Die imaginierte Weiblichkeit*, Frankfurt a.M. 1979, S. 37. Vgl. als neueren Forschungstext zu diesem Themenkomplex Nanette Rißler-Pipka, *Das Frauenopfer in der Kunst und seine Dekonstruktion*, München 2005.

lation aus Fremddarstellung und Selbstdarstellung stellt sich die Frage, welche Möglichkeiten und Grenzen sich innerhalb der Diskurssysteme des 19. Jahrhunderts für Frauen ergeben, die über ihre eigene Schwindsuchtserkrankung schreiben. Der Zusammenhang von Krankheit, Weiblichkeit und Schrift rückt dabei in besonderer Schärfe in den Blick.

Ziel des vorliegenden Buchs ist es, das Schreiben von Frauen über ihre *eigene* Schwindsucht als eine ‚écriture de la consomption' zu untersuchen. Versteht man den Vorgang des Schreibens dabei als ‚écriture' im Sinne Derridas, dann wird gerade die Prozessualität und Unabgeschlossenheit, die dem Brief- und Tagebuchschreiben zu eigen ist, zu einem zentralen Moment. Schrift ist dann nicht die Hülle eines Gedankens oder das Instrument zur Vermittlung einer Idee, vielmehr bringt das Schreiben den beschriebenen Gegenstand mit hervor[18] – und dies gilt auch und gerade für die Krankheit und das Wissen über die Krankheit. An die Stelle einer Mythisierung der ‚phtisie', wie sie in der Fremddarstellung bei Dumas und Chateaubriand zu beobachten ist, scheint in den im folgenden untersuchten Tagebüchern und Briefen von Frauen, die selbst an der Schwindsucht erkrankt sind – neben Pauline de Beaumont (1768–1803) wird es um Céleste de Chateaubriand (1774–1847), Joséphine Sazerac de Limagne (1848–1873) und Marie Bashkirtseff (1858–1884) gehen –, ein ambivalentes Verhältnis von Schrift und Körper zu treten. Auf der einen Seite dient das Schreiben über die eigene Krankheit einem Überdauern und Festhalten des Lebens, auf der anderen Seite verbraucht es seinerseits noch verbliebene Kräfte. In diesem Sinne umfaßt die ‚écriture de la consomption' die gegenläufigen Momente von Selbstkonstitution und Selbstauslöschung, insofern das Schreiben als aktiver und der Verausgabung zuzurechnender Vorgang das Schwinden befördert, während die Schrift als Resultat ein Überdauern ermöglicht.

In ihren Tagebüchern und Briefen erzeugen die vier schwindsüchtigen Frauen, gerade aufgrund der gattungsbedingten Unabgeschlossenheit der Selbstzeugnisse, Bilder der Schwindsucht, die von literarischen und medizinischen Darstellungen der Krankheit abweichen. Auf diese Weise zeigen die untersuchten Texte, daß ‚Krankheit' stets mehr und anderes meint als nur eine körperliche Veränderung. So transformiert die Schwindsucht Erwartungen und Rollenmodelle sowie So-

---

18 Was Jacques Derrida in *De la grammatologie* für das Verhältnis von Schrift und Wissen bzw. Wissenschaft postuliert, führt dabei zu einer radikalen Umkehrung bisheriger repräsentationslogischer Annahmen: „[...] l'écriture n'est pas seulement un moyen auxiliaire au service de la science – et éventuellement son objet – mais d'abord [...] la condition de possibilité des objets idéaux et donc de l'objectivité scientifique. Avant d'être son objet, l'écriture est la condition de l'*epistémè*." Jacques Derrida, *De la grammatologie*, Paris 1967, S. 42f. Derrida widerspricht auf diese Weise auch der gängigen Aufteilung zwischen vorgängiger Präsenz (‚présence à soi') und nachfolgender Repräsentation und macht statt dessen deutlich, daß im Akt der Repräsentation der Gegenstand nicht abgebildet, sondern erst hervorgebracht wird. Vgl. ebd., S. 59.

zialbeziehungen (Familie, Freundschaften, Liebschaften, Arzt-Patientinnen-Beziehung) ebenso wie das Verhältnis zum eigenen Körper; sie verändert die Auffassung vom Raum (Gefühl der Gefangenschaft im Krankenzimmer oder des Exils während der Kurbehandlung), aber auch von der Zeit, deren zusehends rascheres Verstreichen den Tod näher bringt.

Das (Selbst-)Schreiben über die eigene Krankheit wird dabei – gerade in seiner Prozessualität – zu einem konstitutiven und potentiell gegenüber stereotypen Zuschreibungen widerständigen Bestandteil der sozialen Praxis, als die Krankheit grundsätzlich begreifbar ist.[19] In diesem Sinne läßt sich die ‚écriture intime' schwindsüchtiger Frauen – in Anlehnung an sozialwissenschaftliche Konzepte wie *doing culture*[20] oder *doing gender*[21] – als eine Form des *doing consumption* verstehen, an dem medizinische Wissensordnungen ebenso teilhaben wie am Körper erfahrene Krankheitssymptome, alltägliche Praktiken im Umgang mit dem kranken Körper, Therapieversuche und Ausformungen des kulturellen Imaginären in Literatur und Kunst. Dabei stellt sich die Frage, wie sich Frauen in der Darstellung ihrer eigenen Krankheit in die bestehenden Praktiken und Diskurse einschreiben, wie sie herrschende Beschreibungsmodalitäten aufnehmen, die dominanten Bilder der weiblichen Schwindsucht und der weiblichen Opferrolle reproduzieren, aber auch ergänzen, ablösen oder umdeuten, und wie es dabei – möglicherweise – zu Verschiebungen im Diskursgefüge kommt.

Während es von Marie Duplessis, dem Modell der Kameliendame, keinerlei aussagekräftige Aufzeichnungen gibt[22] – die Selbstsicht der schwindsüchtigen Kurtisane also ausfällt –, sind Pauline de Beaumonts Briefe von ihrem Kuraufenthalt auf dem Mont-Dore erhalten. Ihr Schreiben über die eigene Krankheit scheint uns paradigmatisch zu sein für eine der Ausprägungen der ‚écriture de la consomption', mit denen Frauen im 19. Jahrhundert auf die Wirkmächtigkeit literarischer und medizinischer Schwindsuchtsdiskurse reagieren. Wie Pauline de Beaumont in ihren Briefen immer wieder schreibt, *verausgabt* sie sich in ihrer Beziehung zu Chateaubriand, sie schildert en détail, wie sie sich nach dem Geliebten *verzehrt*. Auf diese Weise gelingt es ihr aber auch, ihn in Form einer moralischen Verpflichtung immer wieder von neuem an sich zu binden,

---

19 Soziale Praxis beruht auf Erfahrungen, Erkenntnissen und Wissen, aber sie werden im Vollzug immer auch neu aktualisiert; gleichzeitig bleiben „Spielräume, dasselbe anders zu machen. [...] Praxis ist zugleich regelmäßig *und* regelwidrig, sie ist zugleich wiederholend *und* wiedererzeugend, sie ist zugleich strategisch *und* illusorisch". Karl Hörning / Julia Reuter (Hgg.), *Doing culture. Neue Positionen zum Verhältnis von Kultur und sozialer Praxis*, Bielefeld 2004, S. 11ff.
20 Ebd.
21 Vgl. Candace West / Don H. Zimmerman, „Doing Gender", in: *Gender & Society* 1 (1987), S. 125–151.
22 „Quant aux témoignages de notre héroïne elle-même, ils sont rares et ne livrent pas grandchose de sa personnalité." Issartel, *Les dames aux camélias*, S. 16.

sie er-schreibt sich gleichsam die ersehnte Zuwendung. Die von de Beaumont strategisch genutzte Verausgabung ist in dem Begriff der ‚consomption' bereits enthalten, der im medizinischen Diskurs des 19. Jahrhunderts die Schwindsucht bezeichnet und in Frankreich zeitweise zu ‚phtisie' synonym verwendet wird. ‚Consomption' führt die Semantik der Auszehrung mit sich, aber auch die Bedeutung des *Sich*-Aufzehrens. Aus einem pathogen gedachten ‚se consumer' wird in diesem Sinne ein leidenschaftliches und zielgerichtetes Sich-Aufzehren für etwas oder jemanden und damit ein aktiver Vorgang.[23] Auch in den Briefen von Chateaubriands ebenfalls an Schwindsucht erkrankter Ehefrau Céleste, die denen Pauline de Beaumonts an die Seite gestellt werden, läßt sich ein solcher Umgang mit der Semantik der Aufzehrung im Schreiben beobachten.

Inszenieren Pauline de Beaumont und Céleste de Chateaubriand in ihren Briefen ein Sich-Aufzehren für den Geliebten, so steht dieses Aufzehren im Schreiben der 1873 im Alter von 24 Jahren an Schwindsucht verstorbenen Hauslehrerin Joséphine Sazerac de Limagne, deren Tagebuch und Korrespondenz kurz nach ihrem Tod von einem Priester herausgegeben wird, ganz im Zeichen der christlichen ‚caritas' im doppelten Sinn des Wortes: als brennende Gottesliebe und als aufopferungsvolle Nächstenliebe. Im Tagebuch der Künstlerin Marie Bashkirtseff schließlich, die der nun zunehmend auch als Tuberkulose bezeichneten – und konzipierten – Lungenschwindsucht im Jahr 1884 erliegt, wird die Semantik der ‚consomption' an den eigenen Schaffensprozeß geknüpft: das Aufzehren der verbleibenden Kräfte wird von der jungen Malerin bis zuletzt für die Hervorbringung eines Kunstwerks genutzt.

Gemeinsam ist den Texten der hier vorgestellten Frauen die skizzierte Ambivalenz von ‚écriture' und ‚consomption', die im Hinblick auf den jeweiligen Adressaten, für den sie sich schreibend aufzehren, besonders deutlich wird. Der Versuch, der Krankheit einen Sinn zuzuweisen, ist dabei nicht zuletzt deshalb unabschließbar, weil er über den Umweg des Anderen verläuft. Vor diesem Hintergrund läßt sich der ‚écriture de la consomption' zugleich ein destruktives wie ein konstitutives Moment zuordnen. Die prozessuale, suchende Struktur des Schreibens verweist beständig auf das Fehlen eines Sinns oder einer Erklärung, auf die Unabgeschlossenheit der eigenen Identität. Gleichzeitig scheint sich im Schreiben die Möglichkeit zu eröffnen, einen Sinn zu erproben oder bestimmte Rollen und Handlungsweisen auszuagieren, die im Alltag nicht möglich wären.

---

23 Die Zusammenführung von Opfer, Krankheit und Schreiben über den Begriff der ‚consomption' gelingt insbesondere über das darin angelegte Moment der ‚Verausgabung', das auch eine ökonomische (eigentlich: vitalistische) Bedeutungsebene impliziert: „Das Moment des Verausgabens zeichnet sich in einer Überschreitung ab, die (kulturelle) Grenzen und Grenzziehungen zugleich infrage stellt und (neu) formiert. Sich zu verausgaben meint hier die Grenzen des Möglichen oder Vorstellbaren, der Kontrolle oder des Erlaubten neu auszuloten." Christine Bähr / Suse Bauschmidt / Thomas Lenz / Oliver Ruf (Hgg.), *Überfluss und Überschreitung. Die kulturelle Praxis des Verausgabens*, Bielefeld 2009, S. 8.

Aus der vergleichenden Betrachtung der Tagebücher und Briefe ergeben sich also für Frauen im 19. Jahrhundert drei paradigmatische Formen des Schreibens über die eigene Schwindsuchtserkrankung als drei Varianten des ‚se consumer pour': sich aufzehren für den Geliebten, für den himmlischen Bräutigam und für die Kunst.

2. Das proteische Wesen der Schwindsucht im wissenschaftlichen Kontext des 19. Jahrhunderts

Bereits in der medizinischen Erfassung der ‚phtisie' herrschen im 19. Jahrhundert offenkundige Mehrdeutigkeiten und Widersprüche vor, die es ermöglichen, daß die Krankheit kulturell anschlußfähig wird.[24] Die semantische Vieldeutigkeit geht bis auf die antike Tradition und die Etymologie des Wortes zurück. So führt der aus dem Griechischen entlehnte Begriff ‚phtisis', der sich von ‚phtio' – ‚je me consume', ‚je dessèche', ‚je flétris' – herleiten läßt, neben der Bedeutung des Verzehrens und des Auszehrens die Vorstellung des Verwelkens und Vertrocknens mit sich. Noch bis zum Ende des Jahrhunderts bestehen Unbestimmtheiten und Ambivalenzen in Diagnose und Behandlung der Schwindsucht, deren Symptomatik die Ärzte als vielgestaltig und diffus beschreiben und die deshalb ein Problem für das Selbstverständnis der medizinischen Wissenschaft darstellt.

Im 19. Jahrhundert versucht sich die Medizin mit Nachdruck als positive Wissenschaft zu etablieren, was sich unter anderem am viel beschriebenen Wechsel ihrer Repräsentationsformen um 1800 nachvollziehen läßt. Das im 18. Jahrhundert vorherrschende Tableau zur Klassifizierung der Krankheiten anhand ihrer Symptome weicht spätestens seit René-Théophile-Marie-Hyacinthe Laënnec dem Versuch einer ‚Tiefenbeobachtung', bei der die organische Läsion Aufschluß über die Beschaffenheit einer Krankheit geben soll.[25] Der Blick ins Innere des Körpers zur Bestimmung der Ätiologie wird im Zuge dieser epistemologischen Veränderung als notwendiger Bestandteil von ‚Fortschritt' und ‚Wissenschaftlichkeit' gesetzt und evoziert die Möglichkeit eines klaren defini-

---

24 An dieser Stelle sei erneut auf die umfassende, im Entstehen begriffene Dissertation von Eva Siebenborn verwiesen, die sowohl literarische wie auch medizinische Schreibweisen der Schwindsucht in den Blick nimmt und dabei auf die Austauschprozesse zwischen wissenschaftlichem und literarischem Diskurs fokussiert. Den im Vorfeld geführten Gesprächen mit Eva Siebenborn verdankt dieses Buch entscheidende Anregungen.

25 Vgl. dazu insbesondere Michel Foucault, *Naissance de la clinique: une archéologie du regard médical*, Paris 1983. Die beschriebene Entwicklung läßt sich aber auch nachvollziehen anhand von Mirko Grmek, *Histoire de la pensée médicale*, Paris 1995; vgl. auch Wolf Lepenies, *Das Ende der Naturgeschichte: Wandel kultureller Selbstverständlichkeiten in den Wissenschaften des 18. und 19. Jahrhunderts*, Frankfurt a.M. 1978.

torischen Zugriffs. Ein Denken, das Normalität und Devianz aus der organischen Versehrtheit zu lesen versucht, muß im Fall von Krankheiten, bei denen eine Läsion des Gewebes nur schwer – oder gar nicht – auszumachen ist, an ihre Grenzen geraten – und eben dies ist bei der Schwindsucht in besonderem Maß der Fall. Bei der ‚phtisie' führt das Bestreben, das Krankheitsbild festzuschreiben, zu einer Vielzahl von diskursiven Bestimmungsversuchen, so daß in der Retrospektive an ihrem Beispiel besonders deutlich wird, daß Krankheitsbilder das Ergebnis von wissenschaftlichen Aushandlungen sind.

Es ist eben diese erhöhte diskursive Produktion, die dazu führt, daß auch anachronistische Vorstellungen über die ‚phtisie', so etwa humoralpathologische und vitalistische Ansätze, über einen langen Zeitraum in wissenschaftlichen ebenso wie in literarischen Texten zirkulieren. Aufschlußreich ist dabei ein Blick in das *Dictionnaire de Nysten*, ein medizinisches Lexikon, das 1806 begründet wird und bis 1886 in immer neuen Ausgaben erscheint.[26] Die Veränderungen in den unterschiedlichen Versionen des Artikels zur ‚phtisie', die das Schwanken der wissenschaftshistorischen Diskussionen der Zeit widerspiegeln, sind hierbei ebenso signifikant wie die Konstanz bestimmter Elemente:

Phtisie, s. f. phtisis; de φθιω, je sèche [ab 1855: «je me consume», Anm. der Verf.]. *Le mot p h t i s i e signifie proprement c o n s o m p t i o n, quelle qu'en soit d'ailleurs la cause. On a admis des phtisies pulmonaire, hépatique, mésentérique, etc.* [...] *Aujourd'hui on désigne particulièrement sous le nom de phtisie toute lésion du poumon qui tend à produire une désorganisation progressive de ce viscère, à la suite de laquelle survient son ulcération. Telle était la définition de la phtisie donnée par Bayle, qui en admettait six espèces:* [...]. *Laënnec restreignant encore l'expression de phtisie pulmonaire a réservé exclusivement ce nom pour la maladie qui résulte du développement de tubercules dans le poumon* [...].[27]

Phtisie, s. f. phtisis; von φθιω, ich vertrockne [ab 1855: „ich verzehre mich", Anm. der Verf.]. *Das Wort p h t i s i e bedeutet eigentlich A u s z e h r u n g, ganz gleich was die Ursache sein mag. Man hat Schwindsuchtserkrankungen der Lunge, der Leber, des Dünndarms usw. angenommen.* [...] Heute bezeichnet man mit dem Namen Schwindsucht insbesondere *jede Läsion der Lunge, die eine fortschreitende Zersetzung dieses Gewebes nach sich zieht und zu Geschwüren führt. Dies war die Definition der Schwindsucht durch Bayle, der sechs*

---

26 Der *Nysten* stellte im 19. Jahrhundert eine medizinische Autorität dar wie heute in Deutschland der *Pschyrembel*. Zur Editionsgeschichte vgl. das Vorwort in der hier zitierten 13. Auflage von Emile Littré und Charles Robin (1873): Jean-Baptiste Baillière et Fils, „Préface des éditeurs", in: Emile Littré / Charles Robin (Hgg.), *Dictionnaire de médecine, de chirurgie, de pharmacie, de l'art vétérinaire et des sciences qui s'y rapportent*, 13e édition, entièrement refondue par E. Littré et Ch. Robin, Paris 1873, S. v–xii.

27 Zitiert wird hier die Ausgabe von 1833, die in weiten Teilen bestimmend für spätere Auflagen bleibt: Art. „Phtisie", in: Pierre Hubert Nysten (Hg.), *Dictionnaire de médecine, de chirurgie, de pharmacie, des sciences accessoires et de l'art vétérinaire*, 5e édition refondue de nouveau et considérablement augmentée par MM. Bricheteau, Henry, et Jh. Briand, Paris 1833, S. 716–718, hier: S. 716f. Kursiv gedruckt sind die Passagen, die auch noch in der Ausgabe von 1886 unverändert erscheinen.

> *verschiedene Formen angenommen hat: [...]. Laënnec* engte die Bezeichnung der Lungenschwindsucht noch weiter ein und behielt diesen Begriff für solche Krankheiten vor, die aus der Entstehung von Lungentuberkeln resultieren [...].

So wird die Schwindsucht durchgängig als eine Form der Auszehrung definiert, die auf einer Läsion der Lunge beruht, ohne daß diese näher bestimmt würde.[28] Die Konzeption der auszehrenden Krankheit, wie sie zu Jahrhundertbeginn von Gaspard Laurent Bayle in seinen *Recherches sur la phtisie pulmonaire* (1810) und vor allem von Laënnec in seinem Traktat *De l'auscultation médiate, ou Traité du diagnostic des maladies des poumons et du cœur, fondé principalement sur ce nouveau moyen d'exploration* (1819) niedergelegt wurde, änderte sich grundlegend erst mit Robert Kochs Identifikation des Erregers im Jahr 1882. Mit dieser wissenschaftlichen Entdeckung läßt sich der Beginn des ‚Ansteckungsalters' datieren, wenngleich es noch einige Zeit dauern wird, bis die Kontagiosität der Schwindsucht ins allgemeine Bewußtsein dringt.

Trotz ständig wachsender wissenschaftlicher Bemühungen um die Erforschung der Ursachen der Krankheit bleibt eine Unsicherheit in der Diagnose bestehen, die der Krankheit den Anstrich einer grundlegenden Unbestimmbarkeit verleiht. Aufgrund der lang anhaltenden Ratlosigkeit bezüglich der Ursachen, der Symptomatik und der Diagnose der Krankheit, die der *Nysten*-Artikel von 1833 recht unverblümt formuliert („Du reste, les causes de la phtisie sont en général inconnues"[29]) können widersprüchliche medizinische Ansichten, Maßnahmen und Herangehensweisen zeitweise koexistieren. Auch was den Krankheitsverlauf angeht, bleiben die Auffassungen der Mediziner widersprüchlich. Die *Nysten*-Artikel in den Versionen von 1833 bis 1873 führen die diagnostischen Schwierigkeiten eindrücklich vor:

> Le début en est si variable, que souvent on ne la reconnaît que lorsque déjà elle touche à sa terminaison fatale. Elle commence le plus ordinairement par une petite toux sèche, ce qui a fait dire, mal à propos, qu'elle est souvent le résultat d'un rhume négligé.[30]
>
> Der Beginn [der Krankheit] ist so variabel, daß man sie oftmals erst erkennt, wenn sie auf ihr fatales Ende zuläuft. Sie beginnt für gewöhnlich mit einem leichten trockenen

---

28 In der Ausgabe von 1810, in der die Forschungen von Bayle und Laënnec noch nicht zur Verfügung stehen, fällt der Eintrag deutlich kürzer aus, und die Definition erfolgt im wesentlichen über die Formel „toute sorte de maigreur et de déperissement du corps, quelle qu'en soit la cause." Joseph Capuron / Pierre Hubert Nysten, *Nouveau dictionnaire de médecine, de chirurgie, de chimie, et des autres sciences accessoires à la médecine*, 2. Aufl., Paris 1810, S. 349.

29 Art. „Phtisie", in: Nysten, *Dictionnaire de médecine* (1833), S. 717. („Im übrigen sind die Ursachen der Schwindsucht allgemein unbekannt.")

30 Ebd., aber auch: Art. „Phtisie", in: Pierre Hubert Nysten (Hg.), *Dictionnaire de médecine, de chirurgie, de pharmacie, des sciences accessoires et de l'art vétérinaire de P.-H. Nysten*, 10e édition, entièrement refondue par É. Littré, Ch. Robin, Paris 1855, S. 964–965, hier: S. 965 und Art. „Phtisie", in: Littré / Robin, *Dictionnaire de médecine* (1873), S. 1182–1184, hier: S. 1184.

Husten, weshalb man fälschlicherweise angenommen hat, sie sei häufig die Folge einer verschleppten Erkältung.

Auf den charakteristischen, aber eben nicht distinktiven Husten folgen in der Aufführung der Symptome das Blutspucken („hémoptysie") sowie im weiteren schleimiger Auswurf („une expectoration muqueuse"), Fieber („une fièvre continue"), Nachtschweiß („des sueurs abondantes le matin"), das etymologisch verankerte Abmagern („l'amaigrissement"), als gelegentliche Symptome Kurzatmigkeit („respiration plus courte") und Durchfall („diarrhée débilitante").[31] Diese wenig spezifischen Symptome ermöglichen es, daß die Schwindsucht lange als Sammelbegriff für Krankheiten fungiert, die von ‚Auszehrung', plötzlicher Gewichtsabnahme und Appetitlosigkeit geprägt sind und zu einem allmählichen Tod führen. Isabelle Grellet und Caroline Kruse thematisieren diese definitorische Schwierigkeit in ihrer Studie *Histoires de la tuberculose* (1983) im Kontext von Imitation oder Simulation: „[...] malgré les progrès de la technique, le discours médical reste incertain: on distingue difficilement la phtisie d'autres maladies de la poitrine, qui la ‚simulent'. Il y a donc une insaisissabilité et multiformité de la maladie."[32]

Neben dieser ‚technischen' Schwierigkeit, die ‚phtisie' eindeutig zu bestimmen, knüpft sich ein zusätzliches Unbehagen an die Verbalisierung der Diagnose. Weil ein tödlicher Ausgang der Krankheit mangels wirksamer Heilmethoden das ganze 19. Jahrhundert über äußerst wahrscheinlich war, hielten sich Ärzte häufig damit zurück, die Schwindsuchtsdiagnose explizit zu stellen und sprachen zunächst eher ausweichend von einer ‚maladie de poitrine', was in Gesprächen und Korrespondenzen dann wiederum als gängiger Euphemismus für die auszehrende Krankheit eingesetzt wurde. Die ‚diffizile Sagbarkeit' gründet also auch in der Vorstellung, mit dem Aussprechen der Diagnose die Gesundheit des Patienten zusätzlich zu gefährden.

Trotz aller Widersprüchlichkeit lassen sich in der Auseinandersetzung mit der Schwindsucht wiederkehrende Themen beobachten, die sowohl die wissenschaftliche Debatte wie auch die empirische Therapeutik kennzeichnen. Dies betrifft etwa die Rolle des Blutes und der Säfte, d.h. die Frage nach den physiologischen Vorgängen. So geht man in der ersten Jahrhunderthälfte von der humoralpathologisch geprägten Vorstellung aus, daß es in der Lungengegend zu einer Blutüberfülle mit Entzündungen und Geschwürbildungen kommt, die abgeführt oder ausgeglichen werden müssen. Da man einen Zusammenhang

---

31　Hier zitiert nach dem Artikel von 1873 (ebd.). Die Passage ist aber seit der Ausgabe von 1833 unverändert.

32　Isabelle Grellet / Caroline Kruse, *Histoires de la tuberculose. Les fièvres de l'âme 1800–1940*, Paris 1983, S. 51. („Trotz technischen Fortschritts bleibt der medizinische Diskurs ungenau: die Schwindsucht ist nicht leicht von anderen Krankheit zu unterscheiden, die sie ‚simulieren'. Daraus ergibt sich die Ungreifbarkeit und Vielgestaltigkeit der Krankheit.")

von Verdauungs- und Atmungssystem annimmt, werden immer wieder auch alimentäre Regeln diskutiert, wobei die Empfehlung einer reizhemmenden, leichten Kost in Form von Milch- und Mehlspeisen ebenso gängig ist wie die Praxis einer Überernährung, darunter Blut, rohes Fleisch, Eselsmilch und menschliche Muttermilch. Man diskutiert sowohl die Wirksamkeit wie auch die Gefahr des Aderlasses, die Rolle der klimatischen Bedingungen, die gesundheitsförderlichen Auswirkungen sportlicher Betätigung, und kommt schon deshalb zu widersprüchlichen Empfehlungen, weil keine Einigkeit darüber besteht, ob der Organismus angereizt oder beruhigt werden muß und ob die verschriebenen Mittel Heilung bringen oder nur die Symptome bekämpfen.

Die Diskussionen über die dem Krankheitsbild angemessenen therapeutischen Maßnahmen lassen sich innerhalb des im ersten Drittel des 19. Jahrhunderts vorherrschenden vitalistischen Paradigmas situieren, das in den folgenden Jahrzehnten in der medizinischen Ätiologie und Diagnostik, aber auch im gesellschaftlichen Imaginären in unterschiedlichen Ausprägungen und Intensitäten weiterwirkt. Dabei steht die Annahme, daß jeder Mensch ein begrenztes Quantum an Lebensenergie zur Verfügung hat, das er im Laufe seines Lebens allmählich aufbraucht, der Vorstellung einer möglichen Erneuerbarkeit dieser Energie gegenüber.[33] In den widersprüchlichen therapeutischen und diagnostischen Ansätzen bezüglich der Schwindsucht spiegelt sich eine grundsätzliche Aporie des vitalistischen Denkens. So kann Lebensenergie etwa durch heiße Bäder, die Konfrontation mit extremen Klimata (Berge und Meer), lange Spa-

---

33 Die generellen Prinzipien der vitalistischen Physiologie wurden in der *Encyclopédie* im Artikel „Œconomie animale" dargelegt, der dem „Haushalt des tierischen Körpers" gewidmet ist und „die Ordnung, den Mechanismus und die Gesamtheit der Funktionen und Bewegungen betrifft, die das Leben der Tiere erhalten." Um 1800 definierte der Anatom und Physiologe Xavier Bichat, Begründer der Histologie und Leitfigur der ‚Ecole de Paris', Leben dann in Abgrenzung zum physikalischen Materialismus als Verbrauch einer begrenzten Menge an spezifischer ‚force vitale'. Je schwächer der Widerstand eines „inneren Prinzips" sei, so Bichat, desto stärker entweiche Lebensenergie. Die Lebenserscheinungen des Gesamtorganismus faßt er als Summe der „propriétés vitales" seiner Gewebe auf, die in der Lage sind, dem Tod Widerstand zu leisten. Vgl. Marie François Xavier Bichat, *Recherches physiologiques sur la vie et la mort. Paris (an VII-1800)*, 4. Aufl., Paris 1822. Der Vitalismus läßt sich aber nicht als einheitliche Schule mit einem geschlossenen Konzept verstehen. Vielmehr konstatiert Roselyne Rey „l'impossibilité ou l'insuffisance d'une définition du vitalisme par le principe vital" und gibt zugleich zu bedenken, daß auch der Versuch einer Definition des Vitalismus über die Prinzipien der ‚irritabilité' oder ‚sensibilité' letztlich einer klar konturierten Begriffskonzeption ermangelt. Siehe Roselyne Rey, *Naissance et développement du vitalisme en France de la deuxième moitié du 18ᵉ siècle à la fin du Premier Empire*, Oxford 2000, S. 4f. Die Konsequenz – ‚nébulosité et flou' d'une doctrine" – betrifft notwendigerweise auch den Umgang mit der Schwindsucht im Kontext des Vitalismus. Vgl. zur Geschichte des Vitalismus ebd.; Elizabeth A. Williams, *The physical and the moral. Anthropology, physiology, and philosophical medicine in France, 1750–1850*, Cambridge 1994. Vgl. auch Philipp Sarasin, *Reizbare Maschinen. Eine Geschichte des Körpers 1765–1914*, Frankfurt a.M. 2001.

ziergänge und Überernährung angefacht oder erneuert werden. Gleichzeitig muß ihr Verbrauch durch Ruhephasen, Diäten etc. niedrig gehalten werden, da immer auch die Gefahr besteht, sie aufzubrauchen.³⁴

Insbesondere die Frage nach der Abhängigkeit der körperlichen Gesundheit vom seelischen Zustand des Patienten, d.h. das Wechselverhältnis von ‚moral' und ‚physique', ist zentraler Gegenstand der Auseinandersetzung mit der auszehrenden Krankheit im Rahmen des vitalistischen Paradigmas. Von Bedeutung ist hier insbesondere die Vorstellung einer ‚maladie de langueur', d.h. eines stimmungsbezogenen Sich-Verzehrens:

> [...] on fait de la phtisie une maladie de l'âme, figure de la mélancolie et masque de la passion, *tuberculosis amatoria*, en s'autorisant de Laënnec qui, parmi les causes occasionnelles de la phtisie pulmonaire, n'en connaît plus certaines que les passions tristes.³⁵

> [...] man macht aus der Schwindsucht ein Seelenleiden, Figur der Melancholie und Ausdrucksform der Leidenschaft, *tuberculosis amatoria*, indem man sich auf die Autorität Laënnecs beruft, der unter den vielen möglichen Ursachen der Lungenschwindsucht keine unbestreitbarere kennt als die traurigen Gemütszustände.

Die Wechselseitigkeit von ‚moral' und ‚physique', die im medizinischen Diskurs entworfen wird, führt maßgeblich dazu, daß die Schwindsucht für literarische Texte anschlußfähig wird. Auch der Entwurf einer sensiblen, fragilen, sich verzehrenden Künstlernatur gründet in dem Konzept einer so gefaßten ‚maladie de langueur': „[C]onsumption was installed as the physical consequence of psychological problems; both were a sign of greater intellect, spirituality and sensitivity – physical and aesthetic."³⁶

Die Annahme, daß die seelische Verfassung des Erkrankten für den Verlauf der ‚phtisie' Bedeutung hat, bleibt in Erklärungsansätzen zur Schwindsucht auch dann noch bestehen, als die medizinische Wissenschaft in der zweiten Jahrhunderthälfte entscheidende Umwälzungen erfährt. Nachdem Villemin bereits 1865 die Übertragbarkeit der Schwindsucht feststellt und damit gegen den Widerstand der zeitgenössischen Überzeugungen den Blick weg von hereditären Erklärungsmustern hin zu hygienischen Überlegungen lenkt, gelingt

---

34 Der Medizinhistoriker Georges Vigarello führt die Diskussion von Ernährungsfragen vor allem auf diesen seit der Jahrhundertmitte kontrovers verhandelten Energiebegriff zurück: „L'ensemble des règles de vie sont concernées: l'art de se nourrir, qui favorise l'échange énergétique, celui de respirer, qui participe directement aux combustions, mais encore à la propreté, censée favoriser la respiration par l'entretien des pores. La nouvelle référence énergétique redéfinit une cohérence entre les pratiques sanitaires les plus différentes, après 1850, toutes centrées sur une mise en puissance du feu organique. Une énergie inédite est exploitée." Georges Vigarello, *Le sain et le malsain: santé et mieux être depuis le Moyen Age*, Paris 1993, S. 233.
35 Grellet / Kruse, *Histoires de la tuberculose*, S. 53.
36 Clark Lawlor, *Consumption and Literature: The Making of the Romantic Disease*, Basingstoke 2006, S. 33.

es Robert Koch im Jahr 1882, den Erreger schließlich zu identifizieren. Die nachfolgende wissenschaftliche Diskussion um die Kontagiösität der Krankheit verändert nicht nur die medizinische Konzeption – man geht fortan aus von einer „maladie infectieuse, parasitaire, causée par un microbe"[37] –, sondern auch die Vorstellungen über bisherige Formen engen sozialen Zusammenlebens, die nun potentiell gefährlich werden.

Mit der Intensivierung der Debatte um die ‚atmosphère', d.h. um die Bedeutung der klimatischen Bedingungen für eine Heilung der Schwindsucht, ist eine Wende innerhalb der medizinischen Schwindsuchtsdiskurse markiert. Gegen Ende des 19. Jahrhunderts werden die materiellen Existenzbedingungen zunehmend zu den Krankheitsursachen gezählt und aus der Schwindsucht wird die Tuberkulose. Die Arbeit in Fabriken und Industriehallen und das Leben in den überfüllten Städten gelten fortan als ungesund und unheilvoll, es ist nicht mehr der sensible Künstler, sondern zunehmend die breite Masse, die von der Krankheit betroffen ist.[38] Obwohl die Diskussion um die ‚atmosphère' gegen Ende des Jahrhunderts Konjunktur hat, herrscht noch immer keine Klarheit über die adäquaten therapeutischen Mittel.

Durch die Diskrepanz zwischen dem Ringen um eine eindeutige organische Definition der Krankheit auf der einen Seite und den vielgestaltigen, symptombezogenen Erklärungsmustern auf der anderen entsteht ein Zwischenraum, in dem literarische und wissenschaftliche Diskurse über die Schwindsucht gleichermaßen zirkulieren. Dem unerklärlichen Phänomen des schwindenden Körpers scheint also eine deutliche Zunahme an Erklärungsversuchen gegenüberzustehen. In dem Versuch, die *eigene* Krankheit zu beschreiben, muß auch das autobiographische Schreiben auf die vorhandenen wissenschaftlichen und künstlerischen Schwindsuchtsbilder zurückgreifen. Die Wandelbarkeit und Unabgeschlossenheit von definitorischen Zugriffen ergibt sich dabei im Fall von Brief und Tagebuch bereits durch die Form der Darstellung und verstärkt sich durch den grundsätzlich prozessualen Charakter dieser Schreibweisen. In dem skizzierten Spannungsfeld aus Bestimmung und Unschärfe[39] ist deshalb auch das Schreiben über die eigene Krankheit zu verorten, das sich als ein Sich-Einschreiben in bestehende Diskurse ebenso bestimmen läßt wie als ein Erproben vorhandener Artikulationsspielräume.

---

37 Pierre Guillaume, *Du désespoir au salut: les tuberculeux aux XIXe et XXe siècles*, Paris 1986, S. 122 („einer ansteckenden, parasitären Krankheit, die durch Mikroben verursacht wird").

38 „La maladie n'est plus le mal de vivre propre à des âmes d'élite, elle est atteinte du microbe, peut-être favorisée par certaines dispositions psychologiques, mais surtout étroitement liée aux conditions matérielles de l'existence. La phtisie, mal élitaire, cède devant la tuberculose, maladie de la misère." Ebd., S. 10.

39 Zum Widerspiel von Bestimmung und Unschärfe vgl. Gerhard Gamm, *Flucht aus der Kategorie. Die Positivierung des Unbestimmten als Ausgang der Moderne*, Frankfurt a.M. 1994.

3. Der schwindende Körper als Selbstopfer: ‚Consomption' und Weiblichkeit

Eine enge Verknüpfung zwischen den Symptomen der Schwindsucht und einer bestimmten seelischen Verfassung besteht bereits in den medizinischen Auffassungen im Zeitalter der ‚sensibilité' und birgt dort die Möglichkeit, das Leiden zu ästhetisieren und den Schwindsüchtigen zu adeln. Mit Beginn des 19. Jahrhunderts dann vollzieht sich verstärkt eine geschlechterspezifische Unterscheidung in der Konzeption und Wahrnehmung der Krankheit: „Far from destroying female beauty, consumption could enhance it; far from preventing masculine creativity, consumption was positively a marker of poetic irritability and sensibility."[40] Wenngleich also die auszehrende Krankheit, ausgehend von der Vorstellung einer erhöhten Sensibilität, für beide Geschlechter zu einer „fashionable disease"[41] wird, sind die jeweils daran geknüpften Konnotationen verschieden. Nur dem Mann wird die Möglichkeit zugedacht, das Leiden in Kunst zu verwandeln, die Frau indes wird ihrerseits passiv zum ästhetischen Kunstwerk stilisiert: „women were increasingly conceptualised in terms of a model of feminine beauty based on disease."[42] Die Symptome der Schwindsucht werden im Rahmen der romantischen Bewegung zu einem Ideal weiblicher Schönheit:

> En effet, la physionomie qu'imprime sur les traits la phtisie, jointe à l'amaigrissement que provoque la maladie, se rapprochent terriblement de l'idéal de la beauté romantique. De là le succès de certaines jeunes filles poitrinaires.[43]

> In der Tat kommt die schwindsüchtige Physiognomie, gemeinsam mit der krankheitsbedingten Abmagerung, auf frappierende Weise dem romantischen Schönheitsideal nahe. Auf diese Weise erklärt sich auch der große gesellschaftliche Erfolg einiger schwindsüchtiger junger Mädchen.

Die Ausformung der ‚phtisie' zum Inbegriff des Weiblichen seit Beginn des 19. Jahrhunderts fügt sich in die generell in diesem Zeitraum erfolgende Definition der Frau als fragil und pathologisch ein.[44] Die seit Ende des 18. Jahrhunderts

---

40 Lawlor, *Consumption and Literature*, S. 58.
41 Ebd.
42 Ebd., S. 57.
43 Isabelle Bricard, *Saintes ou pouliches. L'éducation des jeunes filles au XIXe siècle*, Paris 1985, S. 183.
44 „Im 19. und früheren 20. Jahrhundert grassierte eine Krankheit, wie sie vor- und nachher nie grassiert hat: die Krankheit ‚weibliches Geschlecht'; [...] auch in der tendenziellen Pathologisierung der Schwangerschaft, der Geburt, des Wochenbetts im 19. Jahrhundert läßt sich die Pathologisierung der normalen Frau erkennen, ebenso in der allgemeinen Tendenz, die Frau insgesamt in ihrer anerkannten körperlichen und geistigen Schwäche als ein Mängelwesen dem vollkommeneren Mann gegenüberzustellen." Esther Fischer-Homberger, *Krankheit Frau. Zur Geschichte der Einbildungen*, Darmstadt 1984, S. 92. Vgl. außerdem zur Thematik der Pathologisierung der Frau in den Wissenschaften Claudia Honegger, *Die Ordnung der*

zu beobachtende Tendenz der Naturwissenschaften, die Binarität von Geist vs. Körper, Rationalität vs. Irrationalität in geschlechtsspezifische Begrifflichkeiten zu fassen, wird durch den medizinischen Diskurs gestützt und wissenschaftlich legitimiert, indem darin die weibliche Physiologie (und später auch Psychologie) pathologisiert wird.[45] Die im wissenschaftlichen Bereich erfolgte Festschreibung des Weiblichen auf eine defiziente Körperlichkeit wird im kulturellen Imaginären ästhetisiert und in Bildlichkeiten wie der ‚femme fragile'[46] perpetuiert. Folglich fügt sich das für die Schwindsucht typische ‚amaigrissement' besonders gut in die generelle Tendenz zur Entkörperlichung des Weiblichen ein. Gerade das semantische Feld der ‚consomption' eignet sich für eine literarische Ausgestaltung des Frauenopfers und läßt sie schließlich zu *der* Krankheit der schönen Leiche avancieren.

Im Zuge der im 19. Jahrhundert sichtbaren Auslegung der Schwindsucht zur „maladie mystique"[47] und der romantischen Stilisierung als ‚maladie de langueur' wird die Darstellung der Krankheit auf eine Auswahl der auftretenden Symptome beschränkt. Dient die ‚petite toux sèche' in der Literatur in der Regel als Kodierung der häufig nicht explizit benannten Schwindsucht, so fällt auf, daß von den restlichen Symptomen zumeist nur diejenigen erwähnt werden, die das Ideal der Reinheit von Psyche und Körper nicht antasten, während diejenigen, welche mit der Ausscheidung von Körperflüssigkeiten zusammenhängen, mit Schweigen übergangen werden, da sie im kulturellen Imaginären mit Ekel verbunden sind und nicht ins Bild der schönen Schwindsüchtigen passen.[48] Bei

---

Geschlechter. Die Wissenschaften vom Menschen und das Weib. 1750–1850, Frankfurt a.M. / New York 1991; Diane Price Herndl, *Invalid Women. Figuring Feminine Illness in American Fiction and Culture, 1840–1940*, Chapel Hill 1993; Katrin Schmersahl, *Medizin und Geschlecht. Zur Konstruktion der Kategorie Geschlecht im medizinischen Diskurs des 19. Jahrhunderts*, Opladen 1998.

45 Vgl. Ludmilla Jordanova, *Sexual Visions. Images of Gender in Science and Medicine between the Eighteenth and Twentieth Centuries*, Wisconsin 1989.

46 Vgl. Ariana Thomalla, *Die ‚femme fragile'. Ein literarischer Frauentypus der Jahrhundertwende*, Düsseldorf 1972.

47 „[...] parmi les maladies, la phtysie [sic], qui emporta bon nombre de religieuses [...] au cours du XIXe siècle et au début du XXe, joue à merveille le rôle de maladie mystique." Jean-Pierre Albert, *Le sang et le Ciel. Les saintes mystiques dans le monde chrétien*, Paris 1997, S. 202.

48 Die Darstellung des Auswurfs in der Literatur wird generell erst im Dekadentismus salonfähig, vgl. dazu Jean Palacio, „La poétique du crachat", in: *Romantisme* 94.4 (1996), S. 73–88. Tatsächlich sind es christlich inspirierte Darstellungen wie etwa Hagiographien, die vor der drastischen Schilderung abstoßender Krankheiten wie Lepra, Syphilis, Ruhr oder Krebs nicht zurückschrecken, wohl aber vor der Darstellung einer ‚verunreinigten' Schwindsucht. Vgl. z.B. die 1848 erschienene *Vie de Mme de Chantal, ou Le parfait modèle de la femme chrétienne dans toutes les positions de la vie* von F. Malaurie. Hier ereilen die ekelerregenden, weil entstellenden und mit reichlich Körperausscheidungen verbundenen Krankheiten, die offensichtlich auch mit moralischen Lastern kombiniert sind, niemals Mme de Chantal selbst, die sich, wie von Gott beschützt, bei keiner dieser Krankheiten ansteckt. Sie selbst stirbt

Frauen trifft das, und hier stellt die Kameliendame eine signifikante Ausnahme dar, auch und gerade auf das Blutspucken zu.

Vor allem aber sind es die unspezifischeren Symptome, insbesondere das Fieber und die Abmagerung, die sich für vielfältige metaphorische Konnotationen anbieten. Der für die Schwindsucht zentrale Begriff der ‚consumption' bringt neben der psychischen Aufzehrung auch das Fieber und die Metaphorik des Brennens ins Spiel. In *La dame aux camélias* wird die Semantik des Fiebers dazu verwendet, in der Leidenschaft Duvals die Erotisierung der Kameliendame sichtbar werden zu lassen; die Schwindsucht bildet dabei die Voraussetzung und Amplifizierung seiner Passion. Duvals Darstellung seines ‚Entflammens' für Marguerite Gautier macht deutlich, daß die Vergänglichkeit notwendiger Bestandteil der ästhetischen Überhöhung seiner Liebe ist: „[...] je m'étais tellement, peut-être pour la poétiser, fait de cet amour un amour sans espoir [...]."[49] Die Passion des Liebhabers wird exzessiv, intensiv und fieberhaft und seine Leidenschaft scheint Marguerite in gleichem Maße anzustecken, wie auch ihre Symptome der Schwindsucht als kontagiös gekennzeichnet sind. Die Parallelisierung von Krankheit und Leidenschaft geht schließlich so weit, daß seine Liebe selbst unter genuin schwindsüchtigen Kennzeichen dargestellt wird.

Neben der Ausgestaltung der dezidiert sinnlichen Dimension der Schwindsucht wird über die ‚consumption' das Bild des schwindsüchtigen Künstlers aufgerufen und das Brennen als leidenschaftliche Hingabe an die Kunst, das Feuer als Flamme der Inspiration semantisiert. Während sich die verzehrenden Passionen des – zumeist männlichen – Künstlers, insbesondere in der Romantik auf Literatur, bildende Kunst und Musik richten, die vitalen Kräfte des Künstlers also im Zuge des Produktionsprozesses allmählich aufgezehrt werden, so sind für schwindsüchtige Frauen die Passionen Liebe und Glaube die maßgeblichen Größen. Die Verbrennungsmetaphorik, die in der christlichen Imagologie von jeher eine wichtige Rolle spielt,[50] etwa in der Bezeichnung Gottes als ‚feu consumant', schließt in hohem Maß an das Konnotationspotential der Schwindsucht an. Dabei tritt die christliche Metaphorik der Verbrennung, wie in *La dame aux camélias* ebenfalls angedeutet wird, mit den sinnlichen Aspekten des Brennens

---

schließlich an einer Lungenkrankheit, die den Körper nicht anzutasten scheint und das Konnotationspotential der Schwindsucht teilt.
49 Dumas Fils, *La dame aux camélias*, S. 125. („Dabei muß ich noch einmal sagen, daß ich [...] mir diese Liebe gewissermaßen mit Hoffnungslosigkeit poetisch verklärte [...]." Dumas, *Kameliendame*, S. 104)
50 Dauzet beobachtet das am Beispiel der Karmeliterin Élisabeth de la Trinité, die trotz einer Krankheit mit hohem Fieber bis zu den letzten Tagen ihre Aufzeichnungen fortführt: „la fièvre et la soif, qui donnent l'impression d'un être en feu [...] fournissent l'incessante métaphore de la consomption divine: c'est par le feu divin, bien sûr, qu'est brûlée Élisabeth." Vgl. das Kapitel „Le ‚feu consumant'", in: Marie-Dominique Dauzet, *La mystique bien tempérée*, Paris 2006, S. 67–80, hier: S. 79.

in engen Kontakt, was es ermöglicht, die ‚phtisie' im Feld der mystischen Gottesliebe zu verorten.

Eine solche Überlagerung von Fieber, Streben nach Gott und Erotisierung der Gottesliebe findet sich traditionell in katholischen Darstellungen von Sterbeszenen, in denen junge Frauen als Bräute Christi gezeichnet werden.[51] Dabei wird die als ‚fièvre ardente' beschriebene Krankheit mit dem ‚désir ardent' enggeführt, mit dem die letzten Sakramente empfangen werden,[52] oder, noch deutlicher, Jesus als seine Bräute verbrennender und verzehrender Geliebter dargestellt.[53] Diese ‚ardeur' steht keineswegs im Widerspruch zur engelhaften Reinheit und auch nicht zur Keuschheit der Frauen. Vielmehr wird das Fieber zum Ausdruck eines metaphysischen Feuers und stützt auf diese Weise die Konzeptionalisierung der Schwindsucht als mystische Krankheit par excellence.

Ebenso komplex wie das kulturelle Konnotationspotential des Fiebers ist das des Blutspuckens, das in religiös motivierten und literarischen Darstellungen schwindsüchtiger Frauen allerdings nur selten explizit erwähnt wird. Dies hängt in erster Linie damit zusammen, daß das Blut der Frauen offensichtlich eine eminent sexuelle Bedeutung hat: die erste Menstruationsblutung markiert die sexuelle Reife der Frau und macht daher jedes weibliche Blut verdächtig.[54] In *La dame aux camélias* jedoch wird diese enge Beziehung zwischen Blutspucken und Menstruationsblut auf direkte Weise in Szene gesetzt. Während eines gemeinsamen Abendessens, bei dem exzessiv gegessen, getrunken und gescherzt wird, erleidet Marguerite einen heftigen Hustenanfall, der in dem für die Schwindsuchtsdarstellung so charakteristischen Blutspucken kulminiert:

> Enfin, arriva une chose que j'avais prévue et que je redoutais. Vers la fin du souper, Marguerite fut prise d'un accès de toux plus fort que tous ceux qu'elle avait eus depuis que j'étais là. Il me sembla que sa poitrine se déchira intérieurement. La pauvre fille devint

---

51 Im Fall der heiligen Elisabeth von Ungarn, deren Hagiographie Montalembert 1836 schreibt, tritt dieser Aspekt in dem Kapitel „Noces éternelles", in dem ihr Tod geschildert wird, besonders deutlich hervor. Jesus erscheint ihr ein paar Tage vor Ausbruch der „fièvre ardente" und fordert sie auf, ihm zu folgen mit den Worten: „Élisabeth, ma fiancée, ma tendre amie, ma bien-aimée, viens avec moi dans le tabernacle que je t'ai préparé de toute éternité; c'est moi-même qui t'y conduirai". Als sie den Tod näher kommen fühlt, sagt sie den Umstehenden: „l'époux vient chercher son épouse". Vgl. Charles Forbes de Montalembert, *Histoire de sainte Elisabeth de Hongrie, duchesse de Thuringe*, Paris 1836, S. 265–273.
52 Ebd., S. 270.
53 So äußert die junge Rosa Ferrucci auf dem Totenbett die Worte: „Ah! Jésus, brûlez-moi, consumez-moi par les flammes de votre amour!" Henri Perreyve, *Rosa Ferrucci. Ses lettres et sa mort*, in: ders., *Biographies et panégyriques*, Paris 1877, S. 136–224, hier: S. 213. Vgl. auch Bricard, *Saintes ou pouliches*, S. 168.
54 Zur Problematik weiblichen Blutes vgl. Albert, *Le sang et le Ciel*, S. 181ff, S. 357ff. Vgl. auch René Girard, *La violence et le sacré*, Paris 1972, S. 56.

> pourpre, ferma les yeux sous la douleur et porta à ses lèvres sa serviette qu'une goutte de sang rougit.⁵⁵
>
> Schließlich geschah, was ich befürchtete und gefürchtet hatte. Als das Gelage fast zu Ende war, überwältigte Marguerite ein Hustenanfall weit heftiger als zuvor. Es war gerade, als ob in ihrer Brust etwas entzweiginge. Das arme Kind sah purpurrot aus, schloß die Augen vor Schmerz, und auf der Serviette, die sie vor den Mund hielt, wurde ein Tropfen Blut sichtbar.⁵⁶

Die blutrote Signalfarbe, auf ähnlich plakative Weise eingesetzt wie die roten Kamelien, die Marguerite an fünf Tagen im Monat anstelle der weißen trägt und die dem Erzähler so geheimnisvoll erscheinen, markiert den Auftakt der leidenschaftlichen Liebesbeziehung zwischen Armand und Marguerite, aber auch den Beginn ihres unaufhaltsamen Sterbens. Duvals Liebe intensiviert sich beim Anblick der bluthustenden Marguerite Gautier und er kann sie zugleich über sein Mitleiden von der Ernsthaftigkeit seiner Liebe überzeugen. In der ersten Nacht der Intimität kann aber der Liebesakt noch nicht vollzogen werden, was durch das Tragen der roten Kamelien angezeigt wird. So funktioniert die rote Kamelie als Markierung der Geschlechtlichkeit der Frau, die jedoch zugleich ihre sexuelle Verfügbarkeit negiert, während die weiße Kamelie eine Reinheit symbolisiert, die paradoxerweise gleichzeitig ihre sexuelle Verfügbarkeit bedeutet.

Deutlich wird, daß die Symptomatik der auszehrenden Krankheit, insbesondere Fieber und Blutspucken, konstitutiv für die erotische Anziehungskraft der Kurtisane ist. Ästhetisiert werden auch ihre Blässe und ihre Magerkeit („Sa maigreur même était une grâce"⁵⁷), – besonders aber ist es das Schicksal, jung zu sterben, das mehrmals innerhalb des Romans zum weiblichen Ideal stilisiert wird.⁵⁸ Die mit der Krankheit einhergehende Verkürzung der Lebenszeit, die im vitalistischen Denken der Zeit zugleich eine Intensivierung des Lebens bedeutet, birgt abermals erotische Konnotationen:

> Comme on s'aperçoit que la vie doit être courte, disais-je en moi-même, par la rapidité des sensations! Je ne connais Marguerite que depuis deux jours, elle n'est ma maîtresse que depuis hier, et elle a déjà tellement envahi ma pensée, mon cœur et ma vie […].⁵⁹

---

55 Dumas Fils, *La dame aux camélias*, S. 113f.
56 Dumas, *Kameliendame*, S. 90.
57 Dumas Fils, *La dame aux camélias*, S. 109. („Sogar ihre Magerkeit hatte einen Reiz." Dumas, *Kameliendame*, S. 84)
58 Vgl. Dumas Fils, *La dame aux camélias*, S. 53, S. 68, S. 140. Diese Stilisierung steht bereits ganz im Sinne der seitens der katholischen Kirche propagierten ‚spiritualité sacrificielle', die den Kranken zur „victime réparatrice [qui] souffre pour les autres, morts ou vivants" stilisiert. Siehe Albert, *Le sang et le Ciel*, S. 332. Albert beschreibt eindrücklich, wie durch Erbauungsliteratur zur Erstkommunion den Mädchen solche Fälle frühen Sterbens als Modell hingestellt wurden. Vgl. ebd., S. 139 ff. Vgl. auch das Kapitel „Le désir de ‚mourir jeune'", in: Dauzet, *La mystique bien tempérée*, S. 154–168.
59 Dumas Fils, *La dame aux camélias*, S. 144.

> Wie man doch an dem raschen Wechsel der Gefühle spürt, daß das Leben dahinrast. Marguerite kannte ich erst zwei Tage, gestern abend war sie meine Geliebte geworden, und schon hatte sie sich meines Verstandes, meines Herzen, meines ganzen Seins derart bemächtigt [...].[60]

Die in der Verdichtung hervorgebrachte Übersteigerung von Sinneseindrücken bringt demnach einen euphorischen Zustand der Schwindsuchtskranken hervor. Diese Vorstellung, die sich unter der Bezeichnung ‚spes phthisica'[61] bis ins späte 19. Jahrhundert hält, wird hier gleichsam vitalistisch transformiert.

Gerade die unwiderrufliche Aufzehrung ihrer Kräfte ist es auch, die die Kameliendame derart begehrenswert macht. Durch ihre exzessive Lebensweise verausgabt sie ihre schwindenden Lebenskräfte umso schneller; zugleich bedeutet diese Verausgabung eine Sensibilisierung, Intensivierung und Überhöhung des Lebens:

> Cela vient, continua-t-elle en prenant ma main et en la posant contre son cœur dont je sentis les palpitations violentes et répétées, cela vient de ce que, devant vivre moins longtemps que les autres, je me suis promis de vivre plus vite.[62]

> [„]Weil ich", fuhr sie fort, indem sie meine Hand faßte und gegen ihr Herz drückte, das ich heftig klopfen fühlte, „weil ich, da ich kürzere Zeit zu leben habe als andere Menschen, mir vorgenommen habe, rascher zu leben."[63]

Wenn Marguerite Gautier gegenüber ihrem Liebhaber die zunächst unverständliche Aussage trifft, sie könne nicht genesen, eine Heilung würde sie umbringen,[64] dann spielt sie damit auf die ihr lebensnotwendige (und standesgemäß bedingte) Sinnlichkeit an. Der Verzicht auf die ausschweifende Lebensweise mag die Möglichkeit einer moralischen Heilung enthalten, würde jedoch zugleich das Ende ihrer gesellschaftlichen Existenz bedeuten. Insofern aber die physische Heilung nicht ohne die sittliche denkbar ist, verschränken sich in signifikanter Weise die vitalistische Konzeption der Schwindsucht und die moralische Perspektive des Romans. Mit der getroffenen Aussage reflektiert die Kameliendame auch ihre kulturell festgeschriebene Rolle. Die schöne Schwindsüchtige erhält

---

60 Dumas, *Kameliendame*, S. 128.
61 „They [the Greek physicians] characterized *spes phthisica* by a perpetual hope of recovery even in the face of devastating disease, and by a feverish urge for accomplishment, as if the patient were anxious to achieve all of which he was potentially capable in an exciting race with death. [...] So many of the famous men and women of the eighteenth and particularly of the nineteenth century were tuberculous – many of them snatching from disease but a few years in which to fulfil their destiny – that the spes phthisica became to be generally regarded as favoring intellectual achievement." René Dubos / Jean Dubos, *The White Plague: Tuberculosis, Man, and Society*, New Brunswick 1987, S. 59.
62 Dumas Fils, *La dame aux camélias*, S. 122f.
63 Dumas, *Kameliendame*, S. 100f.
64 „Si je me soignais, je mourrais. Ce qui me soutient, c'est la vie fiévreuse que je mène." Dumas Fils, *La dame aux camélias*, S. 115.

ihre mythische Bedeutung nur in dem Modus der lebensverzehrenden Verausgabung, die zugleich zu einem ‚sacrificium' wird: Marguerite Gautier *opfert sich* für ein Diesseits, den Geliebten, und für ein zweifaches Jenseits, die christliche Erlösung und die Entstehung des literarischen Textes.

Die semantische Vielschichtigkeit des Romans ergibt sich folglich daraus, daß die Kameliendame nicht nur zum Zwecke der Entstehung eines Kunstwerks geopfert wird, sondern daß sich die Romanhandlung auch als eine Umwandlung des Opfers in ein Selbstopfer lesen läßt. Auch die widersprüchliche Modellierung von Körperlichkeit ist innerhalb dieses Spannungsverhältnisses von Fremd- und Selbstopfer zu verorten, bildet doch der Körper der Kameliendame innerhalb des Romans einerseits ein zentrales Faszinosum, andererseits einen Gegenstand der Abwehr. Die ambivalente Stilisierung des Weiblichen, das sowohl im medizinischen Diskurs des 19. Jahrhunderts als auch vermittels kultureller Bildlichkeiten im Spannungsfeld von Gefahr und Begehren, Bedrohung und Beruhigung, Sicherheit und Destabilisierung konstruiert wird, scheint gerade in der Krankheit der ‚phtisie' eine imaginäre Verankerung zu finden. Die Figur der Kameliendame macht auf diese Weise deutlich, daß in der literarischen Darstellung der Schwindsuchtserkrankung sowohl die beschriebenen Symptome als auch deren Konnotationen zum Ausgangspunkt genommen und die darin enthaltenen Oppositionen und Widersprüche gerade nicht aufgelöst, sondern mitgeführt werden. In diesem Sinne werden sowohl die Intensivierung der Lebensenergien wie auch die völlige Ermattung der ‚Dame aux camélias' zum Kennzeichen ihrer Krankheit, sowohl ihr Leben als Kurtisane wie auch ihr Martyrium lassen sich im Zeichen der Schwindsucht inszenieren.

Die ‚consomption' ist also nicht nur Aufzehrung von Lebenskräften oder romantische ‚maladie de langueur', sondern sie wird dank ihres Konnotationspotentials zum wesentlichen Anknüpfungspunkt für die skizzierte Opferproblematik im 19. Jahrhundert. Sowohl die von Bronfen und Weigel konstatierte Mortifizierung der Frau bei der Entstehung des Kunstwerks wie auch die Möglichkeit einer Umwandlung in ein als aktiv zu begreifendes Selbstopfer sind in der Schwindsucht angelegt. Das gilt auch für die im religiösen Kontext vorgenommene Konzeption der Krankheit als ‚maladie mystique', wobei der Vorgang der Auszehrung, etwa in weiblich konnotierten Selbstkasteiungspraktiken wie dem Fasten, als ein Geben des Körpers verstanden werden kann.[65] Generell tritt die als Opfer Leidende in der Neuzeit an die Stelle der jungfräulichen Märtyrerin des Urchristentums, die sich ihre Heiligkeit durch die Zerstörung ihres Körpers im Martyrium erwarb.[66] So kann auch die Symptomatik der Schwindsucht

---

65 Vgl. Albert, *Le sang et le Ciel*, S. 124f.

66 „Le martyre des femmes devient clairement ‚victimal' et au bout du compte la souffrante, mieux encore qu'une vierge martyre [...], en constitue l'incarnation la plus parfaite." Ebd., S. 129. Zur Opferdimension im Märtyrertod vgl. auch das Lemma „Opfer", in: Gerhard Müller (Hg.), *Theologische Realenzyklopädie*, Bd. 25, Berlin / New York 2000, S. 253–299, hier: S. 273.

als eine Negierung des Körpers gelesen werden, die in der christlichen Konzeption aufgrund der Vorstellung einer grundsätzlichen Unreinheit des weiblichen Körpers die Voraussetzung der Heiligkeit von Frauen bildet.[67]

Genau vor diesem Hintergrund wird es Dumas möglich, auch das Leiden der alles andere als jungfräulichen Kameliendame als Martyrium eines schwindenden Körpers darzustellen: „[…] ses joues, si amaigries et si pâles que vous ne reconnaîtriez plus le visage de celle que vous aimiez tant. […] Jamais martyre n'a souffert pareilles tortures, à en juger par les cris qu'elle poussait."[68] Das Martyrium der Kameliendame ist ein selbstgewähltes, das seinen Ursprung in ihrem selbstlosen Verzicht auf Duval hat, um die Heirat seiner Schwester Blanche nicht zu gefährden. Wohlwissend, daß die Eifersucht des um ihre Beweggründe nicht wissenden Duval ihre Leiden noch steigern wird, nimmt sie sich einen anderen Liebhaber und verbindet dadurch die Dimension des Martyriums mit der Selbstverschwendung im sinnlichen Exzeß:

> […] il me semblait que, plus vous me persécuteriez, plus je grandirais à vos yeux le jour où vous sauriez la vérité. Ne vous étonnez pas de ce martyre joyeux, Armand, l'amour que vous aviez eu pour moi avait ouvert mon cœur à de nobles enthousiasmes. […] Entre l'exécution du sacrifice que je vous avais fait et votre retour, un temps assez long s'était écoulé pendant lequel j'avais besoin d'avoir recours à des moyens physiques pour ne pas devenir folle […]. J'avais comme l'espérance de me tuer rapidement, à force d'excès, et, je crois, cette espérance ne tardera pas à se réaliser.[69]

> […] ich [bildete] mir ein, daß ich, je mehr Sie mich quälten, desto höher in Ihrer Achtung an dem Tag steigen werde, da Sie die Wahrheit erfahren. Wundern Sie sich nicht über dieses freudige Martyrium, Armand. Die Liebe, die Sie mir schenkten, hat mein Herz großer Regungen fähig gemacht. […] Von dem Tag an, da ich das Opfer auf mich nahm, bis zu Ihrer Rückkehr ist eine geraume Zeit verflossen, während welcher ich, um nicht wahnsinnig zu werden und um das Leben zu übertäuben, in dem ich mich wiederfand, nicht anders konnte, als Zuflucht in physischen Reizungen zu suchen. […] Ich

---

67 „[…] il revient le plus souvent à leur corps d'exprimer leurs mérites sanctifiants." Albert, *Le sang et le Ciel*, S. 21. Generell stellt Albert fest, daß Frauen vor allem für ihr passives Leiden und ihre Kasteiung heiliggesprochen werden, während Männer häufiger auch für aktiv erworbene Verdienste geheiligt werden (ebd., S. 85f.). Zur Dimension von Körper und Heiligkeit vgl. auch S. 98 und 177f.

68 Dumas Fils, *La dame aux camélias*, S. 246f. („[…] die ach so blassen und hohlen Wangen. Sie würden die, die Sie einst so liebten, nicht wiedererkennen […]. Sie schrie furchtbar. Ein Märtyrer kann kaum mehr Qualen erduldet haben als sie." Dumas, *Kameliendame*, S. 260f) In der katholischen Kirche sind reuige Prostituierte nicht grundsätzlich von der Heiligsprechung ausgeschlossen, sie müssen allerdings durch besondere Kasteiung des Körpers Buße tun, vgl. Albert, *Le sang et le Ciel*, S. 173–176. Über diese Sakralisierung der Kameliendame wird auch das Skandalon des Sujets gemildert, das der Erzähler außerdem über verschiedene Parallelgeschichten wie die der ebenfalls an Schwindsucht verstorbenen Tochter des alten Herzogs und der von einer verdorbenen Mutter unschuldig in Prostitution und Elend gestoßenen Louise in Bahnen der moralischen Erbauung umzuleiten sucht.

69 Dumas Fils, *La dame aux camélias*, S. 237.

nährte dabei die Hoffnung, daß die Ausschweifungen mich rascher dem Tode nähern werden, und ich glaube, daß sich diese Hoffnung bald erfüllt.[70]

Der Höhepunkt ihres heroischen Opfers besteht schließlich in einer letzten Liebesnacht mit Duval, in der sie sich ihrem Liebhaber auf gleichermaßen sexuelle wie christlich-keusche Weise ein letztes Mal hingibt. In diesem Moment, wo einerseits ihr Körper zur Opfergabe stilisiert wird und sie andererseits in dem ‚amour fiévreux' ihre letzten Kräfte aufzehrt, ist auch der Höhepunkt von Duvals Liebe erreicht.

In diesem Vorgang des Sich-Opferns, diesem „martyre *joyeux*", spielt das Schreiben eine zentrale Rolle. Indem Marguerite Gautier ihre Selbstaufgabe in ihrem Tagebuch beschreibt – und vor allem indem sie dieses Tagebuch an Armand Duval adressiert – setzt sie den Geliebten über ihre Tat in Kenntnis und zwingt ihn, ihr Opfer anzuerkennen. Sie erschreibt sich damit einerseits die Rolle der sich selbstlos Aufopfernden, definiert also ihren Status gegenüber Duval neu, und macht das aufsehenerregende Selbstopfer, das ihr im Angesicht des Todes Unsterblichkeit zusichern soll, gleichsam zu einem Akt der Selbstkonstitution.[71] Gleichzeitig macht sie auf diese Weise sichtbar, daß sich durch dieses Opfer für seinen Empfänger eine Verpflichtung zur Kompensation ergibt.[72] Es stellt sich also die Frage, ob dem ‚sacrifice' womöglich eine vitale Funktion oder ein ökonomischer Mehrwert *für das Opfer* zukommt, ob also gerade das Selbstopfer einen Handlungsspielraum eröffnet.

Wenn Marguerite Gautier in der zitierten Passage die physische Dimension ihres ‚sacrifice' formuliert, dann öffnet sie damit den Blick auf die daran geknüpfte Gewalt, aber auch auf die Sinnlichkeit. Gleichzeitig macht sie deutlich, daß sie dieses Opfer nicht ohne eine konkrete Intention oder Strategie bringt: „plus vous me persécuteriez, plus je grandirais à vos yeux le jour où vous sauriez la vérité." Indem Marguerite Gautier also eine konkrete ‚Ökonomie' des Opfers formuliert, verleiht sie ihrem Martyrium nicht nur einen Sinn, sondern macht auch die strategische Dimension des Selbstopfers deutlich. Der Roman Dumas' zeigt also bereits auf, daß die Mortifizierung der Frau im Prozeß des Kunstschaffens notwendig gestört wird, sobald die Schwindsüchtige selbst zu einer

---

70 Dumas, *Kameliendame*, S. 249.
71 Vgl. zu diesem Aspekt des Selbstopfers Katja Malsch, *Literatur und Selbstopfer: Historisch-systematische Studien zu Gryphius, Lessing, Gotthelf, Storm, Kaiser und Schnitzler*, Würzburg 2007, S. 12.
72 Die Herstellung eines Verpflichtungsverhältnisses und die Definition von Status und Identität des Entäußernden nennt der Ethnologe Josef Drexler als zwei wichtige Funktionen der „Gabe an geistige Wesen", die sich in nahezu allen „Kommunikationsritualen" (Opferhandlungen) wiederfinden lassen und auf einer Sozialpsychologie des Schenkens beruhen. Vgl. Josef Drexler, *Die Illusion des Opfers. Ein wissenschaftlicher Überblick über die wichtigsten Opfertheorien ausgehend vom deleuzianischen Polyperspektivismusmodell*, München 1993, S. 179f.

Darstellung ihrer Krankheit gelangt. Im Hinblick auf unser Textkorpus ließe sich die Frage also auch so formulieren: Was passiert, wenn das Opfer „ich" sagt?

4. Strategien weiblichen Schreibens über die Schwindsucht

Das romantische Bild der schönen Schwindsüchtigen, wie es der Roman *La dame aux camélias* entwirft und wie es bis zum Ende des Jahrhunderts populär bleibt, kontrastiert notwendig mit den Krankheitserfahrungen junger Frauen, die tatsächlich an der ‚phtisie' leiden. Der Roman von Alexandre Dumas läßt sich auch als zeittypischer Sublimierungsversuch verstehen, in dem die Ausblendung des realen Körpers zur Voraussetzung dafür wird, daß das Faszinosum der schönen Schwindsüchtigen entstehen kann. Eine strukturell ähnliche Problematik liegt, wie bereits ausgeführt, den dominierenden medizinischen Diskursen der Zeit zugrunde. Der Versuch einer eindeutigen Definition des Krankheitsbildes über das Kriterium der Läsion steht der ‚multiformité' und ‚insaisissabilité' an Symptomen gegenüber, die sich dem eindeutigen Zugriff entziehen. Sowohl in Kunst und Literatur wie auch innerhalb der medizinischen Debatten besteht eine offenkundige Diskrepanz zwischen Zielpunkt und Formenvielfalt der Krankheitsdarstellung – und in eben dieser Lücke zwischen Erklärungsversuch und Repräsentationsüberschuß sind die autobiographischen Schreibweisen schwindsüchtiger Frauen zu verorten.

Bei diesem Schreiben in der Ich-Form stellt sich nicht nur die Frage nach der Opferrolle, sondern auch die nach dem Einfluß der Krankheit auf die Form des Schreibens. Während sich das von außen gesetzte Bild der schönen Schwindsüchtigen, wie es bei Dumas oder Chateaubriand zu finden ist, durch weitgehende Eindeutigkeit, Geschlossenheit und Statik auszeichnet, muß das Schreiben über die *eigene* Krankheit notwendig zu einer anderen formalen Ausgestaltung kommen, die durch Heterogenität und Dynamik charakterisiert ist, und sich der Mortifizierung entzieht. Ebenso wie die Korrespondenzen werden die ohnehin fragmentarischen Tagebucheinträge durch die Krankheit rhythmisiert, sie verlangsamen oder verdichten sich in Abhängigkeit vom Zustand der Schreibenden. Der Einfluß, den die Krankheit auf den zeitlichen und formalen Modus des Niederschreibens nimmt, ist also auch Ausdruck dafür, wie diese den Bezug des schreibenden Individuums zur Welt verändert. Ferner hat der krankheitsbedingte Kontrollverlust über bestimmte Körperfunktionen Auswirkungen auf das Selbstbild der Leidenden und somit auch auf ihre Selbstartikulation.[73]

---

73 Der Soziologe Arthur Frank entwickelt hierzu ein Identitätskonzept, das in wesentlichen Zügen auf den Bezug des Individuums zu seinem Körper gestützt ist. Vgl. Arthur Frank, *The Wounded Storyteller. Body, Illness and Ethics*, Chicago / London 1995, S. 27–52. Er geht dabei soweit zu sagen, daß im Falle von Krankheit der Körper die Persönlichkeit schafft: „the body creating the person", ebd., S. 27. Auch wenn Frank in seiner Studie retrospektives Erzählen von Krankheit betrachtet, wird man hier nur einen graduellen, aber keinen prinzipiellen Un-

Das Schreiben kann somit zu einer Form der Krankheitsbewältigung, zu einer Umformung des nur passiv Erlittenen zur aktiv angeeigneten Erfahrung werden. Die ‚écriture de la consomption' läßt sich folglich als ein Vorgang auffassen, der über das bloße Schreiben *über* den Körper hinausgeht, insofern sich der Körper selbst im Sprechen und Schreiben vernehmbar macht.[74] Aus diesem Grund offenbart die ‚écriture de la consomption' ein anderes, abweichendes Wissen über die Krankheit. In der Brüchigkeit und Unabgeschlossenheit der Form, im Supplementcharakter des Schreibens selbst, werden die Konstruktionsbedingungen eines letztlich ebenso sozial geprägten wie individuell erfahrenen Phänomens wie der Schwindsucht gespiegelt.

Bei der Bearbeitung von Selbstzeugnissen aus dem 19. Jahrhundert muß aber auch der Umstand Berücksichtigung finden, daß in den von Frauen verfassten Tagebüchern und Mémoiren aufgrund der wieder zunehmend religiös geprägten Mädchenerziehung[75] häufig nur in sehr eingeschränkter Form überhaupt von Krankheit die Rede ist.[76] Finden sich hier Darstellungen der auszehrenden Krankheit, so sind diese, insbesondere was das Nachzeichnen körperlicher Symptome angeht, oftmals gar nicht intendiert. Von Seiten der Schreibenden lässt sich vielmehr eine Selbstzensur beobachten, im Zuge derer der eigene Körper ausgeblendet wird, und die im Extremfall dazu führt, daß über die eigene Krankheit gar nicht geschrieben wird.[77] Das trifft auch für viele von Frauen verfaßte

---

 terschied zum Tagebuch ansetzen dürfen. Vgl. auch Anne Hunsaker Hawkins, die Tagebücher grundsätzlich unter den Begriff der Auto-Pathographie fassen will. Vgl. Anne Hunsaker Hawkins, *Reconstructing Illness: Studies in Pathography*, 2. Aufl., West Lafayette 1999, S. xviii.

74 Vgl. Frank, *The Wounded Storyteller*, S. 27–32.
75 Vgl. Bricard, *Saintes ou pouliches*, S. 73–81.
76 Arbeiten zur ‚écriture de la maladie', insbesondere zum autobiographischen Schreiben über Krankheit von Frauen, stellen noch immer ein literatur- und kulturwissenschaftliches Forschungsdesiderat dar. Als übergreifende, aber nicht genderspezifisch ausgerichtete Darstellungen vgl. Jens Lachmund / Gunnar Stollberg, *Patientenwelten. Krankheit und Medizin vom späten 18. bis zum frühen 20. Jahrhundert im Spiegel von Autobiographien*, Opladen 1995; Frank, *The Wounded Storyteller*; G. Thomas Couser, *Recovering Bodies. Illness, Disability, and Life Writing*, Madison 1997; Hawkins: *Reconstructing Illness*; Marie-France de Palacio (Hg.), *L'écriture de la maladie dans les correspondances. Actes du colloque de Brest – avril 2002*, Brest 2004; Lars-Christer Hydén / Brockmeier Jens, *Health, Illness and Culture. Broken Narratives*, New York / London 2008; auf Frankreich bezogen: Gérard Danou, *Le corps souffrant: littérature et médecine*, Seyssel 1994; Stéphane Grisi, *Dans l'intimité des maladies. De Montaigne à Hervé Guibert*, Paris 1996; Filatre, „Maladie du corps"; Martin Dinges / Vincent Barras (Hgg.), *Krankheit in Briefen im deutschen und französischen Sprachraum, 17.–21. Jahrhundert*, Stuttgart 2007.
77 Ein prominentes Beispiel für das Nichtschreiben von Schwindsüchtigen über ihre Krankheit stellt Eugénie de Guérin (1805–1848) dar, Schwester des Schriftstellers Maurice de Guérin, die in den sechziger Jahren aufgrund des Duktus der Selbstlosigkeit und Opferbereitschaft in ihrem Schreiben zur ‚Sainte du Cayla' stilisiert wird. Ihr zunächst an den ebenfalls an Schwindsucht erkrankten Bruder adressiertes, schließlich über dessen Tod hinaus fortge-

Briefe zu, auch wenn das Austauschen von Informationen über die Gesundheit in der brieflichen Korrespondenz einen festen Topos bildet, der bis in die Antike zurückgeht und bei Briefschreiberinnen wie Pauline de Beaumont und Céleste de Chateaubriand, die im Kontext der ‚Lumières' erzogen wurden, noch deutlich erkennbar ist.[78] In reduzierter Form ist die Rede über die eigene Gesundheit selbst bei der im Tagebuch den Körper tabuisierenden Joséphine Sazerac de Limagne notwendiger Bestandteil ihrer Briefe.

Daß aus dem 19. Jahrhundert generell wenig explizite Selbstdarstellungen kranker Frauen existieren, liegt aber nicht nur in dem Phänomen des Nichtschreibens, Verschweigens oder Ausblendens der eigenen Krankheit und Körperlichkeit begründet, sondern hängt ebenfalls mit fehlender oder verfälschender Überlieferung zusammen.[79] So sind die im folgenden behandelten Korrespondenzen von Pauline de Beaumont und Céleste de Chateaubriand nur in Teilen erhalten, was auf die Herausgeberpraxis des 19. Jahrhunderts zurückzuführen ist, die von einem hagiographischen Interesse am Leben großer Männer geprägt ist. Obwohl sie der Zensur ihrer Herausgeber unterliegen, ist aber noch erkennbar, daß die Briefe beider Frauen, besonders aufgrund ihrer dialogischen Konzeption der ‚phtisie', quer zu den jeweils vorherrschenden, von Ärzten, Priestern und Dichtern geprägten Diskursen über die Schwindsucht laufen.

Dank der seit den 1860er Jahren seitens des liberalen Katholizismus zum Zwecke der Erbauung der Leserinnen und Leser in Gang gebrachten Publikationspraxis existiert eine Fülle an *Journaux* und *Souvenirs*, die von jungen Frauen verfaßt wurden. Der geschriebene Text bleibt allerdings im Zuge der Publikation nur selten unangetastet. Stärker noch als die beschriebene Selbst-

führtes Tagebuch endet gerade in dem Moment, in dem sich Eugénie de Guérins eigene Schwindsucht manifestiert. Und auch die später veröffentlichten Briefe an Familienangehörige und Freundinnen zeugen von einer ‚discrétion absolue' in Bezug auf die eigene Krankheit, während sie sich nach der Gesundheit ihrer Briefpartner angelegentlich erkundigt. Vgl. Wanda Bannour, *Eugénie de Guérin ou une chasteté ardente*, Paris 1983, S. 312.

78 Die Reflexion über Krankheit im Brief hat eine lange Tradition, sie führt von Platon über Seneca bis zu Michel de Montaigne und von dort zu Mme de Sévigné, deren Briefe im 18. Jahrhundert zum unhintergehbaren Modell werden. In Anlehnung an oder in Abgrenzung zu dieser ‚grande épistoliaire' räumen auch Autoren wie Rousseau, Diderot oder Voltaire dem Schreiben über Gesundheit und Krankheit in ihrer Korrespondenz viel Raum ein. Vgl. dazu neben Michel Foucault, „L'écriture de soi", in: ders., *Dits et écrits II, 1976–1988*, Paris 2001, S. 1234–1249, den Sammelband Dinges / Barras, *Krankheit in Briefen*. An diese Tradition knüpfen auch Pauline de Beaumont und Céleste de Chateaubriand in ihren Briefen an.

79 Von Julie Charles, der ‚Elvire' Alphonse de Lamartines, sind nur vier Briefe erhalten, in denen, obwohl sie kurz vor ihrem Schwindsuchtstod verfaßt wurden, von der Krankheit nur am Rande die Rede ist. In der Neuausgabe der Korrespondenz von Lamartine findet sich dazu folgende Anmerkung: „La correspondance de Lamartine et de Julie Charles a été détruite, à l'exception de quatre lettres de Julie publiées par René Doumic en 1905, que l'on trouvera un peu plus loin." Alphonse de Lamartine, *Correspondance d'Alphonse de Lamartine. Deuxième série (1807–1829)*, hg. von Christian Croisille, Bd. II: 1816–1819, Paris 2004, S. 78.

zensur greift dabei häufig eine rigide Herausgeberinstanz in das autobiographische Dokument ein und sorgt für jene Tendenz zur Entkörperlichung, im Zuge derer schwindsuchtskranke Mädchen zu Engeln oder Heiligen stilisiert werden. Die vorgenommenen Modifizierungen sind umso schwerwiegender, als das Schreiben rückblickend an die Stelle des Lebens tritt. Es ist gerade der Tod der schreibenden Frau, der zum Überleben des Werks führt, denn im Falle des Überlebens der Autorin wäre das Tagebuch der Zerstörung oder dem Vergessen anheim gefallen. Philippe Lejeune bringt diesen Umstand in seiner Studie *Le moi des demoiselles* (1993) sehr pointiert zum Ausdruck, wenn er den Tod der Schwindsuchtskranken als Ereignis auffaßt, das zugleich die Immortalisierung des Tagebuchs bedingt: „Il semble que la tuberculose ait souvent, en tuant la diariste, immortalisé son journal."[80] Nicht nur im Schreibvorgang selbst wird die ‚écriture' also zum Supplement eines gelebten Lebens, vor allem im Nachhinein nimmt sie dessen Platz ein und verkörpert damit sowohl die Auslöschung als auch das Überdauern des Subjekts. Auch in einem religiösen Kontext, für den das Tagebuch der Joséphine Sazerac de Limagne stellvertretend steht, wird, wie im Fall Pauline de Beaumonts und der ‚Kameliendame' Marie Duplessis, der Tod, und damit die Opferung der Schwindsüchtigen, zur Voraussetzung dafür, daß ihr Leben und Leiden eine posthume Stilisierung erfährt.

Vor dieser Folie wird das *Journal* der Künstlerin Marie Bashkirtseff, das neben der im 19. Jahrhundert publizierten, stark gekürzten und klischeehaft zugespitzten Fassung mittlerweile als integrale Transkription des Originaltagebuchs vorliegt, als ein bewußtes Anschreiben gegen Stereotype lesbar, wie sie einerseits im religiösen Kontext bei de Limagne zum Ausdruck kommen und wie sie andererseits das Bild der schönen Schwindsüchtigen seit der Darstellung Pauline de Beaumonts in den *Mémoires d'outre tombe* geprägt haben. Bei Bashkirtseff, die die Schwindsucht als Schönheitsattribut wie als Künstlerkrankheit für sich in Anspruch nimmt, kommt es zu einer Umwendung der Rede über die schöne Schwindsüchtige. Die Malerin erschafft sich, in ihren Bildern wie in ihrem Tagebuch, selbst ein Denkmal. Marie Bashkirtseff ist mithin die erste Schwindsüchtige, die sich nicht literarisch darstellen *läßt*, sondern sich selber darstellt. Indem die junge russische Malerin gerade auch die Leidensseite künstlerisch ausgestaltet, gelingt ihr eine selbstbestimmte Aneignung und Umformung des Bildes der schönen Schwindsüchtigen.

In den folgenden Einzelstudien wird also danach gefragt, wie Pauline de Beaumont und Céleste de Chateaubriand, Joséphine Sazerac de Limagne und Marie Bashkirtseff *erstens* die der ‚écriture de la consomption' inhärente Widersprüchlichkeit von Selbstauslöschung und Selbstkonstitution für die Darstellung der eigenen Krankheit nutzen; wie sie *zweitens* die Krankheit (er-)schreiben, d.h. wie sie die Schwindsucht als auszehrende Krankheit in ihren Texten in Anleh-

---

80 Philippe Lejeune, *Le moi des demoiselles. Enquête sur le journal de jeune fille*, Paris 1993, S. 22.

nung an oder in Abgrenzung zum medizinischen Diskurs erst hervorbringen; und wie sie schließlich *drittens* mit der Krankheit schreiben, also wie der kranke Körper Einfluß auf die Selbstdefinition als Individuum nimmt, das seinen Körper krankheitsbedingt anders wahrnimmt. Das Schreiben als Verschiebung, Bewältigung oder Sublimierung von Krankheit changiert dabei beständig zwischen Annahme und Ablehnung, Resignation und Rebellion, Klage und Sinngebung.

Die Frauen nutzen dabei die der Schwindsucht eingeschriebenen Konnotationen und verleihen ihrer Krankheit im Schreiben einen Sinn, der aus dem ‚Sich-Verzehren' für jemanden – für den Geliebten, für Gott, für die Kunst – hervorgeht. Grundsätzlich lassen sich drei Ausprägungen der ‚écriture de la consomption' erkennen, die man als ein Aushandeln, ein Sich-Einschreiben und einen Prozeß von Abwehr und Aneignung bezeichnen könnte und die mit der Adressierung des Schreibens und der Art der Transformation des Opfers zu einem Selbstopfer in enger Beziehung stehen.

Pauline de Beaumont setzt sich in ihrem Schreiben mit dem Haushalt der eigenen Lebenskraft auseinander, sie versucht in ihren Briefen, die Möglichkeiten der Krankenrolle auszureizen und erprobt dabei verschiedene Interaktionsmodelle mit ihren Korrespondenzpartnern. Auf diese Weise gelingt es ihr, Positionen einnehmen, die ihr normalerweise verwehrt bleiben würden, während sie sich zugleich die Aufmerksamkeit ihrer Adressaten sichert. De Beaumonts Briefe, in denen viel von der Schutzlosigkeit und Verfügbarkeit des eigenen Körpers die Rede ist, lesen sich wie Versuche, beim Adressaten ein Begehren nach dem kranken weiblichen Körper zu wecken. Céleste de Chateaubriand verfolgt in ihren Briefen ein ähnliches Prinzip der Einflußnahme, das schließlich dazu führt, daß das Verhältnis zwischen ihr und ihrem Ehemann als System kommunizierender Röhren beschreibbar wird, in dem der jeweilige Krankheitszustand wesentlich von der Anerkennung oder Abwendung des anderen abhängt. Bei beiden Frauen kann das dialogische Umkreisen der Krankheitsthematik deshalb auch als ein Aushandeln der Schwindsucht aufgefaßt werden. Der Andere, für den Pauline de Beaumont und Céleste de Chateaubriand sich aufopfern, wird dabei gleichzeitig zu einer Form der Bindung gezwungen. Das von Männern im Modus der auszehrenden Krankheit inszenierte Frauenopfer wird in den Briefen Pauline de Beaumonts und Céleste de Chateaubriands transformiert und im Sinne einer ökonomisch gedachten Selbstopferung umgewendet.

Joséphine Sazerac de Limagne strebt nach Konformität mit dem christlichen Rollenmuster der ‚victime réparatrice' und nach der Annahme der damit verbundenen Opferrolle. Mit ihrem auf die Erzeugung von ‚résignation' zielenden Tagebuch schreibt sie sich folglich in christliche Diskursmuster ein. Das Schreiben und Sich-Opfern dient dabei aber zugleich einer Sublimierung ihrer selbst, auch wenn sie die von ihr angestrebte Heiligkeit *als Ziel* immer wieder problematisieren muß, weil bereits der Wunsch danach sie schon wieder davon entfernen würde. Ihre Aufzeichnungen, die Jungfräulichkeit zur Perfektion der

Liebe erklären, sind letztlich adressiert an den himmlischen Bräutigam, mit dem im Tod eine Vereinigung angestrebt wird – auch hier ist also die eigene Hingabe nicht von einer zu erwartenden Kompensation zu trennen.

Bei Marie Bashkirtseff schließlich läßt sich ein dynamischer Prozeß aus Abwehr und Aneignung bestehender Vorstellungen über schwindsüchtige Frauen beobachten. In ihrem Tagebuch widersetzt sich die Malerin stereotypen Krankheitsbildern, kokettiert aber auch damit und gelangt auf eine zweifache Weise, im Malen und im Schreiben, zu einer weitestgehend autonom dirigierten Selbstarchivierung. Der dabei beständig mitgedachte ‚Gewinn' liegt in dem angestrebten künstlerischen Nachruhm. Ihr Schreiben richtet sich an die Nachwelt, jeder Satz zielt auf den eigenen Ruhm als Künstlerin und bildet den Versuch, den schwindenden Körper zu verewigen. Bei ihr wird die Vorstellung einer weiblich konnotierten Aufopferung für Liebe und Religion aufgegeben zugunsten des Stereotyps männlicher Selbstaufgabe für die Kunst, welches Bashkirtseff selbstbewußt für sich in Anspruch nimmt.

In dieser Hinsicht ist das Schreiben über die eigene ‚phtisie' in Tagebuch und Brief bei jeder der vier Frauen nicht allein aus dem Wunsch heraus zu erklären, die Krankheit näher zu ergründen oder das Aufzehren der eigenen Lebenskräfte für sich mit Sinn zu versehen. Vielmehr kann das Schreiben angesichts des nahenden Todes auch als Möglichkeit aufgefaßt werden, die in der Krankheit angelegte Dimension der Interaktion zu erproben, zu akzentuieren und damit auch zu taktieren. Denn im Zuge der ‚écriture de la consomption' ergeben sich Handlungsmöglichkeiten, die für eine an Schwindsucht erkrankte Frau im 19. Jahrhundert nicht ohne weiteres denkbar sind. Nur im Schreiben vollzieht sich eine völlige Hingabe an den Geliebten bei gleichzeitigem Versuch, ihn zu verführen oder ihn zu kontrollieren und zu ironisieren; nur im Schreiben kann es eine Selbstaufgabe für Gott geben, die zugleich ein Verpflichtungsverhältnis impliziert; nur im Schreiben schließlich ist eine narzißtische Selbststilisierung zum Kunstwerk möglich. Auf diese Weise verwandelt sich die in der Literatur vollzogene Opferung der schönen Schwindsüchtigen in ein bewußtes Selbstopfer, dessen gleichsam ökonomische Möglichkeiten im Schreiben über die Krankheit ausgelotet werden.

Die ‚écriture de la consomption', so läßt sich den nachfolgenden Untersuchungen als These voranstellen, überführt die darin implizierte Verausgabung in einen niemals abgeschlossenen Sinnzusammenhang und erlaubt, die von außen gesetzte Opferrolle in ein Selbstopfer umzuwandeln. Gerade die prozessuale Dynamik des autobiographischen Schreibens ermöglicht eine Ausgestaltung des Verhältnisses von Krankheit, Frau und Schrift in den Zwischenräumen der vorherrschenden kulturellen Schwindsuchtsdiskurse.

II. Dialogische Aushandlungen der eigenen Schwindsucht in den Briefen Pauline de Beaumonts (1768–1803) und Céleste de Chateaubriands (1774–1847)

Je gèle en vous écrivant.[1]
Pauline de Beaumont

1. Die schöne Leiche als Initiation der *Mémoires d'outre tombe*

Die erste Schwindsüchtige, die in die französische Literaturgeschichte eingeht, ist nicht die Edelprostituierte Marie Duplessis, die als Marguerite Gautier zu Dumas' Kameliendame wird, sondern die verarmte Adlige Pauline de Beaumont, eine Geliebte René de Chateaubriands. Es ist ihr in den *Mémoires d'outre tombe* entworfenes Portrait,[2] das das literarische Stereotyp der schönen Schwindsüchtigen nachhaltig prägen wird:

> Madame de Beaumont, plutôt mal que bien de figure, est fort ressemblante dans un portrait fait par madame Lebrun. Son visage était amaigri et pâle; ses yeux coupés en amande auraient peut-être jeté trop d'éclat, si une suavité extraordinaire n'eût éteint à demi ses regards en les faisant briller languissamment, comme un rayon de lumière s'adoucit en traversant le cristal de l'eau. Son caractère avait une sorte de raideur et d'impatience qui tenait à la force de ses sentiments et au mal intérieur qu'elle éprouvait. […] L'extrême faiblesse de madame de Beaumont rendait son expression lente, et cette lenteur touchait; je n'ai connu cette femme affligée qu'au moment de sa fuite; elle était déjà frappée de la mort, et je me consacrai à ses douleurs.[3]

> Madame de Beaumont, deren Antlitz nicht eigentlich schön zu nennen ist, ist in einem Portrait von Madame Lebrun sehr gut getroffen. Ihr Gesicht war abgezehrt und bleich; ihre mandelförmig geschnittenen Augen hätten vielleicht zu sehr geglänzt, wenn nicht eine außergewöhnliche Sanftheit ihren Blick getrübt hätte und matt schimmern ließ, gerade so wie ein Lichtstrahl weicher wird, wenn er die klare Wasseroberfläche durchdringt. Ihr Charakter zeugte von einer Schroffheit und Ungeduld, die von der Stärke ihrer Gefühle und von dem inneren Schmerz herrührten, den sie empfand. […] Die extreme Schwäche von Madame Beaumont führte zu einer Verlangsamung ihres Ausdrucks, und diese Langsamkeit berührte einen: Ich lernte diese gramgebeugte Frau

---

1 „Ich erfriere fast, während ich Ihnen schreibe."
2 Pauline de Beaumont stirbt 1803, Chateaubriands *Mémoires* erscheinen, wie Dumas' *La dame aux camélias* 1848. Chateaubriand selbst gibt an, die Passagen zu Beaumont 1838 verfaßt zu haben.
3 René de Chateaubriand, *Mémoires d'outre tombe*, hg. von Maurice Levaillant, Georges Moulinier, 2 Bde, Paris 1951, S. 449.

erst kurz vor ihrem Dahinscheiden kennen, sie war schon vom Tode gezeichnet, und ich habe mich ganz in den Dienst ihrer Leiden gestellt.[4]

Die schmale Silhouette, das blasse, magere Gesicht, die mandelförmigen Augen, deren spezifischer Glanz zugleich Anzeichen eines intensiven Gefühlslebens und stiller innerer Trauer ist, ihre Schwäche und Hilfsbedürftigkeit werden zu Charakteristika begehrenswerter Frauen, die an der auszehrenden Krankheit leiden und deren Tod Anlaß zum Verfassen großer Werke gibt.

Paulines Tod in Renés Armen ist in Chateaubriands *Mémoires*, die das literarische 19. Jahrhundert prägen wie kaum ein anderer autobiographischer Text, als Urszene des schönen Schwindsuchtstods kodifiziert:

> Les convulsions ne durèrent que quelques minutes. Nous la soutenions dans nos bras, moi, le médecin et la garde: une de mes mains se trouvait appuyée sur son cœur qui touchait à ses légers ossements; il palpitait avec rapidité comme une montre qui dévide sa chaîne brisée. Oh! moment d'horreur et d'effroi, je le sentis s'arrêter! nous inclinâmes sur son oreiller la femme arrivée au repos; elle pencha la tête. Quelques boucles de ses cheveux déroulés tombaient sur son front; ses yeux étaient fermés, la nuit éternelle était descendue. Le médecin présenta un miroir et une lumière à la bouche de l'étrangère: le miroir ne fut point terni du souffle de la vie et la lumière resta immobile. Tout était fini.[5]

> Die Zuckungen dauerten nur wenige Minuten. Wir hielten sie in unseren Armen, ich, der Arzt und die Krankenschwester: Meine eine Hand ruhte auf ihrem Herzen, das gegen ihre zarten Knochen pochte, es schlug mit der Geschwindigkeit eines überdrehten Uhrwerks. Ach! Welch entsetzlicher Augenblick, ich spürte, wie es zu schlagen aufhörte! Wir betteten die zur Ruhe gekommene Frau auf ihrem Kopfkissen und ihr Kopf sank zur Seite. Einige Locken ihrer aufgelösten Haare fielen ihr in die Stirn; ihre Augen waren geschlossen, die ewige Nacht hatte sich herabgesenkt. Der Arzt hielt einen Spiegel und eine brennende Kerze an den Mund der Fremden: Der Spiegel wurde nicht durch den Atem des Lebens getrübt und die Flamme blieb unbewegt. Alles war vorbei.[6]

Pauline de Beaumont stirbt lange *vor* Marie Duplessis an der Schwindsucht, noch *vor* Julie Charles, die Alphonse de Lamartine in seinem Gedicht *Le Lac* zum Vorbild der Elvire macht, *vor* Nephtalie de Courmont, deren Portrait die Brüder Goncourt in *Mme Gervaisais* zeichnen, sie stirbt *vor* all den anderen jungen Frauen, die geschwächt, mit fiebrig glänzenden dunklen Augen in einem blassen Gesicht ihren letzten Atemzug tun.[7] Beaumonts letzte Herzschläge

---

[4] Die Übersetzungen der Zitate aus den *Mémoires d'outre tombe* folgen der deutschen Übersetzung des ersten Bandes von Sigrid von Massenbach und sind gelegentlich leicht angepaßt, die Übersetzungen aus dem 2. Band stammen von der Verfasserin. Hier: René de Chateaubriand, *Erinnerungen*, hg. und übers. von Sigrid von Massenbach, Darmstadt 1968, S. 248.

[5] Chateaubriand, *Mémoires*, S. 517.

[6] Chateaubriand, *Erinnerungen*, S. 273.

[7] Zur Entstehung der Schwindsuchtstopoi im angelsächsischen Bereich und zu ihrem ‚gendering' im 18. Jahrhundert vgl. Clark Lawlor, *Consumption and Literature*, besonders Kap. 3

werden mit den Geräuschen eines Uhrwerks verglichen, das viel zu rasch abläuft, da seine innere Kette zerbrochen ist. Auch sie hat, wie Marguerite Gautier, ‚zu schnell' gelebt, aber Beaumont stirbt, anders als die Kameliendame, einen schönen, schmerzlosen und aseptischen Tod, von dem keine Todesschreie und keine entstellten Gesichtszüge, sondern ein klarer Spiegel und eine unbewegte Kerzenflamme zeugen.

In den *Mémoires d'outre tombe* nimmt die Auseinandersetzung mit der Krankheit und dem Sterben der schwindsuchtskranken Pauline de Beaumont nicht nur zahlreiche Buchseiten ein, ihrem Tod wird darüber hinaus die Funktion einer Initiation zugesprochen: Der Tod der Geliebten wird zum Auslöser des autobiographischen Projekts selbst. Im fünfzehnten, Beaumont gewidmeten, Buch betont Chateaubriand, seine Memoiren 1803, angesichts ihres Schwindsuchtstodes in Rom, erstmals konzipiert zu haben.[8] Ausgangspunkt der *Mémoires d'outre tombe*, mit denen Chateaubriand sich als Autor dreißig Jahre später selbst ein monumentales Denkmal setzt, ist der Wille, das Sterben seiner Geliebten zu verewigen. Dieses Vorhaben hat er zu diesem Zeitpunkt bereits in einem anderen Medium umgesetzt: Der aufstrebende Dichter und Diplomat hat Pauline de Beaumont in Rom, in der Kirche *San Luigi dei francesi*, ein von dem Bildhauer Joseph Charles Marin gestaltetes Denkmal setzen lassen, das sie in Marmor gemeißelt als schöne Leiche auf ihrem Sterbebett zeigt. Dieses Grabmal, das man noch heute besichtigen kann, findet seine Ergänzung im Mémoireprojekt. In den *Erinnerungen von jenseits des Grabes* wird die Petrifizierung Beaumonts fortgeführt – mit den Mitteln der Literatur.

Die Worte, die Chateaubriand unter Beaumonts Marmorgrabmal meißeln läßt, stellen eine kausale Verbindung zwischen Paulines Krankheit und den Morden an ihrer Familie während der Französischen Revolution her:

D.O.M.
Après avoir vu périr toute sa famille,
son père, sa mère, ses deux frères et sa sœur,
PAULINE DE MONTMORIN,
consumée d'une maladie de langueur,

„The genteel, linear, consumptive make': The Disease of Sensibility and the Sentimental" sowie Kap. 4 „‚A consuming malady and a consuming mistress': Consumptive Masculinity and Sensibility", S. 43–110.

8   „C'est aussi à Rome que je conçus, pour la première fois l'idée d'écrire les *Mémoires de ma vie*; [...]. Dans une lettre à M. Joubert, j'esquissais ainsi mon plan: Mon seul bonheur est d'attraper quelques heures pendant lesquelles je m'occupe d'un ouvrage qui peut seul apporter de l'adoucissement à mes peines: ce sont les *Mémoires de ma vie*. Rome y entrera; ce n'est que comme cela que je puis désormais parler de Rome." Chateaubriand, *Mémoires*, Bd. I, S. 525. Der Brief an Joubert ist auf Dezember 1803 datiert und findet sich in René de Chateaubriand, *Correspondance générale I*, hg. von Béatrix d'Andlau, Pierre Christophorov, Pierre Riberette, Bd. I (1789–1807), Paris 1977, S. 296.

est venue mourir sur cette terre étrangère.
F.A. de Chateaubriand
a élevé ce monument à sa mémoire.⁹

Deo Optimo Maximo
Nachdem sie ihre ganze Familie hatte sterben sehen,
ihren Vater, ihre Mutter, ihre beiden Brüder und ihre Schwester, kam
PAULINE DE MONTMORIN,
aufgezehrt von einer Krankheit der Entkräftung und Sehnsucht,
in dieses fremde Land um zu sterben.
F.A. de Chateaubriand
hat ihr zum Gedächtnis dieses Denkmal errichtet.

Die Schwindsucht wird hier als ‚maladie de langueur' bezeichnet, als Krankheit der Entkräftung und Sehnsucht, die Pauline, mit Mädchennamen de Montmorin, Tochter eines der letzten politischen Berater Ludwig des XVI., aufgezehrt und schließlich getötet hat. Paulines Vater, Armand-Marc de Montmorin, wurde 1792, während der ersten Phase der ‚terreur', gemeinsam mit seiner Frau und drei seiner fünf Kinder verhaftet und umgebracht. In dem Text unter dem Grabmal inszeniert Chateaubriand Paulines Sterben als Hinscheiden an einer Krankheit, die auf die Läsionen zurückführbar ist, die die französische Revolution ihr zugefügt hat – und inszeniert somit ein Motiv, das in der romantischen Bewegung Konjunktur hat.¹⁰

Pauline de Beaumont ist nicht die einzige Schwindsuchtskranke, von der in den *Mémoires d'outre tombe* die Rede ist. Chateaubriand selbst litt lange Zeit, neben Rheuma, an einer Lungenkrankheit, die ihn schwächte und die immer wieder Bettlägerigkeit und längere Arbeitsausfälle mit sich brachte – auch hierbei handelte es sich vermutlich um ‚phtisie'. In den *Mémoires* selbst ist dies jedoch nicht zu erkennen, da körperliche Symptomatiken hier weitgehend ausklammert und Chateaubriands eigene Krankheiten zu einem unheilbaren Leiden ‚an der Welt' stilisiert werden.¹¹ Die *Mémoires*, die Chateaubriands Darstellung zu-

---

9 Marie-Louis-Jean-André-Charles Demartin du Tyrac Marcellus, *Chateaubriand et son temps*, Paris 1859, S. 154.

10 Chateaubriands Schwester Lucile de Caud, die ebenfalls unter der Revolution gelitten hat und früh gestorben ist, wird in ihrer Sensibilität als Seelenverwandte Pauline de Beaumonts geschildert, in ihrer Ablehnung des gesellschaftlichen Lebens trägt Lucile, wie Pauline, Züge einer Heiligen und Märtyrerin. Einige ihrer Briefe finden Aufnahme in die *Mémoires* und werden wie folgt kommentiert: „La voix du cygne, qui s'apprêtait à mourir, fut transmise par moi au cygne mourant: j'étais l'écho de ces ineffables et derniers concerts!" Chateaubriand, *Mémoires*, Bd. I, S. 512.

11 Vgl. dazu etwa Pierre-Jean Dufief: „Pourtant, l'auteur décrit sa neurasthénie, son mal de vivre, aveu certes rendu plus facile par le fait qu'il évoque là un trait stéréotypé d'une personnalité romantique qu'il a contribué à constituer en écrivant *René*." Pierre-Jean Dufief, *Les écritures de l'intime de 1800 à 1914: autobiographies, mémoires, journaux intimes et correspondances*, Rosny 2001, S. 81.

folge angesichts des Schwindsuchtstodes Pauline de Beaumonts konzipiert wurden und die sich somit unmittelbar von der Petrifizierung ihrer schönen Leiche herleiten, scheinen den Prozeß der Versteinerung fortzusetzen.

Mit dem Ausschluß des leidenden Körpers aus seinen *Mémoires* folgt Chateaubriand einer Leitlinie, die er in einem in den Gesamttext integrierten Brief an seinen Freund Joseph Joubert darlegt: Das autobiographische Projekt wird hier zwar in Anschluß an Rousseaus *Confessions*, zugleich aber auch in expliziter Abgrenzung dazu entworfen. Chateaubriand beruft sich auf Rousseau, betont aber zugleich, es solle in den *Mémoires d'outre tombe* nicht um eine Enthüllung der „misères communes", der körperlichen wie psychischen Defizite des schwachen Menschen gehen:

> Je n'entretiendrai pas [...] la postérité du détail de mes faiblesses; je ne dirai de moi que ce qui est convenable à ma dignité d'homme et, j'ose le dire, à l'élévation de mon cœur. [...] Ce n'est pas, qu'au fond, j'ai rien a cacher; je n'ai ni fait chasser une servante pour un ruban volé, ni abandonné mon ami mourant dans une rue, ni déshonoré la femme qui m'a recueilli, ni mis mes bâtards aux Enfants-Trouvés; mais j'ai eu mes faiblesses, mes abattements de cœur; un gémissement sur moi suffira pour faire comprendre au monde ces misères communes, faites pour être laissées derrière le voile.[12]

> Ich beabsichtige nicht [...], die Nachwelt mit Einzelheiten meiner Schwächen zu unterhalten; ich werde nichts über mich erzählen, was nicht meiner Menschenwürde angemessen ist, und, wenn ich so sagen darf, der Erhabenheit meines Herzens. [...] Nicht, daß ich etwas zu verbergen hätte. Ich habe weder eine Magd wegen eines gestohlenen Bandes davongejagt, noch einen sterbenden Freund auf der Straße zurückgelassen, noch die Dame, die mich aufgenommen hat, entehrt, noch meine unehelichen Kinder ins Waisenhaus gesteckt; aber auch ich hatte meine Schwächen, Stunden der Niedergeschlagenheit; ein Ächzen über mich selbst wird genügen, um der Welt dieses gemeine Elend, welches dazu bestimmt ist, hinter dem Vorgang zu bleiben, verständlich zu machen.[13]

Tatsächlich finden sich in den *Mémoires* weder Details zur materiellen Situation ihres Protagonisten, noch zu seinem Sexualleben oder seiner gesundheitlichen Verfassung. René de Chateaubriand distanziert sich vom körperlichen und psychischen Exhibitionismus, den Jean Jacques Rousseau in den *Confessions* betreibt, und klammert somit einen wesentlichen Aspekt des autobiographischen Projekts seines wirkungsmächtigen Vorgängers aus: es geht ihm gerade *nicht* mehr darum, das Innere nach außen zu wenden und *alles* zu sagen.[14] Gleichzei-

---

12 Chateaubriand, *Mémoires*, Bd. I, S. 525f. Aus einem in die *Mémoires* integrierten Brief an Joubert vom Dezember 1803.
13 Chateaubriand, *Erinnerungen*, S. 277f.
14 *Intus et in cute* (innen und unter der Haut) ist bekanntlich das Epigraph, das Rousseau den *Confessions* voranstellt, „Je veux montrer à mes semblables un homme in dans toute la vérité de la nature; [...]." heißt es gleich darauf. Vgl. Jean Jacques Rousseau, *Confessions*, hg. von Bernard Gagnebin, Marcel Raymond, Paris 1959.

tig mit den eigenen moralischen Schwächen wird in den *Mémoires* der Körper – der des Anderen ebenso wie der eigene – zum Schweigen gebracht. Bei einer Parallellektüre der *Bekenntnisse* und der *Erinnerungen* fällt auf, daß Chateaubriand seine Krankheiten, anders als Rousseau, in hohem Maße abstrahiert und sie gänzlich in ein philosophisch-religiöses Leiden an der Welt transformiert. Wie schon im Fall Pauline de Beaumonts wird auch die eigene Lungenkrankheit zu einer ‚maladie de langueur' gemacht und somit entkörperlicht.

Noch eine weitere Schwindsuchtskranke wird in den *Mémoires d'outre tombe* erwähnt: Besonders schwer hatte Chateaubriands Frau Céleste mit der auszehrenden Krankheit zu kämpfen, sie litt Jahrzehnte lang unter Lungenschwindsucht und mußte sich zahlreichen Behandlungen unterziehen. Céleste de Chateaubriands Krankheit taucht in den *Mémoires* aber nur am Rande auf, insgesamt wird ihrer Person, die Chateaubriand ein Leben lang begleitet, weit weniger Raum gewidmet als Pauline de Beaumont. Chateaubriand überlebt seine Frau nur um ein Jahr, er lebt bis zu ihrem Tod im Alter von 73 Jahren an ihrer Seite. Anders als Pauline, die früh stirbt und sich somit eignet, als ätherisch gezeichnete Muse Chateaubriands in die biographisch ausgerichtete Literaturgeschichte des 19. Jahrhunderts einzugehen, bekommt Céleste de Chateaubriand den Part der alternden, hypochondrischen Ehefrau zugeschrieben, die René mit ihrer Eifersucht verfolgt und seine Kreativität behindert.

Das Urteil der literarischen Nachwelt geht, wie im Fall Paulines, auf die Aussagen zurück, die Chateaubriand in den *Mémoires*, aber auch in seiner umfangreichen Korrespondenz, insbesondere der mit seinen diversen Geliebten, über seine Frau gemacht hat, sie werden zu festen Größen der Literaturgeschichte.[15] Eine anschlußfähige Vorlage liefern Aussagen wie diese, aus dem neunten Buch der *Mémoires*:

> [...] elle s'est avancée, stérile et solitaire vers la vieillesse. Souvent séparée de moi, adverse aux lettres, l'orgueil de porter mon nom ne lui est point un dédommagement. Timide et tremblante pour moi seul, ses inquiétudes sans cesse renaissantes lui ôtent le sommeil et le temps de guérir ses maux: je suis sa permanente infirmité et la cause de ses rechutes. Pourrais-je comparer quelques impatiences qu'elle m'a données aux soucis que je lui ai causés?[16]

> [...] sie näherte sich, steril und einsam, dem Alter. Da sie häufig von mir getrennt war, ist ihr, die sie die Literatur als Feind betrachtet, der Stolz, meinen Namen zu tragen,

---

15 Diese Auffassungen wirken bis heute nach: „Cette femme résolue, entière, sèche et intelligente [...] devait être en même temps de ces personnes toujours souffrantes, qui admettent malaisement que les autres le soient." José Cabanis, „Chateaubriand et le Dr. Récamier: un dossier médical inédit", in: *Bulletin Chateaubriand* 18 (1975), S. 13–28, hier S. 27. Noch Cléments vorsichtige ‚Rehabilitierung' Célestes im Vorwort zur 2001 erschienenen Neuausgabe ihrer *Mémoires* ist davon geprägt, vgl. Céleste de Chateaubriand, *Les cahiers de madame de Chateaubriand*, hg. von Jean-Paul Clément, Paris 2001, S. 7–46.

16 Chateaubriand, *Mémoires*, Bd. I, S. 289.

keine Entschädigung. Während sie einzig um mich bangt, verwehren ihr ihre immer wiederkehrenden Sorgen den Schlaf und so die Zeit, um ihre Krankheiten zu heilen: Ich bin ihr stetes Gebrechen und die Ursache ihrer Rückfälle. Wie könnte ich die kleinen Ungelegenheiten, die sie mir bereitet hat, mit den Sorgen vergleichen, die ich ihr gemacht habe?[17]

Die Sterilität, von der hier die Rede ist, bezieht sich nicht nur auf die Kinderlosigkeit des Ehepaars, sondern implizit auch auf Célestes mangelnde Fähigkeit, die Kreativität ihres Mannes anzuregen. Chateaubriand beschreibt seine Frau als Gegnerin der „lettres", die sich von seinem Ruhm unbeeindruckt zeigt, dafür aber ständig so besorgt um ihn ist, daß es sich auf ihre Gesundheit auswirkt. Dadurch betreibt sie, wie das Zitat impliziert, ‚chantage affectif' und setzt ihn moralisch unter Druck. Auch wenn Chateaubriand in den *Mémoires* keinerlei Details über ihren Gesundheitszustand bringt, deutet sich mit der bloßen Erwähnung ihrer leidenden Körperlichkeit eine Störung an.

Ausgehend von einem detaillierten Blick auf die Darstellung weiblicher Schwindsucht in den *Mémoires d'outre tombe* und in Briefen des Autors, soll es im folgenden um *eigene* Texte der beiden Frauen gehen, um Texte also, die im Schatten von Chateaubriands monumentalem Werk entstanden sind und in denen von der ‚phtisie' als auszehrender Krankheit die Rede ist. Die Bilder, die in den *Mémoires d'outre tombe* und flankierend in Chateaubriands Briefen von den beiden schwindsüchtigen Frauen Pauline de Beaumont und Céleste de Chateaubriand entworfen wurden und die sich, ausgehend von diesen Quellen, in der biographisch ausgerichteten Literaturgeschichte des 19. Jahrhunderts verankert haben, werden mit den Bildern kontrastiert, die die beiden von sich selbst entwerfen, wenn sie in autobiographischen Aufzeichnungen, besonders in Briefen, über ihre Krankheit schreiben. Nachgezeichnet werden soll, wie Pauline und Céleste sich angesichts ihres meist abwesenden männlichen Gegenübers, René de Chateaubriand, in der Darstellung der auszehrenden Krankheit selbst als Leidende konstituieren.

Da Beaumonts Briefe an Chateaubriand nicht erhalten und die, die seine Frau an ihn adressierte, noch immer nicht zugänglich sind, wird im folgenden auf Briefe an Dritte zurückgegriffen, schwerpunktmäßig auf Briefe, die Pauline de Beaumont und Céleste de Chateaubriand an den Philosophen und Essayisten Joseph Joubert und dessen Frau geschrieben haben. Beaumont lernt Chateaubriand über die Jouberts kennen. Als Pauline tot ist und René wieder mit seiner Frau zusammenlebt, werden die beiden zu ‚Hausfreunden' des Ehepaars Chateaubriand. Es ist zu vermuten, daß die Briefe, die Pauline und Céleste an die Jouberts schreiben, veranlaßt durch die enge Freundschaft und die ausgiebige Korrespondenz zwischen Joubert und Chateaubriand, stets zugleich Briefe an die Adresse Chateaubriands sind.

---

17 Chateaubriand, *Erinnerungen*, S. 167.

‚Krank sein' bedeutet immer auch Beistand zu benötigen – wenn man in Briefen über seine Krankheit schreibt, bittet man den Adressaten um etwas, das man sich selbst nicht geben kann, Mangel und Bedürfnis sind notwendig Thema. Die Erfahrung des Leidens wird im Schreiben über Krankheit als Begehren verarbeitet: Einem Briefpartner seinen leidenden Körper zu präsentieren, heißt immer auch, das Verhältnis zum Körper des anderen zum Thema zu machen. Die Inszenierung des eigenen Körpers im Brief hat somit Appellfunktion an den Körper des Anderen, des Adressaten.[18] In den Briefen Pauline de Beaumonts und Céleste de Chateaubriands geht es, so die Annahme, immer auch um Fragen des Erregens, Mitleiderregens und Verführens, um ‚émouvoir', ‚compatir' und ‚séduire' im Modus der Krankheitsdarstellung. Die Auszehrung des eigenen Körpers wird mit einem Mangel an Nähe und Zuwendung in Verbindung gebracht, die Symptomatik der ‚consumption' als ein Sich-Aufzehren für den geliebten Menschen gestaltet.

In den Briefen Pauline de Beaumonts und Céleste de Chateaubriands wird, wie zu zeigen ist, ein Paradox sichtbar, das für das Schreiben über die eigene Schwindsucht symptomatisch zu sein scheint: Während die auszehrende Krankheit den Körper wortwörtlich *zum Schwinden* bringt und die prägenden kulturellen Konnotationen, die sich an das Krankheitsbild der ‚phtisie' anlagern, von einer Geringschätzung und Überwindung des Körpers ausgehen, ist in den Texten der beiden schwindsüchtigen Frauen überall von ihrem Körper die Rede. Das Schreiben über die eigene ‚phtisie' scheint notwendig mit einer hohen ‚présence corporelle' einherzugehen. Die Briefe, in denen die Schwindsüchtigen die Auszehrung ihres Körpers und ihre schmerzhafte Atemlosigkeit zur Darstellung bringen, präsentieren sich immer auch als Form der Verführung oder Kontrolle ihrer Adressaten.

Dieser dialogische Entwurf der Krankheit, der sich in den Briefen Pauline de Beaumonts und Céleste de Chateaubriands abzeichnet, verknüpft die Auszehrung des eigenen Körpers jeweils unmittelbar mit der Beziehungsebene, und läuft somit quer zu den in der ersten Hälfte des 19. Jahrhunderts vorherrschenden medizinischen wie literarischen Diskursen über die Schwindsucht, die ihre Autorität gerade auf einer Trennung von Subjekt und Objekt der Darstellung begründen. Das von Männern im Modus der ‚consumption' inszenierte literarische Frauenopfer, das sein Material aus dem ‚gendering' der Krankheit im me-

---

18 In ihrer pointierten, auf die Bedeutung von Begehrensstrukturen konzentrierten Lektüre von Jean-Jacques Rousseaus Korrespondenz, der dieses Kapitel wichtige Anregungen verdankt, zeigt Anne-France Grenon auf, wie das Schreiben über den eigenen kranken Körper einen anderen, zweiten (Text-)Körper schafft, „wie in der Rede über Krankheit eine Erfahrung des Leidens als Begehren verarbeitet wird" und wie „die Erfahrung des Begehrens […] die Beziehung zur Krankheit und zur Rede des briefschreibenden Ichs" bestimmt. Vgl. Anne-France Grenon, „‚Ich habe zu leiden gelernt, Madame!' Rousseau und der Briefdiskurs über Krankheit", in: Martin Dinges / Vincent Barras, *Krankheit in Briefen*, S. 123–130, hier S. 123.

dizinischen Diskurs bezieht, wird in den Briefen der beiden Frauen im Sinne einer bewußten Selbstopferung umgewendet, die der auszehrenden Krankheit und ihrer Symptomatik eine interaktive und dynamische Logik gibt. Angesichts des nahenden Todes wird das Schreiben über die ‚phtisie' zur Möglichkeit, die im Krankheitsbild angelegte Dimension der allmählichen Auszehrung für den geliebten Menschen zum eigenen Vorteil zu erproben. Das fremdbestimmte Opfer der schwindsüchtigen Frau verwandelt sich in ein Selbstopfer, dessen gleichsam ökonomische Möglichkeiten im Schreiben über die Krankheit ausgelotet werden.

2. Märtyrerin und Megäre: Geliebte und Ehefrau in den *Mémoires d'outre tombe* und in Briefen René de Chateaubriands

Pauline de Beaumont, geborene de Montmorin Saint Hérem (1768–1803), überlebt 1792, im Zuge der ‚terreur', die Verhaftung und Ermordung ihrer Familie. Von der frühen Verlusterfahrung aber bleibt sie, wie ihre Briefe zeigen, zeitlebens geprägt. Es gelingt ihr die Flucht, sie wird versteckt und später von Joseph Joubert (1754–1824) und dessen Frau bei sich aufgenommen. Von ihrem Mann, dem Grafen François-Christophe de Beaumont, den sie bereits 1786 geheiratet hatte, lebt sie getrennt, unter Napoléons neuer Gesetzgebung lassen sich die beiden scheiden. Der Philosoph und Essayist Joubert, der zu einem engen Freund und zeitweise vielleicht auch zu einem Geliebten Paulines wird, gehörte noch dem ‚cercle des philosophes' an, er lebte in den 1770er und 80er Jahren in Paris und war u.a. mit Jean-Baptiste d'Alembert und Denis Diderot bekannt.[19]

Beaumont ist eine gebildete Frau, die unter dem Konsulat einen literarischen Salon in Paris unterhält. Neben Joubert, Louis de Fontanes, Mathieu Molé, Ambroise Rendu, Philibert Guéneau de Mussy und Germaine de Staël frequentiert auch Chateaubriand nach seiner Rückkehr aus dem Exil diese Zusammenkünfte. Pauline de Beaumont lernt ihn 1801, über Joubert, kennen, sie wird seine Freundin und Geliebte. Zu diesem Zeitpunkt leidet sie bereits an der auszehrenden Krankheit. Die Eigenschaften, die einer Schwindsuchtskranken zu Beginn des 19. Jahrhunderts zugeschrieben werden, wechseln zwischen denen einer in Erwartung des frühen Todes ungezügelten, leidenschaftlichen Lebenslust und denen einer erbaulichen, vornehmen Krankheit, die durch ein langes Changieren zwischen Leben und Tod und einen fast unmerklichen Über-

---

19 Zur Biographie Pauline de Beaumonts vgl. neben dem Anmerkungsteil der von Levaillant und Moulinier herausgegebenen Pléiade-Ausgabe der *Mémoires d'outre tombe* (bes. Bd. II, S. 1201f), die Chateaubriand-Biographien von Jean-Paul Clément, *Chateaubriand*, Paris 1998 sowie Ghislain de Diesbach, *Chateaubriand*, Paris [1995] 2004 und Jean d'Ormesson, *Mon dernier rêve sera pour vous: une biographie sentimentale de Chateaubriand*, Paris 1982.

gang gekennzeichnet ist,[20] die dem Tod schließlich, wie Chateaubriand es dann in den *Mémoires* herausstellt, besondere Bedeutung verleiht.

Die Beziehung zwischen Beaumont und Chateaubriand dauert etwa zwei Jahre. Die beiden verbringen 1801 die Sommermonate mit den Jouberts in einem Landhaus in Savigny-sur-Orge, wo Chateaubriand an *Le Génie du christianisme* arbeitet und Beaumont ihn unterstützt, indem sie seine Materialien aufbereitet. 1803 erhält Chateaubriand den Posten eines französischen Botschaftssekretärs in Rom und bricht nach Italien auf, Beaumont bleibt in Frankreich zurück. Ihre gesundheitlichen Probleme nehmen zu, vermutlich erfährt sie in dieser Zeit, daß Chateaubriand eine Affäre mit Delphine de Custine begonnen hat. Am 18. Juli 1803 bricht Pauline de Beaumont auf Rat ihrer Ärzte, offensichtlich nach langem Zögern, zum Lungenkurort Mont-Dore in der Auvergne auf, wo ihr Gesundheitszustand sich weiter verschlechtert. Neben ihrer schlechten psychischen Verfassung scheinen dazu, aus heutiger Perspektive, auch die Strapazen der Reise und die extremen Witterungsbedingungen in den Bergen beizutragen, die zu einer zunehmenden Entkräftung führen. Ende September reist sie Chateaubriand, auf dessen Einladung hin, todkrank nach Rom nach, wo sie nach wenigen Wochen, Anfang November 1803, stirbt.

Auf dem Mamorgrabmal, das René de Chateaubriand Pauline de Beaumont in Rom setzen läßt, wird die Ätiologie der ‚maladie de langueur', unter der sie bis zu ihrem Tod gelitten hat, zunächst politisiert: Als Pauline de Montmorin wird die Adlige zu einer Repräsentantin des alten, monarchistisch-katholischen Frankreich, das durch die französische Revolution tödlich verwundet wurde. Durch den Hinweis, Beaumont sei auf diese fremde Erde („sur cette terre étrangère") gekommen, um zu sterben, wird auf dem Grabmal auch das Exil thematisiert, in das viele der ehemals einflußreichen aristokratischen Familien gehen mußten, wenn sie der Guillotine entkommen wollten. Zugleich schließt der Satz an die zeitgenössische Vorstellung an, die Schwindsucht sei die Krankheit der Heimatlosen, derer, die sich ‚an der falschen Luft' aufhalten und deswegen an den Atemwegen erkranken.[21] Dadurch, daß Chateaubriand seinen eigenen Namen unter den Pauline de Montmorins setzt und somit die Erinnerung an sie und ihren Tod explizit auf seine Initiative zurückführt („F.A. de Chateaubriand a élevé ce monument à sa mémoire"), kann er sich selbst als Chronist des alten Frankreich inszenieren.

An eben dieses Verfahren knüpft Chateaubriand an, wenn er Beaumonts Tod im fünfzehnten Buch der *Mémoires d'outre tombe* als Initiation für sein Erinnerungsprojekt bezeichnet. Wie in der genealogischen Inschrift auf ihrem

---

20 Vgl. die Einleitung zu diesem Buch, S. 21–27.
21 Siehe dazu bspw. das Kapitel „Die Atemlosigkeit der Städte – Schwindsucht als eine Krankheit des heimatlosen Körpers", in: Andrea Oehring, *Die Schwindsucht als Sinnbild. Studie zur symbolischen Ordnung einer Krankheit des 19. Jahrhunderts*, Dissertation, Freiburg i. Brsg. 1984, S. 17–35.

Grabmal, so wird Pauline de Beaumont auch in den *Mémoires* als „dernier rejeton d'une famille jadis haut placée"[22] gezeichnet und als Märtyrerin für das alte, vorrevolutionäre Frankreich dargestellt. Die Ursachen ihrer Krankheit werden auf die Ereignisse der Revolution zurückgeführt: Die Ermordung ihrer Familie steht am Anfang einer ‚maladie de langueur', die ihre Lebenskraft und ihren Lebenswillen allmählich aufgezehrt hat. Beaumonts Vitalität scheint förmlich ausgeströmt zu sein durch die Wunde, die die Revolution ihr geschlagen hat – wodurch die Gefahr verdeutlicht wird, in der das moderne Frankreich schwebt: Es muß seine ‚maladie de langueur' heilen, wenn es nicht an ihr zugrunde gehen will. Durch die Inszenierung ihres Schwindsuchtstods als Initiation des Mémoireprojekts wird Beaumont zugleich zur Muse seines Chronisten stilisiert – Chateaubriand ist es darum zu tun, sich zur Stimme der ‚vieille France' zu machen. Aus dieser Perspektive legt er in der Beschreibung der Sterbeszene seine Hand nicht nur an das Herz Paulines, sondern zugleich an das Herz Frankreichs, dessen ‚Kette' gerissen ist und das Gefahr läuft, das gleiche Schicksal zu erleiden wie Pauline.

In der Beschreibung der Sterbeszene wird hervorgehoben, daß Pauline, die der ‚renaissance catholique' fern stehende ‚femme de lettres', aufgeklärte Philosophin und Salondame, in ihren letzten Stunden doch noch zu Gott gefunden habe.[23] Sie bekommt Züge einer, nur partiell säkularisierten, Heiligen zugeschrieben, der, wie Chateaubriand es in den *Mémoires* hervorhebt, sogar Léo XII. huldigt: Jahre später betet der Papst an ihrem Grabmal und erweist ihr somit als Repräsentantin des alten Frankreich seine Reverenz.[24] Chateaubriand schildert ausgiebig seine hingebungsvolle Pflege der Todkranken und betont immer wieder den Edelmut und die Ergebenheit, mit der Beaumont ihrem Ende entgegengesehen hat.

Pauline de Beaumont geht als schöne Leiche in die Literaturgeschichte des 19. Jahrhunderts ein. Wie prägend die Beschreibung ihres Sterbens in Rom literaturhistorisch war, zeigt sich beispielsweise in *Madame Gervaisais*, dem 1869 erschienenen Schwindsuchtsroman der Brüder Goncourt. Wie schon bei Chateaubriand, so wird die auszehrende Krankheit auch hier mit den kulturhistorischen Konnotationen des zerfallenden ‚caput mundi' enggeführt, im Roman

---

22 Chateaubriand, *Mémoires*, Bd. I, S. 518 („letzter Sproß einer einst hoch angesehenen Familie").

23 „Elle lui [dem Priester, M.G.] déclara qu'elle avait toujours eu dans le cœur un profond sentiment de religion; mais que les malheurs inouïs dont elle avait été frappée pendant la Révolution, l'avaient fait douter quelque temps de la justice de la Providence; qu'elle était prête à reconnaître ses erreurs et à se recommander à la miséricorde éternelle; [...]." Ebd., S. 515.

24 Vgl. ebd., S. 518. Chateaubriand nennt Beaumont hier „celle qui fut l'âme d'une société évanouie." Ebd.

finden sich zahlreiche intertextuelle Verweise auf die *Mémoires d'outre tombe*.[25] Chateaubriand inszeniert die Ankunft und das Sterben Pauline de Beaumonts im römischen Dekor von Ruinen und Grabstätten, ihrem Tod geht ein letzter Spaziergang an der Sonne voraus, vor dem Hintergrund des zu drei Vierteln zerstörten Kolosseums, dessen Mauern immer längere Schatten werfen, denen Beaumonts Blick folgt.[26]

Ihre Beerdigung wird in den *Mémoires* zu einem Ereignis von nationaler Bedeutung stilisiert („Les funérailles eussent été moins françaises à Paris qu'elles ne furent à Rome."[27]), so wird betont, daß die Prinzessin Borghese, Pauline de Bonaparte, eine Schwester Napoleons, dem Beerdigungszug ihre Equipage zur Verfügung stellt – aber auch, daß es gerade das alte, monarchistische Frankreich ist, das sich im römischen Exil ein Stelldichein gibt. Chateaubriand versammelt in den *Mémoires* Briefe politischer, literarischer und religiöser Größen seiner Zeit, die nach Beaumonts Tod um sie trauern und ihm postalisch ihr Beileid aussprechen. Dadurch, daß er Briefe der Schriftstellerin Germaine de Staël, ihres Vaters, des ehemaligen französischen Finanzministers Jacques Necker oder der religiösen Eiferin Juliane von Krüdner in das fünfzehnte Buch der *Mémoires d'outre tombe* aufnimmt und sie um die Beschreibung von Beaumonts Sterbeszene gruppiert, unterstreicht er ebenfalls die öffentliche Bedeutung ihres Todes für ein geeintes Frankreich.

Chateaubriand integriert auch eine Auswahl eigener Aufzeichnungen Pauline de Beaumonts in die *Mémoires*. Es handelt sich hierbei in der Mehrzahl um kürzere Passagen, die aus dem Kontext gelöst wurden, in dem sie zunächst gestanden haben müssen und der nicht näher erläutert wird.[28] In den Textausschnitten beschäftigt sich Beaumont, meist in allgemeiner, stilisierter Form mit ihrem psychischen Zustand, insbesondere mit Reflexionen über ihren nahenden Tod, den sie hier immer wieder sehnlich herbeiwünscht. Der Tenor der Aufzeichnung ist der der Großherzigkeit, Selbstüberwindung und Opferbereitschaft. So

---

25 „Ah! ... Madame est souffrante? dit lentement la padrona, en qui venait de se glisser cette peur populaire des loueuses de Rome pour la contagion des maladies de poitrines, rencontrée déjà par Chateaubriand lorsqu'il cherchait un dernier logis pour Mme de Beaumont; [...]." Edmond et Jules de Goncourt, *Madame Gervaisais*, Paris 1982, S. 68. Hier wird auf Chateaubriand, *Mémoires*, Bd. I, S. 509f angespielt.

26 Vgl. ebd., S. 514. Zu weiteren Parallelen zwischen Schwindsuchtstod und Rombild bei Chateaubriand und den Goncourt vgl. Marc Fumaroli, „Préface", in: Edmond et Jules de Goncourt, *Madame Gervaisais*, Paris 1982, S. 7–64: „Comment les deux romanciers n'auraient-ils pas été tentés de rapprocher la mort de Pauline de Beaumont à Rome de celle de Nephtalie de Courmont, leur tante, dans la même ville et de la même maladie?" Ebd., S. 32. Die Goncourt gestalten in ihrem 1869 erschienenen Roman besonders das Dekadenzmotiv.

27 Chateaubriand, *Mémoires*, Bd. I, S. 518. („Ihre Beerdigung wäre in Paris weniger französisch gewesen, als sie es in Rom war.")

28 „Des fragments écrits à *Paris*, au *Mont d'Or*, à *Rome*, par madame de Beaumont, et trouvés dans ses papiers montrent quel était l'état de son âme." Ebd., S. 503.

betont Beaumont in ihrer Wiedergabe durch Chateaubriand mehrfach, einzig der Wunsch, denen, die ihr nahe stehen, nicht wehzutun, halte sie davon ab, ihren Tagen selbst ein Ende zu setzen.[29] Die Ausschnitte haben teilweise den Charakter von Aphorismen, immer wieder handelt es sich um Passagen, die an eine christliche Metaphorik anschließen („Si le calice est trop amer, une fois oubliée rien ne me forcera de l'épuiser en entier, et peut-être que tout simplement ma vie ne sera pas aussi longue que je le crains."[30]) oder, wie der Verweis auf Jean Paul Marats Mörderin Charlotte Corday, Beaumonts Rolle als Märtyrerin des alten Frankreich befestigen.[31]

Eigene Briefe Pauline de Beaumonts an René de Chateaubriand sind als solche weder in die *Mémoires* aufgenommen worden, noch sind sie an anderer Stelle erhalten – wobei sich aus den Korrespondenzen der beiden rekonstruieren läßt, daß es solche Briefe gegeben haben muß.[32] Auch aus den *Mémoires d'outre tombe* geht nicht hervor, wie Beaumont an Chateaubriand über ihre Krankheit geschrieben hat. Die Abwesenheit der Briefe, die Beaumont in dem Jahr vor ihrem Tod an ihren Geliebten verfaßte, ist durchaus signifikant, denn Chateaubriand hatte 1802 bereits die Beziehung mit Delphine de Custine begonnen. Die Aufzeichnungen evozieren, daß Beaumont sich verlassen fühlte, es läßt sich herauslesen, daß sich viel von der Einsamkeit und dem Schmerz, von denen die Rede ist, darauf zurückführen läßt – handelt es sich doch um die Wiederholung einer ersten, als prägend dargestellten Verlusterfahrung in der Jugend, auf die Beaumont in ihren Briefen immer wieder anspielt.

Die Auseinandersetzung mit diesem Verlassenwerden muß in ihren Briefen an Chateaubriand in der einen oder anderen Form thematisiert worden sein: Beaumont könnte ihm Vorwürfe gemacht und versucht haben, durch die Schilderung ihrer Leiden und ihrer Angst vor dem Tod an sein Gewissen zu appellieren und ihn zurückzugewinnen. Dafür, daß ihr Schreiben über die eigene ‚consomption' Wirkung zeigt, spricht die Tatsache, daß Chateaubriand die Todkranke

---

29 „Quand j'aurais la force de mettre moi-même à mes chagrins le seul terme qu'ils puissent avoir, je ne l'emploierais pas: ce serait aller contre mon but, donner la mesure de mes souffrances et laisser une blessure trop douloureuse dans l'âme que j'ai jugée digne de m'appuyer dans mes maux." Ebd., S. 505.
30 Ebd., S. 505. („Wenn der Kelch zu bitter ist, wird mich, wenn ich einmal von allen vergessen bin, nichts dazu zwingen, ihn ganz zu leeren, und vielleicht wird mein Leben auch schlichtweg nicht so lang sein wie ich es befürchte.")
31 „Charlotte Corday prétend *qu'il n'y a point de dévouement dont on ne retire plus de jouissance qu'il n' en a coûté de peine à s'y décider*, mais elle allait mourir, et je puis vivre encore longtemps." Ebd., S. 505.
32 Vgl. Paul de Raynal, *Les correspondants de Joseph Joubert, 1785–1822. Lettres inédites de M. de Fontanes, Mme de Beaumont, M. et Mme de Chateaubriand, M. Molé, Mme de Guitaut, M. Fristel, Mlle de Chastenay*, Paris 1883, S. 151, sowie Chateaubriand, *Correspondance*, Bd. 1 (1789–1807), S. 177, S. 179, S. 185, S. 195, S. 196.

nach Rom einlädt, sie im Oktober 1803 bei sich empfängt und bis zu ihrem Tod wenige Wochen später pflegt.

In den *Mémoires d'outre tombe* erscheint Paulines Stimme jedenfalls immer nur in ihrer Wiedergabe durch Chateaubriand, z. T. in doppelt vermittelter Form, als Zitat eines Zitats. So gibt Chateaubriand Pauline de Beaumonts Worte etwa, neben den erwähnten Ausschnitten aus ihren Aufzeichnungen, wieder, indem er einen Brief zitiert, den er 1803 selbst an den gemeinsamen Freund Joseph Joubert geschrieben hat und in dem er wiederum Äußerungen aus einem Brief Paulines an ihn selbst zitiert hatte:

> Notre amie m'écrit du Mont-d'Or lui disais-je, des lettres qui me brisent l'âme: elle dit qu'elle *sent qu'il n'y a plus d'huile dans la lampe*; elle parle des *derniers battements de son cœur*. Pourquoi l'a-t-on laissée seule dans ce voyage? pourquoi ne lui avez-vous point écrit? Que deviendrons-nous si nous la perdons? Qui nous consolera d'elle? Nous ne sentons le prix de nos amis qu'au moment où nous sommes menacés de les perdre.[33]

> Unsere Freundin schreibt mir vom Mont-d'Or, so sagte ich ihm, Briefe, die mir das Herz zerreißen: Sie sagt, sie *spürt, daß kein Öl mehr in der Lampe ist*, sie spricht von den *letzten Schlägen ihres Herzens*. Warum hat man sie allein auf diese Reise gehen lassen? Warum haben Sie ihr gar nicht geschrieben? Was wird aus uns, wenn wir sie verlieren? Wer tröstet uns über ihren Verlust hinweg? Wir spüren den Wert unserer Freunde erst, wenn wir sie zu verlieren drohen.[34]

Paulines eigene Ausführungen über die auszehrende Krankheit werden, wenn überhaupt, dann nur in modifizierter Form in das Mémoireprojekt aufgenommen, wodurch sie überschrieben und unlesbar gemacht werden. Ihre Stimme ist in Chateaubriands *Erinnerungen* nicht hörbar, erst durch das Hinzuziehen anderer Texte, insbesondere ihrer Briefe an die Jouberts, läßt sich erahnen, daß ihre eigene Perspektive auch eine andere Version der Krankheit bietet. Der Status von Beaumonts Aufzeichnungen in den *Mémoires* weist Parallelen zum Status des Tagebuchs der Marguerite Gautier in der *Dame aux camélias* auf: Wie in der Einleitung gezeigt, erreicht den Leser das Tagebuch der Schwindsuchtskranken erst, nachdem sein Realitätsstatus mehrfach gebrochen wurde, die Aufzeichnungen werden im Roman, über die Instanzen des Erzählers und des Liebhabers, auf zweifache Weise gerahmt und somit, wie in den *Mémoires*, in einem Zustand der doppelten Vermitteltheit präsentiert.

Céleste de Chateaubriands Stimme taucht in den *Mémoires* gar nicht auf – ihrer Person ist hier auch allgemein weit weniger Raum gewidmet als Leben und Tod Pauline de Beaumonts. Die geborene Céleste Buisson de La Vigne (1774–1847), eine adlige Bretonin, wird von René de Chateaubriand 1792, nach seiner Rückkehr aus dem amerikanischen Exil, im Alter von 17 Jahren aufgrund ihrer Mitgift geheiratet. Nachdem Chateaubriand nach Deutschland aufgebro-

---

33 Chateaubriand, *Mémoires*, Bd. I, S. 510.
34 Chateaubriand, *Erinnerungen*, S. 269.

chen ist, um im Emigrantenheer gegen die französischen Revolutionstruppen zu kämpfen, kommt sie, gemeinsam mit dessen Mutter und Schwestern, mehrere Monate ins Gefängnis von Rennes, was nachhaltige gesundheitliche Schäden zur Folge hat. Auch nach Chateaubriands Rückkehr, im Jahr 1800, leben die Eheleute, vermutlich wegen Renés Affären, zunächst nicht zusammen, erst ab 1804, nach dessen Rückkehr aus Rom, nähern sich Céleste und René wieder aneinander an – was auch damit zu tun hat, daß er als Leitfigur der ‚renaissance catholique' dem Sakrament der Ehe Respekt schuldig ist.

Fortan leben die Chateaubriands meist in einem gemeinsamen Haushalt in Paris, zeitweilig auch auf einem eigenen Landsitz, der Vallée des Loups, in der Nähe der Hauptstadt. Chateaubriand unternimmt auch nach 1804 häufig alleine lange Reisen, er hat zahlreiche Affären, teilweise auch langjährige Beziehungen, mit seinen Bewunderinnen. Die Posten des französischen Botschafters in Berlin und in London tritt Chateaubriand 1820 und 1822 ohne seine Frau an. Erst als er 1828 von Charles X endlich den lange begehrten Botschafterposten in Rom erhält, nimmt er sie mit. Das Ehepaar hat keine Kinder und Céleste de Chateaubriand verbringt bis in die 1830er Jahre viel Zeit allein, Chateaubriand selbst bezeichnet sie einmal als „ma jeune veuve"[35].

Céleste de Chateaubriand wurde, wie auch ihr Mann, aufgrund ihrer Lungenschwindsucht jahrelang von René Théophile Hyacinthe Laënnec (1781–1826), dem Erfinder des Stethoskops, behandelt. Laënnec war es auch, dem es 1819 erstmals gelang, die ‚phtisie' von anderen Lungenkrankheiten abzugrenzen,[36] nachdem sie zu Beginn des Jahrhunderts noch ein Sammelbegriff für eine Vielzahl von durch plötzliche Gewichtsabnahme und Appetitlosigkeit geprägter Krankheiten war, die zum allmählichen Tod führten. Nachdem Laënnec bereits 1818 bei Céleste Schwindsucht diagnostiziert hatte, setzte Joseph-Anthelme Récamier, sein Nachfolger als Hausarzt der Chateaubriands sowie später, nach Laënnecs eigenem Schwindsuchtstod 1826, auch auf dessen Professur am *Collège de France*, die Behandlung fort. Ein erhaltener Konsultationsbericht Récamiers von 1820 bestätigt die Diagnose seines Vorgängers.[37]

Die Aussagen, die Chateaubriand in den *Mémoires d'outre tombe* über seine Frau macht, sind ausgesprochen rar und weit davon entfernt, sie wie Pauline de Beaumont zu einer Muse zu machen. Ihre Krankheit wird hier, anders als in

---

35 „Ma jeune veuve ne me connaissait que par une union de quelques mois, par les malheurs et par une absence de huit années." Chateaubriand, *Mémoires*, Bd. II, S. 242 („meine junge Witwe"). Zu Célestes Biographie vgl., neben den *Mémoires d'outre tombe*, Jacques-Alain de Sédouy, *Madame de Chateaubriand*, Paris 1996 sowie Clément, *Chateaubriand*, u.a.

36 René Théophile Hyacinthe Laënnec, *De l'auscultation médiate, ou Traité du diagnostic des maladies des poumons et du cœur, fondé principalement sur ce nouveau moyen d'exploration*, 2 Bde, Paris 1819.

37 Vgl. Cabanis, „Chateaubriand et le Dr. Recamier", S. 21f.

Chateaubriands Briefen, nur in beiläufiger Form erwähnt.[38] Céleste wird, vielleicht als Ausgleich für Äußerungen wie die über ihre körperliche wie geistige Sterilität, wie Beaumont in den *Mémoires* als Heilige stilisiert und als aufopferungsvolle Christin dargestellt, deren Werk der Nächstenliebe dem literarischen Œuvre Chateaubriands moralisch überlegen ist. So erwähnt der Verfasser nachdrücklich ihr Engagement für die *Infirmerie de Sainte-Thérèse*, ein Kranken- und Pflegeheim für ‚Opfer der Revolution', ehemalige Priester und verarmte Adlige, das Céleste gegründet hat und betreut:

> Pourrais-je opposer mes qualités telles quelles à ses vertus qui nourrissent le pauvre, qui ont élevé l'infirmerie de Marie-Thérèse en dépit de tous les obstacles? Qu'est-ce que mes travaux auprès des œuvres de cette chrétienne?[39]

> Wie könnte ich meine Vorzüge mit ihren Tugenden vergleichen, die sie die Armen nähren und trotz aller Widerstände die *Infirmerie Marie-Thérèse* errichten ließen? Was ist mein Schaffen wert neben den guten Werken dieser Christin?[40]

In Chateaubriands Briefen werden Céleste de Chateaubriand aber, gerade als Schwindsuchtskranker, gänzlich andere Charakteristika zugeschrieben als Pauline de Beaumont. Aspekte, die bei Beaumont ausgeklammert bleiben, gerade die unschönen körperlichen und psychischen Begleiterscheinungen der ‚phtisie', werden im Fall Célestes ausführlich und detailliert beschrieben – und von der Nachwelt auch in dieser Form aufgegriffen. Während Célestes Präsenz sich in den *Mémoires*, neben einem kurzen Portrait anläßlich der Heirat,[41] auf flüchtige Bemerkungen beschränkt,[42] ist in Chateaubriands Briefen von ihrem Blutspukken und ihrem körperlichen Verfall ebenso die Rede wie von ihrem Selbstmitleid und ihrer Eifersucht.

So kursiert in biographischen Darstellungen etwa Chateaubriands zynische briefliche Aussage darüber, daß nur wenige Ehemänner sich rühmen können, ihre Frau „Blut spucken" zu lassen, wann immer sie es wollen:

> Vous vous trompez absolument sur le compte de Mde de Ch. Elle est pleine de bonnes qualités, mais les affaires la bouleversent tellement que si je voulais la faire mourir, mourir à la lettre, je n'aurais qu'à lui parler des miennes: je vous dis là la pure vérité. Vous

---

38 „Madame de Chateaubriand, étant malade, fit un voyage dans le midi de la France, ne s'en trouva pas bien, revient à Lyon, où le docteur Prunelle la condamna. Je l'allai rejoindre; je la conduisis à Lausanne, où elle fit mentir M. Prunelle." Chateaubriand, *Mémoires*, Bd. II, S. 127, weitere kurze Erwähnungen vgl. auch ebd. S. 553, S. 560, S. 566, S. 604.
39 Ebd., Bd. I, S. 289.
40 Chateaubriand, *Erinnerungen*, S. 167.
41 Ebd., S. 287–290.
42 Selbst in der Beschreibung ihrer gemeinsamen Reisen, wie 1806 durch die Auvergne, auf den Mont-Blanc und zurück über Lyon, wird Céleste nur kurz erwähnt – während Chateaubriand hier seinen Erinnerungen an Pauline de Beaumont (ausgelöst durch die Nähe zum Mont-Dore) ausgiebig Raum gibt. Vgl. ebd., S. 581–588.

n'avez nulle idée de ce caractère et de cette tête là; il faut l'avoir vu pour le croire. Je puis à volonté lui faire vomir du sang une journée de suite. Beaucoup de maris seraient peut-être bien aises d'avoir une pareille ressource auprès de leurs femmes. Moi je veux bien qu'on m'enterre, mais je ne veux faire mourir personne. (Brief vom 13.05.1811)[43]

Was Madame de Chateaubriand angeht, so täuschen sie sich vollständig. Sie ist voller guter Eigenschaften, aber alles und jedes treibt sie dermaßen um, daß ich ihr, wenn ich sie umbringen, wirklich umbringen wollte, nur von meinen Angelegenheiten erzählen müßte: ich sage Ihnen da nichts als die Wahrheit. Sie haben ja keine Ahnung von ihrer Willensstärke und ihrem Sturkopf; man muß sie gesehen haben, um es glauben zu können. Ich könnte sie nach Belieben einen ganzen Tag lang Blut spucken lassen. Viele Ehemänner würden sich vielleicht freuen, ihren Frauen gegenüber solche Hilfsmittel zu haben. Was mich angeht, so dulde ich gerne, daß man mich unter die Erde bringt, aber umbringen möchte ich niemanden.

Chateaubriand beschreibt Célestes Blutspucken hier als ein emotionales Druckmittel, das sie in die Lage versetzt, ihn zu erpressen: Wenn er nicht den Tod seiner Frau verschulden will, so schreibt er 1811 an eine seiner Geliebten, Claire Lechal de Kersaint, Herzogin von Duras, muß er auf ihre Krankheit Rücksicht nehmen. Im Bezug auf Pauline de Beaumonts Krankheit dagegen ist weder in den *Mémoires d'outre tombe* noch in Chateaubriands Briefen je von Blut die Rede – ebenso wenig wie von einer Instrumentalisierung der Krankheit im Rahmen eines ‚chantage émotionnel'. Die Überlieferung zu Céleste ist weit weniger ‚ästhetisiert' als die zu Pauline. Die Tatsache, daß die Krankheit, unter der Chateaubriands Ehefrau litt, gerade die Schwindsucht war, spielt, was deren Überlieferung und deren anschlußfähige kulturellen Konnotationen angeht, eine viel geringere Rolle, nicht einmal der Name der Krankheit wird in den *Mémoires* erwähnt.

Chateaubriand stellt seine Geliebte und seine Ehefrau in den *Mémoires d'outre tombe* ausschließlich in Bezug auf die eigene Person dar, deren Institutionalisierung als Autor der religiös inspirierten Grande Nation das entstehende Kunstwerk gewidmet ist. Auch wenn er die beiden kranken Frauen der Nachwelt letztlich als Heilige überliefert, scheint Chateaubriand die eine, wie besonders seine Briefe zeigen, geradezu als Negativfolie der anderen zu konzipieren: Während Paulines Sterben zur Urszene des schönen Schwindsuchtstodes wird, geht Céleste als Blutspuckende Megäre in die Literaturgeschichte ein. Während die eine, weil sie jung stirbt, zur Märtyrerin und somit zu Chateaubriands Muse werden kann, behindert die andere, weil sie (zu) lange lebt, seine Kreativität. Während Paulines toter Körper zur Initiation des Schreibens werden kann, wird Céleste in ihrer andauernden leidenden Körperlichkeit zu einer Behinderung.

---

43 Gabriel Pailhès, *La Duchesse de Duras et Châteaubriand, d'après des documents inédits*, Paris 1910, S. 342ff.

3. Mitleid erregen und verführen: Pauline de Beaumonts Briefe an das Ehepaar Joubert

a) Lücken und Leerstellen

Die wenigen Briefe, die von Pauline de Beaumont erhalten sind, finden sich in einer 1883 von Paul de Raynal herausgegebenen Ausgabe der Korrespondenz Joseph Jouberts.[44] Dieses Textkorpus muß, wie schon die Ausschnitte aus Beaumonts Aufzeichnungen in den *Mémoires*, mit Vorsicht behandelt werden. Denn wie an Briefen Céleste de Chateaubriands an Joubert deutlich wird, die ebenfalls in Raynals Ausgabe enthalten sind, aber in der 1929 von Le Gras herausgegebenen Ausgabe ihrer Mémoiren und Briefe erneut abgedruckt werden, hat Raynal Jouberts Korrespondenz generell stark modifiziert. Célestes Briefe hat er immer wieder gekürzt – und zwar gerade um die Passagen, in denen Chateaubriands Frau ausführlicher über ihre Krankheit schreibt.[45] Im Kontext der rückhaltlosen Chateaubriandverehrung, die in der zweiten Hälfte des 19. Jahrhunderts vorherrscht, sind diese Passagen dem Herausgeber vermutlich als überflüssig und uninteressant, vielleicht aber auch als dem Nachruhm des ‚maître' schädlich erschienen. Chateaubriands Umgang mit den autobiographischen Schriften ihm nah stehender Menschen wurde in der Editionspraxis seiner Hagiographen offensichtlich fortgesetzt.

Die Korrespondenz zwischen Pauline de Beaumont und Joseph Joubert, später zwischen ihr und den Eheleuten Joubert, die über mehrere Jahre, von 1794 bis wenige Wochen vor ihrem Tod im November 1803, geführt wird, funktioniert, so der erste Eindruck, ganz wesentlich über den Ausdruck gegenseitigen Mitleids, über Sorge um den anderen und Anteilnahme an seinem Befinden. Auch wenn Raynal nur wenige Ausschnitte aus Jouberts eigenen Briefen wiedergibt, so wird an diesen und an Beaumonts Antworten doch deutlich, daß beide sich gegenseitig über ihre körperliche wie seelische Befindlichkeit unterrichten, sich Mut zusprechen und Kraft wünschen. Beaumont etwa spricht davon, Jouberts körperliche Schmerzen auf sich nehmen zu wollen, und sie bedauert, daß dies nicht möglich ist:

> [...] personne assurément n'est plus en mesure que moi de vous plaindre et d'entrer dans vos maux, que je ne puis soulager: Mais n'est-ce pas un chagrin poignant de penser qu'on ne peut ôter à ses amis les légères douleurs, même en consentant à en être accablé et à fléchir sous le poids? (Brief vom 10.08.1797)[46]

---

44 Raynal, *Les correspondants de Joseph Joubert*.
45 Vgl. dazu auch Joseph Le Gras, *Mémoires et lettres de Madame de Chateaubriand*, Paris 1929, der die Modifikationen in der Ausgabe von Raynal selber kritisch anmerkt: „Malheureusement ce texte est trop souvent arrangé et tronqué." Ebd., S. 191.
46 Raynal, *Les correspondants de Joseph Joubert*, S. 104.

> [...] sicher kann Sie niemand mehr bedauern, kann sich niemand mehr in Ihre Leiden, die ja auch ich nicht lindern kann, hineinversetzen: Aber ist es nicht ein quälender Kummer, daran zu denken, daß man seinen Freunden nicht die leichtesten Schmerzen ersparen kann, auch wenn man bereit ist, sie selbst auf sich zu nehmen und sich von ihnen erdrücken zu lassen?

Die Erkundigung nach dem Wohlbefinden des anderen und der Bericht über den eigenen Gesundheitszustand ist auch in den späteren Briefen zwischen Joseph Joubert und Céleste de Chateaubriand ein Topos der Korrespondenz, der Austausch über die körperliche Befindlichkeit hat hier wie dort immer auch den Charakter eines Rituals. Für die private, am Ideal der ‚amitié' orientierte Briefkultur um 1800, die sich noch am Modell der Briefe Mme de Sévignys orientiert und zugleich unter dem Einfluß von Rousseaus *Julie ou la Nouvelle Héloïse* steht, ist das durchaus typisch.[47]

Mit der Zeit verschiebt sich jedoch das Gleichgewicht der gegenseitigen Sorge, Beaumont beginnt fast ausschließlich von sich und ihrem Gesundheitszustand zu schreiben. Auch schon vor dessen massiver Verschlechterung und dem Aufbruch zum Mont-Dore finden sich in ihren Briefen an die Jouberts zahlreiche Details über ihre körperliche Verfassung. Anders als in den *Mémoires d'outre tombe* ist in den Briefen Pauline de Beaumonts von ihrem kranken Körper immer wieder die Rede – die Funktionsweise der „pauvre machine"[48] wird permanent thematisiert. Beaumont setzt ihren leidenden Körper in ihren Briefen regelrecht in Szene, sie präsentiert sich den Jouberts, wie im folgenden zu zeigen sein wird, in ihrer Körperlichkeit als bedürftig und appelliert somit an deren Mitleid, Fürsorge und Liebe.

Pauline de Beaumont orientiert sich dabei am vorherrschenden vitalistischen Paradigma der Zeit und geht somit von einer engen Interdependenz körperlicher und psychischer Zustände aus, die jeweils in Abhängigkeit zu Gewinn oder Verlust von Lebenskraft stehen. Sie erprobt in ihren Briefen die Tragfähigkeit des medizinischen Wissens, das um 1800 im Krankheitsbild der ‚phtisie' transportiert wird, für ein Verständnis und für eine Regulierung ihres emotionalen Haushalts – und benennt es damit auch in seiner Ambivalenz und Widersprüchlichkeit. Dabei läßt sich Beaumonts Schreiben über den eigenen schwindsüchtigen Körper, so die Annahme, auch als Form der Verführung betrachten – und diese scheint sich, neben den Jouberts, implizit auch an den gemeinsamen Freund Chateaubriand zu richten. Ihm kommt in Beaumonts Briefen die Funktion einer dominanten Leerstelle zu, um die herum sich ihr Schreiben organisiert.

---

47 Vgl. etwa Marie-Claire Grassi, *L'art de la lettre au temps de la* Nouvelle Héloïse *et du romantisme*, Génève 1994.
48 Vgl. etwa Raynal, *Les correspondants de Joseph Joubert*, S. 145.

b) Die ‚phtisie' im Zeichen des Vitalismus: Exzeß und Wechselhaftigkeit

Mit dem Aufbruch zum Mont-Dore wird Pauline de Beaumonts Gesundheit zum gemeinsamen Projekt der Korrespondenten: Joubert fordert detaillierte Berichte über ihren Zustand und die ihr verschriebenen Heilmittel an und versichert, gemeinsam mit seiner Frau ungeduldig auf ihre Briefe zu warten:

> Ayez soin de nous envoyer le bulletin de votre conduite et de vos remèdes, toutes les fois que vous pourrez sans vous fatiguer. Nous recevrions trois lettres de vous par semaine avec reconnaissance. Qu'il me tarde de voir le timbre du lieu dont je vais écrire le nom à côté du vôtre![49]

> Vergessen Sie nicht, uns die Arztberichte über Ihren Zustand und Ihre Medikation zu schicken, jedes Mal, wenn Sie das können ohne sich zu sehr anzustrengen. Wir wären dankbar, wenn wir hier pro Woche drei Briefe von Ihnen bekommen würden. Wie ungeduldig bin ich, die Briefmarke aus dem Ort zu sehen, dessen Namen ich dann neben den Ihren schreiben werde!

Pauline de Beaumont schreibt häufig und in großer Ausführlichkeit an die Jouberts – das wird selbst anhand der bei Raynal unvollständig abgedruckten und vermutlich stark modifizierten Versionen ihrer Briefe deutlich. Da sie während ihrer Reise zum Mont-Dore ebenso wie während des Kuraufenthalts kaum in näheren Kontakt zu anderen Menschen tritt, wird die Korrespondenz mit den Jouberts, auf deren Briefe sie ungeduldig wartet, zu einem immer unverzichtbareren Dialog und zum eigentlichen Antriebsmotor ihrer Reise.

Beaumont setzt ihren körperlichen Zustand meist unmittelbar zu ihrem seelischen Befinden in Relation, sie geht selbstverständlich davon aus, daß Körper und Psyche, physischer und psychischer Kräftehaushalt, miteinander in Beziehung stehen. Dabei bleibt in ihren Ausführungen in signifikanter Weise unklar, ob sie dieses Verhältnis selbst als proportional oder antiproportional begreift, ob also aus ihrer Sicht eine Verbesserung des psychischen Zustands auch zu einer Verbesserung des physischen beiträgt, oder ob das eine auf Kosten des anderen geht. So treibt Beaumont in vielen Briefen die Frage um, ob sich ihre physischen Symptome tatsächlich, wie die Ärzte es ihr raten, auf Kosten allgemeiner psychischer Dämpfung verbessern, ob ihr Körper zur Ruhe kommen und gesunden kann, wenn sie seelische und geistige Anregung meidet. Von ihrem ländlichen Rückzugsort Theil schreibt sie im April 1798 an Joubert:

> La vie que je mène est celle qui me convient le mieux, et je sens tout le mérite du repos, sans en excepter celui qui est voisin de l'anéantissement. Il me semble que je végète assez bien, quoique beaucoup moins agréablement que les plantes qui m'environnent. Beauchêne vous dira que je suis engraissée; j'en suis moins sûre que lui. Je ne suis pas trop contente de ma santé. J'ai pris de vous la mauvaise habitude de ne digérer qu'en

---

49 Ebd., S. 146.

marchant. La rêverie est funeste; il me faut donc dans ma promenade m'accoster de M. Perron, me faire ennuyer par le pauvre homme et le lui rendre. (Brief vom 14.04.1798)[50]

Das Leben, das ich hier führe, ist das, was mir am besten bekommt, ich spüre, wie wohltuend die Ruhe ist, selbst die, die einer Selbstaufgabe gleichkommt. Mir scheint, ich vegetiere hier ganz gut vor mich hin, wenn auch weit weniger angenehm als die Pflanzen um mich herum. Beauchêne wird Ihnen sagen, daß ich zugenommen habe; ich bin da weniger sicher als er. Ich bin nicht besonders zufrieden mit meiner Gesundheit. Ich habe von Ihnen die schlechte Angewohnheit übernommen, nur im Gehen zu verdauen. Träumereien sind verhängnisvoll; daher muß ich mich auf meinen Spaziergängen von M. Perron begleiten lassen, mich von dem armen Mann langweilen lassen und ihm den gleichen Gefallen tun.

Ruhe und gesellschaftliche Isolation werden hier als dem Körper zuträglich angesehen, zugleich aber als seelisch-geistige Vernichtung, als bloßes Vegetieren erlebt, Beaumont vergleicht ihr Leben auf dem Land mit dem der sie umgebenden Pflanzen. Ein Zustand, der sie zwar, wie andere behaupten, körperlich *zu*nehmen läßt und der somit ein lebensbedrohliches Schwindsuchtssymptom, die Magerkeit, abmildert, der zugleich aber eine Form von ‚Gesundheit' darstellt, mit der sie sich nicht abfinden kann und will und die sie auch als solche infrage stellt.[51]

Die Frage, inwieweit das Fortschreiten der Krankheit an ein *zu intensives* psychisches Erleben geknüpft ist, zieht sich leitmotivisch durch Beaumonts Briefe. Sie betrachtet ihre fortschreitende Schwindsucht, konform zum vitalistisch geprägten medizinischen Diskurs der Zeit, als übermäßig beschleunigtes Aufzehren von Lebenskräften – fragt sich aber, ob damit, wie es im Rahmen des Brownianismus gedacht wird, zwangsläufig eine nachlassende Reaktionsfähigkeit auf äußere Reize, eine Erschöpfung der Erregbarkeit einhergehen muß – und ob sie dem Fortschreiten der Krankheit durch psychische Dämpfung wirklich vorbeugen kann. Sie arbeitet sich in ihren Briefen am romantisch-empfindsamen Topos ab, demzufolge der Schwindsüchtige seelisch und geistig so aktiv ist, daß er körperlich ausgezehrt wird und schließlich an seiner psychischen

---

50 Ebd., S. 112f.
51 Beaumont inszeniert sich als Ausnahmeexistenz, die sich nirgends wohl fühlt, heimatlos ist und gesellschaftlichen Umgang als Belastung empfindet. Dabei klagt sie sowohl über ihre Einsamkeit, die sie zum Grübeln verführt, als auch über ihr Unvermögen, in Gesellschaft anderer Vergnügen zu empfinden und hervorzurufen: „Je ne conviens point à la société dans laquelle je vis. Mon esprit s'y use sans fruit pour moi, sans jouissance pour les autres." Brief vom 12.05.1798, ebd., S. 116. Die negative Selbstwahrnehmung sieht Beaumont sowohl mit der Krankheit als auch mit dem eigenen Charakter verknüpft, wobei die Frage der Kausalität offen bleibt: Das psychisch-geistige ‚Sich-Aufzehren' wird auf die Krankheit zurückgeführt, zugleich aber auch als Teil der Persönlichkeit betrachtet, der wiederum dem Fortschreiten der Krankheit förderlich ist.

Aktivität zugrunde geht – während ein Gesundwerden hier mit einer Rückkehr zu Trägheit und Mittelmaß konnotiert ist.[52]

Pauline de Beaumont scheint durchaus auch selbst davon auszugehen, daß psychische Aufregung ihrer Gesundheit schädlich sein könnte – gleichzeitig betrachtet sie die passiven Zustände, in die sie sich durch soziale Isolation und mittels bestimmter Strategien der Selbstberuhigung versetzen kann, als Form der Idiotie. So entwickelt sie während ihrer Kur auf dem Mont-Dore eine spezielle Beruhigungstechnik, die darin besteht, sich auf das Bett in ihrem Zimmer zu legen und die Deckenbalken über sich zu zählen: „Lorsque je me sens de l'irritation, je m'étends sur mon lit et compte les solives du plancher; avec ce secours, le calme revient."[53] Joubert rät Beaumont mehrfach zu weniger emotionalem Engagement, in der Korrespondenz wird „compter les solives" zum geflügelten Wort.[54] Beaumont aber gibt immer wieder ihrer Erleichterung darüber Ausdruck, daß dieses Selbstberuhigungsverfahren nicht in jeder Situation wirkt – beispielsweise dann nicht, wenn sie länger keinen Brief der Jouberts vorfindet: „Cette aptitude à l'imbécillité serait assez triste; elle n'a pas été assez forte pour me faire supporter votre silence sans murmures; [...]."[55]

Die Fähigkeit, intensive psychische Reaktionen wie Trauer und Enttäuschung zu zeigen, sich im Austausch mit anderen also emotional zu investieren, wird hier für Beaumont gerade zu einem Hinweis auf ihre andauernde ‚vivacité', was deutlich macht, wie widersprüchlich die Gesundheitsbegriffe sind, mit denen sie in ihren Briefen operiert. Die Einschätzung der eigenen inneren Unruhe und Unzufriedenheit, die gegen die ärztlich verordnete Ruhe rebelliert, oszilliert

---

52 Mitte des 18. Jahrhunderts wird Herman Boerhaaves humoralpathologisch ausgerichtete Konzeption der Nerven als hydraulische Röhren, in denen Säfte zirkulieren, abgelöst von einer Konzeption der Nerven als gespannte Saiten eines Musikinstruments, die auf äußere Reize durch Vibration reagieren. Damit ist die epistemologische Voraussetzung geschaffen für die Entstehung des Zeitalters der ‚sensibilité', im Zuge dessen ein feines Nervenkostüm und eine fragile körperliche Konstitution zum Merkmal intellektueller und sozialer Distinktion wird, während gleichzeitig vitalistische Vorstellungen von einer engen Interaktion von Psyche und Körper Raum greifen. Ausgehend vom englischen Kulturraum findet die Verbindung von Reiztheorie und Vitalismus, zu der John Brown mit seiner in den *Elementae Medicinae* (1770) entwickelten Unterscheidung zwischen ‚sthenischen' und ‚asthenischen' Krankheiten wesentlich beiträgt, im Krankheitsbild der ‚consumption' ihren paradigmatischen Ausdruck, vgl. dazu etwa Lawlor, *Consumption and Literature*, S. 44–55 sowie S. 113–123. Zum Vitalismus vgl. auch die Fußnote 34 in der Einleitung zu diesem Buch.

53 Raynal, *Les correspondants de Joseph Joubert*, S. 150. („Wenn ich mich gereizt fühle, lege ich mich aufs Bett und fange an, die Deckenbalken zu zählen; auf diese Weise beruhige ich mich wieder.")

54 „[...] si vous pouvez vous résoudre à vivre quelquefois couchée et à compter les solives souvent, vous vivrez autant que la supérieure [qui a 80 ans], et vous serez aussi vive, aussi gaie que le M. de Chazal de mon frère [une connaissance commune]." Ebd., S. 153.

55 Ebd., S. 150. („Diese Fähigkeit zur Idiotie wäre eine traurige Sache; aber sie war ja nicht stark genug, Ihr Schweigen ohne Murren zu ertragen.")

in Beaumonts Briefen zwischen der Einschätzung als Anzeichen für das Fortbestehen ihrer Lebenskräfte und der Bestimmung als Symptom der auszehrenden Krankheit selbst. Wie stark sich die Vorstellung, die Schwindsuchtskranke müsse angesichts des nahen Todes intensiver leben, stärkere Leidenschaft empfinden und somit auch in heftigeren emotionalen Austausch mit anderen treten, im kulturellen Imaginären der auszehrenden Krankheit verankert, zeigt die Charakterisierung Marguerite Gautiers durch den Erzähler in der *Dame aux camélias*: „la maladie [...] continuait à lui donner ces désirs fiévreux qui sont presque toujours le résultat des affections de poitrine."[56]

Mit dem Aufbruch zum Mont-Dore verstärken sich zunächst Beaumonts Gefühle der Heimatlosigkeit und Einsamkeit. In den Briefen, die sie während ihrer strapaziösen Reise von Paris über Fontainebleau, Moulins und Clermont in die Auvergne schreibt, herrscht ein Grundton der Traurigkeit und Hoffnungslosigkeit vor. Der Bericht über die Stationen ihrer langen Kutschfahrten, über die einfachen Herbergen, in denen sie übernachtet, und über ihre Weggefährten wechselt sich mit der Klage über ihren sich zunehmend verschlechternden Gesundheitszustand ab. Pauline de Beaumont berichtet immer wieder darüber, daß sie sich überwinden muß weiterzureisen, daß ihre körperlichen Kräfte abnehmen und ihre Willenskraft zu schwinden beginnt. Schon im ersten Brief, den sie, am 20. August 1803, nach ihrem Aufbruch zum Mont-Dore an Joubert abschickt, schreibt sie:

> En arrivant à Fontainebleau, j'étais tellement fatiguée que je ne croyais pas pouvoir continuer; le lendemain, à demi-morte, j'ai pris mon courage à deux mains et je me suis embarquée dans ce terrible cabriolet, pour faire trente-deux lieues; je n'ai pas été plus fatiguée que la veille, mais le lendemain, en arrivant à Moulins, je n'avais plus ni force ni volonté; [...].[57]

> Als wir in Fontainebleau ankamen, war ich so erschöpft, daß ich dachte, ich könnte gar nicht mehr weiterreisen; am nächsten Tag habe ich mich halbtot aufgerafft und bin in dieses schreckliche Kabriolett gestiegen, um 32 Meilen zurückzulegen, ich war nicht müder als am Vortag, aber als ich am Tag darauf in Moulin ankam, hatte ich keine Kraft und keinen Willen mehr; [...].

Bereits die erste Etappe, von Paris nach Fontainebleau, macht der Schwindsuchtskranken zu schaffen. Beaumont schleppt sich von Station zu Station, vorübergehende Linderungen ihrer Symptome, wie die Abnahme ihrer heftigen Hustenanfälle, verzeichnet sie zwar getreulich, „[l]es quintes de toux que vous

---

56 Dumas Fils, *La dame aux camélias*, S. 61. („Dazu kam, daß [...] die [...] Krankheit aufs neue jenes fieberhafte Verlangen weckte, wie das die Schwindsucht gewöhnlich tut." Alexandre Dumas, *Die Kameliendame*, S. 21.)
57 Raynal, *Les correspondants de Joseph Joubert*, S. 144.

me connaissez m'ont quitté le long de la route",[58] – an die Möglichkeit einer dauerhaften Besserung scheint sie aber nicht zu glauben, zumal sie immer wieder damit konfrontiert wird, von anderen als krank wahrgenommen zu werden.[59]

Beaumonts Briefe rufen, besonders durch die ausgiebige Schilderung der klimatischen Verhältnisse, die unmittelbar auf ihr Befinden einwirken („les quintes m'ont reprise avec violence, depuis que je suis à Clermont; à la vérité, le temps est extrêmement orageux; [...]."[60]), den Eindruck extremer Schutzlosigkeit hervor. In der halb offenen Kutsche – Beaumont muß einfach reisen, denn sie verfügt nur über begrenzte finanzielle Mittel – ist sie dem wechselhaften Klima der Berge im August, der schnellen Abfolge von großer Hitze und großer Kälte, dem Wind, der Sonne, dem plötzlichen Regen und Hagel in extremer Weise ausgesetzt. Hitze, „une chaleur accablante",[61] „une chaleur insupportable"[62] und Kälte, „un froid du mois de novembre",[63] wirken unmittelbar auf sie ein, heftiges Schwitzen schlägt in starkes Frieren um, ein plötzlicher Hagel durchnäßt die Reisende bis auf die Haut: „[...] rien du tout ne garantissait le devant de la carriole, de sorte que nous avons été mouillés et glacés jusqu'aux os."[64]

Typische Züge zeitgenössischer medizinischer Schwindsuchtsdarstellungen dringen hier bis in Beaumonts Beschreibung des Klimas ein, dem sie wiederum einen unmittelbaren Einfluß auf den Verlauf ihrer Krankheit einräumt. Das Umschlagen von Kälte und Hitze, das sie in ihren Reisebriefen schildert, deckt sich mit Darstellungen der Schwindsucht in ärztlichen Fallberichten, in denen der Zustand des Patienten zwischen starkem Schwitzen und starkem Frieren schwankt.[65] Der Exzeß und die Wechselhaftigkeit erscheinen hier wie dort

---

58 Ebd., S. 145. („Die Hustenanfälle, die Sie kennen, haben unterwegs aufgehört.") Vermutlich als Zugeständnis an die positiven Wirkungen, die dem Reisen mit der Kutsche in der medizinischen Literatur der Zeit zugeschrieben wird: Die Stöße der Kutsche erleichtern, so heißt es, Schwindsüchtigen das Abhusten, bereits im 18. Jahrhundert wurde davon ausgegangen, daß der Galopp der Pferde, die eine Kutsche ziehen, die ‚vapeurs' vertreibt. Vgl. dazu Cabanis, „Chateaubriand et le Dr. Recamier", S. 21.
59 Vgl. Raynal, *Les correspondants de Joseph Joubert*, S. 145.
60 Ebd. („Seit ich in Clermont bin, haben die Hustenanfälle wieder mit Macht eingesetzt; ehrlich gesagt ist das Wetter auch sehr stürmisch.")
61 Ebd., S. 146 („eine erdrückende Hitze").
62 Ebd., S. 148 („eine unerträgliche Hitze").
63 Ebd., S. 146 („eine Kälte wie im November").
64 Ebd., S. 148. („[...] nichts schützte die Vorderseite des Wagens, so daß wir bis auf die Knochen durchnäßt und durchgefroren waren.")
65 Wie u.a. Isabelle Grellet / Caroline Kruse, *Histoires de la tuberculose*; Susan Sontag, *Krankheit als Metapher*, München 1978 und Lawlor, *Consumption and Literature* zeigen, gehört zum stereotypen Krankheitsbild der ‚phtisie', das sich seit Mitte des 18. Jahrhunderts herauszubilden beginnt, gerade die Darstellung konträrer Symptome wie Erblassen und Erröten, Erstarken und Ermatten, Frieren und Schwitzen. Für die Schwindsucht gilt aufgrund ihres hohen kulturellen Konnotationspotentials in besonderem Maße, daß die Selbstwahrnehmung der

als dezidierte Merkmale der Krankheit. Beaumont formuliert einen Zustand der Überreizung, in dem die eigenen Körpergrenzen keinen Schutzwall mehr darstellen. Sie blendet den Wärmehaushalt des eigenen Körpers und die klimatischen Schwankungen in ihren Briefen unmittelbar in eins, so daß die Grenzen zwischen Innen und Außen, Körper und Umwelt durchlässig zu werden scheinen.

Beaumont beschreibt den Jouberts nicht nur mit großer Anschaulichkeit, wie ohnmächtig sie auf ihrer Reise den Temperaturschwankungen und der Witterung ausgeliefert ist,[66] die Schilderung des eigenen Ausgesetztseins setzt sich im psychischen Bereich fort. Wie dem Wetter, so kann Beaumont auch anderen äußeren Einflüssen, dem Ungeziefer in den Betten, aber auch den eigenmächtigen Entscheidungen der Kutscher, dem anmaßenden Verhalten der Wirtsleute, den ständigen Nörgeleien ihrer mitreisenden Kammerfrau nichts entgegensetzen. Sie beschreibt sich als nervös und reizbar, ihre Stimmung als in extremer Weise von äußeren Stimuli abhängig.[67] Ebenso wenig wie sie sich vor den Temperaturschwankungen und den Witterungsverhältnissen schützen kann und deswegen ständig schwitzt oder friert, kann sie ihren emotionalen Haushalt regulieren. Ihre Gefühle sind, so legt ihre Darstellung es nah, unmittelbar von äußeren Reizen abhängig und reagieren auf diese heftig und unmittelbar, was dazu führen muß, das sie immer mehr Kräfte verliert und ihre Erregbarkeit sich dem vitalistischen Paradigma zufolge zunehmend erschöpft.

Beaumont beschreibt ausführlich, wie ihre Lebenskraft durch die Strapazen der Reise zugleich angereizt und aufgebraucht wird. Bei ihrer Ankunft auf dem Mont-Dore ist sie bereits vollkommen entkräftet.[68] Sie schildert den Jouberts

---

Patienten, ebenso wie die Observation der Ärzte, durch die vom Krankheitsbild vorgegebenen Muster geprägt ist.

66 „Le climat est un des grands inconvéniens du pays: aujourd'hui, un jour d'août; demain, un jour de janvier. Quelquefois on éprouve cette variation dans la même journée. Au reste, on ne se doute ici ni d'excès ni de la chaleur ni de la sécheresse, mais les échos ne répètent que les désolations, et les vôtres m'affligent." Raynal, *Les correspondants de Joseph Joubert*, S. 151.

67 „Vous avez eu tort de rire des puces et de cochons et de la saleté du lieu; je vous affirme que, dans l'état de faiblesse où j'étais, le tourment et le dégoût ajoutèrent beaucoup à mes souffrances. Je crois que l'ennui m'est bon, ce qui, d'après Figaro, est bien mauvais signe; ce n'est pas lui cependant qui me chasse, c'est le froid. Il gèle toutes les nuits, et un vent de nord très violent fait plus de mal que les bains ne feraient de bien." Ebd., S. 158.

68 Beaumont findet in dem überfüllten Kurort zunächst nur eine schlechte, ungeheizte Unterkunft und stellt am nächsten Morgen fest, daß es in der Umgebung kaum Möglichkeiten zum Spazierengehen gibt, da unmittelbar um den Ort die Berge aufragen. Der Gebirgskessel, der sie umgibt, wird in den folgenden Briefen zu einer Metapher für ihre körperlichen Leiden und zur Ursache ihrer Einsamkeit: „[…] je me sens écrasée sous le poids des montagnes dont je suis environnée; les géants qui avaient osé combattre les Dieux n'étaient pas plus maltraités que moi. Pas une échappée pour la vue, pas une possibilité de grimper, mes forces ne le veulent pas, et je ne connais pas un seul promeneur qui voudrait d'ailleurs se soumettre à marcher si lentement, à s'arrêter aussi souvent. Je n'oserais pas le demander à une vieille connaissance. En deux mots, je n'ai fait société avec personne." Ebd., S. 151. Wie Beaumont

detailliert ihre Behandlungsmethoden, wobei sie ihrem Ärger darüber Ausdruck gibt, daß der für sie zuständige Arzt ihr in ihrem Zustand zunächst verbietet, heiße Bäder zu nehmen und ihr lediglich eine Trinkkur verordnet.[69] Erst als sie damit droht abzureisen, darf sie ein Bad in ‚gemischtem Wasser' nehmen, als sie es gut verträgt, endlich auch heiße Bäder. Hier wird das Thema der Regulierung äußerer Reize noch einmal in anderer Form variiert: Beaumonts Ausführungen machen die therapeutische Bedeutung von Hitze und Kälte in der Behandlung der ‚phtisie', also die Notwendigkeit, den schwindsuchtskranken Körper starken Reizen auszusetzen, ebenso deutlich wie die damit einhergehende Gefahr:

> [...] depuis trois jours, je prends des douches sur l'épine du dos, et les bains dans toute leur chaleur; elle est de trente-deux degrés, j'en suis, à l'étonnement de tout le monde, moins fatiguée que des personnes plus fortes que moi. Je continue de boire; on assure que ces eaux, lorsqu'elles passent bien et ne font point cracher de sang, ne peuvent manquer leur effet, qu'elles sont merveilleuses. Résultat: je tousse beaucoup moins, mais ma poitrine est serrée comme dans un étau; je ne puis faire quatre pas ni surtout monter sans êtres étouffée d'une manière extrêmement pénible; je mange un peu plus, j'ai souvent de grands malaises, et je ne me tire d'affaire que par un grand repos. (Brief vom 26.08.1803)[70]

> [...] seit drei Tagen erhalte ich jetzt Duschen auf das Rückgrat und nehme Bäder in voller Hitze, das Wasser ist 32 Grad warm, zum allgemeinen Erstaunen bin ich davon weniger erschöpft als Leute, die sonst robuster sind als ich. Die Trinkkur mache ich weiter; man ist hier davon überzeugt, daß dieses Wasser, wenn man es gut verträgt und es nicht zum Blutspucken führt, seine Wirkung gar nicht verfehlen kann, daß es wahre Wunder vollbringt. Das Resultat ist, daß ich viel weniger huste, aber meine Brust eingezwängt ist wie in einem Schraubstock, ich kann keine vier Schritte machen und noch weniger bergauf gehen, ohne auf äußerst schmerzhafte Art keine Luft mehr zu bekommen; ich esse etwas mehr, mir ist oft sehr unwohl, und ich halte nur durch, weil ich mir viel Ruhe gönne.

Daß die heißen Bäder Beaumont offensichtlich weniger ermüden als andere, kräftiger konditionierte Kurgäste wird von ihrer Umgebung als positives Zeichen von Gesundheit interpretiert, als Beweis dafür, daß ihr doch noch mehr Kräfte

---

es schildert, fühlt sie sich auf dem Mont-Dore von Beginn an bedrängt und eingesperrt, an Mme Joubert schreibt sie kurz vor ihrer Abreise: „[...] j'ai été persuadée que le Mont Dore serait mon tombeau; c'est la première idée qui m'a frappée en y arrivant, sans avoir cependant l'orgueil de croire qu'il fallait de si hautes montagnes pour m'ensevelir. J'ai ces maudites, maudites montagnes sur le nez ou plutôt sur la poitrine, elles m'oppressent véritablement, et je n'ai d'autre plaisir dans mes promenades solitaires qu'à les déranger, à les empiler, enfin à me faire jour quelque part [...]." Ebd., S. 154. Die Form des Gebirgskessels wird zum Vorboten des Todes – zum Abbild eines Grabes ebenso wie zum Abbild des kranken Körpers, der Beaumont gefangen hält. Die Berge scheinen sich auf sie zu legen und den Druck auszulösen, den sie auf ihrer Brust spürt, die Landschaft reproduziert hier, ebenso wie die Witterungsverhältnisse, die Symptome ihrer Krankheit, gegen die sie ebenso heftig wie vergeblich revoltiert.

69 Vgl. ebd., S. 149.
70 Ebd., S. 150.

zu Verfügung stehen, als sie angenommen hatte. In Beaumonts Beschreibung der Wirkung des kohlensäure- und siliziumhaltigen Wassers, das sie weiterhin auch als Getränk zu sich nimmt, reflektiert sich die medizinische Auffassung der Zeit: Die Trinkkur, so ‚sagt man', wirke Wunder – aber nur dann, wenn sie gut angenommen wird und nicht dazu führt, daß der Kranke Blut spuckt.[71] Entscheidend scheint also auch hier die Frage des ‚rechten Maßes' (oder der rechten Temperierung) zu sein, das Erreichen eines – notwendig prekären – Gleichgewichts zwischen Reiz und Beruhigung.

In Beaumonts Schilderungen der therapeutischen Anwendungen, denen Schwindsuchtskranke unterzogen werden, zeigt sich der paradoxe Charakter des vitalistischen Paradigmas, in dem diese sich situieren: Zum einen wird davon ausgegangen, daß die anregende Wirkung des heißen Wassers müde macht und die Lebenskräfte aufbraucht, zum anderen nimmt man an, daß sie in der Lage ist, diese anzufachen – oder überhaupt erst hervorzurufen. Die Vorstellung, daß jeder Mensch ein begrenztes Quantum an Lebensenergie zur Verfügung hat, das er im Laufe seines Lebens allmählich aufbraucht, steht hier der Vorstellung einer möglichen Erneuerbarkeit dieser Energie diametral gegenüber. In den widersprüchlichen therapeutischen und diagnostischen Ansätzen bezüglich der Schwindsucht spiegelt sich somit also auch eine grundsätzliche Aporie des vitalistischen Denkens: Lebensenergie kann, etwa durch heiße Bäder, mineralhaltiges Wasser, die Konfrontation mit extremen Klimata und lange Spaziergänge nicht nur angefacht, sondern auch erneuert werden – andererseits muß ihr Verbrauch durch Ruhephasen, Selbstberuhigungstechniken etc. niedrig gehalten werden, da zugleich die Gefahr besteht, sie aufzubrauchen.

Beaumonts Lebendigkeit, die Heftigkeit ihrer Gefühle, ihrer Freude wie ihrer Trauer, kann somit zu gänzlich konträren Deutungen ihres Gesundheitszustands Anlaß geben. Joubert schreibt ihr in dem ersten Brief, der sie nach ihrem Aufbruch zum Mont-Dore erreicht:

> Il est impossible que la vivacité qui vous anime avec une force si constante ne tienne pas à un principe de vie parfaitement conservé. Votre esprit a tant et tellement tarabusté votre pauvre machine qu'elle est lasse et surmenée: voilà, je crois, toute la cause de votre mal. Ranimez votre corps et faites reposer votre âme: nous ne tarderons pas à vous revoir telle que nous vous désirons. (Brief vom 26.07.)[72]
>
> Es ist doch ganz unmöglich, daß die Lebhaftigkeit, die Ihnen so dauerhaft Kraft gibt, nicht auf ein perfekt erhaltenes Lebensprinzip zurückgeht. Ihr Geist hat dem armen Körper so sehr zugesetzt, daß er abgespannt und überanstrengt ist: darin liegt, denke

---

71 „[...] depuis cinq jours que je prends des grands bains et des douches, je suis mieux, et voici à peu près en quoi consiste ce mieux: j'ai plus de forces; la diminution de la toux, je l'attribue au silence et au repos qui sont excessifs; ma poitrine reste opiniâtrement serrée, sans me faire d'autre mal; mais c'est bien assez pour m'ôter l'espoir de guérir." Brief vom 29.08. an Mme Joubert, ebd., S. 155.

72 Ebd., S. 145.

ich, die ganze Ursache Ihrer Krankheit. Beleben Sie Ihren Körper wieder und lassen Sie Ihre Seele ausruhen: Es wird nicht lange dauern und wir werden Sie in dem Zustand wiedersehen, den wir uns wünschen.

Joubert, der Beaumont Mut zusprechen möchte, geht hier davon aus, daß Beaumonts „vivacité", ihre als anhaltende Reaktionsfähigkeit auf äußere Reize gedachte Lebendigkeit, der Beweis dafür ist, daß ihr ‚Lebensprinzip' intakt ist. Er macht ihren psychischen Zustand für den schlechten Zustand ihres Körpers verantwortlich: dieser sei müde und überbeansprucht, er müsse wieder animiert werden, die Seele dagegen ausruhen.

Andere Freunde interpretieren Beaumonts Gesundheitszustand genau gegenteilig, so schreibt M. Guéneau de Mussy bei ihrer Abreise an M. de Chênedollé:

> A mon avis, sa santé s'altère de plus en plus. Je crois les sources de la vie desséchées; sa force n'est plus qu'irritation, et son esprit si plein de grâces ressemble à cette flamme légère, à cette vapeur brillante qui s'exhale d'un bûcher prêt à s'éteindre. Ce n'est pas sans une sorte d'effroi que j'envisage les fatigues du voyage qu'elle projete d'entreprendre au Mont-Dore.[73]

> Meiner Meinung nach wird ihr Gesundheitszustand immer schlechter. Ich vermute, die Lebensquellen sind ausgetrocknet; ihre Kraft ist nur noch Überreizung, und ihr Geist, der so voller Anmut ist, gleicht diesen winzigen Flämmchen, diesem glänzenden Rauch, der aus einem verlöschenden Holzscheit kommt. Ich sehe den Anstrengungen der Reise, die sie zum Mont-Dore machen will, nicht ohne ein gewisses Grauen entgegen.

Beaumonts Kraft wird hier als *reine* Gereiztheit, ihre geistige Anmut und Lebendigkeit als letztes Aufflackern eines verglühenden Holzscheits beschrieben. Als Symptom ermöglicht Beaumonts ‚vivacité' also auch hier, in der Fremd- wie zuvor in der Eigenwahrnehmung, zwei vollkommen gegensätzliche Diagnosen: Einmal wird sie als Ausdruck eines intakten Lebensprinzips („principe de vie parfaitement conservé") gedeutet, einmal als letztes irritiertes Flackern einer Flamme, die keinen Brennstoff mehr findet („sources de la vie desséchées").

Beaumonts eigene Auffassung schwankt in ihrer Korrespondenz auch weiterhin und scheint somit die Symptomatik der Schwindsucht zu reproduzieren: Einerseits schöpft sie aufgrund der positiven Wirkung der Bäder auf dem Mont-Dore kurzzeitig Hoffnung, doch noch über mehr Kraft zu verfügen, als sie angenommen hatte, andererseits wirft sie Joubert vor, sich in seiner optimistischen Einschätzung geirrt zu haben. Auf dem Rückweg aus der Auvergne ist sie davon überzeugt, daß die Bäder sie zwar animiert, dabei aber zugleich, durch das ständige Schwitzen, das Letzte an Wärme und Lebensenergie aus ihr herausgeholt haben:

---

73 Ebd., S. 140.

> Mais combien vous étiez dans l'erreur de croire que l'activité dans laquelle je vivais était une preuve et une cause de mieux! Elle me tuait; la pauvre goutte d'huile se consumait, avec une rapidité effrayante, je le sentais, et en arrivant au Mont-Dore je me sentais presque plus rien. Ces eaux ont été cherché de la vie je ne sais où; enfin me voilà enfin marchant sans peine et plus animée que je ne voudrais, car je crains que l'huile ne brûle trop vite. Me voilà devenue une vraie poule mouillée. C'est ce que vous voulez. Cependant une journée a pensé me faire perdre tout le fruit de mes eaux. (Brief vom 8.09.1803)[74]
>
> Wie sehr haben Sie sich getäuscht, als Sie mein aktives, tätiges Leben für einen Beweis und für einen Auslöser meiner Besserung gehalten haben! Es hat mich allmählich getötet; der kümmerliche Ölrest hat sich aufgebraucht, mit erschreckender Geschwindigkeit, ich habe das gemerkt, und als ich auf dem Mont Dore ankam, spürte ich, daß da fast nichts mehr war. Die Bäder hier haben noch Leben aufgespürt, ich weiß gar nicht wo; endlich kann ich ohne Mühe gehen und bin lebendiger, als mir das Recht ist, denn ich habe Angst, daß das Öl zu schnell verbrennt. Ich bin zu einem regelrechten Angsthasen geworden. Das ist es doch, was Sie wollen. Dennoch hat ein einziger Tag sich wieder mal in den Sinn gesetzt, den ganzen Gewinn meines Kuraufenthaltes zunichte zu machen.

In Beaumonts Selbstwahrnehmung reicht ein einziger Tag aus, um den positiven Effekt der Bäder zunichte zu machen, passend zu ihrer niedergedrückten Stimmung kommt ein kalter Nordwind auf, und sie erreicht die nächste Station auf ihrem Rückweg mit starken Rückenschmerzen und einer Erkältung. Für die Darstellung schwindender Lebenskraft verwendet Beaumont hier erneut das Bild sich zu schnell aufbrauchenden Lampenöls, das auch im zitierten Brief Guéneau de Mussys gebraucht wird und das sie selbst in den Aufzeichnungen verwendet, die Chateaubriand in die *Mémoires* integriert hat. Es handelt sich hierbei um ein Bild, das bis auf Galen und die antike Tradition zurückgeht und das im vitalistisch geprägten medizinischen Diskurs um 1800 noch gängig ist: Das Leben wird als Flamme dargestellt, die den Energievorrat des Körpers allmählich aufbraucht, ebenso wie das Licht einer Laterne das Lampenöl. Je stärker und heller die Flamme brennt, desto schneller geht der Ölvorrat zur Neige – woran auch die Konnotation der ausgetrockneten Quellen bei Guéneau de Mussy anknüpft.[75]

In Beaumonts Korrespondenz wird die Schwindsucht als vitalistische Krankheit schlechthin kenntlich – in den Reflexionen über Ätiologie, Symptomatik und Therapie der ‚phtisie' wird exemplarisch sichtbar, daß das vitalistische Prinzip der ‚force vitale' von einer Ambivalenz zwischen Aufbrauchen und Neuentstehen von Lebenskräften (durch die Einwirkung äußerer Reize) geprägt und

---

74 Ebd., S. 161.
75 Die Vorstellung eines lebenserhaltenden Prinzips ‚eingepflanzter Wärme' (lat.: ‚calor innatus') wird in der antiken medizinischen Tradition in der Bildlichkeit einer Lebensflamme beschrieben, vgl. dazu etwa Arndt Brendecke / Ralph P. Fuchs / Edith Koller, *Die Autorität der Zeit in der frühen Neuzeit*, Berlin 2007.

somit letztlich in sich widersprüchlich ist. So entsteht der Eindruck, als würde die Intensität des Lebens bei Schwindsüchtigen antiproportional zu den Lebenskräften ansteigen: Je kränker der Kranke ist, je näher er dem Tod kommt, je weniger Lebenskraft er also noch zur Verfügung hat, desto ‚lebendiger' ist er, desto mehr Vitalität setzt sein körperlicher wie psychischer Haushalt paradoxerweise frei. Somit bleibt auch die Frage in der Schwebe, ob die intensive Lebensführung zu einer Abnahme der Lebenskräfte führt oder die Abnahme der Lebenskräfte zu einer intensiven Lebensführung.

Die Darstellung der Eigenwahrnehmung des kranken Körpers ist in Pauline de Beaumonts Briefen geprägt von Sprunghaftigkeit und exzessiver Übertreibung und scheint somit selbst der Symptomatik der auszehrenden Krankheit zu folgen. Der Anspruch einer objektiven Beschreibung des Krankheitsverlaufs ist somit per se aufgegeben, in der Intensität der Schilderungen wird sie geradezu konterkariert. In Beaumonts Schreiben zeichnet sich ab, daß in der Schilderung der *eigenen* Krankheit Widersprüche explizit werden können, die im medizinischen Diskurs der Zeit durch die Trennung von beobachtendem und beschreibendem Arzt und erleidenden Patienten, von Subjekt und Objekt der Darstellung, meist implizit bleiben.

c) Schreibend verführen

In Pauline de Beaumonts Briefen verbindet sich die Reflexion über die ihr verbleibenden Lebenskräfte mit Fragen nach der Regulierung ihres emotionalen Haushalts – eben hierin entwickelt die Darstellung der ‚consomption' eine ökonomische Dimension. Im Schreiben über die eigene Schwindsucht, das immer auch das Scheiben über einen Mangel ist, scheint Beaumont das strategische Potential der im vitalistischen Krankheitsbild angelegten widerstreitenden Konzepte von Gesundheit und Krankheit ebenso zu erproben wie das des im medizinischen wie literarischen Diskurs über die Schwindsucht gleichermaßen transportierte Ideal des fragilen und schutzbedürftigen weiblichen Körpers.

Der Mangel, den Beaumont in ihren Briefen an die Jouberts evoziert, besteht, wie sie es beschreibt, im Fehlen einer schützenden Hülle. Weder im wörtlichen noch im übertragenen Sinn gelingt es ihr, die ‚eigene Temperatur zu halten', einen Schutz gegen die unmittelbare Wirkung von Außenreizen aufzubauen und ihre Reizbarkeit somit aus eigenen Kräften zu regulieren. Ihrer Darstellung zufolge ist ihr Innen dem Außen, dem wechselhaften Klima wie dem Verhalten anderer Menschen, hilflos ausgeliefert. Ihre Schilderungen rufen den Adressaten der Briefe implizit auf, diesen Mangel an Schutz zu beheben, ihr ‚eine Decke um die Schultern zu legen'. Beaumont exponiert in den Briefen an die Jouberts ihren Körper und ihre Psyche, sie setzt ihren Körper in Szene und stellt ihr Innenleben zur Schau. Sie liefert sich dem Leser, der so auch zum

Betrachter wird, bedingungslos aus und wirbt auf diese Weise um dessen Schutz und dessen Sorge. Dadurch, daß sie Schwäche zeigt, fordert Pauline die Jouberts auf, Verantwortung für sie zu übernehmen.

Beaumont bezeichnet die Korrespondenz mit den Jouberts immer wieder als das, was sie auf ihrer strapaziösen Reise und während ihrer einsamen Zeit auf dem Mont-Dore überhaupt aufrecht hält. Sie beschwört die Nähe ihrer beiden Freunde und versichert, daß sie auch unter größten Strapazen und Schmerzen in Gedanken bei ihnen ist: „[…] je suis souvent avec vous, même en courant les grands chemins et presque morte, à la souffrance près." (Brief vom 20.08.1803)[76] Von Etappe zu Etappe reist sie in der Erwartung, einen Brief von ihnen vorzufinden – als sich zwei der Briefe Jouberts, unter anderem der, in dem er regelmäßige Gesundheitsberichte einfordert, verspäten, führt das dazu, daß die Reisende ihrem Gefühl der Verlassenheit in ihren Briefen immer stärker Ausdruck verleiht.

Als sie auch bei ihrer Ankunft auf dem Mont-Dore noch immer keine Post vorfindet, kreist fast der gesamte erste Brief, den sie von dort aus an Joubert schreibt, um diesen Mangel:

> Je vous ai écrit de Clermont, et même dans le plus fort de mes dégoûts et de mes fatigues; ma tête vous écrivait, et je rêvais à vous! Mille petits détails me semblaient devoir vous plaire, et je m'en occupais, quoique je ne fusse pas trop en état de le faire; enfin votre silence m'a tout effarouchée, et il a ajouté aux déplaisances que m'inspirent le Mont Dore, et sa société, et ses quatre pas de promenades, et ses montagnes, que je ne puis franchir, et ses orages continuels, qui amènent tout à coup un froid du mois de novembre. Ma chambre n'a point de cheminée, il n'y a guère qu'à la cuisine; aussi je gèle en vous écrivant.[77]

> Ich habe Ihnen aus Clermont geschrieben, und selbst dann, wenn mein Überdruß und meine Erschöpfung am stärksten waren, habe ich in Gedanken an Sie geschrieben, ich habe von Ihnen geträumt! Von tausend kleinen Details dachte ich, daß sie Ihnen gefallen müßten, und beschäftigte mich mit ihnen, auch wenn ich eigentlich gar nicht dazu in der Lage war; schließlich hat Ihr Schweigen mich ganz verschreckt, es hat das Mißfallen, das mir der Mont Dore einflößt, noch verstärkt, das Mißfallen an der Gesellschaft, die ich dort habe, an den vier Schritten, die man hier als Spaziergang machen kann, an seinen Bergen, über die ich nicht hinüber komme, an seinen ständigen Unwettern, die plötzlich eine Kälte mit sich bringen, als wäre es November. Mein Zimmer hat keinen Kamin, nur in der Küche gibt es einen; und so erfriere ich fast, während ich Ihnen schreibe.

Beaumont beklagt sich über das vermeintliche Schweigen ihrer Freunde und appelliert an deren Gewissen, in dem sie hervorhebt, ihnen aus Clermont selbst unter größter Anstrengung und inmitten größten Überdrusses geschrieben zu

---

76 Raynal, *Les correspondants de Joseph Joubert*, S. 145. („[…] ich bin oft in Gedanken bei Ihnen, selbst wenn ich große Strecken zurücklege und halbtot bin, fast leide ich darunter.")
77 Ebd., S. 146f.

haben. Sie beschreibt einen fortwährenden inneren Dialog mit den Jouberts, der es ihr trotz ihrer Schwäche überhaupt ermöglicht habe, Eindrücke ihrer Reise aufzunehmen – der Versuch, die Abwesenheit der Freunde zu überbrücken, wird hier nicht nur als Auslöser des Schreib- sondern auch als eigentlicher Antrieb des Wahrnehmungsprozesses beschrieben. Umso stärker muß Beaumont die Tatsache verstören, auch auf dem Mont-Dore keinen Brief der Jouberts vorzufinden. Die Enttäuschung darüber verstärkt ihr Mißfallen an ihrem Aufenthaltsort, an den Witterungsverhältnissen und der eingeschlossenen Lage. Wie Beaumont impliziert, läßt das Ausbleiben einer Antwort sie ebenso leiden wie die Kälte, die Stürme und die Isolation, denen sie auf dem Mont-Dore ausgesetzt ist.

Beaumont schildert die Korrespondenz mit ihren Briefpartnern hier in ähnlicher Weise wie zuvor den Umgang ihres Körpers mit äußeren Reizen. Beide Formen des Austauschs, die Kommunikation des Körpers mit der Umwelt und die Kommunikation der Briefschreiberin mit der Außenwelt, werden in der Symptomatik der ‚phtisie' dargestellt. Wenn Beaumont die Kraft und Überwindung beschreibt, die es sie kostet, in ihrem ungeheizten Zimmer an die Jouberts zu schreiben („je gèle en vous écrivant"), thematisiert sie nicht nur ihr Engagement für die Beziehung (= ich leide für Euch), sondern läßt auch die vermeintliche Gefühlskälte der Jouberts anklingen, gegen die sie anzuschreiben glaubt. Sie läßt mitschwingen, daß sie sich nicht mehr in der Lage fühlt, den Dialog aufrecht zu erhalten und weiter über ihre Reiseeindrücke und ihren Zustand zu berichten, bevor sie nicht einen Brief von ihnen erhalten hat: „Si par hasard je sais quelque chose de vous, alors je causerai de meilleur courage; […]."[78]

Darin ist auch die implizite Drohung enthalten, andernfalls selbst nicht mehr zu schreiben. Emotionale Bedürftigkeit ruft, wie Beaumont hier impliziert, einen somatischen Mangel hervor, der wiederum unmittelbare Auswirkungen auf den Schreibprozeß hat: er löst das Schreiben nicht nur aus – wenn er zu stark wird, macht er es auch unmöglich. In Form einer Symptomatik der auszehrenden Krankheit rhythmisiert der Mangel somit Beaumonts Reise ebenso wie ihre Korrespondenz. Das Weiterschreiben, das hier für das Weiterwahrnehmen und in letzter Konsequenz auch für das Weiterleben steht, wird in Abhängigkeit zur emotionalen Anteilnahme der Jouberts gestellt.

Als Beaumont endlich einen Brief von ihnen erhält, beschreibt sie diesen den Jouberts, in ihrer Antwort vom 26.08.1803, als dasjenige Moment, das es ihr überhaupt ermöglicht, den Reisebericht wieder aufzunehmen:

> De vous dire que votre lettre m'a fait un extrême plaisir, ce n'est pas vous donner une idée de ce que j'ai éprouvé en la recevant: toutes les inquiétudes, tous les brouillards se sont

---

78 Ebd., S. 147. („Sollte ich Neuigkeiten von Ihnen erhalten, werde ich sicher mit größerem Eifer plaudern können.")

dissipés en un moment, et me voilà en état de causer avec vous autant que mes forces me le permettront; mais elles sont très faibles, mes forces! Je vais reprendre mon récit [...].[79]

Wenn ich Ihnen sage, daß Ihr Brief mir eine außerordentliche Freude gemacht hat, dann haben Sie noch keine Vorstellung von den Gefühlen, die sein Empfang bei mir ausgelöst hat: Alle Unruhe, aller Nebel hat sich mit einem Mal aufgelöst, und nun fühle ich mich wieder in der Lage, mit Ihnen zu plaudern, so viel, wie meine Kräfte es mir erlauben; aber sie sind gering, meine Kräfte! Ich erzähle jetzt also weiter [...].

Sie versäumt es dabei nicht darauf hinzuweisen, daß dieses Weiterschreiben von ihren Kräften abhängt und diese nach wie vor gering sind, klagt also implizit weitere emotionale Anteilnahme – und Briefe – der Jouberts ein.[80] Beaumont legt nahe, daß die Empathie, die in deren Briefen zum Ausdruck kommt, die einzige Kraftquelle ist, die sie am Leben hält, daß ein Weiterleben für sie nur durch die und in der Korrespondenz möglich ist.[81] Beaumonts Werben um Zuwendung im Bild der ‚consomption' läßt sich durchaus als wirkungsvoll bezeichnen: In Reaktion auf ihren Brief geht Joubert auf ihr Empathiebedürfnis ein und erneuert den Pakt, der Beaumonts Gesundheit zum gemeinsamen Projekt macht. Er versichert ihr seine Liebe und die Liebe seiner Frau, bezeichnet ihre erhoffte Heilung als gute Tat für die, die sie lieben und bittet sie ein weiteres Mal nachdrücklich, ihn über ihre Therapien auf dem Laufenden zu halten.[82]

Die Briefe Pauline de Beaumonts kreisen, und das zeigen selbst die modifizierten Versionen in der Ausgabe Raynals sehr deutlich, um eine Leerstelle: der Name Chateaubriand wird, obwohl er ein enger Freund Jouberts ist und in Beaumonts Briefen aus dem Jahr 1801 häufig von ihm die Rede war, sich die Korrespondenz mit Joubert teilweise sogar schwerpunktmäßig um ihn drehte,

---

79 Ebd.
80 Insgesamt erwähnt sie die fehlenden Briefe in ihrem Schreiben vom 26. August gleich dreimal, zu Beginn, in der Mitte und am Schluß, während sie sich zugleich dafür entschuldigt, einen „materiellen Beweis" dafür benötigt zu haben, daß ihre „liebsten Freunde" an sie denken: „[...] si vous saviez ce que c'est que de se trouver seule, malade, au milieu d'indifférents et dans un pays perdu, vous me pardonneriez d'avoir eu besoin d'une preuve matérielle du souvenir de mes plus chers amis." Ebd., S. 150. Beaumont fordert die Jouberts auch in den folgenden Briefen immer wieder auf, ihr unmittelbar zu antworten: „Je mettais un prix infini à recevoir un mot de l'un de vous en arrivant; il me semblait que ce mot me donnerait le courage de supporter le long silence de tout le monde." Brief vom 29.08.1803, ebd., S. 154. Die Bitte um rasche Antwort wird zum rituellen Briefabschluß: „Adieu, ma belle dame; je finis ce griffonnage, interrompu dix fois, pour vous prier de ne pas perdre un moment à me récrire un mot; [...]." Brief vom 20.08.1803, ebd., S. 156.
81 Andererseits setzt Beaumont ihre Krankheit als Entschuldigung für ihr eigenes unangemessenes Verhalten ein: „Alors je vous ai écrit une lettre bien maussade que je voudrais ravoir, mais que cependant vous me pardonnerez un jour. Vous savez que les malades ressemblent à des enfants, et j'étais bien malade, beaucoup plus que je ne disais et que vous ne le croyiez." Brief vom 04.09.1803 an Joubert, ebd., S. 157.
82 Vgl. ebd., S. 153.

während der Reise lange Zeit gar nicht erwähnt. Erst in den letzten Tagen ihres Aufenthalts auf dem Mont-Dore spielt Beaumont auf ihn an, so daß deutlich wird, daß sie in dieser Zeit auch zu ihm in Briefkontakt gestanden haben muß. Dabei schreibt sie auch zunächst nicht direkt über ihn, sondern erwähnt in unpersönlicher, metonymischer Form „Neuigkeiten aus Rom", ersetzt den Namen Chateaubriand also durch eine Ortsangabe:

> Les nouvelles de Rome sont très tristes, très ennuyées, très mécontentes; j'en excepte la dernière, qui était d'une inconcevable folie. Adieu, j'embrasse tendrement madame Joubert. Je ne finis pas cette lettre, je la reprendrai incessamment; je vous écris avec joie, mais avec fatigue, et je suis souvent obligée de m'interrompre pour aller compter les solives.[83]

> Die Neuigkeiten aus Rom sind sehr traurig, ärgerlich, unzufrieden; nur die letzte, unbegreiflich verrückte macht da eine Ausnahme. Adieu, eine zärtlich Umarmung für Madame Joubert. Ich schreibe diesen Brief nicht zu Ende, werde ihn aber unverzüglich wieder aufnehmen; ich schreibe Ihnen mit Freude, aber es strengt mich auch an, ich muß mich oft unterbrechen und die Dachbalken zählen gehen.

Pauline teilt den Jouberts nicht mit, was genau Chateaubriand ihr schreibt, läßt aber Andeutungen fallen, die notwendig Interesse hervorrufen müssen. Die „verrückte" Neuigkeit, die sie hier erwähnt, könnte auf einen Vorschlag Chateaubriands anspielen, zu ihm nach Rom zu kommen – sicher ist es kein Zufall, daß sie direkt nach der Erwähnung der „nouvelles de Rome" eine Schreibpause einlegen und die Dachbalken zählen muß, sondern eben ein Hinweis darauf, daß diese Neuigkeit mit emotionaler Erregung verbunden ist.

Beaumont teilt den Jouberts auch in ihrem nächsten Brief noch nicht explizit mit, daß sie auf eine konkrete Einladung Chateaubriands wartet, informiert sie aber darüber, daß sie ihre Rückreise so plant, daß sie in Lyon auf Neuigkeiten von ihm warten kann. Die Entscheidung, sich im Winter nicht bei den Jouberts in Villeneuve, sondern bei Chateaubriand in Rom aufzuhalten, bereitet sie bereits vor, indem sie auf den Rat ihres Arztes verweist, die kalten Monate im Süden zu verbringen.[84] Hier läßt sie auch erstmals durchblicken, wie stark das emotionale Band ist, das sie weiterhin mit Chateaubriand verknüpft – beschwört die Jouberts aber zugleich, ihr ihre Freundschaft zu erhalten: „Conservez-moi votre amitié, et soyez sûrs tous les deux qu'elle est peut-être le plus fort lien qui m'attache à la vie: Villeneuve et Rome renferment ce qui m'est le plus cher au monde."[85] Im folgenden Brief beschreibt sie, welche Bedeutung die nun in Cler-

---

83 Ebd., S. 151.
84 Vgl. ebd., S. 158.
85 Ebd., S. 159. („Bewahren Sie mir Ihre Freundschaft, Sie können sich alle beide sicher sein, daß sie das Band ist, das mich vielleicht am stärksten am Leben festhält, Villenneuve und Rom beherbergen die, die mir auf der Welt das Liebste sind.")

mont eingetroffene Einladung Chateaubriands für sie hat: „[…] sans l'exactitude de Rome, je me serais crue abandonnée du monde entier."[86]

Der zuvor meist klagende Ton ihrer Briefe ändert sich nun schlagartig, Pauline de Beaumont beschreibt die Schönheit der Stadt und erzählt lokale Begebenheiten. Aber schon am nächsten Tag, in Folge eines schweren Hustenanfalls, schlägt ihre Stimmung erneut um. Beaumont zeigt sich nun wieder äußerst beunruhigt über ihren Gesundheitszustand und spielt auf den Tod an. Wieder stellt sie einen engen Zusammenhang zwischen ihrer physischen und ihrer psychischen Befindlichkeit her und hebt hervor, wie wenig sie in der Lage ist, diese aus eigenen Kräften zu regulieren:

> Je rentre d'une promenade ravissante…, toute cette joie s'est terminée par une quinte de toux, telle que je n'en avais pas eu depuis bien longtemps: elle est suivie d'une violente irritation à la poitrine. Il en résultera donc, de toute la peine que je me suis donnée, que j'aurai acquis la force de résister un peu plus longtemps au mal!… Plût à Dieu que mon imagination seule fût malade! (Brief vom 9.09.1803)[87]

> Ich komme gerade von einem hinreißenden Spaziergang zurück…, und die ganze Freude endete mit einem solchen Hustenanfall, wie ich ihn schon lange nicht mehr gehabt habe: und als Folge davon ist meine Lunge jetzt stark angegriffen. Daraus scheint ja zu folgen, daß die ganze Mühe, die ich mir gegeben habe, nur dazu gedient hat, mir die Kraft zu verleihen, der Krankheit noch ein wenig länger Widerstand zu leisten! … Wollte Gott, es wäre einzig meine Einbildungskraft krank!

Beaumont beschreibt den Hustenanfall und die Schmerzen in der Brust als unmittelbare Reaktion auf einen „hinreißenden" Spaziergang und als Beweis dafür, daß sie auf dem Mont-Dore nicht gesund geworden ist, sondern nur eine längere, trügerische Widerstandskraft gegen die Krankheit erworben hat. Ihren Rückfall betrachtet sie als Beweis, daß eben doch nicht *nur* die Einbildungskraft krank ist, sondern auch und gerade der Körper.

Mitte September bricht Beaumont nach Italien auf. Im letzten Brief, der Joubert erreicht, schreibt sie ihm am 1. Oktober aus Mailand von ihrer großen Müdigkeit und davon, daß sie nicht mehr in der Lage ist, das mediterrane Klima und die vielfältigen Eindrücke zu verarbeiten:

> Je suis arrivée à Milan en beaucoup meilleur état que je ne l'espérais, quoique extrêmement fatiguée; j'ai passé une journée et demie, non pas à compter les solives des planchers, mais à considérer des bonshommes à figure étrange, des oiseaux et des papillons; tout cela est déjà un peu fort pour ma tête, qui est d'un vide complet. Le mouvement de la voiture suspend ma toux, jusqu'à ce que la fatigue devienne extrême, de sorte que, si je pouvais bien voyager à mon aise, ce serait peut-être le meilleur de tous les remèdes; maudit argent! (Brief vom 9.09.1803)[88]

---

86 Ebd., S. 162. („Ohne die Sicherheit aus Rom hätte ich mich von der ganzen Welt verlassen gefühlt.")
87 Ebd., S. 163.
88 Ebd., S. 166.

> Ich bin in Mailand in einem viel besseren Zustand angekommen, als ich es gehofft hätte, wenn auch sehr erschöpft; ich habe anderthalb Tage damit verbracht, einmal nicht die Dachbalken zu zählen, sondern Männer mit seltsamen Gesichtern, Vögel und Schmetterlinge zu betrachten; all das ist aber schon ein bißchen zu heftig für meinen Kopf, der vollkommen leer ist. Die Bewegungen der Kutsche unterbrechen meinen Husten, solange, bis die Müdigkeit ganz stark wird, vielleicht wäre das, wenn ich denn so reisen könnte, wie ich wollte, das beste aller Heilmittel; verwünschtes Geld!

Die Impressionen, die in Mailand auf sie einstürmen, sind, so stellt Beaumont es selbst dar, zu stark für sie. Ihre Versuche, positive Aspekte zu sehen und in ihren Briefen anzuführen, wirken hilflos und werden von ihr selbst immer wieder zunichte gemacht. Sie läßt durchblicken, daß sie auch Angst vor der Wiederbegegnung mit Chateaubriand hat und beschwört die Jouberts erneut, sie weiterhin zu lieben:

> Adieu, je ne vous écrirai plus que de Rome. Adieu, j'espère que le repos me rendra un peu moins imbécile; j'espère surtout que vous continuerez de m'aimer telle que je serai. Cela me rassure, le reste est douteux. J'embrasse madame Joubert. Mon cœur n'est que tristesse, aucun rayon de joie n'y a encore pénétré.[89]

> Adieu, ich werde Ihnen erst wieder aus Rom schreiben. Adieu, ich hoffe, daß die Ruhe mich etwas weniger einfältig machen wird; und vor allem hoffe ich, daß Sie mich weiterhin so lieben werden wie ich bin. Das beruhigt mich, alles Andere ist zweifelhaft. Eine Umarmung für Madame Joubert. Mein Herz besteht nur aus Traurigkeit, bisher ist kein einziger Freudenstrahl bis dorthin vorgedrungen.

Beaumont schreibt, daß die äußeren Eindrücke sie aufgrund innerer Leere nicht mehr erreichen, sie legt nahe, daß ihre Reizbarkeit, also ihre Kraft auf Reize zu reagieren, erschöpft, ihre ‚force vitale' aufgebraucht ist. In seiner Antwort auf Beaumonts letzten Brief liest Joubert ihren alarmierenden Gesundheitszustand an ihrer offensichtlich immer unsicherer werdenden Handschrift ab: „Votre lettre datée de Milan, 1er octobre, est arrivée ici le 8. La date qui la terminait portait dans ses caractères une telle empreinte d'accablement et de fatigue que les larmes m'en sont venues aux yeux."[90]

Mit Louis-François Bertin, einem exilierten Bekannten, den Chateaubriand ihr entgegenschickt, reist Beaumont von Mailand nach Florenz, wo Chateaubriand auf sie wartet. Zu diesem Zeitpunkt, an dem Pauline de Beaumont selbst nicht mehr in der Lage dazu ist, Briefe zu schreiben, setzt der Bericht in den *Mémoire d'outre tombe* ein: „Je fus terrifié à sa vue: elle n'avait plus la force de sourire. Après quelques jours de repos, nous nous mîmes en route pour Rome,

---

89 Ebd.
90 Ebd., S. 167. („Ihr aus Mailand auf den 1. Oktober datierter Brief ist hier am 8. angekommen. Die Schriftzüge des Datums am Schluß waren so von Niedergeschlagenheit und Erschöpfung geprägt, daß mir die Tränen in die Augen getreten sind.")

cheminant au pas pour éviter les cahots."⁹¹ René de Chateaubriand begleitet Pauline de Beaumont nach Rom, wo ihr Gesundheitszustand sich weiter verschlimmert. Schon bald kann sie das Bett in ihrer Wohnung an der *Piazza di Spagna*, die Chateaubriand ihr angemietet hat, nicht mehr verlassen. Am Freitag, den 4. November 1803, stirbt Pauline de Beaumont an der ‚phtisie'.

Daß Chateaubriand durchaus bewußt gewesen sein muß, welche Rolle er, als Abwesender, im Verlauf von Beaumonts Krankheit gespielt hat, woher der Mangel rührt, um den das Schreiben über ihre Krankheit kreist, wird an einer Passage der *Mémoires* deutlich, in der er die Überraschung seiner Freundin darüber erwähnt, daß er ihr während ihrer letzten Tage in Rom immer wieder versichert hat, sie noch zu lieben und zu ihr zu stehen. Hätte sie das zuvor gewußt, so legt Chateaubriand es nahe, dann hätte Pauline de Beaumont den Willen und vielleicht auch die Kraft gehabt, weiterzuleben:

> Une idée déplorable vint me bouleverser: je m'aperçus que madame de Beaumont ne s'était doutée qu'à son dernier soupir de l'attachement véritable que j'avais pour elle: elle ne cessait d'en marquer sa surprise et elle semblait mourir désespérée et ravie. Elle avait cru qu'elle m'était à charge, et elle avait désiré s'en aller pour me débarrasser d'elle.⁹²

> Soeben erschütterte mich ein beklagenswerter Gedanke: Ich entdeckte, daß Madame de Beaumont bis zu ihrem letzten Atemzug nichts von meiner tiefen Verbundenheit mit ihr geahnt hatte. Sie hörte nicht auf, sich darüber zu wundern und es schien, als stürbe sie verzweifelt und erfreut zugleich. Sie hatte geglaubt, mir eine Last zu sein, und sie hatte sich gewünscht zu sterben, um mich davon zu befreien.

Diese Passagen, die zugleich Chateaubriands Bedeutung für Beaumont hervorheben und ihn in seiner Verantwortlichkeit für ihr Leiden entlasten – *er* hat sie doch die ganze Zeit über geliebt, *sie* muß das falsch verstanden haben –, gewinnen vor dem Hintergrund der Briefe Beaumonts an die Jouberts den Charakter einer fast schon perfiden Selbstentschuldung.

Pauline de Beaumonts Briefe, in denen emotionaler Mangel und Bedürftigkeit in der psychophysiologischen Symptomatik der auszehrenden Krankheit reflektiert und ausgestellt werden, stellen einen komplementären Text zu den *Mémoires d'outre tombe* dar – und dienen ihnen zugleich als Vorlage. Es handelt sich um einen frühen topischen Text über die ‚phtisie', den der ‚maître' in wesentlichen Punkten bereinigt und dazu nutzt, eine Schwindsuchtsdarstellung zu modellieren, die im 19. Jahrhundert dann zum literarischen Stereotyp wird. Das betrifft insbesondere die Stilisierung der Schwindsuchtskranken zu einer Ausnahmeexistenz (in den *Mémoires* wird ihr der Anstrich einer Erwählung verliehen), aber auch das Paradox zunehmender wie abnehmender ‚vivacité' als

---

91 Chateaubriand, *Mémoires*, Bd. II, S. 509. („Ich war entsetzt über ihren Anblick. Sie hatte nicht einmal mehr die Kraft zu lächeln. Nach einigen Ruhetagen machten wir uns auf den Weg nach Rom, im Schrittempo, um schwere Stöße zu vermeiden.")
92 Ebd., S. 516.

Charakteristikum der Krankheit sowie die Rückführung der ‚phtisie' auf eine Verlusterfahrung – die Chateaubriand von der eigenen Person auf die während der Revolution ermordete Familie Beaumonts verschiebt und dann in entindividualisierter Form auf den Untergang des alten Frankreich überträgt.[93]

Was in den *Mémoires d'outre tombe* ausgeblendet wird, ist, neben der unschönen Körperlichkeit der Krankheit, insbesondere der dezidiert dialogische Charakter von Pauline de Beaumonts Krankheitsdarstellung. Beaumont schreibt nicht nur *über* ihre Schwindsucht, sie konstituiert sich in ihren Briefen im Austausch mit ihren Korrespondenten im Modus der auszehrenden Krankheit auch selbst – als bedürftig, begehrenswert, aber eben auch als selbst begehrend. Sie stellt die ‚phtisie' als eine Krankheit dar, die die Reaktionsfähigkeit auf äußere Reize, zumindest bis zu den Wochen unmittelbar vor ihrem Tod, stark steigert, statt sie abzustumpfen – und macht somit die Widersprüchlichkeit des vorherrschenden, von vitalistischen Vorstellungen geprägten medizinischen Diskurses sichtbar. Und ebenso, wie Beaumont die auszehrende Krankheit erst (*er-*) *schreibt*, schreibt sie *mit* ihr. So intensiviert die Verschlimmerung der Symptome, die während der Kurreise auftritt, die Korrespondenz mit den Jouberts: Zum einen schreibt Beaumont in diesen Monaten selbst deutlich mehr und häufiger, zum anderen setzt sie die detaillierte Darstellung der eigenen Symptomatik ein, um den Dialog mit ihren Freunden – und darüber vermutlich auch den emotionalen Austausch mit Chateaubriand – am Laufen zu halten und erprobt somit deren strategisches Potential.

Der enge Bezug zwischen Pauline de Beaumonts Krankheit und ihrem Schreiben wird auch an formalen Aspekten deutlich. So sind die Briefe meist lang und ausführlich, spielen durch ihre fragmentarische, von Ellipsen, Auslassungszeichen, Exklamationen, metonymischen Verkürzungen und Abbrüchen gekennzeichnete Form („compter les solives", „nouvelles de Rome" u.a.) aber permanent mit der Möglichkeit, die Korrespondenz könne, wie das Leben ihrer Verfasserin, abrupt enden. Beaumonts briefliche Auseinandersetzung mit der eigenen Krankheit intensiviert sich mit Verschlimmerung der Symptome und kulminiert in den wenigen Monaten vor ihrem Tod, auf der Reise zum Mont-Dore und nach Italien: Die Briefe häufen sich und werden immer länger. Das Fortschreiten der Krankheit und damit auch die Abnahme der Lebenskräfte und das Annähern an den Tod regen bei ihr den Schreibprozeß an und steigern ihn, zumindest solange, bis ein Zustand vollkommener Erschöpfung erreicht ist.

Eine Facette dieses Bezugs greift dann auch Chateaubriand auf: Daß das Leben einer Schwindsuchtskranken durch die ständige Präsenz des drohenden Todes eine Intensivierung erfährt und diesem Leben somit besondere Bedeutung zukommt, wird in Frankreich, angefangen mit den *Mémoires d'outre tombe*,

---

93 Unter der Verlusterfahrung der Revolution, dem romantischen ‚mal de siècle', leidet, häufig mit Bezug auf Chateaubriands Schriften, eine ganze Generation.

zu einem literarischen Topos, mit dem sich Ende des Jahrhunderts noch Marie Bashkirtseff auseinandersetzt. In Frage steht dieser allerdings immer dann, wenn der Schwindsuchtstod auf sich warten läßt – wie es bei Chateaubriands Frau Céleste der Fall ist. Der Zeitraum, in dem innerhalb ihrer Korrespondenz von der auszehrenden Krankheit die Rede ist, erstreckt sich über mehr als 30 Jahre.

4. Kontrolle und Aneignung: Die Korrespondenz Céleste de Chateaubriands

a) Ein langes Leben mit der Schwindsucht

Céleste leidet, wie Pauline de Beaumont, unter Lungenschwindsucht und wird, wie ihr Mann und offensichtlich der ganze Freundeskreis um Chateaubriand, von René de Laënnec medizinisch betreut.[94] Vermutlich weil dieser die Chateaubriands über lange Zeit, bis 1819, behandelt und weil er wie sie aus der Bretagne stammt, läßt sich zwischen Arzt und Patienten eine freundschaftliche Nähe feststellen, so benennt Céleste ihn in ihrer Korrespondenz mit einer Reihe von Kosewörtern („notre petit *secco*"[95]), während Laënnec ihren Fall mehrfach in privaten Aufzeichnungen und sogar kurz in seinen Vorlesungen erwähnt. Céleste de Chateaubriand ist für René de Laënnec ein überraschendes Fallbeispiel für ein *langes* Leben mit Schwindsucht, er nennt ihren Krankheitsverlauf als Beleg für die Unzuverlässigkeit klinischer Symptome und als Grund für einen hoffnungsvolleren Umgang mit der bisher als notwendig tödlich betrachteten Schwindsuchtsdiagnose.[96] Tatsächlich ist ihr Krankheitsverlauf, anders als der

---

94 So schreibt Céleste de Chateaubriand am 3.10.1817 an Clausel de Coussergues: „Soignez-vous bien; ne vous épargnez pas Laënnec; songez que vous vous devez à votre famille, à vos amis, et que vous rendrez compte à Dieu du salut de votre corps, aussi bien que de celui de votre âme." Le Gras, *Mémoires et lettres de Madame de Chateaubriand*, S. 214, und um den 20.09.1818 an Joubert: „Nous y serions fort bien [à Paris], si ma santé, qui est comme la votre une capricieuse, ne me forçait pas à pousser, de temps en temps, des soupirs vers le petit Docteur." Ebd., S. 217f.

95 „Notre petit *secco* (dit Laënnec) est parti pour son pays de Quimper; il n'a dit adieu à personne, mais il a envoyé son mémoire à tout le monde. Je pense qu'il ne reviendra pas. Aussi j'ai pris le parti de me porter à merveille et suis décidée à n'avoir plus d'autre médecin que le bon sens et d'autre médecine que le lait d'ânesse." Brief vom 21.10.1819, ebd., S. 225.

96 „Laennec reminded himself of this illness on several occasions, as an example of the unreliability of clinical signs and as a reason for hope in phthisis, with, at the time, could be defined by its gloomy prognosis. On his own death-bed, he cheered himself with this memory: 'Calculated properly, I can only compare my case to that of Madame de Chateaubriand eight years ago. Cayol was certain she would die of phthisis in two month or three month, notwithstanding the stethoscopic signs. I stuck to my position and at the end of ten months, the huge quantity of sputum decreases by half, the fever fell and I left for my vacation with peace

der jung verstorbenen Pauline de Beaumont und im Vergleich mit anderen zeitgenössischen Schwindsuchtsdarstellungen medizinischer wie literarischer Provenienz, ausgesprochen untypisch.

Im Fall Céleste de Chateaubriands existiert ein zusammenhängender medizinischer Krankenbericht, der von Laënnecs Nachfolger Récamier im Anschluß an eine Untersuchung im Januar 1820 verfaßt und gemeinsam mit Konsultationsberichten über ihren Mann (von 1819, 1820 und 1844) im Nachlaß des Arztes gefunden und von Cabanis 1975 veröffentlicht wurde.[97] Der Bericht Récamiers, den der Arzt vermutlich zum eigenen Gebrauch, als Erinnerungsstütze, verfaßt hat, ermöglicht es, die Etappen ihres Krankheitsverlaufs bis 1820 zu rekonstruieren, gibt aber, wie schon Beaumonts Beschreibungen ihrer Behandlungsmethoden auf dem Mont-Dore, auch Aufschluß über die medizinische Konzeption der Krankheit im Rahmen des vitalistischen Paradigmas. Er stellt somit eine Folie bereit, vor deren Hintergrund Céleste de Chateaubriands eigenes Schreiben über ihre Krankheit auch im Spannungsfeld von Fremd- und Eigenwahrnehmung untersucht werden kann.

> 10 janvier 1820
> Mme de chateaubriand
> née en 1775. [sic, sie wird bereits 1774 geboren]
> parents morts jeunes
> quant à elle très délicate grandes
> fatigues morales – et cependant un grand
> fond de forces.
> quelques angelures [sic] dans l'enfance
> apparition sans suite des règles vers 8 ans.
> et réglés définitivement vers 13 à 14 ans.
> mariage à 17 ans. point d'enfants.
> rien de remarquable dans les années
> suivantes.
> vers 33 ans migraines irréguliéres [sic]
> qui se soutiennent pendant 5 à 6 ans
> environ avec force.
> buvant avec succès beaucoup de limonade.
> vers 35 ans on commence à cracher
>   du sang, mais cela diminue.
>   vers 39 à 40 ans cessation des
>   migraines av(ec) (?) du café je crois
>   puis étoufement, avec un
>   malaise indicible qui se
>   soutient avec des variations
>   pendant environ 2 ans malgré

---

of mind.'" Jacalyn Duffin, *To See with a Better Eye. A Life of R.T.H. Laennec*, Princeton 1998, S. 126, Fußnote 37.

97 Cabanis, „Chateaubriand et le Dr. Recamier", S. 21f.

grand nombre de moyens assa foetida [sic]
etc. on ne pouvait presque rien
boire ni avaler sans les plus grands
malaises et sans vomir.
vers 41 à 42 ans un catarrhe pulmonaire opinatre.
vers 42 ans on place un vésicatoire
qu'on porte encore et dans le moment même du vésicatoire survient
la rougeole à chartres où l'on était
allée.–
vers 43 ans grand catarrhe.
Laënnec a employé pour les étouffements
les bains sulfureux et les dérivatifs.
depuis les catarrhes le crachement
de sang a diminué.
succès des sangsues sur la poitrine
parfois lorsque le sang la tracasse
succès du lait d'ânesse en 1819
divers douleurs rhumatiques
on toussait un peu cet été
le lait d'ânesse a été utile
les migraines avec un caractère
différents reparaissent depuis
quelques mois.
on s'est fatiguée usée beaucoup
depuis un an ou deux pour un
établissement en ne faisant qu'un
repas au chocolat à 8 h et
un dîner à 6 h – épuisement
29 janvier 1820
on est sous l'influence des migraines
–
lait d'anesse

Récamiers Bericht betrifft den bisherigen Krankheitsverlauf der Patientin, entspricht formal also der *historia morbi*, einem Bestandteil des medizinischen Fallberichts, der seit dem 18. Jahrhundert fest etabliert ist.[98] Vermutlich orientiert sich der Arzt dabei sowohl an den vorausgehenden Untersuchungen und Behandlungen Laënnecs (über die dieser ihm berichtet haben könnte) als auch an Eigenaussagen von Céleste de Chateaubriand. Letztere werden durch die Ver-

---

98 Im Zuge der ‚Baconischen Wende', die das medizinische Wissen im 17. und 18. Jahrhundert auf eine empirische Basis stellen sollte, wurde auch der Eigenwert des Einzelfalls für die Theoriebildung und somit die Aufmerksamkeit für die einzelne Krankengeschichte, die *historia morbi*, gestärkt, vgl. dazu etwa Johanna Geyer-Kordesch, *Medizinische Fallbeschreibungen und ihre Bedeutung in der Wissensreform des 17. und 18. Jahrhunderts*, Stuttgart 1990, in: *Medizin, Gesellschaft und Geschichte. Jahrbuch des Instituts für Geschichte der Medizin der Robert Bosch-Stiftung*. Bd. IX, S. 8–19, hier S. 15.

wendung des neutralen Personalpronomens „on" kenntlich gemacht, was eine Vereinnahmung der Patientenaussage ebenso impliziert wie eine Distanzierung von ihr. Eine körperliche Untersuchung scheint nicht stattgefunden zu haben, was trotz Laënnecs kurze Zeit zuvor erfolgter Promotion der Auskultation um 1820 keineswegs unüblich war.

Gemäß dem zeitgenössischen vitalistischen Paradigma stellt Récamier bereits zu Beginn des Berichts einen Zusammenhang zwischen Céleste de Chateaubriands psychischem und ihrem körperlichen Zustand her: *Obwohl* ihre Gesundheit sehr anfällig ist und *obwohl* sie großen psychischen Belastungen („grandes fatigues morales") ausgesetzt ist, verfügt sie, wie der Arzt einleitend hervorhebt, über große Kraftreserven. Davon abgesehen hat der Bericht eher protokollarischen als narrativen Charakter, zwischen den einzelnen Etappen werden nur wenige kausale Verknüpfungen hergestellt, die Fülle an Details, die disparaten Symptombeschreibungen und die Länge des Berichtzeitraums erschweren es, die Informationen zu einer kohärenten Krankengeschichte zusammenzufügen, die sich einem eindeutigen Krankheitsbild zuordnen ließe. Der Name der Krankheit, ‚phtisie', wird selbst gar nicht genannt.

Folgt man Récamiers weitgehend chronologischen Aufzeichnungen, so erkrankt Céleste, deren Eltern früh gestorben sind, nach einer gesundheitlich unauffälligen Kindheit und Jugend, spätestens um 1809/1810, also als sie 35 Jahre alt ist. Ausschlaggebendes Symptom für die von Laënnec gestellte Diagnose Lungenschwindsucht scheint das Blutspucken gewesen zu sein. In den Jahren zuvor litt sie, so Récamier, bereits unter Migräneattacken, die zunächst auch weiter anhalten, dann aber, um 1814, nachlassen. Nun folgen, über einen Zeitraum von etwa zwei Jahren, Atemnot und Erstickungsanfälle, begleitet von „unsagbarer" Übelkeit („malaises indicibles"). Céleste de Chateaubriand kann weder Nahrung noch Flüssigkeit zu sich nehmen, ohne sich zu übergeben. Die Symptome werden mit ‚asa foetida' behandelt, einem Medikament, das in der ersten Hälfte des 19. Jahrhunderts als „kräftiges Reizmittel für das Nervensystem" bei Hysterie eingesetzt, aber auch als Aphrodisiakum verwendet wurde – was dafür spricht, daß Laënnec bei Céleste de Chateaubriand zunächst von einer nervös motivierten Symptomatik ausging.[99]

Dazu kommt, etwa ab 1815, ein hartnäckiger Lungenkatarrh, also eine Entzündung der unteren Atemwege mit starker Schleimabsonderung, aus heutiger Perspektive eine Lungenentzündung. Das Blutspucken geht mit Auftreten des Katarrhs zurück. Als therapeutische Maßnahme wird jetzt ein „vésicatoire" (‚Zugpflaster') eingesetzt, ein Salbenverband, mittels dessen dem Patienten im Brustbereich eine Verletzung zugefügt wird, um unter der Haut Blasen zu ziehen und somit, der zeitgenössischen Vorstellung gemäß, ‚verdorbene' Flüssigkeit auszuschwitzen und Blut vom Entzündungsherd abzuleiten. Als Effekt wurden

---

99 Vgl. auch Cabanis, „Chateaubriand et le Dr. Recamier", S. 20.

im ersten Jahrhundertdrittel, aber auch noch lange darüber hinaus, eine Entlastung der Lungengegend und eine allgemeine Vitalisierung des Organismus angenommen.[100] Anders als zuvor in der Medikation mit ‚asa foetida' wird hier also eine Therapie verordnet, die reizhemmende und reizfördernde Wirkungen verbindet, was einmal mehr die große Spannbreite an Symptomen und Behandlungsmethoden verdeutlicht, die sich im Krankheitsbild der ‚phtisie' verbinden.

Noch während sie sich dieser Behandlung unterzieht, erkrankt die jetzt 42 Jahre alte Céleste de Chateaubriand an den Masern, 1817 bekommt sie erneut eine Lungenentzündung, diesmal in einer schwereren Form („grand catarrh"). Laënnec verschreibt, um die Atemnot zu lindern, schwefelhaltige Bäder und weitere Derivative. Der Einsatz von Blutegeln im Brustbereich, wie das ‚Zugplaster' eine noch weit ins 19. Jahrhundert hinein gängige Behandlungsmethode für Lungenkranke, die dazu diente, den angenommenen Blutandrang in der Lunge zu lindern („lorsque le sang la tracasse"), zeigt Erfolg, ebenso eine Diät mit Eselsmilch, die 1819, also im Jahr vor der Konsultation durch Récamier, im Rahmen der bei ‚phtisie' üblichen Überernährungstherapie erfolgt.

Im Sommer desselben Jahres leidet Céleste de Chateaubriand unter rheumatischen Schmerzen und Husten, seit dem Herbst auch wieder unter Migräneattacken, die aber in anderer Form auftreten als zuvor. Zu Beginn des Jahres 1820, also zum Zeitpunkt der Konsultation, befindet sich die Patientin in einem Zustand der Erschöpfung, den Récamier auf ihren anstrengenden Einsatz für die neu gegründete ‚Infirmerie' zurückführt,[101] während dessen sich Céleste offenbar nicht einmal Zeit für ausreichende Mahlzeiten genommen hat. Bei einer zweiten Konsultation, die zweieinhalb Wochen später, am 19. Januar 1820, stattfindet, notiert Récamier anhaltende Migräne und verschreibt als einzige Behandlung das Trinken von Eselsmilch. Auffallend ist, daß er in seinem Bericht eigentlich gar keine Diagnose stellt, sondern sich auf eine chronologische Auflistung häufig disparat erscheinender Symptome beschränkt. Der Bericht, der vermutlich für Récamiers Privatgebrauch bestimmt war, führt zudem eindringlich vor, daß die Schwindsucht keinesfalls ‚ohne Körper' verläuft, wie es die romantischen Schwindsuchtstopoi in Anschluß an Chateaubriands *Mémoires* nahe legen. Die

---

100 „vésicatoire": „ [...] plaie formée par l'application d'un vésicant et dont il résulte d'abord une ampoule ou une vessie (vesica) d'où elle tire son nom [...]. Ce moyen thérapeutique produit une excitation très-marquée sur toute l'économie animale; il réveille les tissus engourdis ou débilités; il ranime les fonctions languissantes; augmente la tonicité générale, source des forces vitales. Il imprime une énergie nouvelle à notre être, á son efficacité, comme moyen de donner plus d'action aux parties, est hors de doute." Art. „Vésicatoire", in: *Dictionnaire des sciences médicales par une société de médecins et de chirurgiens*, hg. von Charles-Louis-Fleury Panckoucke, Bd. LVII, Paris 1821, S. 343–368, hier S. 343 und S. 363.

101 Die lange geplante *Infirmerie Saint-Thérèse*, 86, Rue d'Enfer in Paris (heute: 92, Rue Denfert-Rochereau) wurde am 15.10.1819 eröffnet.

schmerzhafte, häßliche Seite der auszehrenden Krankheit kommt hier deutlich zum Ausdruck.

b) Gesundheit und Krankheit im Dialog

Céleste de Chateaubriand schreibt, wie zuvor schon Pauline de Beaumont, regelmäßig an Joseph Joubert und dessen Frau, zugleich aber auch an andere Mitglieder des Freundeskreises, in dem sie und ihr Ehemann sich gemeinsam bewegen, etwa an Jean-Baptiste Le Moine und Jean-Claude Clausel de Coussergues. In ihren Briefen ist, neben der dominierenden Sorge um die Gesundheit ihres Mannes, auch immer wieder von ihrer eigenen Krankheit die Rede – zudem auch noch vom Gesundheitszustand Jouberts, den Chateaubriand verdächtigt, ein Hypochonder zu sein.[102] Krankheit ist also in Céleste de Chateaubriands Korrespondenz permanent Thema, es geht in den Briefen um ihre eigenen körperlichen Leiden, um die ihrer Briefpartner, um die Chateaubriands oder anderer Bekannter. Meist sind es Fieber, Husten oder eben Anspielungen auf die auszehrende Krankheit, die selbst als solche nicht benannt werden darf und auch nicht benannt wird.[103]

Die Korrespondenz zwischen Chateaubriand und seiner Frau, die, darauf lassen verstreute Anmerkungen in der Sekundärliteratur schließen, zwischen 1830 und 1845 kontinuierlich und intensiv gewesen sein muß, ist noch immer nicht zugänglich,[104] kann also in diese Untersuchung nicht einbezogen werden. Die einzelnen, in der Forschungsliteratur zitierten Briefe aus dieser Zeit sind im Hinblick auf den Umgang der Eheleute mit ihren Krankheiten gelegentlich

---

102 „Le *Chat* prétend qu'il vous a trouvé hier dans le meilleur état de santé possible et qu'il n'a aperçu sur votre visage d'autre enflure que celle d'un honnête embonpoint. Pourquoi gardez-vous donc la chambre et nous envoyez-vous dire que vous êtes à l'extrémité? Venez donc, si vous tenez encore à me voir; car moi, sur le bord de ma tombe, je suis bien décidée à ne plus monter vos trente-six volées d'escalier, pour garder dans son lit votre figure rubiconde." Mardi gras 1817, in: Raynal, *Les correspondants de Joseph Joubert*, S. 245.

103 Vgl. Grellet / Kruse, *Histoires de la tuberculose*. So berichtet Céleste de Chateaubriand einmal, eine Bekannte habe, wie die Ärzte vermuteten, „diese Krankheit gegen die es keine Mittel gibt" und sei somit dem Tod geweiht: „J'ai été pour voir Mme de Clausel, je n'ai trouvé qu'un spectre avec des traits assez doux. C'est une femme perdue, et que notre excellent, mais très imprévoyant ami, a laissé trop attendre dans sa province. Les médecins le jugent ainsi. Ils craignent pour elle une maladie qu'elle a sûrement et à laquelle il n'y a pas de remèdes." Le Gras, *Mémoires et lettres de Madame de Chateaubriand*, S. 217f.

104 Die Herausgabe von Chateaubriands vollständiger Korrespondenz bei Gallimard ist mittlerweile bei Band VII (erschienen 2004) und im Jahr 1827 angekommen. René de Chateaubriand, *Correspondance générale*. Bd. I–V (1789–1822), hg. von Béatrix d'Andlau, Pierre Christophorov und Pierre Riberette, Paris 1977–1986, Bd. VII (6 juin 1824–31 décembre 1827), hg. von d'Agnès Kettler et Pierre Riberette, Paris 2004.

aufschlussreich, von großem Interesse aber ist die Vielzahl der Briefe Céleste de Chateaubriands in der 1929 erschienenen Ausgabe ihrer Schriften von Joseph Le Gras. Neben Célestes ‚cahiers' enthält diese Edition Briefe an unterschiedliche Adressaten aus den Jahren 1805 bis 1847, also aus einem Zeitraum von mehr als 40 Jahren.[105]

In den ‚cahiers' selbst, autobiographischen Aufzeichnungen, die Céleste als Gedächtnisstütze für Chateaubriand verfaßt hat, um ihn beim Abfassen der *Mémoires d'outre tombe* zu unterstützen, liegt der Schwerpunkt des Interesses auf dem Leben ihres Mannes, insbesondere auf dessen politischer Dimension, ihre Krankheit wird nur an seltenen Stellen und in Nebensätzen erwähnt. Im Vergleich mit der Ausgabe von Jouberts Korrespondenz durch Raynal (die 1822 mit dem Tod Jouberts endet), werden Céleste de Chateaubriands Briefe bei Le Gras in vollständigerer Form wiedergegeben – womit nicht gesagt ist, daß nicht ebenfalls einiges modifiziert wurde. Festzuhalten bleibt, daß die Aussagen, die Céleste, häufig zu Beginn der Briefe, über ihren eigenen Gesundheitszustand macht, in der 1883 erschienenen Ausgabe nahezu vollständig gestrichen sind, so daß ihre Krankheit hier fast gänzlich verschwindet – während sie sich in der Ausgabe von 1929 sehr deutlich abzeichnet.

Wie die Briefe Pauline de Beaumonts, so kreisen auch viele Briefe Céleste de Chateaubriands um den abwesenden Geliebten. Hier wie dort werden der Bericht über den Gesundheitszustand und die Darstellungen der Krankheit direkt oder auf Umwegen mit der eigenen emotionalen Bedürftigkeit in Beziehung gesetzt. Auch bei Céleste findet in diesem Kontext eine vitalistisch inspirierte Reflexion über den Haushalt mit den eigenen Lebenskräften und den Zusammenhang von ‚physique' und ‚moral' statt – wenn auch in deutlich schwächerer Form als bei Beaumont, bei der die Korrespondenz, in der von der Lungenschwindsucht die Rede ist, auch einen wesentlich kürzeren Zeitraum umfaßt.

Pauline de Beaumonts Auseinandersetzung mit der eigenen Krankheit intensiviert sich mit Verschlimmerung der schwindsüchtigen Symptome und gipfelt in den Monaten vor ihrem Tod: auf der Reise zum Mont-Dore häufen sich die Briefe und werden immer länger. Das Fortschreiten der auszehrenden Krankheit, die Abnahme der Lebenskräfte und das Annähern an den Tod regen bei ihr den Schreibprozeß an und steigern ihn, bis ein Zustand vollkommener Erschöpfung erreicht ist – während Célestes kurze, anekdotenreiche, häufig in großem zeitlichen Abstand voneinander verfaßte Briefe dafür sprechen, daß die Schreiberin einen ‚nachhaltigen' Umgang mit ihren Gefühlen und somit, der vitalistischen Vorstellung entsprechend, auch mit ihren Lebenskräften betreibt.

---

105 Céleste de Chateaubriand, *Un complément aux Mémoires d'outre tombe. Mémoires et Lettres de madame de Chateaubriand*. Préface et notes par Joseph le Gras. Paris 1929.

Auffällig ist, daß Céleste de Chateaubriand dabei in Hinblick auf ihre Adressaten eine grundsätzlich andere Strategie verfolgt als Pauline: Sie führt Verschlechterungen ihres Gesundheitszustands weniger auf ihr Allein- und Verlassensein selbst zurück, als auf die Sorge um ihren abwesenden Mann.[106] Die Briefe implizieren in fast schon ritueller Art und Weise, daß es die Sorge um René ist, die sie krank macht, die Ungewißheit um seinen Aufenthaltsort und *sein* Befinden rufen, so legt es ihre Darstellung nahe, eine nervöse Unruhe bei ihr hervor, die zu einer Verschlimmerung der Symptome oder überhaupt erst zu Rückfällen führt. Ein Zitat aus einem der wenigen zugänglichen Briefe, die Céleste an René selbst geschrieben hat, zeigt exemplarisch, wie die Appellfunktion an ihren Mann, in der sich die Fürsorge für ihn mit der Forderung nach Aufmerksamkeit verknüpft, in deren gleichzeitiger Negierung funktioniert: „[…] prends garde, cher ami, à cette fatigue dont tu te plains. Va doucement, sans avoir égard à mes ennuis, qui passent à la vue d'une lettre […] ." (Brief vom 7.06.1845)[107]

In den Briefen an die Jouberts, die Céleste de Chateaubriand 1804 über ihren Mann kennenlernt, ist die Klage über die häufige Abwesenheit Chateaubriands schon früh ein Thema. So erwähnt sie in einem Brief, den sie Mme Joubert im Juli 1806 aus Venedig schreibt, die gerade erfolgte Abreise ihres Mannes nach Triest und klagt darüber, ihn – unter dem Vorwand ihrer labilen Gesundheit – nicht weiter auf seiner Reise über Italien und Griechenland in den Orient[108] begleiten zu dürfen:

> Je n'ai point eu, Madame, la permission de le suivre comme vous le croyez et comme je l'espérais. Il a craint pour moi les fatigues d'un voyage, et je n'ai pu lui faire comprendre

---

106 Auch wenn Céleste de Chateaubriands Strategie eine andere ist als die Pauline de Beaumonts, so setzt sie zum Teil im Schreiben über ihre Krankheit ähnliche Taktiken ein, etwa wenn es darum geht, von den Korrespondenten Briefe oder Besuche einzufordern bzw. sich dafür zu entschuldigen, selber nicht geschrieben zu haben. So schreibt sie am 16.03.1829 an Le Moine: „Ensuite ma santé, qui est détestable, et ici des préoccupations dont on ne peut se faire l'idée, doivent rendre tous mes amis indulgents. Vous devriez m'écrire un mot tous les courriers mais sans exiger de réponse." Le Gras, *Mémoires et lettres de Madame de Chateaubriand*, S. 251. Oder am 25.08.1831 an den Abbé de Bonnevie: „ […] tous vous ont écrit, excepté moi, qui ai passé quatre mois dans mon lit avec deux ou trois maladies mortelles." Ebd., S. 255. Auch ihre Kritik an nicht erfolgten Besuchen unterstreicht sie, indem sie sich als bedürftige Kranke bezeichnet, beispielsweise 1837 an Clausel de Coussergues: „C'est bien mal de venir si près d'une pauvre malade, sans songer à lui demander de ses nouvelles." Ebd., S. 258.

107 Zit. nach Clément, *Chateaubriand*, S. 15. („Mein Freund, geh' achtsam mit der Erschöpfung um, über die Du klagst. Mach' langsam, ohne Rücksicht auf meine Sorgen, die verfliegen, sobald ein Brief von Dir kommt.")

108 Von dieser Reise, die Chateaubriand vom Juli 1806 bis zum März 1807 von Paris über Venedig, Konstantinopel, Alexandria, Kairo und Tunis nach Jerusalem führt, berichtet er in seinem 1811 erschienenen Reisebericht *Itinéraire de Paris à Jérusalem*. Siehe René de Chateaubriand, *Itinéraire de Paris à Jérusalem*, hg. von Jean Mourot, Jean-Claude Berchet, Paris 1968.

> tout ce que je souffrirais pendant son absence. [...] Enfin, je le pleure déjà comme mort, et il ne me reste qu'autant d'espérance qu'il n'en faut pour me donner une agitation plus insupportable que la douleur. [...] je suis accablée du départ de M. de Chateaubriand et frappée du *siroco* (sic). Ce vent vous coupe bras et jambes. (Brief vom 29.07.1806)[109]

> Madame, ich habe gar nicht die Erlaubnis erhalten, ihm zu folgen, wie Sie es annehmen und wie ich es gehofft hatte. Er fürchtete, eine Reise wäre zu anstrengend für mich und ich konnte ihm nicht begreiflich machen, wie sehr ich während seiner Abwesenheit leiden würde. [...] Ich betrauere ihn schon, als sei er tot, und es bleibt mir gerade soviel Hoffnung, daß ich davon in eine Aufregung versetzt werde, die viel unerträglicher ist als alle Schmerzen. [...] Die Abreise von Monsieur de Chateaubriand bedrückt mich und ich leide unter dem Sirocco. Dieser Wind schnürt einem Arme und Beine ab.

Céleste legt hier nahe, daß die Sorge um ihren Mann eine weit größere gesundheitliche Belastung für sie darstellt als die möglichen Strapazen einer Mittelmeerreise. Seine Abwesenheit wird unmittelbar in Verbindung mit der Ausbildung einer bestimmten psychophysiologischen Symptomatik („une agitation plus insupportable que la douleur") gebracht.

Als Céleste de Chateaubriand Anfang September 1806 allein nach Frankreich zurückkehrt, erkrankt sie für längere Zeit. Im November, als sie keine Nachrichten mehr von Chateaubriand erhält, der auf seiner Reise mittlerweile in Konstantinopel angelangt ist, schreibt sie an Joseph Joubert:

> Votre frère vous aurait dit que j'étais malade, et puis sur la foi de Beauchêne que j'étais guérie. Mais moi je vous assure que je suis plus malade que jamais et vous pouvez m'en croire. Si vous lisez le journal, vous y voyez sans cesse des articles de Constantinople, et point de nouvelles du voyageur. On me donne ici autant de mauvaises raisons que j'en veux pour me prouver que cela ne doit pas m'inquiéter. Ensuite vient la raison par excellence, que voulez-vous qui lui arrive? Hélas! ce qui arrive tous les jours, de mourir. Pour moi, je meurs de crainte, je meurs d'espoir, enfin je meurs de tout. [...] Adieu, je ne saurais continuer d'écrire, je souffre trop. (Brief vom 14.11.1806)[110]

> Ihr Bruder wird Ihnen wohl gesagt haben, daß ich krank bin, und dann, weil er es von Beauchêne gehört hat, daß ich wieder gesund bin. Aber ich versichere Ihnen, daß ich kränker bin als je zuvor und das können Sie mir glauben. Wenn Sie die Zeitung lesen, finden Sie dort ständig Artikel über Konstantinopel, aber keinerlei Nachrichten von dem Reisenden. Ich bekomme hier so viele schlechte Gründe zu hören, wie ich nur will, um mir zu beweisen, daß ich mich nicht beunruhigen soll. Und dann kommt das Argument schlechthin, was soll ihm denn schon passieren? Ach! das was alle Tage passiert, daß er stirbt. Ich jedenfalls sterbe hier vor Angst, vor Hoffnung, eigentlich vor allem. [...] Adieu, ich könnte jetzt nicht weiter schreiben, ich leide einfach zu sehr.

Wieder bringt sie ihren sich verschlechternden Gesundheitszustand unmittelbar mit Chateaubriands Abwesenheit und mit dem Ausbleiben von Briefen von seiner Seite in Verbindung. Die Unsicherheit über sein Wohlergehen und die

---

109 Le Gras, *Mémoires et lettres de Madame de Chateaubriand*, S. 194f.
110 Ebd., S. 197f.

Angst, ihn zu verlieren, läßt Céleste, wie sie es ausdrückt, vor „Angst und vor Hoffnung sterben". Kurz darauf beendet sie den Brief abrupt, wie sie ausführt leidet sie zu sehr, um weiter schreiben zu können – und veranschaulicht somit in der Form des Textes selbst die Gefahr ihres endgültigen Verstummens. Auch in den folgenden auf diese Periode datierten Briefen Célestes ist immer wieder von der Sorge um ihren Mann und deren lebensbedrohliche Folgen für sie die Rede.[111]

Diese Sorge Célestes, die meist als Sorge um die Gesundheit und das Wohlergehen Renés formuliert wird, trägt durchaus ambivalente Züge. Chateaubriand kehrt im Mai 1807 nach Frankreich zurück – ist aber auch in der Folgezeit ständig unterwegs. Es sind insbesondere die Besuche bei seinen Verehrerinnen, die Céleste aufbringen, was sie in einer ganzen Reihe an Briefen an Mme Joubert nicht ohne Ironie zum Ausdruck bringt:

> Mon *Chat* n'est bon a rien, pas même à manger les souris. Il devoit aller hier relancer le *Cerf* et le sommer de venir manger le plus excellent des foies de veau; point du tout: il est allé courir de Madame en Madame jusqu'à cinq heures, et ne s'est souvenu de sa commission qu'au moment où mes grandes fureurs ont éclaté contre lui et contre votre époux sans foi. (Brief undatiert, vermutlich 1807)[112]

> Mein *Chat* [Kater] ist zu gar nichts nütze, nicht einmal dazu, die Mäuse zu fressen. Gestern sollte er nochmals versuchen, den *Cerf* [Hirsch] dazu zu bringen, zu uns zu kommen und die köstlichste aller Kalbslebern zu essen; aber nein: Er ist bis fünf Uhr von einer seiner Damen zur nächsten gerannt, und hat sich erst dann an seinen Auftrag erinnert, als meine ganze Wut sich über ihn und über Ihren treulosen Gatten ergossen hat.

Allein auf ihrem Landsitz, der Vallée-aux-Loups, bezeichnet sie die Sorge und Angst um ihren Mann als ihre einzige Beschäftigung, – wobei im folgenden Brief an Madame Joubert rhetorisch in der Schwebe bleibt, ob diese sich auf sein Befinden oder seine Affären beziehen:

> Le *Chat* est revenu mardi de Verneuil, et il en est reparti aujourd'hui pour Chanday, chez Madame de Caumont; il y trouvera Madame d'Aguessau, il ne vaudra rien à son retour. Je m'ennui à mourir dans ma chère solitude, je n'y ai d'autre occupation que de m'inquiéter et d'avoir peur, occupation au surplus dont je m'acquitte à merveille. (Brief auf 1814 datiert)[113]

> Dienstag ist der *Chat* aus Verneuil wiedergekommen, und heute ist er schon wieder nach Chanday aufgebrochen, zu Madame de Caumont; dort wird er Madame d'Aguesseau treffen, bei seiner Rückkehr wird man ihn zu nichts gebrauchen können. Ich langweile mich hier in meiner lieben Einsamkeit zu Tode, ich habe nichts zu tun, als mir Sorgen zu machen und Angst zu haben, eine Beschäftigung, die ich noch dazu ganz wunderbar erledige.

---

111 Vgl. etwa ebd., S. 198 und S. 199.
112 Ebd., S. 199.
113 Ebd., S. 200.

Céleste sorgt sich, wie hier deutlich wird, in mehrfacher Hinsicht um ihren Mann: um seine Gesundheit, aber auch, und vielleicht noch mehr, darum, von ihm betrogen, vernachlässigt oder gar verlassen zu werden. Da dies in expliziter Form in den Briefen an die gemeinsamen Freunde nicht sagbar ist, drückt es sich in der Sorge um Chateaubriands Krankheit aus. Die Rede über die Krankheit ihres Mannes wird somit auch zu einer Art Deckdiskurs für die Klagen einer betrogenen Ehefrau. Darüber hinaus ermöglicht die Verwendung des Kosenamens „Chat", mit dem René de Chateaubriand offensichtlich im engen Freundeskreis bezeichnet wurde und den Céleste in ihren Briefen immer wieder in zärtlicher, aber eben auch bissiger Absicht einsetzt, ihr nicht nur eine Appropriation des ‚maître', sondern auch eine ironische Distanzierung von den Kränkungen, die das Verhalten ihres Mannes ihr zufügt.

Um 1807/1808 setzen nach Récamiers Konsultationsbericht bei Céleste de Chateaubriand die Migräneattacken ein,[114] zwei Jahre später das Blutspucken. Aus den folgenden Jahren sind nur wenige ihrer Briefe erhalten, diese wenigen aber lassen darauf schließen, daß die Situation zwischen den Eheleuten sich nicht grundlegend verändert hat – ebenso wenig wie die Strategien, die Céleste in den Briefen an ihre Freunde verfolgt. Deutlich wird, daß Chateaubriands ‚Witwe' in ihrer Korrespondenz nicht, wie Pauline de Beaumont, auf Verführung durch Inszenierung des leidenden Körpers setzt, sondern zunehmend auf Kontrolle. Denn der wiederholte Nachweis gegenüber den Briefpartnern aus dem gemeinsamen Freundeskreis, daß es die Sorge um ihren Mann ist, die sie krank macht, er also die Verantwortung für ihre Leiden trägt, versetzt sie in die legitime Position, Informationen über ihn einzufordern. So schreibt sie im Sommer 1815 an Le Moine:

> Madame de Lévis a renouvelé hier mes inquiétudes sur le compte de M. de Chateaubriand. Dites-moi donc bien franchement, Monsieur, s'il y a quelque danger à craindre pour lui à Orléans, j'aime mieux le savoir, l'incertitude me rend tout à fait malade.[115]

> Madame de Lévis hat gestern meine Besorgnis um M. de Chateaubriand erneuert, bitte sagen Sie mir deswegen ganz offen, Monsieur, ob er in Orléans irgendwelchen Gefahren ausgesetzt ist, ich möchte es lieber wissen, die Unsicherheit macht mich ganz krank.

1817 wird Mme Chateaubriand so krank, daß sie monatelang das Bett hüten muß und ihr Zustand Anlaß dazu gibt, tatsächlich um ihr Leben zu fürchten.

---

114 Von diesen ist auch in einem Brief an Clausel de Coussergues die Rede, der aus etwa diesem Zeitraum stammt: „[…] pour aujourd'hui je ne vous sonnerai que ce petit signe de vie, parce qu'en effet je vis à peine, tant je suis accablée par une de mes grandes migraines." Brief undatiert: „Méréville, ce 21", ebd., S. 202.

115 „Ce lundy matin [fin juillet ou août 1815])", ebd., S. 208, noch im November 1843 an Mme de Récamier: „s'il vous écrit, veuillez être assez bonne pour me faire dire s'il vous parle de sa santé." Ebd., S. 284.

Es ist die Zeit, in die, nach Récamier, die ersten Lungenentzündungen und die Masern fallen, was auch ein Brief Jouberts vom 21. Juli 1817 an Angélique de La Live de Jully de Vintimille bestätigt: „Madame de Chateaubriand à la suite d'un catarrhe qui avait extrêmement fatigué sa poitrine, a eu la rougeole à Mont-Boisier. Elle est mieux, mais elle nous a fort inquiétés, et nous avions envoyé son médecin, M. Laënnec."[116] Als die erste schlimme Krise überstanden ist, schreibt sie an Joubert:

> Voici un certificat de vie: je me porte beaucoup mieux, *et si je n'étais pas trop payée pour me défier de l'avenir, je m'assurerais de vous revoir encore: Depuis le départ de Laënneck* (sic), *j'ai été encore quatre jours à la mort, mais cela est arrivé pour avoir pris de lait d'ânesse, le lendemain d'une médecine, qui m'avait mis la bile en mouvement.* J'ai bien dormi cette nuit pour la première fois depuis vingt-quatre jours, et ce matin je suis forte et tousse fort peu. *Je ne vous parle point des soins que l'on m'a prodigué ici. Cela n'en finirait pas, mais pour vous donner une idée, Mme Joubert n'auroit pas fait mieux: un peu plus doucement peut-être; mais aussi Mme Joubert est un fénix* (sic). *Voilà que je n'y vois plus du tout, je deviens tout à fait aveugle, on dit que c'est la suite de la rougeole et que cela passera, mais je sens ma vue tellement affaiblie, qu'au lieu du bonheur de vous revoir, je crains bien de n'avoir plus que celui de vous entendre.* Le bon *Chat* est à la messe: j'ai peur quelque fois de le voir s'envoler vers le ciel, car en vérité il est trop parfait pour habiter cette mauvaise terre et trop pur pour être atteint par la mort. Quels soins il m'a prodigués pendant ma maladie! Quelle patience! Quelle douceur! Moi seule, je ne suis bonne à rien dans ce monde. Cependant, quand on ne vaut rien, on n'a pas des amis comme ceux que j'ai. (Brief vom 22.07.1817)[117]

> Hier also ein Lebenszeichen: es geht mir viel besser, *und wenn man mir nicht allen Grund dazu gegeben hätte, der Zukunft zu mißtrauen, dann wäre ich mir jetzt sicher, Sie wiederzusehen: Nach der Abfahrt von Laënnec habe ich noch vier Tage lang in Lebensgefahr geschwebt, aber das kam daher, daß ich am Tag nach der Einnahme eines Medikaments, das meine Gallenflüssigkeit in Bewegung gebracht hatte, Eselsmilch getrunken habe.* Diese Nacht habe ich das erste Mal seit 24 Tagen gut geschlafen, und heute morgen fühle ich mich kräftig und huste nur ganz wenig. *Ich sollte Ihnen nicht von der Pflege erzählen, die man mir hier hat angedeihen lassen. Da könnte ich gar nicht mehr aufhören, aber um Ihnen einen Eindruck davon zu geben, Mme Joubert hätte es nicht besser machen können: nur ein bißchen sanfter vielleicht; aber Mme Joubert ist auch ein wahrer Phönix. Jetzt ist es soweit, daß ich überhaupt nichts mehr sehen kann, ich werde völlig blind, man sagt, daß das die Folgen der Masern sind und daß es wieder vorübergeht, aber ich habe den Eindruck, daß meine Sehkraft so nachgelassen hat, daß ich statt des Vergnügens, Sie wiederzusehen, nur noch das haben werde, Sie zu*

---

116 Ebd., S. 246. („Madame de Chateaubriand erkrankte, in Folge eines Katharrs, der ihre Lunge stark geschwächt hatte, in Mont-Boisier an den Masern. Ihr geht es nun besser, aber sie hat uns einen großen Schrecken eingejagt und wir haben nach ihrem Arzt, M. Laënnec, geschickt.")

117 Ebd., S. 210f. Die Kursivsetzung betrifft die Auslassungen in der Ausgabe von Raynal, dessen Kürzungspolitik sich an diesem Brief exemplarisch aufzeigen läßt: So wurden nähere Details über Célestes Gesundheitszustand ebenso gestrichen wie die Passagen, die Chateaubriands Pflege seiner Frau in der kritischen Zeit in einem ambivalenten Licht erscheinen lassen können. Bei Raynal ist der Brief auf den 22.07.1818 datiert und um die von mir kursiv gesetzten Passagen gekürzt, vgl. Raynal, *Les correspondants de Joseph Joubert*, S. 246.

hören. Der gute *Chat* ist in der Messe: Manchmal habe ich Angst, ihn in den Himmel davonfliegen zu sehen, denn eigentlich ist er zu perfekt, um auf dieser schlechten Erde zu wohnen, und zu rein, als daß ihn der Tod ereilen könnte. Welche Pflege er mir während meiner Krankheit hat angedeihen lassen! Welche Geduld! Welche Milde! Ich allein bin auf dieser Welt zu nichts nütze. Dennoch, wenn man nichts wert ist, hat man nicht solche Freunde, wie ich sie habe.

Céleste de Chateaubriand führt hier aus, daß es ihr besser geht, sie aber dem Tod nahe war und der Zukunft gegenüber noch immer mißtrauisch ist.[118] Die Pflege, die sie in dieser Zeit von seiten ihres Mannes erfahren hat, lobt sie in höchsten Tönen, läßt dabei aber einen ironischen Akzent mitschwingen („un peu plus doucement peut-être"), der es nah legt, die folgenden Briefpassagen gegen den Strich zu lesen. So schreibt Céleste, ihr Mann sei in die Messe gegangen – und charakterisiert ihn und seine Fürsorge anschließend in äußerst ambivalenter Art und Weise. Sie habe Angst, so führt sie aus, ihren Mann „in den Himmel davonfliegen" zu sehen, denn er sei „zu gut für diese Welt", „zu rein um zu sterben", während sie allein hienieden zu nichts nütze sei. Die Übertreibungen („[l]es soins que l'on m'a prodigué"), die massive Häufung von religiösem Vokabular, die zahlreichen Exklamationen („Quelle patience!", „Quelle douceur!") weisen die Sprechweise als distanziert und ironisch aus. Hier zeichnet sich ab, daß Céleste in der Lage ist, ihre Krankheit, ebenso wie ihre emotionale Bedürftigkeit, auf eine nachhaltigere Art zu verarbeiten als Pauline de Beaumont, unter anderem aufgrund solcher entlastender Strategien, mittels derer Chateaubriand seiner Aura des unantastbaren Dichterfürsten entkleidet wird.

Im September 1817 bleibt Céleste de Chateaubriand wieder allein, ihr Mann ist unterwegs, ohne sie über seine Pläne zu informieren, er schreibt ihr nicht, obwohl er in derselben Zeit offensichtlich eine enge Korrespondenz mit einer Madame de Pisieux führt. In einem Brief an Le Moine läßt Céleste ihrem Gefühl der Verlassenheit und Vernachlässigung jetzt freieren Lauf, ihre Verbitterung wird hier deutlich zum Ausdruck gebracht:

> Mille grâces, mon cher Monsieur, des bonnes nouvelles que vous me donnez de la santé de M. de Châteaubriand. Il paraît réellement qu'il a fort à cœur de revenir à Montgraham: du moins l'a-t-il mandé à Mme de Pisieux avec laquelle il a une correspondance fort suivie: pour moi il ne m'a écrit qu'une foi, et un mot seulement. [...] Je suis triste et malade; beaucoup de choses y contribuent; je ne sais où j'ai été prendre mes inquiétudes pendant ma maladie: ma mort n'aurait laissé aucun vide sur la terre et m'aurait peut-être épargné beaucoup de peines. (Brief vom 4.09.1817)[119]

> Tausend Dank, mein lieber Herr, für die guten Neuigkeiten, die Sie mir über die Gesundheit von M. de Chateaubriand berichten. Offensichtlich liegt es ihm tatsächlich

---

118 Wie sie schreibt, war es gerade eines der von Laënnec verschriebenen Heilmittel, die Eselsmilch, die in Kombination mit einem zuvor eingenommenen Medikament die kritische Phase ihrer Krankheit verlängert hat.

119 Le Gras, *Mémoires et lettres de Madame de Chateaubriand*, S. 211f.

sehr am Herzen, nach Montgraham zurückzukehren: das hat er zumindest an Mme de Pisieux geschrieben, mit der eine enge Korrespondenz unterhält: Mir selbst hat er nur ein einziges Mal geschrieben, und auch nur eine kurze Nachricht. […] Ich bin traurig und krank; viele Dinge tragen dazu bei; ich weiß gar nicht, warum ich während meiner Krankheit so beunruhigt war: Mein Tod hätte hier auf Erden keine Lücke hinterlassen, und mir hätte er vielleicht viel Leid erspart.

Sie dankt Le Moine, daß er sie über Chateaubriands Gesundheitszustand informiert, klagt über die Nachlässigkeit ihres Mannes und fragt sich, woher sie während ihrer schweren Krankheit ihren Lebenswillen genommen habe, ob es nicht für sie das Beste gewesen wäre, zu sterben. Bei Chateaubriands Rückkehr ist Céleste, wie sie an Mme Joubert schreibt, wieder selbst schwer krank: „Je suis fort malade depuis quinze jours, et à son arrivé, le pauvre *Chat* ne m'a trouvé que le cœur de sain."[120] (Brief vom 13.09.1817) Der Rückfall wird als Folge von Chateaubriands Abwesenheit bzw. seiner Vernachlässigung inszeniert, in Anschluß an das Motiv der ‚consomption' bringt Céleste ihre psychische Belastung in Verbindung mit der körperlichen Symptomatik. Wie die Briefe aus dieser Zeit implizieren, zehrt sie sich in Trauer und Sorge um den abwesenden Mann allmählich auf.

Céleste de Chateaubriand schreibt tatsächlich besonders dann über ihre Krankheit, wenn ihr Mann sie alleine läßt, ihr nicht schreibt und sie anderer Frauen wegen vernachlässigt.[121] Chateaubriand dagegen scheint an seinen Affären (mit Delphine de Custine, Juliette Récamier, Cordélia de Castellane, Hortense Allart u.a.) regelmäßig zu gesunden – Cabanis spricht von einer „thérapie de l'amour"[122] –, während längere an der Seite seiner Frau verbrachte Zeiträume ihn geradezu kränkeln machen.[123] Wie es sich in den *Mémoires d'outre tombe* bereits angekündigt hat, leidet nicht nur Céleste an René, auch René leidet an Céleste. In den Briefen Céleste de Chateaubriands wird mit den Jahren zunehmend deutlich, daß die Gesundheit beider Eheleute eng miteinander verknüpft ist. Es sind gerade Renés ‚therapeutische' Liebesbeziehungen zu anderen Frauen, die auf Kosten von Célestes Gesundheit gehen – zumindest ist es das, was sie in ihren Briefen durchscheinen läßt. So schreibt sie im September 1819, in der Zeit, in der Chateaubriands Beziehung mit Juliette de Récamier beginnt,[124] im

---

120 Ebd., S. 212. („Seit vierzehn Tagen bin ich sehr krank, als der arme *Chat* zurückgekehrt ist, war mein Herz das einzige, das an mir noch gesund war.")

121 „[…] je suis seule, le *Chat* dîne chez deux femmes d'un rare esprit, qui ne veulent pas qu'il mange autre chose que des feuilles de roses humectées de rosée; autrement il ne serait pas l'auteur de tant de beaux ouvrages pleins de sentiment et d'imagination, etc. etc." Brief vom 3.02.1820 an Joubert, ebd., S. 227.

122 „Grâce à Hortense Allart, la thérapeutique de l'amour, comme toujours avec lui, tenait du miracle." Cabanis, „Chateaubriand et le Dr. Recamier", S. 24.

123 Vgl. René de Chateaubriand, *Lettres à Madame Récamier*, Paris 1998.

124 Sie ist übrigens die Frau eines Cousins des Arztes Récamier.

Anschluß an die Beschreibung ihres eigenen fragilen Gesundheitszustands, den sie auf die Sorge um den von heftigen Rheumaanfällen geplagten Chateaubriand zurückführt, an Mme Joubert: „Voilà le *Chat* qui malgré ses rhumatismes, se *frisote* pour aller chez quelque madame de Lionfort; [...]."[125] (Brief vom September 1819 an Mme Joubert)

Chateaubriands Beschwerden, die Céleste soviel Kummer bereiten, hindern ihn nicht, auszugehen oder zu reisen, im Gegenteil. Céleste merkt kurze Zeit später in einem weiteren Brief an Madame Joubert spitz an, daß er es gerade aus Trotz tut und daß es nicht angebracht sei, ihn zu bemitleiden:

> Ce pauvre *Chat*! Vous ne vous en mettez guère en peine. Aussi de dépit court-il les champs; il est en Normandie ou dans la Perche, ou dans le Maine où il oublie (sur les bords de la mer, au havre, ou en courant la poste pour se rendre chez madame de Lionfort) la politique, les politiques et le Conservateur. Du reste, il me mande que sa santé s'est merveilleusement trouvée de ce vagabondage et que les mouvements des roues lui causent un grand mouvement d'esprit. (Brief vom 21.10.1819)[126]
>
> Der arme *Chat*! Um den sollten Sie sich nicht sorgen. Außerdem reist er trotzdem umher, er ist in der Normandie oder in der Perche, oder im Maine, wo er (am Strand, am Hafen, oder eilig auf dem Weg zu Madame de Lionfort) die Politik vergißt, die Politiker und den *Conservateur*. Außerdem läßt er mich wissen, daß dieses Vagabundieren seiner Gesundheit wunderbar bekommt und daß die Bewegungen der Kutschräder seinen Geist in große Bewegung bringen.

Die Haßliebe, in der Céleste de Chateaubriand ihrem Mann nach den anfänglichen Enttäuschungen verbunden gewesen sein muß, wird als ironische Distanzierung nicht nur in ihren Briefen, sondern auch an einigen wenigen Stellen ihrer ‚cahiers' sichtbar, so in der auf 1812 datierten Passage, in der sie Chateaubriand als eingebildeten Kranken darstellt, dem selbst Laënnec eine ausgezeichnete Gesundheit bescheinigt.[127] Ähnlich verhält es sich noch mit dem von Récamier 1844 nach Célestes Angaben verfaßten Bericht über Chateaubriands Gesundheitszustand, in dem seine Krankheit, in den *Mémoires d'outre tombe* zu einem unheilbaren, lebensbedrohlichen Nervenleiden stilisiert, auf „des affections nerveuses imaginaires" reduziert wird.[128]

Im gleichen Jahr sucht Céleste sich eine Beschäftigung: Sie widmet sich der Gründung und Leitung der *Infirmerie de Sainte-Thérèse*, einem Kranken- und Pflegeheim für in der Revolution verarmte Adlige und Priester. Fortan ist in ih-

---

125 Le Gras, *Mémoires et lettres de Madame de Chateaubriand*, S. 222f. („Da sieht man wieder den *Chat*, der trotz seines Rheumas an sich herumfrisiert, um eine gewisse Madame de Lionfort zu besuchen.")
126 Ebd., S. 225.
127 Vgl. Chateaubriand, *Correspondance*, S. 41. Céleste verfaßte ihre ‚cahiers' als Gedächtnisstütze für Chateaubriands Arbeit an den *Mémoires d'outre tombe*, sie werden darin häufig zitiert oder paraphrasiert.
128 Vgl. Cabanis, „Chateaubriand et le Dr. Recamier", S. 26.

ren Briefen weniger von ihrer Langeweile und ihrem Alleinsein die Rede, als von der vielen Arbeit, die sie nun ihrerseits ans Ende ihrer Kräfte bringt, insbesondere in Kombination mit der fortgesetzten Sorge um den Gesundheitszustand ihres Mannes:

> N'attendez plus rien de moi. Je suis toute à mon hôpital et au désespoir d'y être. Je crains de tomber malade à force de fatigues morales et physiques. Pour l'achever, le pauvre *Chat* vient d'avoir pendant huit jours son rhumatisme tout à fait fixé sur la poitrine et dans la région du cœur, ce qui lui a causé une douleur violente au côté, des étouffements et une toux continuelle. Laennec et Récamier ont été assez inquiets et le *Chat* l'était à l'excès; pour moi j'avais complètement perdu la tête. Il est mieux maintenant, mais il est condamné à faire des remèdes et à ne pas travailler: il travaille et ne fait point de remèdes. Aussi je m'attends tous les jours à le voir retomber. (Brief an Mme Joubert vom September 1819)[129]

> Rechnen Sie nicht mehr mit mir. Ich widme mich voll und ganz meinem Hospiz und bin darüber ganz verzweifelt. Ich fürchte, aus psychischer und physischer Erschöpfung krank zu werden. Dazu kommt jetzt auch noch, daß der arme *Chat* gerade acht Tage lang sein Rheuma gehabt hat, das sich ganz auf die Brust und die Herzgegend gelegt hat, was ihm einen heftigen Schmerz in der Seite verursacht hat, Atemnot und ständiges Husten. Laennec und Récamier waren ziemlich beunruhigt und der *Chat* war es bis zum äußersten; was mich angeht, so hatte ich vollständig den Kopf verloren. Es geht ihm jetzt besser, aber er soll sich bestimmten Anwendungen unterziehen und nicht arbeiten: Er arbeitet und unterzieht sich keinerlei Anwendung. Ich warte jeden Tag darauf, daß er einen Rückfall hat.

Das Motiv der ‚consomption', des ‚s'épuiser pour' setzt sich in der Korrespondenz also weiter fort, Céleste verschiebt es nur fortan stärker von ihrem Mann auf die karitative Tätigkeit im Krankenhaus. Es ist nicht mehr nur René, für den Céleste sich, so ihre Darstellung, entkräftet und aufzehrt, es sind die Opfer der französischen Revolution, verarmte alte und kranke Repräsentanten der ‚vieille France'. Céleste tut Dienst an den Kranken, obwohl sie selber krank ist, sie hilft den Opfern der Revolution, obwohl sie selber eines ist. Damit wählt sie ein Rollenmodell, das, von Autoren wie Chateaubriand befördert, im Rahmen der Rekatholisierung Frankreichs ab etwa 1815 für Frauen wieder verstärkt zur Verfügung steht. Die karitative Tätigkeit in der Krankenpflege wird für bürgerliche und adlige Frauen im 19. Jahrhundert zu einer gängigen Praxis – sie ist verknüpft mit der Vorstellung des Sich-Aufopferns als Weg zu Gott und bietet somit zahlreiche Anschlußstellen für das Motiv der ‚consomption' und religiös motivierte Darstellungen der auszehrenden Krankheit.[130]

Céleste läßt ihre Überanstrengung in ihren Briefen sichtbar werden, sie macht immer wieder deutlich, daß sie sich nicht schont und ihr Wohlbefinden bewußt aufs Spiel setzt. So ist auch in den folgenden Jahren häufig die Rede

---

129 Le Gras, *Mémoires et lettres de Madame de Chateaubriand*, S. 222f.
130 Vgl. Einleitung S. 28–37.

davon, daß die Anforderungen, die die ‚Infirmerie' an sie stellt, auf Kosten ihrer Gesundheit gehen, so z.B. im November 1821 an Joubert: „[…] mille lettres à écrire, cent ouvriers à gronder, une supérieure à apaiser […]; enfin ma santé à soigner, car véritablement depuis trois jours je l'ai mise à une telle épreuve qu'elle est en ce moment des plus chancelantes"[131] (Brief vom 16.11.1821) oder im Oktober 1822:

> Je suis accablée: ma fête d'octobre, le renouvellement de mes abonnements, les commissions du *Chat*, la rage, le désespoir, les coups de langue, tout cela ne me laisse pas un moment; je me donne à peine celui de dormir, et j'envoie ma maladie se promener. (Brief vom Oktober 1822)[132]
>
> Ich bin niedergeschlagen: mein Fest im Oktober, die Erneuerung meiner Abonnements, *Chats* Aufträge, die Wut, die Verzweiflung, die bösen Worte, all das läßt mir nicht das kleinste bißchen Zeit, ich nehme mir schon kaum die Zeit zu schlafen und meine Krankheit jage ich zum Teufel.

1824 und 1826 ist es Céleste de Chateaubriand, die ihren Mann jeweils für längere Zeit allein läßt, sie bricht zu Kuraufenthalten in Neuchâtel und Lausanne auf, vordergründig um ihre Schwindsucht zu behandeln. Zugleich aber scheint sie ihren Mann durch den gesetzten Abstand unter Druck setzen zu wollen. So besteht sie im Herbst 1824 darauf, daß er, nach seiner Entlassung vom Amt des Außenministers, Paris – und damit auch seinen Geliebten – den Rücken kehrt und ihr in die Schweiz folgt. Chateaubriand aber kommt nur für drei Tage auf Besuch, versucht, sie zurückzuholen und weigert sich, Paris zu verlassen. Céleste schreibt daraufhin aus Neuchâtel an Le Moine:

> Je sais à combien de tourments et d'inquiétudes je me livre; mais je ne dois attendre la paix que lorsqu'on voudra bien me permettre d'arranger ma vie comme bon me semblera; et la sienne aussi car je m'y entends mieux que lui!… Je ne vous en veux à vous pas plus qu'aux autres; mais j'en veux bien assez à tout le monde pour tenir mon pauvre esprit dans une agitation et irritation qui ne me rend pas ma solitude fort agréable.[133]

---

131 Ebd., S. 229. („[…] tausend Briefe zu schreiben, hundert Arbeiter auszuschelten, eine Vorgesetzte zu besänftigen […], und schließlich muß ich mich um meine Gesundheit kümmern, denn die habe ich wirklich seit drei Tagen dermaßen auf die Probe gestellt, daß sie nun extrem labil ist.")

132 Nur in Raynal, *Les correspondants de Joseph Joubert*, S. 271. Céleste macht sich Chateaubriands Affären in der Folgezeit zu nutze, um Gelder für die ‚Infirmerie' einzuwerben, und füllt sie somit für sich mit Sinn. Insbesondere gelingt es ihr, Madame Récamier in die Arbeit einzuspannen, wofür sie ihr im Mai 1826 dankt: „En sortant d'une maladie violente, je m'empresse, Madame, de vous remercier mille fois de toutes vos bontés." Brief vom 20.05.1826, in: Le Gras, *Mémoires et lettres de Madame de Chateaubriand*, S. 245. („Kurz nachdem ich eine schwere Krankheit überstanden habe, beeile ich mich, Madame Récamier, Ihnen tausend Mal für all Ihre Güte zu danken.")

133 Ebd., S. 239.

> Ich weiß, wie vielen Qualen und Aufregungen ich mich dadurch aussetze; aber ich kann meinen Frieden erst machen, wenn man mir bitte schön erlaubt mein Leben so zu gestalten, wie es mir am besten erscheint; und seines ebenso, denn darauf verstehe ich mich besser als er!... Auf Sie bin ich dabei nicht mehr böse als auf die anderen; aber ich bin auf alle böse genug, um meinen armen Geist in eine solche Erregung und Gereiztheit zu versetzen, daß es mir meine Einsamkeit nicht gerade angenehm macht.

Sie kritisiert die Interventionen der Freunde, die sie offensichtlich aufgefordert haben, nach Paris zurückzukehren und klagt ein, über ihr Leben, aber auch über das Chateaubriands („je m'y entends mieux que lui"), selber entscheiden zu wollen – das sei für sie, wie sie betont, der einzige Weg, Ruhe zu finden und gesund zu werden.

Auch hier setzt Céleste ihre fragile Gesundheit also ein, um etwas durchzusetzen, sie fordert von den Freunden, sie in ihrer Auseinandersetzung mit ihrem Mann zu unterstützen, zu ihrem, besonders aber zu seinem Besten. Immer wieder macht sie deutlich, daß die Unsicherheit über sein Befinden und seinen Verbleib sich unmittelbar in psychischer Erregung und der Ausbildung einer körperlichen Symptomatik niederschlägt:

> Je perds la tête d'inquiétude. M. de Chateaubriand me mande dans sa dernière lettre du vendredi 21: *je t'écrirai encore lundi 24 et mercredi 26 avant mon départ.* Hier, je devais recevoir cette lettre du lundi. Ne l'ayant point, j'ai pensé que le courrier n'arrivait, comme à Lausanne, que le vendredi, et voilà l'heure passée, et point de lettre. Je ne puis croire à aucune négligence; vous savez qu'il n'en met point, et moins que jamais me sachant malade. Si vous avez une lettre, faites-le moi dire, je vous en prie, car je suis si malade depuis huit jours que je n'ai pas besoin de ce surcroît de tourments: ma toux est redevenue affreuse, et mes crachements de sang continuels. Faites-moi donner de vos nouvelles, je vous prie, cher Monsieur. Si vous savez quelque chose, faites-le moi dire, bon ou mauvais. (Brief an Le Moine, Paris 28.07.1826)[134]

> Ich bin so besorgt, daß ich den Kopf verliere. M. de Chateaubriand läßt mich in seinem letzten Brief vom Freitag, den 21., wissen: *ich werde Dir noch am Montag, den 24., und am Mittwoch, den 26. schreiben, bevor ich aufbreche.* Gestern hätte ich diesen Brief vom Montag bekommen müssen. Als ich ihn nicht bekam, dachte ich, daß die Post, wie in Lausanne, nur freitags käme, und jetzt ist die übliche Stunde vorbei und kein Brief ist gekommen. Ich kann mir nicht vorstellen, daß er da nachlässig war; Sie wissen ja, daß er das nicht ist, und schon gar nicht, wenn er weiß, daß ich krank bin. Wenn Sie einen Brief von ihm bekommen haben, lassen Sie es mir schnell ausrichten, ich bitte Sie, denn ich bin seit acht Tagen so krank, daß ich diese zusätzliche Aufregung nicht auch noch verkraften kann: Mein Husten ist wieder ganz schrecklich geworden, und mein Blutspucken hört gar nicht mehr auf. Lassen Sie bitte von sich hören, mein lieber Herr. Wenn Sie etwas wissen, lassen Sie es mir ausrichten, sei es gut oder schlecht.

Wenn die Freunde etwas über Verbleib und Befinden Chateaubriands wissen, so sind sie moralisch verpflichtet, es seiner kranken Frau, bei der jede Aufregung zu

---

[134] Ebd., S. 246.

einer Verschlechterung ihres Gesundheitszustands, zu einer Verschlimmerung ihres Hustens und zum Blutspucken führt, mitzuteilen.

Ab den 1830er Jahren entwickelt sich Céleste de Chateaubriands Briefwechsel immer mehr zu einer Korrespondenz, die sie auch im Namen ihres Mannes führt, dieser hält sich jetzt, wie die Briefe zeigen, häufiger zu Hause auf. So berichtet sie ausführlich über Chateaubriands und ihre Krankheiten, reagiert auf die gesundheitlichen Klagen ihrer Briefpartner, informiert über geplante Kuren,[135] den Tod von Bekannten etc. Der Kreis der Korrespondenten wird kleiner (so ist Joseph Joubert bereits 1824 verstorben), der Kreis der Aktivitäten, denen die Eheleute nachgehen, ebenso: 1838 muß Céleste de Chateaubriand, auf Betreiben des Pariser Erzbischofs Hyacinthe-Louis de Quélen, die Leitung der ‚Infirmerie' abgeben, René de Chateaubriand hat sich bereits seit der Julirevolution und der Abdankung Charles X aus der Politik zurückgezogen, dazu leidet das Paar unter Geldmangel. In den Briefen finden jetzt zunehmend häufiger Krankheiten, aber immer wieder auch Alter und Tod Erwähnung („cette crainte de la mort, qui fait le tourment de ma vie"[136]).

Ein regelmäßiger Adressat von Céleste de Chateaubriands Briefen ist in dieser Zeit der Abgeordnete Clausel de Coussergues, dem sie jeweils detailliert sowohl über die eigene Gesundheit als auch über die ihres Mannes berichtet. Diese Berichte weisen, wie die folgenden Beispiele zeigen, in der späten Periode der Korrespondenz untereinander oft erstaunliche Ähnlichkeiten auf, die Darstellung der Krankheiten konstruiert auffällige Parallelen zwischen Célestes und Renés Gesundheit:

> Mon mari souffre toujours de ses rhumatismes, et, depuis trois semaines, il est retenu chez lui par un rhume qui le fatigue beaucoup, et surtout l'ennuie en contrariant ses habitudes de causerie chez la vieille amie de l'Abbaye-aux-Bois. Pour moi, je partage mes loisirs entre le catarrhe et la névralgie; mais comme je n'ai point été obligée de garder le lit, je mets cet hiver au nombre des meilleurs que j'aie passés depuis vingt ans. (Brief an Clausel de Coussergues vom 14.02.1843)[137]

---

135 „M. de Chateaubriand, qui était allé en enrageant à Néris, en est revenu avec un rhume qui l'a empêché de se baigner; il en a été pour son argent et pour trois semaines d'ennui dans le plus triste pays du monde, et où l'on n'a d'autre eau à mettre dans son estomac que celle où l'on plonge ses rhumatisms." Brief vom 10.09.1841 an Clausel de Coussergues, ebd., S. 279 oder: „M. de Chateaubriand est à Néris, Madame; il y a été par complaisance; s'il revient guéri, ce n'est pas la foi qui l'aura sauvé, car il ne croit pas à l'efficacité des eaux." Brief vom 22.07.1842 an die Comtesse de Caffarelli, ebd., S. 281.

136 Brief vom 10.07.1839 an den Abbé de Bonnevie, ebd., S. 268 („diese Angst vor dem Tod; die die Qual meines Lebens ist").

137 Ebd., S. 282, vgl. auch: „Pour moi, je suis depuis trois semaines dans mon lit avec mon éternel catarrhe; il paraît que le vôtre n'a pu s'accoutumer à l'air du Rouergue, [...]. M. de Chateaubriand, à un peu de goutte près, se porte à merveille; il a le corps presque aussi bon que la tête qui n'a pas faibli d'une idée." Brief an Clausel de Coussergues, 18.12.1840, ebd., S. 276.

> Mein Mann leidet immer noch unter seinem Rheuma, und seit drei Wochen fesselt ihn eine Erkältung ans Haus, die ihn sehr erschöpft, und vor allem ärgert, da sie ihn von seiner Gewohnheit abhält, mit der alten Freundin aus der Abbaye-aux-Bois zu plaudern. Was mich angeht, so verbringe ich meine Mußestunden mal mit meinem Katarrh und mal mit meinen Kopfschmerzen; aber da ich noch nicht dazu gezwungen war, das Bett zu hüten, zähle ich diesen Winter zu den besten, die ich seit 20 Jahren erlebt habe.

> [...] vous m'avez laissée malade et vous me retrouverez peut-être plus mal encore, car il m'est impossible de rien comprendre à une convalescence commencée depuis six semaines, qui me permet de manger, même de dormir un peu, et qui est accompagnée d'une faiblesse telle que je ne puis sortir du fauteuil sans l'aide d'un bras. Pour marcher, c'est impossible, et je ne soutiens pas mieux la voiture; ma maigreur est effrayante; si je vous apparaissais au château de Coussergues, vous me prendriez comme un revenant. [...] M. de Chateaubriand a été aussi horriblement souffrant d'un rhumatisme qu'il a négligé, et des suites de l'inquiétude, outre mesure, qu'il a prise de ma maladie. (Brief an Clausel de Coussergues vom 3.10.1837)[138]

> [...] Als Sie sich von mir verabschiedet haben, war ich krank und Sie werden mich vielleicht in noch kränkerem Zustand wieder antreffen, denn ich verstehe überhaupt nicht, was diese Besserung soll, die seit sechs Wochen eingesetzt hat, die es mir erlaubt zu essen, sogar ein bißchen zu schlafen und die von einer solchen Schwäche begleitet ist, daß ich nicht ohne Hilfe aus meinem Sessel aufstehen kann. Gehen ist ganz unmöglich, und im Wagen fahren ist auch nicht besser; meine Magerkeit ist ganz erschreckend; wenn ich Ihnen auf dem Schloß von Coussergues erscheinen würde, würden Sie mich für ein Gespenst halten. [...] M. de Chateaubriand hat auch schrecklich an seinem Rheuma gelitten, das er vernachlässigt hat, und an den Folgen der maßlosen Besorgnis, die meine Krankheit bei ihm ausgelöst hat.

Im letzten Brief ist auch die Rede von Chateaubriands „maßloser" Sorge um seine kranke Frau, die sich, wie Céleste betont, wiederum auf seinen eigenen Gesundheitszustand auswirkt – wie es in ihrer Darstellung zuvor bei ihr selbst der Fall war. Deutlich wird, daß sich die Abhängigkeit in Célestes Optik immer stärker zu einer gegenseitigen entwickelt – endlich. In ihrer psychophysiologischen Symptomatik scheinen beide jeweils unmittelbar auf den anderen zu reagieren. Mit zunehmendem Alter und zunehmendem Aufeinander-angewiesensein funktioniert die Gesundheit der Eheleute, so implizieren es Célestes Briefe, wie ein System kommunizierender Röhren.

Ein besonderer Triumph muß es für Céleste sein, für Chateaubriand die Feder zu führen, als dieser aufgrund seiner rheumatischen Arthritis nicht mehr selbst zum Schreiben in der Lage ist, bzw. nur noch dazu, seine Korrespondenten, wie hier in einem Brief vom Februar 1844 den erblindenden Clausel de Coussergues, eben darüber zu informieren:

> M. de Chateaubriand a reçu votre lettre avec d'autant plus de plaisir qu'elle lui donnait de bonnes nouvelles sur votre santé; la sienne serait excellente si ses jambes valaient son

---

138 Ebd., S. 259f.

estomac et sa tête, mais c'est à peine si elles vont droit de sa chambre à la mienne. De la main de Chateaubriand: Vous ne voyez plus, mon cher ami, et moi je ne peux plus écrire: ainsi tout finit, excepté notre fidèle et constante amitié. (Brief an Clausel de Coussergues, vom 10.02.1844)[139]

M. de Chateaubriand hat Ihren Brief mit um so größerem Gefallen erhalten, als er gute Neuigkeiten über Ihren Gesundheitszustand enthielt; seiner wäre ganz ausgezeichnet, wenn seine Beine mit seinem Magen und seinem Kopf mithalten könnten, aber sie haben Mühe, geradewegs von seinem Zimmer in meines zu gehen. Von der Hand Chateaubriands: Sie können nicht mehr sehen, mein Freund, und ich kann nicht mehr schreiben: so endet alles, außer unserer treuen und dauerhaften Freundschaft.

Céleste de Chateaubriand kann die Rolle als Schriftführerin ihres Mannes aber nur kurze Zeit auskosten, bald ist sie, aufgrund ihres Alters und ihres Gesundheitszustands, selbst nicht mehr zum Verfassen von Briefen in der Lage. Ihr letzter Brief ist bei Le Gras auf den 4. Januar 1847 datiert und an die Comtesse de Caffarelli[140] adressiert: „Voilà les seules lignes que l'état de souffrance où je suis depuis deux mois me laisse la force d'écrire. Vous m'excuserez donc, car mon cœur n'en ressent pas moins vivement tous les tendres sentiments que ma pauvre tête ne peut vous exprimer."[141] Céleste, die langlebige Schwindsüchtige, stirbt am 8. Februar 1847 an Altersschwäche – nachdem sie über 30 Jahre an der auszehrenden Krankheit gelitten hat. Ihr Mann folgt ihr im Jahr darauf, am 4. Juli 1848.

c) Überdauern des Körpers in der Schrift

Céleste de Chateaubriands Briefe zeigen, daß sie ihr Schreiben, ebenso wie Pauline de Beaumont, unmittelbar zu ihrer Krankheit in Beziehung setzt. Beide Frauen funktionalisieren die Darstellung ihres schwindsüchtigen Körpers, wobei Céleste, anders als Beaumont, mit den Jahren statt auf Verführung zunehmend auf Kontrolle setzt. Dabei wird der eigene Gesundheitszustand von beiden an die Person Chateaubriands rückgekoppelt, in beiden Korrespondenzen zeichnet sich ab, daß die Symptome der auszehrenden Krankheit nicht allein auf das Individuum bezogen sind, sondern, so die jeweilige Darstellung, in der Interaktion mit anderen – und somit in der Korrespondenz – erst hervorgebracht werden.

---

139 Ebd., S. 285.
140 Frau des Comte de Caffarelli (1766–1849), einem französischen General und Politiker unter Napoléon.
141 Ebd., S. 290. („Hier die einzigen Zeilen, zu deren Niederschrift mir mein seit zwei Monaten anhaltender Leidenszustand die Kraft läßt. Sie müssen mich also entschuldigen, denn mein Herz fühlt all die zärtlichen Gefühle, die mein armer Kopf Ihnen nicht übermitteln kann, nicht weniger heftig.")

Pauline de Beaumont ist bemüht, zwischen den auftretenden Symptomen in ihren Briefen Kohärenz zu schaffen, sie arbeitet sich daran ab, ihrer Krankheit im Austausch mit ihren Korrespondenten Sinn zu geben, indem sie immer wieder nach den Gründen für Verschlechterungen und Verbesserungen ihres Gesundheitszustands fragt. In der permanenten schreibenden Auseinandersetzung mit der eigenen Krankheit, die immer auch eine Konfrontation mit ihrer emotionalen Bedürftigkeit ist, scheint sie sich zunehmend zu erschöpfen. Céleste de Chateaubriand dagegen gelingt es, in ihren Briefen einen Großteil ihrer Aufmerksamkeit auf die Krankheit ihres Mannes zu lenken. Dabei benennt sie ihr eigenes Leiden ebenso wenig wie Récamier es in seinem Konsultationsbericht von 1820 tut, und ebenso wenig wie in der Darstellung des Arztes entsteht in ihrer Darstellung der Symptome der ‚phtisie' ein kohärenter, auf ein tödliches Ende notwendig hinzielender Krankheitsverlauf.

Die Tatsache, daß Céleste in ihrem Schreiben beständig um ihren Mann kreist, seine Krankheit immer mit im Blick hat, führt sie von der permanenten Auseinandersetzung mit der eigenen Krankheit weg – während Pauline de Beaumont ihrer Krankheit beständig ausgesetzt ist. Der Mangel, die emotionale Bedürftigkeit ist in ihren Briefen allgegenwärtig; dadurch, daß sie, anders als Céleste, *nicht* über Chateaubriand schreibt, entsteht eine dominante Leerstelle, die ihre Texte vollständig organisiert. Céleste dagegen, die in ihren Briefen passagenweise sehr ironisch und bissig über ihren Ehemann schreibt, gelingt es immer wieder, Chateaubriand ‚klein' zu machen und ihn zu ‚verniedlichen' („le *Chat*"), wodurch sie nicht nur die Kontrolle über ihre Texte behält, sondern auch zunehmend Einfluß auf die Befindlichkeit ihres Mannes gewinnt.

Dadurch, daß sie nicht nur ihre eigene, sondern auch seine Krankheit instrumentalisiert, kann sie sich in ihren Briefen, zumindest teilweise, von seiner übermächtigen Abwesenheit entlasten. Pauline de Beaumont dagegen ist dieser Absenz, mit der sie ihren Gesundheitszustand unmittelbar in Verbindung bringt, weitestgehend ausgeliefert. Auch wenn sie die strategische Dimension des Schreibens über die auszehrende Krankheit gegenüber den Jouberts durchaus erfolgreich erprobt, werden ihre Briefe von ihren Krankheitssymptomen viel stärker dominiert als das Schreiben der langlebigen Céleste. Céleste de Chateaubriand, die, indem sie über die Krankheit ihres Mannes schreibt, auf Distanz zu ihrer eigenen geht, erscheint in ihren Briefen viel eher als ‚Herrin' über ihre Symptome.

Ihr Schreiben ist es, das überlebt und in Form eines ‚contre-discours' über den kranken Körper schließlich in die Texte René de Chateaubriands eindringt. Anders als im Fall Pauline de Beaumonts gelingt es dem Verfasser der *Mémoires d'outre tombe* im Fall Céleste de Chateaubriands nicht, sie und ihre Krankheit zum Verstummen zu bringen. In den *Mémoires* taucht sie, wie gesehen, bereits als Störfaktor auf, zu einem regelrechten, immer wieder aufgerufenen Topos wird Célestes Gesundheit in den Briefen Chateaubriands an seine Geliebte Juliette de

Récamier:[142] „Mme de Ch. a supporté assez bien la route, mais elle s'est trouvée très souffrante en arrivant ici. Cela nous force à y rester un jour de plus." (Brief vom 22.09.1828)[143]; „Nous continuons demain notre voyage. Mme de Ch. est très bien; j'ai eu quelque retour de mon mal de Paris." (Brief vom 29.09.1828)[144]; „Venez donc, je vous en supplie; venez vite et écrivez. Mme de Ch. est très souffrante." (Brief vom 14.10.1828)[145] – die gesamte Korrespondenz der beiden ist von solchen Aussagen durchzogen.

5. Die Inszenierung des leidenden Körpers im Schatten des Mémoirenprojekts

Die Charakteristika, die Chateaubriand Pauline de Beaumont in den *Mémoires d'outre tombe* zuschreibt, machen ihre Faszinationskraft als erste große Schwindsüchtige der französischen Literaturgeschichte aus und lassen ihr Portrait zu einer Folie werden, vor deren Hintergrund Alexandre Dumas die Figur der Marguerite Gautier ebenso zeichnen kann wie später die Brüder Goncourt die Figur der Mme de Gervaisais. Neben den eingangs angeführten physischen Schönheitsattributen, dem mageren Körper, der blassen, durchscheinenden Haut und den fiebrig glänzenden Augen, sind es auch Paulines psychische Charakteristika, die zu typischen Attributen der schönen Schwindsüchtigen werden: ihre Traurigkeit, ihre wehmütige Sehnsucht nach der Vergangenheit (,langueur'), ihre Opferbereitschaft und ihr Edelmut, ihre hohe Sensibilität, ihre starken Emotionen, die Mißachtung ihres Körpers, das Gefühl, eine Ausnahmeexistenz zu führen und das Bedürfnis, mit fortschreitender Krankheit die mondäne Welt, das gesellige Leben zu fliehen.

Zu diesem Portrait der schönen, ätherischen Schwindsüchtigen wird in den *Mémoires* selbst bereits ein Komplement sichtbar: Die körperliche, häßliche und leidende Seite der Schwindsucht, die in der Darstellung Paulines ausgeklammert wird, scheint in den Passagen über Céleste de Chateaubriand auf. In

---

142 Wie auch schon der Gesundheitszustand von Denis Diderots Frau Antoinette in den Briefen ihres Mannes an die Geliebte Sophie Volland, vgl. Odile Richard-Pauchet, „Diderot als medizinischer Berichterstatter in den Briefen an Sophie Volland", in: Martin Dinges / Vincent Barras, *Krankheit in Briefen*, S. 157–166.

143 René de Chateaubriand, *Lettres de Chateaubriand à Madame Récamier pendant son ambassade à Rome*, publiées avec une introduction et des notes par Emmanuel Beau de Loménie, Paris 1929, S. 5. („Mme de Ch. hat die Reise recht gut überstanden, aber sie ist sehr leidend hier eingetroffen. Deshalb werden wir noch einen Tag länger hier bleiben müssen.")

144 Ebd., S. 7. („Wir setzen morgen unsere Reise morgen fort. Mme de Ch. geht es sehr gut, mich allerdings hat mein Pariser Leiden wieder eingeholt.")

145 Ebd., S. 11. („Kommen Sie her; ich flehe Sie an, kommen Sie schnell und schreiben Sie. Mme de Ch. ist sehr leidend.")

den *Mémoires*, besonders aber in Chateaubriands Korrespondenz, wird Céleste in ihrer Aufmerksamkeit einfordernden leidenden Körperlichkeit als physische wie psychische Behinderung des schriftstellerischen Genies ihres Mannes gezeichnet. Ihre Krankheit wird, im Gegensatz zu der Pauline de Beaumonts, in den *Mémoires* und in den Briefen weder als ‚maladie de langueur' noch als ‚phtisie' bezeichnet, so daß die Symptomatiken, die die beiden Frauen zeigen, vollkommen isoliert voneinander auftreten. In Chateaubriands Texten werden sie in keinen Zusammenhang miteinander gebracht – anders als in Dumas' *La dame aux camélias*, wo beide Seiten der Schwindsucht, die schöne, ätherische, selbstlose und die häßliche, körperliche, leidende gerade in ihrer Ambivalenz thematisiert werden.

Die Schilderungen der blutspuckenden und unter starken Schmerzen leidenden Marguerite Gautier[146] stellen in ihrer Drastik ein notwendiges Komplement zu dem im Roman ebenfalls gezeichneten Bild der ätherischen jungen Kranken dar, das das Leiden an der Schwindsucht religiös sublimiert und zu einem Weg zu Gott werden lässt[147] – ähnlich wie Pauline de Beaumonts und Céleste de Chateaubriands Briefe sich als korrigierende Ergänzung zu dem von aller Körperlichkeit bereinigten Schwindsuchtsdiskurs in den *Mémoires d'outre tombe* betrachten lassen. Wie in der Einleitung angedeutet, wird mit Blick auf Dumas' Roman deutlich, wie in Chateaubriands Memoiren die Mechanismen funktionieren, die die Überführung des toten weiblichen Körpers in ein Kunstwerk ermöglichen.[148] Zudem verdeutlicht *La dame aux camélias*, daß sowohl die Tendenz zur Entkörperlichung wie auch die hohe Präsenz des Körpers zum

---

146 „Sur la table il y avait une cuvette d'argent à moitié pleine d'eau; cette eau était marbrée de filets de sang." Dumas Fils, *La dame aux camélias*, S. 114; „Je ne cesse de cracher le sang." Ebd., S. 239; „J'ai toussé et craché le sang toute la nuit." Ebd., S. 245. Auslöser des Blutspuckens sind große Anstrengung, besonders aber starke Emotionen. Weitere körperliche Qualen, die Marguerite erleidet, sind Schlaflosigkeit: „voilà onze nuits que je ne dors pas", ebd., S. 242; schmerzhafte Fieberschübe: „J'ignorais que le corps pût faire souffrir. Oh! ma vie passée! je la paye deux fois aujourd'hui", ebd., S. 241 und Entstellung des Körpers: „Me voici de nouveau dans mon lit, le corps couvert d'emplâtres qui me brûlent. Va donc offrir ce corps que l'on payait si chère autre fois, et vois ce qu'on t'en donnera aujourd'hui." Ebd., S. 242.

147 Die ‚schöne', seelische Seite der Schwindsucht, in der Ästhetisierung, Ätherisierung und Angelisierung ineinandergreifen, wird deutlich, wenn man Marguerites Geschichte als eine christlich-moralische *Konversions*geschichte liest (vgl. ebd., S. 228), die zu den erotischen Konnotationen parallel verläuft. Eine solche Lektüre legt insbesondere Dumas' Vorwort nahe, in dem Verbindungen des Autors zum liberalen Katholizismus und zu Mgr. Dupanloup deutlich werden.

148 In Dumas' *La dame aux camélias* werden die häßlichen, körperlichen Folgen der Schwindsucht bereits zu Beginn in Szene gesetzt, die Erzählung über Marguerite Gautier beginnt, wie in der Einleitung zu diesen Buch angedeutet, mit einer Leichenschau, mit dem Blick auf das Medusenhaupt ihrer zerfallenen, stinkenden Leiche. Anders als Pauline wird Marguerite nicht petrifiziert, im Gegenteil ist es *ihr* Anblick, der versteinert: „Armand ne bou-

gleichen historischen Zeitpunkt mit dem Begriff der Schwindsucht zu verbinden sind, daß also in Bezug auf die auszehrende Krankheit synchron verschiedene Darstellungsmodi existieren.

Es sind Beaumonts Briefe, in denen die bei Chateaubriand ausgeklammerte körperliche, schmerzhafte Seite der eigenen Krankheit detailliert dargestellt wird. Im Rahmen des vitalistischen Paradigmas schwindender Lebenskraft, das körperliche wie seelische Vorgänge in engem Zusammenhang betrachtet, wird die Darstellung der Symptome der ‚phtisie' zur Ausgestaltung der eigenen emotionalen Bedürftigkeit und zum Appell an den Adressaten. In den Briefen Pauline de Beaumonts wird das körperliche Komplement der auszehrenden Krankheit, die schmerzhafte Seite der Schwindsucht, zu Verführungszwecken eingesetzt, Céleste de Chateaubriand dagegen setzt in ihren Briefen nicht auf Verführung, sondern auf Kontrolle und instrumentalisiert nicht nur die eigene Krankheit, sondern auch die ihres Mannes.

In den Briefen der beiden Frauen zeichnet sich, anders als in den medizinischen und literarischen Texten der Zeit, eine ‚dialogische' Konzeption der auszehrenden Krankheit ab, in der der Körper zum einen unmittelbar auf Außenreize reagiert, die ihren Verlauf beeinflussen und in der zum anderen die Art der Auseinandersetzung mit dem eigenen Körper die Krankheit prägt. Die Schwindsucht läuft nicht einfach ab, etwa nach einer Läsion, einer Ansteckung, aufgrund einer erblichen Disposition o. ä., sondern entwickelt sich unmittelbar in Interaktion mit der Umgebung – und in Interaktion mit den Modi ihrer Darstellung, die von dieser Verlaufsstruktur wiederum unmittelbar abhängig sind. Während ein distanzierter Blick auf die Krankheit von außen die Herstellung eines kohärenten Krankheitsbildes und somit auch eines bestimmten Stereotyps ermöglicht, kann der Blick der Kranken selbst gar kein einheitliches Bild hervorbringen, so daß der produktive Anteil der Darstellungsweise an der Ausbildung des Krankheitsbildes in autobiographischen Texten besonders deutlich wird.

Die Briefe Pauline de Beaumonts und Céleste de Chateaubriands, die sich weniger an die jeweiligen Freunde als an Chateaubriand als verschobenen Adressaten richten, machen exemplarisch sichtbar, dass das Schreiben über die *eigene* Schwindsucht notwendig unabgeschlossen bleiben muß und somit per se einen prozessualen, fragmentarischen Charakter hat. Denn die beiden Frauen wenden sich an ein abwesendes Gegenüber, dessen Zuwendung und Anerkennung sie bedürfen – dessen Reaktion in der ersehnten Form aber ausbleiben muß. Ihr Schreiben über die Auszehrung des eigenen Körpers soll die Abwesenheit des Geliebten, für den sie schreiben, kompensieren, wird durch diesen Mangel aber zugleich immer neu motiviert. Die ‚écriture de la consomption', die ihre Dynamik aus der doppelten Funktion gewinnt, den Anderen zu erregen und zugleich

---

geait pas. Ses yeux étaient rivés à cette fosse vide; il était pâle comme le cadavre que nous venions de voir… On l'eût dit pétrifié." Ebd., S. 88.

dessen Abwesenheit auszugleichen, setzt sich fort bis zum Tod der Schreiberin. Der Schreibprozeß scheint dessen Eintritt, wie im Fall Pauline de Beaumonts, beschleunigen oder ihn, wie im Fall Céleste de Chateaubriands, verzögern zu können.

Die Frauen, die im Schatten von Chateaubriands Mémoireprojekt über ihre Schwindsucht schreiben, setzen dem literarischen Vollzug des Frauenopfers in der Semantik der ‚phtisie' ein Schreiben über den eigenen Körper entgegen, in dem das strategische Potential der ‚consomption' erprobt und nach Möglichkeit zum eigenen Vorteil gewendet wird. Das ‚se consumer pour' vollzieht sich hier weder laut- noch körperlos, in den Briefen wird das Aufzehren für den Geliebten gerade in seiner schmerzhaften, den Anderen notwendig affizierenden Körperlichkeit in Szene gesetzt. Die Krankheit der schönen Leiche gewinnt somit eine andere, eminent dialogische – oder auch systemische – Dimension, in der ihre Entstehung und Entwicklung unmittelbar aus dem Beziehungsgeflecht, in dem der einzelne sich bewegt, erklärbar wird.

III. Sich-Einschreiben in christliche Diskursmuster. Zu Tagebuch und Korrespondenz von Joséphine Sazerac de Limagne (1848–1873)

> *Il me semble qu'un feu intérieur me consume lentement.*[1]
> Joséphine Sazerac de Limagne

1. Die Schwindsüchtige als ‚petite Sainte' in der katholischen ‚littérature intime'

Joséphine Sazerac de Limagne stirbt 1873 im Alter von 24 Jahren an Schwindsucht. Kein Grab- oder Denkmal aus weißem Marmor wird für sie errichtet, kein Roman oder Memoirenprojekt nimmt seinen Ausgang in ihrem Tod. Nur ihr Tagebuch und einige Briefe, die ein Jahr später erstmals erscheinen, bewahren die junge Hauslehrerin vor dem Vergessen. In der *Notice biographique* präsentiert der herausgebende Priester sie als schöne Seele:

> Ceux qui ont connu alors Mlle de Limagne n'oublieront pas cette figure un peu pâle, mais sur laquelle la bonté et l'intelligence répandaient tant de clartés, ces grands yeux qui traduisaient si bien les impressions d'une belle âme.[2]
>
> Diejenigen, die Mlle de Limagne gekannt haben, werden dieses leicht blasse Gesicht nicht vergessen, auf dem Güte und Intelligenz so viel Helle verbreiteten, diese großen Augen, die so treu die Eindrücke einer schönen Seele widerspiegelten.

In dieser Evozierung der jungen Frau treten dem romantischen Schönheitsideal entsprechende Attribute wie die Blässe und die großen Augen, die zum Spiegel der Seele werden, hervor. Zugleich wird die Verstorbene über die ‚clartés', die als Widerschein der schönen Seele begriffen werden, zu einer Lichtgestalt stilisiert, der die schwindsüchtige Blässe etwas Flüchtiges, nicht von dieser Welt Seiendes, ja geradezu Engelhaftes verleiht. Die seelischen Qualitäten überwiegen deutlich über die körperlichen, wie auch die Publikationsintention offensichtlich nicht in einer petrifizierenden Denkmalsetzung besteht, sondern in der Erbauung der Leserschaft. Das Sterben der jungen Frau wird also nicht wie bei Chateaubriand zur verschobenen Urszene männlichen Schreibens, sondern soll seine in der Dar-

---

[1] „Mir scheint, daß ein inneres Feuer mich langsam aufzehrt."
[2] Odéen Jean Marie Delarc, *Notice biographique*, in: Joséphine Sazerac de Limagne, *Pensées, journal et correspondance*, précédés d'un avant-propos et d'une notice biographique par M. l'Abbé Delarc, 3. Aufl., Paris 1890, S. xv. Diese *Notice biographique* wird im folgenden unter Angabe der römischen Seitenzahlen im Text zitiert.

stellung sakralisierte Protagonistin aufgrund des erbaulichen Charakters ihres Todes zum nachzuahmenden Vorbild machen.³

Philippe Lejeune hat eine ganze Reihe von Tagebüchern junger Mädchen und Frauen ausfindig gemacht, die fast durchweg von Priestern herausgegeben wurden und seit den 1860er Jahren im Gefolge der wiederholt aufgelegten Briefe und Tagebücher von Eugénie de Guérin, dem ersten Verkaufserfolg eines Tagebuchs überhaupt, erschienen sind.⁴ Sicherlich wären diese dem Typus des ‚journal spirituel'⁵ entsprechenden Aufzeichnungen nie publiziert worden, wenn ihre Verfasserinnen nicht an der Schwindsucht gestorben wären und somit Stoff für Erbauungsliteratur geboten hätten. Insofern wird auch hier der Tod des Körpers zur Voraussetzung des Überlebens in der Schrift.⁶

Geboren ist Joséphine Sazerac de Limagne 1848, im Erscheinungsjahr der *Dame aux camélias* und der *Mémoires d'outre tombe*. Ihr Geburtsjahr kann in doppelter Hinsicht als Jahr der schönen Schwindsüchtigen gelten, in deren Linie auch sie später gestellt wird. Denn es ist nicht nur das Erscheinungsjahr der genannten, für das Bild der weiblichen Schwindsüchtigen prägenden Werke, sondern zugleich auch das Todesjahr der bald aufgrund ihres Tagebuchs zur ‚Sainte du Cayla' stilisierten Eugénie de Guérin sowie von Alexandrine de la Ferronays, der Protagonistin des nicht nur im Milieu der liberalen Katholiken populären *Récit d'une sœur* (1866) von Pauline Craven. Die beiden letztgenannten Publikationen gehören zur sogenannten ‚littérature intime', mit der die liberalen Katholiken im Second Empire ein Gegengewicht zum ‚enfer de la littérature publique' setzen wollen.⁷ Neben der Veröffentlichung von Tagebüchern und Korrespon-

---

3   Zu den Bestrebungen der katholischen Kirche, jung gestorbene Frauen zum Modell für junge Mädchen zu erheben, vgl. Jean-Pierre Albert, *Le sang et le Ciel*, S. 139–141.

4   Eugénie de Guérin, *Journal et lettres*, publiés avec l'assentiment de sa famille par G. S. Trébutien, Paris 1862. Eine erste, noch vor dem Zeitpunkt der Erkrankung endende Briefsammlung wurde 1855 von Jules Barbey d'Aurevilly und Guillaume-Stanislas Trébutien unter dem Titel *Reliquiae* publiziert. Zur Rezeption des Tagebuchs, das die eigene Krankheit allerdings fast gänzlich ausspart, vgl. Philippe Lejeune / Catherine Bogaert, *Le journal intime. Histoire et anthologie*, Paris 2006, S. 206; zur Stilisierung der Autorin und ihrer ‚discrétion absolue' in bezug auf ihre Krankheit auch in den Briefen von ihrem Kuraufenthalt vgl. Bannour, *Eugénie de Guérin*. Ein ‚Répertoire' ähnlicher Tagebücher findet sich bei Philippe Lejeune, *Le moi des demoiselles*, S. 293–341.

5   Das ‚journal spirituel' gilt als älteste Form eines intime Aufzeichnungen enthaltenden Tagebuchs, das als (freilich einseitiger) Dialog mit Gott konzipiert ist. Nach seiner Entstehung im 16. Jahrhundert im Umfeld von Ignatius de Loyola findet es erst im Zuge der Erziehungspraxis des 19. Jahrhunderts weitere Verbreitung. Vgl. Lejeune / Bogaert, *Le journal intime*, S. 87–92.

6   „Il semble que la tuberculose ait souvent, en tuant la diariste, immortalisé son journal." Lejeune, *Le moi des demoiselles*, S. 22.

7   Augustin Cochin setzt den Begriff eigens zur Gattungsdefinition ein: „[...] cette partie de la littérature française à laquelle convient le nom de *littérature intime*." Augustin Cochin, *Le Récit d'une sœur*, in: ders., *Conférences et lectures*, Paris 1871, S. 302–391, hier: S. 302. Die

denzen fallen unter das Genre zumeist von Priestern oder nahen Angehörigen verfaßte biographische Darstellungen, in die einzelne Tagebuch- oder Briefauszüge integriert werden oder die, wie der *Récit d'une sœur*, zu einem großen Teil darauf basieren. Hier bleibt die schöne Schwindsüchtige in ihrer Fragilität, Magerkeit und Engelhaftigkeit das leitende Ideal. Dabei entwickelt sich die in Chateaubriands Porträtierung von Pauline de Beaumont ebenso wie im Martyrium der Kameliendame bereits angelegte Sakralisierung zum dominanten Zug. Die jungen Schwindsuchtstoten werden, auf den Werten einer ‚spiritualité sacrificielle' aufbauend, zu ‚petites Saintes' und ‚prédestinées' stilisiert, und ihrem Leiden und Sterben wird die Bedeutung einer Imitatio Christi verliehen.

In der von den Katholiken verdammten ‚littérature publique' hingegen findet sich ein ganz anderes Frauenbild. Schon in den fünfziger Jahren äußert sich Baudelaire in deutlicher Ablehnung romantischer Ästhetik abschätzig über die „beautés d'hôpital" des von ihm als „poète des chloroses" bezeichneten Zeichners und Lithographen Paul Gavarni (1804–1866) und setzt ihnen das Ideal einer Lady Macbeth entgegen.[8] Die schwindsüchtige Schönheit der Elvire Lamartines hält man keines Gedichts mehr für würdig, wohl auch weil sie in klarem Gegensatz zum nun aktuellen Schönheitsideal steht, das sich an der Kaiserin orientiert und gefällige Rundungen sowie eine stabile Konstitution valorisiert.[9] Im Realismus der sechziger Jahre wird endlich auch die häßliche Seite der Schwindsucht literaturfähig, die im Umkreis Chateaubriands allenfalls im Bereich des Privaten darstellbar war. Als Beleg dafür können etwa der Fall Fantines in Victor Hugos *Les Misérables* (1862) oder *Germinie Lacerteux* (1865) der Brüder Goncourt dienen. Das hängt nicht nur mit einem veränderten Literaturbegriff zusammen, sondern spiegelt auch eine Veränderung in der Ausbreitung der Krankheit oder jedenfalls in deren Wahrnehmung wider. Die Schwindsucht beginnt, ihren Nimbus als edle Krankheit zu verlieren und wird zunehmend zu einer ‚maladie sociale', die niederen sozialen Schichten zugerechnet wird.[10]

Gegenüberstellung der beiden Arten von Literatur formuliert er folgendermaßen: „Il est temps que quelques regards jetés dans le paradis de la littérature intime nous consolent et nous vengent de l'enfer de la littérature publique." Ebd., S. 390.

8 Vgl. das Gedicht *L'Idéal* aus den *Fleurs du mal* in: Charles Baudelaire, *Œuvres complètes*, hg. von Claude Pichois, Paris 1975, Bd. I, S. 22.
9 Vgl. Isabelle Bricard, *Saintes ou pouliches*, S. 184.
10 Vgl. Guillaume, *Du désespoir au salut*; Pierre Bourgeois, „De la phtisie romantique à la tuberculose, maladie commune", in: *Bulletin de l'Académie Nationale de Médecine* 170.7 (1986), S. 904–914; Pierre Bourgeois, „La phtisie romantique", in: *Histoires des sciences médicales: organe officiel de la Société Française d'Histoire de la Médecine* 21.3 (1987), S. 235–244; Grellet / Kruse, *Histoires de la tuberculose*; Ortrun Riha, „Leben im Fieber. Die Erfindung der Tuberkulose", in: Regine Pfrepper / Sabine Fahrenbach / Natalja Decker (Hgg.), *„Wer vieles bringt, wird manchem etwas bringen" – ein medizin- und wissenschaftshistorisches Florilegium. Festgabe für Ingrid Kästner zum 60. Geburtstag*, Aachen 2002, S. 29–40.

Die ‚littérature intime', die übrigens auch eine Inspirationsquelle für die Schwindsuchtsdarstellung der Brüder Goncourt in *Madame Gervaisais* (1869) darstellt, bleibt von dieser Entwicklung jedoch gänzlich unberührt. Die häßliche Seite der Schwindsucht, die bei Pauline de Beaumont zumindest in ihrer Selbstdarstellung erkennbar war, wird hier auch in biographischen und autobiographischen Zeugnissen eliminiert bzw. sublimiert, wobei oft nicht zu unterscheiden ist, welchen Anteil daran die Herausgeber, welchen bereits die Verfasserinnen haben. Neben der Orientierung an der romantischen Spielart der Krankheit wird so eine Akzentuierung derjenigen Aspekte möglich, welche die Aufwertung zur ‚maladie mystique' bedingen und in der Dekadenzliteratur später dazu führen werden, daß die Schwindsucht zunehmend Affinität zur Hysterie aufweist.[11]

Erschrieben sich Pauline de Beaumont und Céleste de Chateaubriand ihre Krankheit in der brieflichen Interaktion mit engen Bezugspersonen, so liegt im Fall der ‚journaux spirituels' eine Form der ‚écriture' vor, mittels derer die Frauen sich möglichst paßgenau in gängige Diskurse einzuschreiben suchen. Jedenfalls ist zunächst nur diese Variante, die auf die Annahme der von außen herangetragenen Stereotype und der vom Katholizismus vorgesehenen Opferrolle zielt, publikationsfähig.[12] Dennoch erzeugt auch in diesem Modus des Schreibens die auf die eigene Krankheit bezogene ‚écriture de la consomption' wesentlich vielschichtigere Bilder als die stereotypisierende Fremddarstellung. So wird in dem Tagebuch de Limagnes sichtbar, daß das Sich-Einschreiben nicht in der Reproduktion vorgegebener Muster aufgeht, sondern daß diese in der Wiederholung verändert werden, und daß auch im Streben nach Konformität Abweichungen entstehen. Im Spielraum, der sich im Nachvollzug vorgegebener Diskursmuster zwischen Regelmäßigkeit und Regelwidrigkeit öffnet, läßt sich dann zweierlei erkennen: erstens, welch eine kaum zu erfüllende Forderung und Belastung die Vorgabe der Opferrolle an eine lebensfreudige, junge Frau stellt, und zweitens, daß im Schreiben der eigenen Krankheit der Körper trotz der ausgeprägten Tendenz, ihn auszusparen, ein steter Störfaktor ist, der das reibungslose Funktionieren der vorgegebenen Muster verhindert.

---

11 Vgl. Maria Watroba, „Madame Gervaisais, roman hystérique ou mystique?", in: *Nineteenth-Century French Studies* 25.1-2 (1996–97), S. 154–166 und zu einer ausführlichen Interpretation von *Madame Gervaisais*, insbesondere der schon auf die Dekadenz vorausweisenden Aspekte, das entsprechende Kapitel in der Dissertation von Eva Siebenborn.

12 Nach Lejeune gibt es generell nur drei Typen von Tagebüchern, die Aussicht auf Publikation hatten. Neben dem meist von Priestern edierten ‚journal spirituel' nennt Lejeune das ‚journal littéraire', das aufgrund der schriftstellerischen Qualitäten publiziert wird, und das ‚journal-témoignage', das von wichtigen historisch-politischen Ereignissen berichtet, wie z.B. dem Krieg von 1870/71, vgl. Lejeune, *Le moi des demoiselles*, S. 23f. De Limagnes Tagebuch vereint offensichtlich die Typen 1 und 3, Züge von Typ 2 sind ihm entgegen der Erklärung des Herausgebers auch nicht ganz abzusprechen.

Die Divergenz zwischen Selbst- und Fremddarstellung, die Thematisierung des Körpers im Rahmen eines Diskurssystems, das diesen tabuisiert und die Schwindsucht als eine entkörperlichende Krankheit begreift, aber auch die Konvergenz von diskursiver Schwindsuchtskonstruktion und dem Entwurf weiblicher Identität im selbstreflexiven Schreiben werden Thema dieses Kapitels sein. Dabei steht zum einen die Frage im Zentrum, wie der Körper als Träger der häßlichen Seite der Schwindsucht im Rahmen von auf die Sublimation der Leiden und Überhöhung der Schmerzen ausgelegten Diskursen überhaupt darstellbar ist.[13] Weiterhin wird zu fragen sein, inwiefern eine Frau den Bedingungen der fremdgesteuerten Viktimisierung entgehen kann, indem sie im Schreiben die vorgegebene Opferrolle affirmativ zum Selbstopfer wendet und ihrer ‚consomption' damit inhaltlich einen Sinn verleiht. Freilich verbleiben in dem streng reglementierten, religiösen Diskurssystem nur sehr geringe Gestaltungsmöglichkeiten, da zum einen das eigene Schreiben schon auf der Reproduktion der Stereotype aus Fremddarstellungen und Handreichungen für den Katechismus oder anderer spiritueller Ratgeber beruht und zum anderen im Rahmen der vorherrschenden sakrifiziellen Theologie mit der zumindest implizit geforderten Imitatio Christi an kranke Frauen bereits die Erwartung der Bereitschaft zum Selbstopfer herangetragen wird.[14]

2. Tagebuchpraxis und Schwindsuchtsmodellierung im katholischen Milieu

a) De Limagnes Tagebuch im Kontext der katholischen Erziehungspraxis

Unter dem Titel *Journal, pensées et correspondance* werden de Limagnes Tagebuch und einige Briefe 1874 erstmals publiziert und erfahren mit zwei Neuauflagen (1875 und 1890) und der Publikation im Feuilleton der Schweizer katholischen Zeitung *La Liberté* im Jahr 1877 einen gewissen publizistischen Erfolg im katholischen Milieu.[15] Der Duodezband von knapp 300 Seiten, in dem sich die

---

13 Vgl. Dauzet, *La mystique bien tempérée*, S. 68, die der Schrift die Funktion zuspricht, die Diskrepanz zwischen dem „corps ‚coté-divin'" und dem „corps ‚coté-humain'" zu überbrücken.

14 „Le christianisme, de surcroît, rend en quelque sorte le sacrifice réflexif, du moins dans sa définition la plus haute dont la Passion et la mort du Christ constituent le paradigme. Ainsi peut-on *se* sacrifier en renonçant à des biens de ce monde - la santé et même la vie - ou, ce qui revient au même, en souffrant." Albert, *Le sang et le Ciel*, S. 65.

15 Joséphine Sazerac de Limagne, *Journal, pensées et correspondance*, précédés d'une notice biographique, 1. Aufl., Paris 1874; 2. Aufl., Paris 1875; dies., *Pensées, journal et correspondance*, précédés d'un avant-propos et d'une notice biographique par M. l'Abbé Delarc, 3. Aufl., Paris 1890 sowie *La Liberté. Journal quotidien politique et religieux*, Bibliothèque cantonale et universitaire, Fribourg, Fribourg 1871ff, Internet: http://doc.rero.ch/record/10068?ln=fr, http://doc.rero.ch/record/10068?ln=fr, hier: August 1877 (7ème année), Nr. 185ff (10. Au-

Textproduktion des Herausgebers auf eine vorangestellte *Notice biographique* beschränkt, enthält erstens Tagebuchauszüge aus den Jahren 1868–1872 (das im Titel genannte ‚Journal'), zweitens nichtdatierte Fragmente, die ‚Pensées', die vom Herausgeber in die Abteilungen *Portrais et croquis*, *Fragments* und *Tristia* eingeteilt werden und die zuweilen fast literarische Ambitionen zu haben scheinen,[16] und drittens einige Briefe, die vor allem an eine Freundin in England gerichtet sind, aber auch an einen jungen Mann und dessen Vater sowie an einen Geistlichen. Trotz dieser Vielzahl an Selbstzeugnissen sind wir weit davon entfernt, das tatsächliche Tagebuch der jungen Frau in Händen zu halten. Vielmehr hat der herausgebende Abbé Delarc durch eine starke Selektion, möglicherweise auch durch stilistische Korrekturen, Hinzufügungen, Umschreibungen usw. erheblich in den Text eingegriffen. Wie bei den Veröffentlichungen der Briefe von Pauline de Beaumont und Céleste de Chateaubriand durch Raynal 1883 haben wir es also mit einem männlichen Herausgeber zu tun, der die Selbstartikulation weiblichen Schreibens an herrschende Darstellungskonventionen anpaßt. In dieser durchaus gängigen Editionspraxis spiegeln sich zugleich Geschlechterverhältnis und Machtsituation wider, wie sie der Katholizismus für das Verhältnis zwischen einer Frau und ihrem Beichtvater vorsah und dem sich eine in der zweiten Hälfte des 19. Jahrhunderts geborene Frau kaum entziehen konnte.[17]

Das Ausmaß der Eingriffe läßt sich aufgrund des Fehlens des Originaltagebuchs nur erahnen, die Kriterien scheinen aber immerhin durch: „[...] on a préféré se borner aux notes qui étaient l'expression de tel ou tel état de l'âme ou qui avaient trait à quelque événement public."[18] (S. xxxiii) Zur Publikation geeignet erscheinen dem Abbé also zum einen die „histoire d'une âme"[19] (ebd.), zum anderen Ereignisse von öffentlichem Rang, womit hier im wesentlichen

---

gust 1877). Laut einem daselbst abgedruckten Leserbrief handelt es sich um „l'organe le plus accrédité parmi les catholiques de la Suisse." Nr. 186, 11. August 1877, S. 2. Das Tagebuch wird im folgenden nach der am besten greifbaren dritten Auflage von 1890 mit Datums- und Seitenangaben im Text zitiert. Diese Auflage unterscheidet sich nur in der Reihenfolge der einzelnen Textteile und einem Vorwort, das die erneute Publikation rechtfertigt sowie Informationen über die vorkommenden, mittlerweile verstorbenen Personen gibt, von den beiden anderen Ausgaben; ansonsten sind sie – bis auf die Tilgung einiger nicht von de Limagne stammender Passagen in der späteren Ausgabe – textidentisch.

16 In der Ausgabe aus dem Jahr 1890 stehen diese Fragmente vor den Tagebuchauszügen. Möglicherweise hängt diese Umstellung damit zusammen, daß sie einen besseren Einstieg in die Gedanken der Autorin bieten und sich besser lesen. In den ersten Ausgaben hingegen wollte der Herausgeber vermutlich alles vermeiden, was den Verdacht nähren konnte, das Tagebuch sei für die Publikation geschrieben worden.

17 Dauzet, *La mystique bien tempérée*, S. 18–22.

18 „[...] man hat es vorgezogen, sich auf die Einträge zu beschränken, die der Ausdruck eines bestimmten Seelenzustandes waren oder sich auf öffentliche Ereignisse bezogen."

19 „Histoire d'une âme" (‚Geschichte einer Seele') ist in diesem Zeitraum ein beliebter Titel für Biographien oder Autobiographien. Vgl. Albert, *Le sang et le Ciel*, S. 376. Delarc fügt in

die preußische Belagerung von Paris im Winter 1870/71 sowie die Errichtung der Kommune im Frühjahr 1871 gemeint sind. Die Konzentration auf diese Aspekte dürfte, so steht zu befürchten, dazu geführt haben, daß Passagen, die für die ‚histoire de la maladie' wichtig wären, den Kürzungen des Herausgebers ebenso zum Opfer gefallen sind wie Hinweise auf das Privatleben de Limagnes. Delarc präsentiert hier das Bild einer jungen Frau, das durch die Elimination aller erwähnten Namen und das Weglassen so mancher Seiten, die Rückschlüsse auf lebende Personen zulassen würden,[20] hinreichend anonymisiert ist, um ihre Privatsphäre und die ihrer Bekannten zu wahren, und es doch erlaubt, ihr Seelenleben und ihre Reaktionen auf öffentliche Ereignisse darzustellen. Anders gewendet heißt das: De Limagne soll in einer gleichsam entindividualisierten Seelendarstellung als gute Christin und Patriotin gezeigt werden. Diese Anforderung ergibt sich aus den Vorstellungen der liberalen Katholiken bezüglich der Rolle der Frau in der Gesellschaft. Demzufolge kann die Heilung der grundsätzlich kranken Nation – in dieser Zustandsbeschreibung haben sich die Überzeugungen seit Chateaubriand, der die kranke Pauline de Beaumont zum Symbol des kranken Frankreich machte, nicht geändert – nur aus der Keimzelle der Familie heraus durch die Wiederherstellung von Religion und Moral bewirkt werden, weshalb der Frau als Verkörperung und Vermittlerin dieser Tugenden eine tragende Rolle zukommt und ihr entsprechende Vorbilder vor Augen gestellt werden müssen.[21]

---

    seinem Vorwort ein Gedicht gleichen Titels ein, das zwar nicht für Limagne geschrieben wurde, aber seiner Ansicht nach auf sie paßt. Vgl. S. xxxi–xxxii.

20 „Bien des pages charmantes ont été sacrifiées, bien des récits pleins de fraîcheur ont été mis de côté, parce que ces récits contenaient quelque nom propre ou certains détails trahissant un nom propre." S. xxxiii–xxxiv. So ist beispielsweise die Beziehung zu dem jungen Mann, an den einige Briefe gerichtet sind und die Delarc in seiner *Notice* einen Enttäuschung nennt, im Tagebuch selbst so gut wie unkenntlich gemacht.

21 Eindringlich formuliert F. Malaurie diese Überzeugung in dem Vorwort zu seiner Darstellung des Lebens von Sainte Chantal: „Notre société est gravement malade, tout le monde en convient. Sa guérison doit s'opérer par la religion et la morale; car, en dehors de ces deux éléments, les nations ne peuvent avoir un principe réel de vie. Et, pour sauver la société, la religion et la morale doivent d'abord réformer la famille. [...] La femme peut seule, par la religion et la morale, agir avec fruit sur la famille." *Vie de Mme de Chantal,... ou le parfait modèle de la femme chrétienne dans toutes les positions de la vie*, par F. Malaurie, ancien professeur de philosophie, membre de l'Académie des Arcades de Rome, etc., Paris 1848, S. 13. Das von den liberalen Katholiken entscheidend erneuerte Genre der Heiligenviten ist eine wichtige Möglichkeit, solche Vorbilder zur Verfügung zu stellen. Als Musterbeispiel gilt Charles Forbes de Montalemberts *Histoire de sainte Elisabeth de Hongrie* (1836), die, aufbauend auf dem Genre der erbaulichen Biographie, zunehmend auf gut recherchierte Informationen ausgerichtet ist und Wert auf den „charme littéraire du récit" legt. Vgl. Joseph Lecler, „La spiritualité des catholiques libéraux", in: Jacques Gadille (Hg.), *Les catholiques libéraux au XIXe siècle*. Actes du Colloque international d'histoire religieuse de Grenoble des 30 septembre–3 octobre 1971, Grenoble 1974, S. 367-419, hier: S. 394. Eine der am häufigsten porträtierten Heiligen ist in

Delarc versichert uns, und das entspricht den Publikationskriterien der ‚littérature intime', daß Joséphine Sazerac de Limagne niemals an die Veröffentlichung ihres Tagebuchs gedacht habe: „[Tous ces modestes petits carnets de jeune fille] ont été écrits, est-il besoin de le dire? sans la moindre préoccupation de publicité ultérieure."[22] (S. xxxiii) Wenn die junge Frau wohl auch niemals offen etwas Gegenteiliges zu äußern gewagt hätte, so zeigen sowohl die *Portraits et croquis*, die Delarc dem Tagebuch beigibt, als auch das Verfassen von anonym eingeschickten, leider nicht überlieferten Gedichten ein Interesse an literarischem Schreiben, das zugleich durch die Angst, deswegen als ‚bas-bleu' angesehen zu werden, gedämpft wird.[23] De Limagne thematisiert, wenn auch ablehnend, das Schreiben von Memoiren[24] und zieht es im Juli 1872 aufgrund ihrer schwierigen finanziellen Situation sogar in Erwägung, sich durch journalistisches Schreiben Geld zu verdienen: „Des personnes qui se leurrent sur mon compte me conseillent vivement d'écrire pour une revue quelconque. Je vois à cela des difficultés énormes, cependant j'essaierai."[25] (Brief vom 14.7.1872; S. 281)

Das von Delarc publizierte Tagebuch de Limagnes beginnt am 1. Januar 1868 und enthält unregelmäßige, datierte Aufzeichnungen, deren Rhythmus aufgrund der Kürzungen des Herausgebers in keiner Weise mit dem tatsächlichen Schreibrhythmus übereinstimmen muß. Auffällig ist das fast völlige Fehlen von Aufzeichnungen aus dem Jahr 1869, das nach Auskunft Delarcs auf das Verbrennen des entsprechenden Heftes zurückzuführen ist. Vor dem Hintergrund der zitierten Äußerungen stellt sich die Frage, ob dieser Akt lediglich eine radikale Tilgung von Äußerungen darstellt, die für die Schreiberin nicht mehr akzeptabel waren und die im Akt des Verbrennens vernichtet und vergessen werden sollten, oder ob sich darin, das Beispiel Eugénie de Guérins vor Augen,

---

diesem Zusammenhang die zur Zeit der Religionskriege lebende Jeanne-Françoise Frémyot, baronne de Rabutin-Chantal (1572-1641), besser bekannt als Sainte Jeanne de Chantal. Sie eignet sich auch deshalb in besonderem Maße für eine solche Darstellung, weil sie selbst in einer Krisenzeit lebend, auf das Geheiß von St. François de Sales den *Ordre de la Visitation* begründet hat, der Wert auf in der Mädchenerziehung des 19. Jahrhunderts wichtige Tugenden wie ‚douceur', ‚humilité' und ‚soumission' legt. Zudem hat sie vor ihrem Eintritt ins Kloster ein weltliches Leben geführt, bei dem sie über Heirat, Verwitwung und alleiniges Großziehen der Kinder inklusive vorbildhafter Fürsorge für Arme und Kranke alle Stationen durchlaufen hat, denen sich eine christliche Frau in der Welt gegenüber sehen kann.

22 „Alle diese bescheidenen kleinen Hefte eines jungen Mädchens sind – muß man es eigens sagen? – ohne den geringsten Gedanken an eine spätere Publikation geschrieben worden."

23 „M*** me dit qu'on a proposé un devoir sur Noël au catéchisme: je m'amuse à le faire en vers, mais je ne signe pas! On croirait que j'aspire à être bas-bleu, et pour l'être il faut, dit Mme Swetchine, que la robe soit très longue." (19.12.1868; S. 122)

24 „Écrire ses mémoires.... en vaut-il la peine?" *Fragments*, S. 43.

25 „Es gibt Leute, die sich in Hinblick auf meine Person Illusionen machen und die mir lebhaft empfehlen, für irgendeine Zeitschrift zu schreiben. Ich sehe diesbezüglich große Schwierigkeiten, aber ich werde es versuchen."

möglicherweise der Gedanke an eine spätere Publikation und das Bestreben zeigen, bestimmte Dinge vor den Augen posthumer Leser zu verbergen.²⁶

Das Tagebuchschreiben selbst war im Second Empire eine im bürgerlich-katholischen Milieu verbreitete Erziehungspraxis, die keinesfalls als schriftstellerische Tätigkeit begriffen wurde. Vielmehr wurden vor allem Mädchen von etwa ihrem zehnten Lebensjahr an angehalten, Tagebuch zu schreiben, um sich einerseits durch ein stetiges ‚examen de conscience' auf die Kommunion vorzubereiten, andererseits aber auch um das Schreiben zu üben.²⁷ Die Tagebücher wurden von der Mutter oder der Hauslehrerin gelesen, dienten also nicht zuletzt der Kontrolle des Kindes.²⁸ Dieser Umstand beinhaltet ein Paradox von Intimität und Leseradressierung, insofern intime Gedanken und Erfahrungen notiert werden, die dadurch gerade nicht geheim bleiben, sondern dem strengen Blick einer Gerichtsbarkeit dargeboten werden und letztlich die Beichtpraxis vervollkommnen. Eine solche Form des Schreibens unter dem Blick des Anderen – der Mutter, der Erzieherin, des Beichtvaters, die letztlich alle als Substituenten Gottes stehen – verhindert jede Autonomie des Subjekts und führt trotz des Gebots der Aufrichtigkeit und Intimität zur Stereotypie.²⁹ Das Tagebuch der schon erwachsenen de Limagne scheint vor der posthumen Publikation keiner Fremdlektüre zu unterliegen, allerdings fungiert der Abbé Delarc in der Veröffentlichung quasi nachträglich als ‚directeur de conscience' und gleicht damit einen Mangel an geistlicher Führung aus, den die Schreiberin in ihrem Tagebuch hin und wieder beklagt.³⁰

Lejeune hat darauf hingewiesen, daß das ökonomische Modell der Buchhaltung in dem als Erziehungspraxis konzipierten Tagebuchschreiben zum Anliegen der moralischen Besserung eingesetzt wurde, wie die kleine Jeanne G. berichtet: „[Maman] m'a expliqué que c'était comme un marchand qui tient ses

---

26 Seit der Studie von Alain Girard wird um 1860 eine neue Phase in der Geschichte des Tagebuchs angesetzt, insofern als nun Tagebücher der ersten Jahrhunderthälfte publiziert werden und den Tagebuchschreibern damit einerseits Modelle vor Augen gestellt werden und ihnen andererseits der Gedanke an eine posthume Publikation nahegelegt wird. Vgl. Alain Girard, *Le journal intime*, Paris 1963, S. 87. Auch wenn Girard sich im wesentlichen auf die Tagebücher berühmter Männer bezieht, wird man dem Tagebuch von Eugénie de Guérin eine vergleichbare Wirkung nicht absprechen dürfen.

27 Lejeune, *Le moi des demoiselles*, S. 20. Lejeune vermutet hier Unterschiede zwischen adligen Mädchen, denen das Tagebuchschreiben eine nicht weiter thematisierte Selbstverständlichkeit war, und bürgerlichen Mädchen, die regelrecht dazu angehalten wurden. Ebd., S. 349.

28 Ebd., S. 19.

29 Albert, *Le sang et le Ciel*, S. 377f.

30 „J'aurais vraiment besoin d'être guidée, mais cela est impossible, je n'ai personne." (11.1.1868; S. 66); „Je sens que j'aurais besoin d'un guide expérimenté et dans lequel j'aurais confiance." (30.6.1868; S. 87) Da im Tagebuch auch Dinge notiert sind, die vor der Mutter verborgen werden sollen, ist auch von dieser Seite keine Fremdlektüre anzunehmen.

livres; un journal, ça doit servir à connaître ses défauts, à les corriger."³¹ Diese Dimension kommt auch bei de Limagne zum Tragen, die trotz ihrer adligen Herkunft eine bürgerliche und vor allem katholisch geprägte Sozialisation hat. Sie stellt gewissermaßen das in weltabgewandter Zurückgezogenheit lebende Gegenstück zu jener Chérie dar, die Edmond de Goncourt 1884 in seinem gleichnamigen Roman nach intensivem Studium ihm vertraulich eingesandter Mädchentagebücher als „jeune fille du monde officiel sous le second Empire" mit einer Disposition zum Nervösen modelliert.³² Offenbarungen hinsichtlich weiblicher Sinnlichkeit und der Wahrnehmung des eigenen Körpers, wie sie de Goncourt auf der Suche nach der ‚féminilité' interessieren, finden sich in de Limagnes Tagebuch nicht; es dient in erster Linie der moralischen Besserung und der kritischen Selbstbetrachtung, die auf der eigenen Relektüre basieren: „[…] je repasse mon journal de l'année dernière et je m'examine sur mes dispositions actuelles."³³ (30.7.1868; S. 90) Aus diesem ‚examen de conscience' folgen dann Entschlüsse und gute Absichten: „Oui, je veux me corriger, ô mon Dieu."³⁴ (31.7.1868; S. 91) Die Relektüre birgt freilich auch die Gefahr der zu intensiven und narzißtisch ausgerichteten Selbstbeschäftigung in sich, der de Limagne durch die Selbstentäußerung an Gott entgegenzuwirken sucht: „Je remets mon salut entre les mains de Dieu et ne veux plus de ces recherches inquiètes où se cache peut-être l'amour-propre, cet infatigable ennemi si habile."³⁵ (1.8.1868; S. 91f). De Limagnes Angst, in die Fänge dieses überaus geschickten Feindes zu geraten, der selbst da lauern kann, wo das Subjekt sich in Demut und Reue übt, erklärt sich aus Präzepten der katholischen Mädchenerziehung. Diesen zufolge stellt der ‚amour-propre' eine der größten Gefahren für die menschliche, insbesondere die weibliche Seele dar,³⁶ deren sich die Tagebuchschreiberin offensichtlich bewußt ist, denn sie versucht, das Sprechen über sich selbst auf

---

31 Lejeune, *Le moi des demoiselles*, S. 19. („Mama hat mir erklärt, daß das wie bei einem Kaufmann ist, der seine Buchhaltung macht; ein Tagebuch, das soll dazu dienen, seine Fehler zu erkennen und sie zu korrigieren.")

32 „C'est une monographie de jeune fille, observée dans le milieu des élégances de la Richesse, du Pouvoir, de la suprême bonne compagnie, une étude de jeune fille du monde officiel sous le second Empire." Edmond de Goncourt, *Préface*, in: ders., *Chérie*, hg. von Jean-Louis Cabanès, Philippe Hamon, Jaignes 2002, S. 39.

33 „Ich gehe mein Tagebuch vom letzten Jahr durch und prüfe mich hinsichtlich meiner jetzigen Verfassung."

34 „Ja, ich möchte mich bessern, o mein Gott."

35 „Ich lege mein Heil in die Hände Gottes und will von diesem unruhigen Suchen lassen, in dem sich vielleicht die Selbstliebe verbirgt, dieser unermüdliche und so geschickte Feind."

36 „Dans l'éducation des jeunes filles, la difficulté réelle, le danger positif est du côté de *l'amour-propre*; […] je parle de *l'amour personnel*, égoïste, au point de vue moral; amour pervers, qui renverse l'ordre naturel dans toutes les facultés de l'âme humaine." Félix-Antoine-Philibert Dupanloup, *Lettres sur l'éducation des filles et sur les études qui conviennent aux femmes dans le monde*, hg. von F. Lagrange, Paris 1879, S. 260.

ein Minimum zu beschränken: „La règle sûre est de ne point parler de soi sans un motif réel."³⁷ (*Fragments*, S. 16) So ist ihr Tagebuch dem verbreiteten Typus von Tagebüchern junger Mädchen zuzuordnen, den Lejeune als spirituelles Tagebuch definiert, gegründet auf die Verneinung und sogar den Haß des Ichs. Nur in dieser Zerstörung des Ichs scheint es möglich, einen Ausgleich zwischen der dem Tagebuchschreiben immer schon inhärenten Selbstbezogenheit und der Verdammung jeglicher Form des Narzißmus als ‚amour-propre' zu erzielen. Dem steht das weltlich orientierte und auf dem Respekt des Ichs basierende Tagebuch gegenüber, wie es Marie Bashkirtseff führt, das jedoch im 19. Jahrhundert eher die Ausnahme bildet und entsprechender Kritik ausgesetzt ist.³⁸ Eine Bemerkung de Limagnes vom 20.3.1870, daß sie es nicht bedaure, nicht mehr über ihren Alltag zu schreiben,³⁹ läßt immerhin vermuten, daß auch ihr Tagebuch zuvor Züge des ‚journal chronique' aufwies, die sich in der Publikation jedoch kaum niederschlagen – also vermutlich vom Herausgeber, in offenbarer Konformität mit den Vorstellungen der Verfasserin, getilgt wurden.⁴⁰

Dem Typus des ‚journal spirituel' gemäß ist auch das oft an den christlichen Gott, an die als Mutter Gottes verehrte Jungfrau Maria oder an einzelne Heilige adressierte Schreiben. Die Adressierungen ergeben sich unter anderem aus einem sehr bewußten Leben im Kirchenjahr, das dazu führt, daß de Limagne spezielle christliche Feiertage sowie die Tage oder Monate bestimmter Heiliger markiert und ihre Worte an diese richtet.⁴¹ Besonders eindrucksvoll ist hier der exaltierte, dabei aber der mystischen Topik entsprechende Eintrag von Karfreitag 1872, der Jesus zum ausschließlichen Adressaten des Tagebuchs bestimmt: „O Jésus, c'est pour vous que j'écris maintenant."⁴² (29.3.1872; S. 222) Darüber hinaus macht sie ihn zum alleinigen Verfüger über ihr Leben, bringt sich also, ohne das explizit zu formulieren, schon in eine Opferposition: „Que ma vie dé-

---

37 „Die sicherste Regel ist, gar nicht von sich zu sprechen, wenn man keinen wirklichen Anlaß dazu hat."
38 Lejeune differenziert zwischen dem „journal spirituel fondé sur la négation, et même la *haine* du moi" und dem „journal profane fondé sur le respect du moi". Vgl. Lejeune, *Le moi des demoiselles*, S. 22.
39 „Je ne regrette pas le parti que j'ai pris de ne plus écrire ma vie quotidienne." (20.3.1870; S. 167)
40 Diese Beobachtung macht auch Lejeune: „Il est évident que les éditeurs gomment le profane et l'anecdotique, pour rapprocher le plus possible le texte de la jeune fille ou de la religieuse du modèle idéal." Lejeune, *Le moi des demoiselles*, S. 23.
41 „Je commence le mois de S. Joseph. O mon très-chaste patron, j'ai grand besoin de votre assistance, accordez-la-moi." (1.3.1868; S. 72); „J'ai grand besoin de votre protection, sainte Vierge Marie!" (1.5.1868; S. 81f); „Seigneur Jésus! rompez mes chaînes et que je n'aime plus que vous!" (21.5.1868, Ascension; S. 83). Gleichermaßen findet sich an Mariä Himmelfahrt folgender Eintrag: „Reine des vierges, je vous offre en ce jour tout mon cœur; qu'il ne s'y trouve rien de contraire au vôtre." (15.8.1868; S. 94f)
42 „O Jesus, von jetzt an schreibe ich für dich."

sormais vous appartienne sans retour; marquez-moi de votre sceau, c'est là ce que je veux."⁴³ (Ebd.) Mit Wendungen wie „ô mon Christ adoré!" (30.3.1872; S. 223) wird der so Apostrophierte schließlich auch zum himmlischen Bräutigam stilisiert.⁴⁴

Der veröffentlichte Text ist jedoch facettenreicher, als es diese erste Charakterisierung vermuten läßt. Denn weder die Adressierung noch die Funktion des Schreibens oder die Diskursivierung der Schwindsucht bleiben in diesem Tagebuch konstant. Auch nach der Passage, die Jesus zum alleinigen Adressaten deklariert, begegnen weiterhin Einträge, die über den Alltag und die Krankheit berichten oder der Selbstreflexion dienen, wenn auch zuvor gelegentlich zu beobachtende direkte Wendungen an das Tagebuch fortan ausbleiben.⁴⁵ Diese kamen vor allem im Zusammenhang mit Aufzeichnungen von Dingen vor, die im sozialen Kontext nicht sagbar sind, wie zum Beispiel die Schmerzen, die die Kranke offensichtlich vor der Mutter zu verbergen sucht. Mit den Momenten eines strengen ‚examen de conscience' und der Selbstermutigung, den Weg der ‚résignation' zu gehen, wechseln solche Äußerungen ebenso wie mit dem Bestreben, die preußische Belagerung von Paris geradezu chronistenhaft zu protokollieren. Dies wird besonders deutlich, wenn de Limagne sich trotz Krankheit aufrafft, den Einzug der Versailler Truppen nach Paris festzuhalten,⁴⁶ oder den Namen eines in den Kampf ziehenden Leutnants zu verewigen.⁴⁷ Schließlich ist ein Hinweis des Herausgebers interessant, der erläutert, daß versucht worden ist, alle Passagen, die de Limagne ohne Quellenangabe aus anderen Büchern abgeschrieben hat, zu tilgen (S. xxxv–xxxvi). Daraus läßt sich folgern, daß ihr Tagebuchschreiben nicht nur der Registrierung eigener Handlungen, Gefühle und Gedanken dient, sondern auch als Speicher sie interessierender oder beindruckender, von ihr für erinnernswert gehaltener Lektüren fungiert. Diese abgeschriebenen und aus der Publikation weitgehend getilgten Textstellen, die man

---

43 „Mein Leben soll von nun an unwiderruflich dir gehören; zeichne mich mit deinem Siegel, das ist es, was ich will."

44 Eine solche Stilisierung ist sowohl in Tagebüchern (vgl. Bricard, *Saintes ou pouliches*, S. 168; Dauzet, *La mystique bien tempérée*; Albert, *Le sang et le Ciel*, S. 390–394) als auch in den verbreiteten Kommunionsbildchen zu beobachten. Vgl. Catherine Rosenbaum, „Images-souvenirs de première communion", in: Jean Delumeau (Hg.), *La première communion. Quatre siècles d'histoire*, Paris 1987, S. 133–170, insbesondere S. 160–163. Für weitere Beispiele der Erotisation der Gottesliebe vgl. auch Bannour, *Eugénie de Guérin*, S. 125.

45 Zuweilen wurde das Tagebuch als „mon pauvre journal" (31.12.1868; S. 125) oder „petit livre ami" (Juillet 1869; S. 133) bezeichnet.

46 „Bien que mon misérable corps m'ait obligée à interrompre ces notes de tous les jours, je ne veux pas que le soleil se couche sans mentionner l'entrée des Versaillais à Paris." (22.5.1871; S. 207)

47 „J'ai reçu l'adieu du lieutenant, et je le mentionne ici, parce qu'il m'a prié de vouloir bien me souvenir de son nom, probablement en cas de blessure. Volontiers je l'écris [...]: M. de Séjourné, lieutenant au 85e de ligne." (26.5.1871; S. 211f)

nur zu gerne kennen und identifizieren würde, weisen eine große Nähe zu den
‚hypomnêmata' der Antike auf, denen die Funktion zukommt, sich Lesefrüchte
und ihre Wahrheit durch Transkription anzueignen.[48] Von dieser Technik ausgehend können die Aussagen des Tagebuchs, vor allem solche, die die völlige
Unterwerfung unter Gottes Willen und die Akzeptanz der Krankheit betreffen
und immer wieder aufs Neue beschworen werden müssen, weniger als Repräsentation einer vorgängigen Geisteshaltung denn vielmehr als Mittel zu deren
Erzeugung betrachtet werden. Die Darstellung erhält so einen produktiven
oder konstruktiven Charakter, der – wie die ‚littérature intime' generell – über
die Wirkung der Autoaffektion funktioniert: „[...] bien plus qu'une technique
d'enregistrement, elle [l'écriture féminine des journaux intimes, S.G.] devient un
moyen de s'auto-affecter, de susciter le sentiment qu'elle prétend décrire."[49]

b) Körper und Krankheit im ‚journal spirituel' und in der Korrespondenz

In einem ‚journal spirituel' ist definitionsgemäß kein Platz für den Körper. In de
Limagnes zudem ausdrücklich als ‚histoire d'une âme' präsentiertem Tagebuch
jetzt die ‚histoire d'un corps' zu suchen, heißt, es gegen den Strich zu lesen,
was in doppelter Hinsicht nicht unproblematisch ist. Denn erstens schreibt de
Limagne in einem christlichen Kontext, der dem Körper nur einen nachrangigen Platz in der Hierarchie von Körper und Seele zuerkennt. Immer wieder
gebraucht sie Formulierungen, die auf solche Prämissen hindeuten und vermuten lassen, daß sie schon von sich aus ihren Körper allenfalls in der Negation
beschreibt,[50] etwa wenn sie, ganz in paulinischer Manier, äußert: „Jusqu'à quand

---

48 Nach Foucault zielt die Aneignung des Gelesenen oder Gehörten letztlich auf die Selbstkonstitution: „il s'agit [...] de capter [...] le déjà-dit; rassembler ce qu'on a pu entendre ou lire, et cela pour une fin qui n'est rien de moins que la constitution de soi." Michel Foucault, „L'écriture de soi", S. 1238. Das Schreiben hat folglich die Aufgabe, aus dem Gelesenen ein ‚Corpus' zu machen, die Seele in dem, was man schreibt, zu bilden. Ebd., S. 1241. Um nur einen Eindruck von dem möglichen Anteil solcher Fremdzitate zu geben: Für das Tagebuch der Élisabeth de la Trinité (1880-1906) schätzt Albert ihren Anteil extrem hoch ein: „[...] si l'on retirait des trois forts volumes de ses Œuvres complètes ce dont elle n'est pas l'auteur, l'édition s'en trouverait ramenée à de tout autres proportions..." Albert, Le sang et le Ciel, S. 378.
49 Ebd., S. 381 („... mehr noch als eine Technik des Registrierens wird das weibliche Tagebuchschreiben zu einem Mittel der Selbstaffektion, und ruft das Gefühl, das es zu beschreiben vorgibt, erst hervor.").
50 Philippe Lejeune beobachtet, daß junge Mädchen generell wenig über ihren Körper schreiben und schließt dabei handschriftlich überlieferte Tagebücher ein: „Les jeunes filles du XIXe siècle parlent quelquefois de leurs toilettes, font, beaucoup plus rarement, leur portrait physique, mais ne parlent pratiquement jamais de leur corps, de la manière dont elles vivent avec lui, à l'aise ou mal à l'aise…" Lejeune, Le moi des demoiselles, S. 52. Allerdings wäre anzumerken, daß in anderen Tagebüchern schwindsüchtiger Mädchen und Frauen – die

faudra-t-il donc m'occuper de ce corps de mort?"[51] (15.3.1868; S. 73) Und zweitens hat Delarc das Material ja gerade so zusammengestellt, daß es in erster Linie die Geschichte der Seele dokumentiert. Denn vor allem in Hinblick auf die Affizierung der Seele ist Krankheit im christlichen Kontext von Interesse.

Man wird also keine Erkenntnisse über Einzelheiten der Symptomatik oder Behandlungsmethoden aus dieser gemäß christlichen Vorstellungen idealisierten und zur quasi körperlosen ‚histoire d'une âme' transformierten Darstellung gewinnen können. Dennoch zeigt sich auch hier, daß sich der Körper nicht ignorieren läßt, sich gewissermaßen ins Geschehen hineindrängt. Denn die schreibende Hand ist ebenso Teil des kranken Körpers wie die Stimme, für die Arthur W. Frank deutlich gemacht hat, wie sie durch ihre Eigenschaft als körperliches Organ – ob gewollt oder nicht – in die Artikulation des Sprechens oder Schreibens über die Krankheit eingeht.[52] Dadurch werden zuweilen Bemerkungen über krankheitsbedingte Pausen erforderlich, und zugleich entstehen Lücken an der Stelle besonders gravierender Krankheitsphasen, die im nicht retrospektiv verfahrenden Schreiben nicht zu füllen sind. Für die Form der Darstellung sind diese aber ebenso konstitutiv wie die durch kulturelle Zensur bedingten Auslassungen. Das evasive Sprechen über den kranken Körper wird also seinerseits zum konstitutiven Teil der Darstellung,[53] denn es zeigt das problematische Verhältnis einer Frau zu ihrem Körper an, das durch die katholischen Erziehungspraktiken des 19. Jahrhunderts bedingt und hier durch den geistlichen Herausgeber möglicherweise nur schärfer zensiert ist.[54]

Korrespondenz und Tagebuch de Limagnes weisen in Hinblick auf die Einstellung zur Krankheit Unterschiede auf, die sich paradigmatisch an zwei Formulierungen aufzeigen lassen, die die Akzeptanz der Krankheit betreffen. Im Tagebuch ist davon unter dem christlichen Stichwort der ‚résignation' die Rede: „Il faut me résigner à être malade."[55] (14.3.1868; S. 73) Damit ist das klaglose Annehmen eines Schicksals gemeint, das als von Gott diktiert begriffen wird, eine Unterordnung unter den vermeintlichen göttlichen Willen und der Verzicht auf jedes Aufbegehren. In der Korrespondenz hingegen bringt de Limagne die gesellschaftliche Dimension der Krankheit ins Spiel: „Le fait est que je semble décidément prendre le rôle de malade."[56] (17.4.1868; S. 238) Sie formuliert damit ein deutliches Bewußtsein von der sozialen Dimension

---

sicherlich ebenfalls nicht unbearbeitet sind – die Zurückhaltung bezüglich körperlicher Phänomene nicht ganz so groß ist wie bei de Limagne.
51 „Wie lange noch werde ich mich mit diesem todverfallenen Leibe beschäftigen müssen?" Vgl. Römer 7, 24.
52 Arthur Frank, *The Wounded Storyteller*, S. xii.
53 Zur Wahrheit der Evasivität vgl. auch ebd., S. 22.
54 Vgl. hierzu Bricard, *Saintes ou pouliches*, S. 73–81.
55 „Ich muß mich darein fügen, krank zu sein."
56 „Tatsache ist, daß ich ganz entschieden die Krankenrolle einzunehmen scheine."

der Krankheit, die mit der „Störung der Fähigkeit des Individuums zur normalerweise erwarteten Aufgaben- und Rollenerfüllung"[57] zusammenhängt. Da Krankheit gesellschaftlich als ungewollter Zustand betrachtet wird, gilt diese Devianz gegenüber der Normalität zwar als legitimiert, aber es wird erwartet, daß der oder die Kranke sich um Gesundung bemüht. Im Fall de Limagnes geht die Normabweichung zunächst nicht und auch später nur eingeschränkt mit räumlicher Isolation einher, da in ihrem Umfeld keine Angst vor Ansteckung zu bestehen scheint und sie noch in ihrem Krankenzimmer Besuche erhält.[58] Die vor allem von der Mutter ausgehende Erwartung, daß die Patientin die ärztlich verordnete Schonung einhält, wird für den Leser jedoch immer wieder sichtbar und auch als Ursache von Konflikten erkennbar. Denn diese soziale Implikation der Krankenrolle, die sich am Kriterium der Leistungsfähigkeit des Individuums orientiert, gerät in Widerspruch zu religiösen Vorstellungen, welche die Verausgabung der noch vorhandenen Kräfte als ‚consumption' zum Modell erheben. In der zitierten Äußerung schwingt zudem ein weiterer Aspekt der Krankenrolle mit, nämlich die entstehende Hilfsbedürftigkeit, die ein Abhängigkeitsverhältnis begründen kann.[59] De Limagne (oder ihr Herausgeber) blendet in ihrem Schreiben zwar die Abhängigkeit von den Ärzten weitgehend aus, thematisiert hingegen die Auswirkungen ihrer Arbeitsunfähigkeit auf das Mutter-Tochter-Verhältnis, in dem die wirtschaftliche Abhängigkeit nun verkehrt wird: „[...] je m'étais tant flattée de procurer le repos à ma bonne mère par mon travail dans l'enseignement, et, au lieu de cela, je lui suis une charge perpétuelle."[60] (Brief vom 14.7.1872; S. 281)

In dem zur Annahme der Krankenrolle zitierten Brief von April 1868 ist zudem eine den Blick von außen imitierende Selbstdistanzierung zu erkennen, die charakteristisch für de Limagnes Briefstil gegenüber ihrer Freundin in England ist. In dieser ironischen Distanzierung kann sie auch ihren abmagernden Körper erwähnen:

---

57 Talcott Parsons, „Definitionen von Gesundheit und Krankheit im Lichte der Wertbegriffe und der sozialen Struktur Amerikas", in: ders., *Sozialstruktur und Persönlichkeit*, 8. Aufl., Eschborn 2005, S. 323–366, hier: S. 345. Diesem Standardaufsatz sozialwissenschaftlicher Konzeption der Krankenrolle folgen auch die weiteren Ausführungen, sofern die dargelegten Aspekte allgemeine Gültigkeit beanspruchen.

58 Die Schwindsüchtige erhält zahlreiche Krankenbesuche von Erwachsenen und Kindern und sieht auch nicht davon ab, sich vom Nachbarsjungen herzen und umarmen zu lassen: „[...] mon petit Louis vient si gentiment m'embrasser chaque semaine." (15.2.1870; S. 159) Ferner ist an keiner Stelle des Tagebuchs eine Vermutung erkennbar, daß der enge Kontakt mit Schwindsüchtigen in der karitativen Krankenpflege möglicherweise das eigene Los beeinflußt haben könnte. Die zu diesem Zeitpunkt ja auch in der Wissenschaft noch umstrittenen Erkenntnisse Villemins scheinen in der Bevölkerung also keinerlei Resonanz zu finden.

59 Parsons, „Definitionen von Gesundheit und Krankheit", S. 347.

60 „Ich hatte mir immer ausgemalt, meiner Mutter mit meiner Arbeit als Lehrerin einen ruhigen Lebensabend zu verschaffen, und statt dessen bin ich ihr nun eine ständige Last."

> [...] depuis deux mois j'ai maigri de huit livres. Il faut vraiment que j'attende pour vous envoyer ma photographie; ma maigreur n'aurait qu'à me faire prendre en grippe par vous. (17.4.1868; S. 238)

> [...] seit zwei Monaten habe ich acht Pfund abgenommen. Ich muß wirklich abwarten, bevor ich Dir eine Photographie von mir schicke; meine Magerkeit würde Dich nur gegen mich einnehmen.[61]

Die hier imaginierte Reaktion der Freundin auf den Anblick des abgemagerten Körpers zeigt zudem, daß die Magerkeit in de Limagnes Vorstellung kein erstrebenswertes Ideal darstellt und nach Möglichkeit vor dem Blick der anderen zu verbergen ist.[62] Ausgelöst wird der beobachtende Blick auf den eigenen Körper offensichtlich von der Bitte der Freundin um eine Photographie; im Tagebuch hingegen, das keine solchen Anlässe für den fremden Blick bietet, fällt die Körperbeobachtung mit ganz wenigen Ausnahmen aus. Der Körper wird dort zwar gelegentlich in seinen Fehlfunktionen erwähnt, besonders wenn sie den Messegang verhindern oder das Schreiben beeinträchtigen, aber so gut wie nie beobachtend beschrieben. Ein Eintrag wie „Je ne puis écrire, je tremble comme une vieille"[63] (13.8.1868, S. 94), der zugleich die eigene Schreibtätigkeit thematisiert, stellt bereits das Höchstmaß an anzutreffender Selbstbeschreibung dar und zeigt über die im Vergleich mit der alten Frau enthaltene Herabwürdigung an, wie stark das Bestreben ist, sich vom eigenen Körper zu distanzieren.

Während der Körper und damit auch die häßliche Seite der Schwindsucht also ausgeblendet werden, treten die seelischen Dimensionen der Krankheit um so deutlicher zutage. Von den ersten Eintragungen an ist eine starke Sensibilisierung für das Vergehen der Zeit und die Vergänglichkeit zu spüren. Der erste Eintrag vom 1.1.1868 beginnt mit den Worten: „Une nouvelle année s'ouvre aujourd'hui."[64] (S. 65) Das gibt Anlaß zu philosophischen Betrachtungen über die Zeit, die diese in den Kontrast zur Ewigkeit stellen: „C'est ainsi que notre vie s'écoule insensiblement, et il ne nous reste de ce temps qui passe que les moments qui seront comptés pour l'éternité."[65] (Ebd.) Immer wieder wird das Vergehen der Zeit mit der Vergänglichkeit des eigenen Lebens in Verbindung gebracht und dabei auch an die Metaphorik der ‚consomption' gebunden: „Les heures passent, les mois aussi...; j'avais rêvé quelque chose de

---

61 De Limagne benutzt in den Briefen an ihre Freundin die distanzierte Anredeform ‚vous'. Da das deutsche ‚Sie' aber eine wesentlich größere Distanz impliziert und im deutschen Sprachraum unter Jugendfreundinnen kaum üblich gewesen sein dürfte, wird in der Übersetzung das ‚du' als Anredeform gewählt.
62 Vgl. dazu auch die Einschätzung von Bricard, nach der ein solcher Körper im Second Empire eine „abomination" darstellt. Bricard, *Saintes ou pouliches*, S. 189.
63 „Ich kann nicht schreiben, ich zittere wie eine Alte."
64 „Heute beginnt ein neues Jahr."
65 „So verstreicht unser Leben unmerklich, und von der verrinnenden Zeit bleiben uns nur die Momente, die für die Ewigkeit zählen werden."

bien, et je vois ma vie se passer en inutilités! [...] Il me semble qu'un feu intérieur me consume lentement."⁶⁶ (31.5.1868; S. 83f) Das Leben erscheint so als ein allmähliches Sich-Aufzehren an einem inneren Feuer.⁶⁷ Diese Passage steht – zumindest in der publizierten Fassung – in einem Kontext, in dem es um die Verkürzung der Lebenszeit durch die Schwindsucht und deren Auswirkungen auf den Kräftehaushalt geht. Kurze Zeit vorher hat die Mutter ihrer Tochter vorgeworfen, eine wahre Lokomotive zu sein,⁶⁸ was de Limagne mit ihrem Bedürfnis nach Aktivität erklärt, das den mütterlichen Vorstellungen einer notwendigen Schonung diametral entgegensteht. Dieses Bedürfnis steige proportional zum Sinken ihrer Kräfte an, und zwar gerade aufgrund der Kürze der verbleibenden Zeit: „[...] j'éprouve un besoin d'activité qui augmente à mesure que je me sens plus faible; il me semble que je n'aurai jamais le temps de finir ce que j'entreprends."⁶⁹ (7.5.1868; S. 82f) Wie im Fall der Kameliendame und Pauline de Beaumonts hängen also auch hier die starke Sensibilisierung für das Vergehen der Zeit und das der ‚spes phtisica' entsprechende Bedürfnis, das Leben durch Selbstverausgabung zu intensivieren, mit dem Wissen um die höchstwahrscheinlich tödliche Krankheit und das vorbestimmte Ende zusammen.

Aus den Briefen de Limagnes läßt sich, wie oben angedeutet, mehr über die körperliche Dimension der Krankheit und ihr Fortschreiten erschließen als aus dem Tagebuch. Das gilt vor allem für den Briefwechsel mit der Freundin in England, in dem sich die gegenseitige Freundschaft nicht zuletzt in der Sorge um die Gesundheit der anderen zeigt. Zwar liefert auch die Korrespondenz keine präzise Darstellung der Symptomatik, aber einige Aussagen über die Bettlägerigkeit, die Meinungen des Arztes und das Fortschreiten der Krankheit lassen eine Krankheitsgeschichte erahnen und deuten zumindest teilweise auf das Erschrecken der Briefschreiberin bezüglich der körperlichen Veränderungen hin. Am drastischsten beschreibt de Limagne ihr Leiden wie folgt:

---

66 „Die Stunden vergehen, die Monate auch...; ich hatte von etwas Anständigem geträumt, und nun sehe ich mein Leben in unnützen Dingen dahingehen! [...] Es kommt mir vor, als ob ein inneres Feuer mich langsam aufzehrt."
67 Vorgeprägt ist eine solche Konzeption des Lebens als Aufgezehrtwerden an einer inneren Flamme in Cochins Beschreibung der Witwenschaft: „La seule différence entre la veuve de l'Inde, brûlée avec les cendres de son mari, et la veuve chrétienne, c'est que la veuve chrétienne se consume plus lentement; elle attend la mort au lieu da la chercher, mais, dès le premier jour, une flamme invisible, que rien n'étouffe brûle invisiblement sa vie." Cochin, *Récit d'une sœur*, S. 346.
68 „Maman me reproche d'être une véritable locomotive." (7.5.1868; S. 82)
69 „Ich verspüre ein Bedürfnis nach Aktivität, das in dem Maße zunimmt, wie ich mich schwächer fühle; ich habe den Eindruck, niemals die Zeit zu haben, das zu Ende zu bringen, was ich beginne."

> [...] si vous saviez combien l'on souffre pour perdre un de ces petits organes que l'on appelle poumon! Je compte cependant donner un défi à la Faculté, en lui prouvant que, malgré la lésion trop réelle qui me déchire la poitrine, je puis cependant vivre aussi bien qu'un autre. (Brief vom 1.10.1871; S. 278f)

> [...] wenn Du wüßtest, wie sehr man beim Verlieren eines jener kleinen Organe, die Lunge genannt werden, leidet! Ich habe jedoch vor, den medizinischen Autoritäten zu trotzen und ihnen zu beweisen, daß ich trotz der nur zu realen Läsion, die mir die Brust zerreißt, genauso gut wie jeder andere leben kann.

Hierbei handelt es sich um die einzige Stelle, die eine eindeutige Identifikation der Krankheit als Schwindsucht zuläßt. Zwar legen auch die sonst erwähnten Symptome, vor allem der Husten und die Schwäche, sowie der übliche Euphemismus ,maladie de poitrine' diese Diagnose nahe, sie würden aber grundsätzlich andere Lungenkrankheiten nicht ausschließen. Erst der Hinweis auf den Verlust der Lunge und auf die nur zu reale Läsion, die seit Laënnec zur Definition der Lungenschwindsucht dient, ermöglicht eine eindeutige Identifikation. Gleichzeitig kommt an dieser Stelle, die einige der wenigen ist, an denen de Limagne überhaupt über die körperliche Dimension ihrer Krankheit schreibt, ein Lebenswille zum Ausdruck, der in eklatantem Gegensatz zum Modell des „savoir souffrir et mourir chrétiennement" steht, das Delarc in seiner *Notice biographique* hervorhebt (S. xxxv). Allerdings artikuliert sich dieser selbstbewußte Lebenswille nicht als Revolte gegen die Religion, sondern als Revolte gegen die ,Faculté', also gegen die Medizin.[70] Möglicherweise ist er mit der Überzeugung verbunden, daß Gott immer ein Wunder bewirken kann; aber nichtsdestotrotz bleibt er als Verstoß gegen die christliche Tugend der ,résignation' zu werten, welche im Tagebuch durchaus als zu erstrebende Tugend anerkannt wird.

In dieser Spannung zwischen Lebenswillen und Bereitschaft zur Resignation artikulieren sich die Briefe und Tagebuchnotizen. Die beiden Pole scheinen offensichtlich nicht nur unvermeidlichen Schwankungen im Gemütsleben, sondern auch den diskursiven Zwängen der unterschiedlichen Gattungen geschuldet zu sein. De Limagnes Schreiben situiert sich zudem in einem von der katholischen Doktrin bedingten Kontext der Viktimisierung und Angelisierung junger Frauen, dem sich die Autorin nicht entziehen kann oder will. Sie ist selbst eine passionierte Leserin der sogenannten ,littérature intime', in der sich idealisierte Darstellungen christlichen Lebens und Leidens finden, wie sie ihr publiziertes Tagebuch seinerseits weitertransportieren soll.

---

70 Als zweite Bedeutung von ,faculté' gibt der Petit Robert an: „la faculté de médecine; la médecine" oder „le médecin traitant" („die medizinische Fakultät" oder „der behandelnde Arzt").

c) Viktimisierung, Sanktifizierung und Angelisierung in biographischen Darstellungen

Es ist sicher kein Zufall, daß gerade die als ‚maladie mystique' geltende Schwindsucht mit ihrem reichen Konnotationspotential in der ‚littérature intime' eine tragende Rolle spielt und quasi als Weg zu Gott fungiert. Ein prominentes Beispiel dafür ist der *Récit d'une sœur* (1866) von Pauline Craven, ein Buch, für das de Limagne große Wertschätzung äußert, das übrigens auch die Brüder Goncourt bei ihren Recherchen für *Madame Gervaisais* gelesen haben und das allgemein großen Publikumszuspruch erfahren hat.[71] Craven, geborene de la Ferronays (1808–1891), schildert darin auf der Basis von Erinnerungen, Tagebüchern und Briefen der Beteiligten das Leben ihrer Schwägerin Alexandrine de la Ferronays (1808–1848), wobei die den ganzen ersten Band ausfüllende Konversion der deutsch-schwedischen Protestantin zum Katholizismus im Zentrum steht. Diese geht 1836 im Angesicht des frühen Schwindsuchtstodes ihres katholischen Ehemanns Albert de La Ferronays vor sich, so daß ihr erstes Abendmahl mit seinem letzten zusammenfällt.[72] Sein Schwindsuchtstod wird dabei zur Vorbedingung ihrer Konversion oder, anders gelesen, zum Opfer, das er für ihre Konversion bringt. Somit wird seine Schwindsucht, an der sie über ihre Konversion und ihre aufopfernde Krankenpflege teilhat, als ihr Weg zu Gott modelliert.[73]

Diese Konversion stellt ein entscheidendes Moment in den Aufzeichnungen aller Beteiligten dar. In seinem letzten Tagebucheintrag dankt der Kranke Gott folgendermaßen für die erwiesene Gnade:

> [...] maintenant que le reste de ma demande va s'accomplir [Fußnote von Pauline Craven: „il avait offert sa vie pour lui obtenir la foi"], votre volonté divine permet que mon

---

71 „Je termine le *Récit d'une sœur*, qui m'a fait passer de bons moments." (26.11.1868; S. 116) Zum Erfolg des *Récit d'une sœur* vgl. Lecler, „La spiritualité des catholiques libéraux", S. 405–407.

72 „Communier avec Albert pour la première et la dernière fois! – lui pour la dernière, moi pour la première! Union complète maintenant, et maintenant brisée!" Pauline Craven, *Récit d'une sœur. Souvenirs de famille*, Recueillis par Mme Augustus Craven née La Ferronnays, 2. Aufl., 2 Bde, Paris 1866, Bd. I, S. 407. Albert stirbt 1836. Bereits 10 Tage nach der Hochzeit im April 1834 will seine Frau erstmals beobachtet haben, wie er sein blutbeflecktes Taschentuch vom Mund zurückzog. Ebd., Bd. I, S. 200. Seine schwache Gesundheit wird aber zuvor schon immer wieder thematisiert und stellt offenbar zunächst ein Heiratshindernis dar.

73 Ob Alexandrine ihrerseits an Schwindsucht gelitten hat, läßt sich dem *Récit d'une sœur* nicht entnehmen. Zwar erwähnt sie 1832, daß sie Blut spucke (ebd., Bd. I, S. 25), und die zum Tod führende Krankheit weist eine schwindsuchtsaffine, wenn auch sehr diffuse Symptomatik auf (vgl. ebd., Bd. I, S. 397–399), aber es erfolgt keinerlei Präzisierung. Ihre ‚consumption' bleibt in der Schilderung eine, die sich lediglich aus der nichtmedizinischen Bedeutung des Wortes speist.

ange rentre dans le sein de l'Église, me donnant ainsi l'assurance de la revoir dans peu où nous nous perdrons dans votre immense amour.[74]

[...] jetzt, wo der Rest meiner Bitte sich erfüllen wird [Fußnote von Pauline Craven: „er hatte sein Leben angeboten, um für sie den Glauben zu erwirken"], erlaubt dein göttlicher Wille, daß mein Engel in den Schoß der Kirche zurückkehrt, womit du mir die Gewißheit gibst, daß ich sie binnen kurzem da wiedersehen werde, wo wir uns in deiner unermeßlichen Liebe verlieren werden.

Dieser Eintrag wirft entscheidendes Licht auf die Frage, wie vor dem Hintergrund eines christlichen Opferverständnisses Schwindsucht und Selbstopfer zusammenzudenken sind. Zwar kennt das Christentum keine eigentlichen Opferpraktiken, aber der Kreuzestod Christi kann als vollkommenes, weil völlig selbstloses Opfer eines Unschuldigen gedeutet werden, mittels dessen die Menschen von der Erbsünde erlöst werden.[75] In dessen Nachfolge bietet auch Albert de la Ferronays sein Leben an, um daraus einen allerdings persönlichen Nutzen zu ziehen: er erwirkt zunächst das Seelenheil der geliebten Frau und macht damit zugleich eine Fortsetzung der Liebe im Jenseits möglich. Hält man sich den nahezu sicheren tödlichen Ausgang der Schwindsucht vor Augen, scheint dieses Verfahren – unter ökonomischen Gesichtspunkten betrachtet – außerordentlich profitabel. Denn die Gabe des eigenen Lebens als höchstes diesseitiges Gut hat zwar einen hohen symbolischen Wert, ist aber aufgrund der tödlichen Krankheit ohnehin unvermeidlich. Der Gewinn hingegen ist ein dreifacher. Er besteht erstens in dem Erhalt des Erbetenen, zweitens in dem Eindruck, man selber verfüge über sein Leben, und drittens in dem Akt der Sinngebung, die Krankheit und Tod damit erfahren.

Daß sich gerade die Schwindsucht in besonderem Maße als geeignet erweist, den eigenen Tod als Selbstopfer zu inszenieren, hängt zum einen damit zusammen, daß den Kranken aufgrund der Dauer der Krankheit und der typischen Schwankungen im Verlauf genug Zeit bleibt, ihr allmählich schwindendes Leben als ein Opfer anzubieten und im Gegenzug von ihrem Gott gemäß dem jeder Opferhandlung zugrundeliegenden *do-ut-des*-Prinzip etwas zu erbitten.[76] Zum anderen beruht die Anschlußfähigkeit der Schwindsucht an die

---

74 Ebd., Bd. I, S. 394.
75 Art. „Opfer", in: Gerhard Müller (Hg.), *Theologische Realenzyklopädie*, Berlin / New York 2000, Bd. 25, S. 253–299, hier: S. 271–273 und S. 286–291. Die Trinitätslehre ermöglicht es dabei, den Tod Jesu sowohl als ein Opfer des Sohnes zu deuten, das der Gottvater erbringt, wie auch als Selbstopfer Gottes (des Sohnes) für die Menschheit.
76 Vgl. zur Einschätzung, daß jedes Opfer grundsätzlich auf dem *do-ut-des*-Prinzip beruht, ebd., S. 253 und Josef Drexler, *Die Illusion des Opfers. Ein wissenschaftlicher Überblick über die wichtigsten Opfertheorien ausgehend vom deleuzianischen Polyperspektivismusmodell*, München 1993, S. 179. Zu der diesem Prinzip inhärenten Problematik vgl. Art. „Opfer", in: Müller, *Theologische Realenzyklopädie*, S. 287 und Gerardus von der Leeuw, „Die do-ut-des-Formel in der Opfertheorie", in: *Archiv für Religionswissenschaft* 20 (1920–21), S. 241–253.

Konzeption des Selbstopfers auf ihrer Symptomatik, die über die archetypischen Darstellungen eines blonden und blassen Jesus auf Devotionsbildern das erste Modell eines christlich fundierten Selbstopfers aufruft.[77] Nicht zuletzt das diesen Jesusdarstellungen und der Schwindsucht gemeinsame feminine Gendering ermöglicht es auch Frauen, sich ohne größere Schwierigkeiten die männlichen Vorbilder zueigen zu machen.

In der Schilderung des weiteren Lebensweges der jungen Witwe, der als Folge schmerzensreicher Verluste und einer proportional dazu wachsenden Gottesliebe beschrieben wird, dominiert denn auch die Akzentuierung des Opfers. Nach weiteren als nötiges ‚sacrificium' gedeuteten Todesfällen enger Familienangehöriger wird ihr das Geben zum göttlich verordneten Zwang, der sich in der Maxime äußert: „Ne pas donner à Dieu moins que tout."[78] Zwar bleibt ihr der Wunsch, in ein Kloster einzutreten und auf diese Weise die größtmögliche diesseitige Form der Selbstentäußerung zu vollbringen, verwehrt, aber den Wunsch nach Verausgabung im Geben setzt sie in der Selbstaufopferung für die Armen um: „[...] elle leur donna tout ce qu'elle pouvait encore donner dans ce monde, ses pensées, son temps, son argent, sa santé, et enfin sa vie!"[79]

Das Selbstopfer der Alexandrine de la Ferronays ist im Gegensatz zu dem ihres Mannes keines, das von ihr strategisch angekündigt oder erbracht wird. Sie leistet es vielmehr mit einer beispiellosen ‚consomption' in der völligen Aufopferung ihres Daseins, die den Erfordernissen der Gabe gemäß frei von jedem strategischen Zielen auf ein Gegengeschenk erscheint. Auch diese Form selbstlos gedachter ‚caritas' entzieht sich jedoch nicht dem ökonomischen Kalkül, das letztlich auch dem christlichen Opferbegriff zugrunde liegt.[80] Die gewährte Kompensation ist freilich nur aus einer Logik heraus zu verstehen, die Glück als die Lösung von allem Irdischen und als die damit einhergehende höchstmögliche Annäherung an die Liebe Gottes begreift:

> A dater de cette époque, son âme, son intelligence, sa vie tout entière, semblèrent être transportées dans une région nouvelle, plus haute que les joies et les consolations de la terre. [...] Ce fut là sans doute la récompense terrestre de sa soumission sans murmure à la volonté de Dieu, même aux premiers jours de son sacrifice.[81]

---

77 Vgl. Albert, *Le sang et le Ciel*, S. 100.
78 Craven, *Récit d'une sœur*, Bd. II, S. 358. („Gott nicht weniger als alles geben.")
79 Ebd., S. 362f („Sie gab ihnen alles, was sie in dieser Welt noch geben konnte, ihre Gedanken, ihre Zeit, ihr Geld, ihre Gesundheit und schließlich ihr Leben!").
80 Zum Verhältnis von Gabe und Opfer sowie Nächstenliebe und Ökonomie vgl. Iris Roebling, *‚Acte gratuit'. Variationen einer Denkfigur von André Gide*, München 2009, S. 22–28.
81 Craven, *Récit d'une sœur*, Bd. II, S. 354. Die Annahme des Opfers geht soweit, daß Alexandrine de la Ferronays dem Bericht ihrer Schwägerin zufolge behauptet, in ihrem von karitativer Selbstverausgabung geprägten Leben glücklicher zu sein, als sie es mit Albert je hätte werden können: „[...] j'ai aujourd'hui l'âme si transformée et si remplie de bonheur, que tout celui que j'ai connu ou imaginé n'est rien, rien du tout en comparaison." Ebd., S. 388.

Von dieser Zeit an schienen ihre Seele, ihr Verstand, ihr ganzes Leben in einen neuen, weit über den Freuden und Tröstungen der Erde gelegenen Bereich versetzt zu sein. [...] Das war sicherlich die irdische Belohnung für ihre klaglose Schickung in Gottes Willen, schon von den allerersten Tagen ihres Opfers an.

Alexandrine de la Feronnays stirbt 1848 völlig abgemagert an einer nicht näher definierten Krankheit, von deren Symptomen nur Husten, Fieber und Beklemmung genannt werden. Von den Angehörigen wird ihr Tod als Folge ihres Eifers in der Selbstaufopferung gedeutet und so wiederum an die Vorstellung der ‚consomption' und die gemäß dem *do-ut-des*-Prinzip erforderliche göttliche Rekompensation anschließbar: „Son zèle l'a tuée; c'est ce qu'il ne faudrait jamais souffrir, mais ce qui certes ne diminue point la sainteté et le mérite que Dieu est pressé de couronner."[82]

Mit Hinblick auf das Selbstopfer schreibender Frauen erscheint vor allem signifikant, daß diese Verschwendung des eigenen Daseins mit dem Ende der eigenen Schreibtätigkeit einhergeht. Die endgültige Abwendung vom irdischen Dasein erfolgt in dem Moment, als de la Feronnays ihre die Grundlage des *Récit d'une sœur* bildende *Histoire*, die Geschichte ihrer Liebe zu Albert und seines Sterbens, beendet hat.[83] Durch den Verzicht auf das Schreiben fehlt ihrem nicht als solchem artikulierten Selbstopfer im Gegensatz zu dem ihres Ehemanns die ökonomische Komponente, die sich in der Explizierung des Tauschgeschäfts manifestieren würde. Es gerät vielmehr zu einer Form weiblicher Selbstaufopferung, die sich bestens in gängige Muster imaginierter Weiblichkeit einfügt. Das Schreiben macht so in ihrem Leben der selbstverzehrenden, sie alles Irdischen enthebenden Fürsorge für die Armen Platz, während es in der Schrift der sanktifizierenden Fremddarstellung weicht.

Der *Récit d'une sœur* ist in besonderer Weise im Milieu des liberalen Katholizismus verankert, der auch als Lese- und Schreibkontext für de Limagnes Tagebuch gelten kann. Der später als Parlamentsabgeordneter, als Herausgeber von *Le Correspondant* und als Mitglied der *Académie française* bekanntgewordene Comte Charles Forbes de Montalembert (1810–1870), der ein enger Freund und Korrespondenzpartner Albert de la Ferronays' ist, zählt ebenso zu dieser Bewegung wie der durch seine Schriften zur Erziehung bekannte Abbé Felix-Antoine-Philibert Dupanloup (1802–1878), der die letzte Ölung bei Albert vornimmt, und wie Augustin Cochin (1823–1872), der eine ausführliche Besprechung des *Récit d'une sœur* publiziert. Auch der Abbé Henri Perreyve (1831–1865), dessen Werke zu den bevorzugten Lektüren de Limagnes ge-

---

82 Ebd., Bd. I, S. 400. („Ihr Eifer hat sie getötet; das darf man nie dulden, aber sicher verringert es nicht die Heiligkeit und das Verdienst, das Gott zu krönen gewillt ist.") Die Krankheitssymptome werden erwähnt S. 397–399.
83 „Elle le ferma [le livre consacré au souvenir de ce bonheur, S.G.] et, chose digne d'être remarquée, après ce jour, une occupation du même genre lui eût été impossible." Ebd., Bd. I, S. 354.

hören, ist als Schüler Henri Lacordaires (1802–1861) und Herausgeber von dessen Briefen *Lacordaire à des jeunes gens* (1862) Teil dieses Umfelds. Diese Persönlichkeiten können ihrerseits wieder zum Gegenstand biographischer Darstellungen werden, die de Limagne begierig liest. So schreibt sie über Alphonse Gratrys Biographie des ebenfalls an Schwindsucht gestorbenen Abbé Perreyve, mit dem sie sich offenbar ein Stück weit identifiziert: „La Vie d'Henri Perreyve m'est toujours un sujet de méditation: lui aussi a abusé de ses forces, mais comme il s'est orienté vers la mort avec calme, avec sérénité!"[84] (7.11.1868; S. 110) Die Verausgabung der eigenen Kräfte bei gleichzeitigem ruhigen und heiteren Inkaufnehmen des Todes wird auch von Cochin in Worten gelobt, die auf die Metaphorik der ‚consomption' zurückgreifen: „Henri Perreyve [...] s'est consumé pour ses semblables, et est mort à trente ans."[85] Die in der Schwindsucht angelegte ‚consomption', die Selbstverausgabung für andere um den Preis einer Verkürzung der Lebenszeit, wird so zum Ideal des Selbstopfers, das Perreyve selbst in seinem von de Limagne gelesenen Ratgeber für Kranke so formuliert: „Le sacrifice, voilà le dernier mot de toute action féconde en ce monde. Savoir s'immoler, savoir se perdre, savoir aller du côté de la mort en acceptant la fatigue et l'épuisement."[86] Dieses Selbstopfer, das de Limagne also in mehreren Varianten vor Augen steht, ist immer ein in der Nachfolge von Christi Kreuzestod gedachtes, und in diesem Sinn werden de Limagne die illustren Persönlichkeiten zu unmittelbaren Vorbildern:

---

84 „Die Lebensbeschreibung von Henri Perreye ist für mich immer wieder ein Gegenstand der Meditation: auch er hat seine Kräfte überanstrengt, aber wie ruhig und heiter ist er auf den Tod zugegangen!" Vermutlich liest sie die Biographie von Alphonse Gratry, die zuerst 1866 unter dem Titel *Henri Perreyve* erschienen ist. Offensichtlich kennt sie auch mehrere biographische Darstellungen über das Leben des Père Lacordaire, die von anderen liberalen Katholiken geschrieben worden sind: „J'espère donc que, venant après le P. Chocarne qui a montré le saint, et après MM. Foisset et de Montalembert qui ont cherché à montrer l'homme politique là où il n'y a jamais eu qu'un orateur, l'œuvre du P. Bourard viendra en son heure." (25.10.1870; S. 179) Die zitierten Biographien sind: Bernard Chocarne, *Le R. P. H.-D. Lacordaire, de l'ordre des Frères-Prêcheurs*, Paris 1866; Charles Forbes de Montalembert, *Le Père Lacordaire*, Paris 1862; Joseph Théophile Foisset, *Vie du R. P. Lacordaire*, Paris 1870. Über letztere äußert sie sich bereits im Januar enthusiastisch: „Lu ensuite et beaucoup: la belle *Vie du P. Lacordaire* fait mes délices: quelle sainteté unie à un si grand génie! Cette austérité que je ne soupçonnais pas est pour le dernier trait du talent et de l'âme de l'éloquent dominicain." (7.1.1870; S. 156)

85 Cochin, *Récit d'une sœur*, S. 384. („Henri Perreyve hat sich für seinesgleichen aufgezehrt und ist mit dreißig Jahren gestorben.")

86 Henri Perreyve, *La journée des malades*, avec une introduction par le R. P. Pététot Supérieur de L'Oratoire. Ouvrage approuvé par Monseigneur l'Archevêque de Paris, deuxième édition revue et augmentée, Paris 1864, S. 85f. („Das Opfer, das ist das letzte Wort jeder in dieser Welt fruchtbaren Tat. Sich zu opfern wissen, sich zu verlieren wissen, sich auf die Seite des Todes zu schlagen wissen unter Annahme von Mühsal und Erschöpfung.")

> Le chrétien, lui, marche dans les sentiers du Christ avec une vaillante allégresse. C'est ainsi qu'ont vécu Montalembert, l'abbé Perreyve, le P. Gratry, M. Cochin, tous ces illustres et bien-aimés morts auxquels j'aime penser dans mes bons moments. (1.4.1872; S. 225f)
>
> Der Christ wandelt auf den Wegen Christi mit heldenmütigem Jubel. So haben Montalembert, der Abbé Perreyve, der Pater Gratry und M. Cochin gelebt, alle diese berühmten und geliebten Toten, an die ich in meinen guten Momenten gerne denke.

Neben solchen die ‚consomption' hervorhebenden Schriften spielen in de Limagnes Lektüren auch Aufzeichnungen und Lebensbeschreibungen von Frauen eine Rolle, in deren Darstellung Viktimisierung und Sanktifizierung ineinander greifen. Ihrem Tagebuch läßt sich entnehmen, daß sie neben dem *Récit d'une sœur* und den 1865 erschienenen Briefen von Eugénie de Guérin[87] auch das vom Abbé Perreyve zu Erbauungszwecken herausgegebene Buch *Rosa Ferrucci, ses lettres et sa mort*[88] gelesen hat, das sie ganz in diesem Sinne rezipiert: „Ces quelques pages sont délicieuses. C'est l'amour humain dans tout ce qu'il a de plus pur, de plus élevé, rapportant tout à Dieu!"[89] (9.11.1868, S. 111f) Die junge Italienerin Rosa Ferrucci weist, ebenso wie Alexandrine de la Ferronays und Eugénie de Guérin, mehrere Eigenschaften auf, die sie zu einer Identifikationsfigur für Joséphine Sazerac de Limagne machen können. Alle genannten Frauen verfügen über ein hohes Maß an Bildung und schreiben selbst,[90] sie befolgen eine christliche Lebensweise und sterben einen schönen und erbaulichen Tod an einer edlen Krankheit. Wie die schwindsüchtige de Guérin zur ‚Sainte du Cayla' stilisiert wird, so läuft auch die aus der Feder Perreyves stammende Darstellung des Sterbens der von einem heftigen Fieber befallenen Ferrucci auf eine Sanktifizierung hinaus: „[...] la jeune mourante parla vraiment le langage des saints, et ses adieux

---

87 „Les *Lettres* d'Eugénie de Guérin me causent le plus vif plaisir. C'est une âme pure, celle qui a tracé ces lignes, elle aimait vraiment Dieu! cela se sent!" (12.12.1868; S. 119) Die erste Ausgabe der Briefe, die den Titel *Lettres* trägt und mehrere Neuauflagen erfährt, ist folgende: Eugénie de Guérin, *Lettres d'Eugénie de Guérin*, publiées par Trébutien, Paris 1865.

88 Henri Perreyve, *Rosa Ferrucci, ses lettres et sa mort. Édition revue et augmentée*, Paris 1858. Im weiteren wird nach folgender Ausgabe zitiert: Henri Perreyve, *Rosa Ferrucci. Ses lettres et sa mort*, in: ders., *Biographies et panégyriques*, Paris 1877, S. 136–224.

89 „Diese wenigen Seiten sind ein Genuß. Das ist menschliche Liebe in ihrer reinsten und höchsten Form, die alles auf Gott zurückführt."

90 „Mlle Ferrucci avait écrit quelques petits traités de religion et de morale chrétienne, dont plusieurs ont été publiés par sa mère après sa mort. Cette jeune fille était donc instruite, je pourrais presque dire savante, au delà de ce qui comporte ordinairement l'éducation, même distinguée, d'un homme." Perreyve, *Rosa Ferrucci*, S. 141. Perreyve beeilt sich freilich mit Hinblick auf seine Leser, hinzuzufügen, daß sie diese – in Italien durchaus akzeptablen – Kenntnisse immer unter einer geradezu kindlichen Bescheidenheit versteckt habe. Ebd., S. 141.

à la terre furent dignes d'une sainte Catherine de Sienne."[91] Gleichzeitig kommt es in diesem Fall zu einer deutlichen Viktimisierung, wenn Perreyve über ihre Erkrankung schreibt: „Les médecins reconnurent la *miliare*, maladie terrible qui désolait alors la Toscane, et semblait ne vouloir que des victimes de choix."[92] Diese Viktimisierung ist der Auswuchs einer auf der Ökonomie des leidenden Opfers beruhenden ‚spiritualité sacrificielle', wie sie in der zweiten Hälfte des 19. Jahrhunderts in der theologischen Ausrichtung dominiert.[93] Ein solchermaßen auserwähltes Opfer muß unschuldig sein, um in der Imitatio Christi zur ‚victime réparatrice' der Gemeinschaft werden zu können; Jugend und Jungfräulichkeit tun ein übriges, um es vorbildlich zu machen.[94]

Im Gegensatz zum Opfer Albert de la Ferronays', das dieser selbst anbietet, um im Gegenzug die Konversion seiner Ehefrau erwirken, wird Rosa Ferrucci zunächst eine rein passive Opferrolle zugeschrieben: „ [...] une pâleur d'ivoire se répandit sur ses traits: le voile de la mort parut sur son front. La victime était prête."[95] Allerdings ist es mit dieser Rolle der ‚victima' nicht genug, es wird ihr zusätzlich ein ‚sacrificium' abverlangt: „Il n'y a point de victime sans sacrifice, et il n'y a point de sacrifice sans douleur."[96] Dieses ‚sacrifice' besteht in der Opferung ihres Verlobten, die sie vor ihrem Tod vollziehen muß. Auch dazu erklärt sie sich nach längerem inneren Kampf mit der Formel „Fiat voluntas tua" bereit und tilgt seinen Namen von ihren Lippen.[97] Daraufhin kommt eine „grâce extraordinaire de paix et de force"[98] über sie, die sie einen schönen Tod sterben und zum Himmel aufsteigen läßt.

Viktimisierung und Sanktifizierung sind offensichtlich zwei Arten der Stilisierung, denen sich junge, kranke Frauen in der zweiten Hälfte des 19. Jahrhunderts ausgesetzt sehen und gegen die sich später Marie Bashkirtseff in ihrem Tagebuch vehement, aber – jedenfalls in Hinblick auf die zeitgenössische Rezeption – weitgehend vergeblich zur Wehr setzen wird. Bereits de Limagne äußert in ihrem Tagebuch ein ausgesprochenes Unbehagen gegenüber solchen

---

91 Ebd., S. 213. („Die junge Sterbende sprach wirklich die Sprache der Heiligen, und ihr Abschied vom Diesseits war dem einer Heiligen Katharina von Siena würdig.") Die heilige Katharina von Siena gilt in der katholischen Kirche als ‚victime réparatrice' für die Wiederversöhnung der Kirche nach dem Schisma.
92 Ebd., S. 201. („Die Ärzte erkannten die ‚miliare', jene schreckliche Krankheit, die damals in der Toskana wütete und nur auserwählte Opfer zu wollen schien.")
93 Vgl. Albert, *Le sang et le Ciel*, S. 66.
94 Vgl. ebd., S. 332–343.
95 Perreyve, *Rosa Ferrucci*, S. 209. („Eine Blässe von Elfenbein breitete sich auf ihren Zügen aus: der Schleier des Todes erschien auf ihrer Stirn. Das Opfer war bereit.")
96 Ebd., S. 209. („Es gibt kein Opfer [‚victima'] ohne ‚sacrificium'; und es gibt kein ‚sacrificium' ohne Schmerz.")
97 Ebd., S. 210.
98 Ebd., S. 211–214 („außergewöhnliche Gnade von Frieden und Stärke").

Zuschreibungen, ohne jedoch verhindern zu können, daß entsprechende Aussagen über sie getroffen werden. So zitiert Delarc in seinem Vorwort den bei ihrem Tod anwesenden Priester mit den Worten: „Dieu a rappelé à lui notre sainte."[99] (S. xxviii)

Hinzu kommt oft eine dritte Art der Stilisierung, nämlich eine Angelisierung, die bereits Bestandteil romantischer Schwindsuchtsdarstellung ist, besonders eindringlich aber in Schilderungen vom Leben und Sterben schwindsüchtiger Kinder sichtbar wird. So ist in den anonym erschienenen *Souvenirs d'une mère. Courte Notice dédiée à mes enfants sur La Vie et la Mort de leur bien-aimée Sœur Marie-Thérèse*[100] folgende Äußerung einer Nonne über die mit dreizehn Jahren dahingeschiedene Marie-Thérèse zu finden:

> Autrefois Marie-Thérèse était volontaire, entière dans ses idées. [...] au moment de sa première communion, c'était une enfant transformée par la maladie; on voyait qu'elle avait lutté contre sa nature, et que la grâce avait triomphé. Elle était devenue douce et pieuse comme un ange; c'était une petite Sainte.[101]
>
> Früher war Marie-Thérèse eigensinnig und unbeirrt in ihren Vorstellungen. [...] zum Zeitpunkt ihrer Erstkommunion war sie ein von der Krankheit verwandeltes Kind; man sah, daß sie gegen ihre Natur gekämpft hatte und daß die Gnade triumphiert hatte. Sie war sanft und fromm geworden wie ein Engel, sie war eine kleine Heilige.

Die von der Krankheit hervorgerufene Schwächung wird von der Nonne, die das Kind auf die Erstkommunion vorbereitet, als positiv zu wertende Transformation begriffen, als ein Triumph der ‚grâce' über die ‚nature', mit der letzlich die Krankheit zu einer Gnade wird. Der Vergleich mit dem Engel läßt hier Vorstellungen aus der sogenannten ‚anthropologie angélique' der katholischen Kirche erkennen, nach der dem Menschen, insbesondere keuschen Jungfrauen, die Überwindung der Natur und die Erhebung zum Engel durch Askese und Kasteiung möglich ist.[102] Die krankheitsbedingte Abmagerung und Schwächung werden also zu einer Form der Läuterung umgedeutet, die aus Marie-Thérèse ein Vorbild für die folgenden Erstkommunandinnen macht, denn die ‚douceur', die dieses von der Schwindsucht schwer gezeichnete Mädchen zeigt, ist ebenso wie die Frömmigkeit und der Sieg der Religion über die Natur ein Ziel, an dem sich alle Mädchen ausrichten sollen.

Neben der ‚douceur' wird vor allem die Tugend der ‚résignation' hervorgehoben, mit der Marie-Thérèse ihre Krankheit annimmt, denn nur diese erlaubt

---

99 „Gott hat unsere Heilige zu sich gerufen."
100 *Erinnerungen einer Mutter. Kurzer, meinen Kindern gewidmeter Bericht über das Leben und Sterben ihrer vielgeliebten Schwester Marie-Thérèse.*
101 *Souvenirs d'une mère. Courte notice dédiée à mes enfants sur la vie et la mort de leur bien-aimée sœur Marie-Thérèse*, Paris-Auteuil 1876, S. 26.
102 Vgl. dazu Jean Delumeau, *Le péché et la peur. La culpabilisation en Occident (XIIIe–XVIIIe siècles)*, Paris 1990, S. 498–508.

es, die Schwindsucht im Rahmen der mystischen Theologie als sanktifizierende Probe zu begreifen, deren Anerkennung Voraussetzung für die Heiligkeit eines Menschen ist.[103] Ohne eine solche ‚résignation' wäre die Stilisierung des jungen Mädchens zur ‚petite Sainte' nicht möglich. Mme Swetchine (1782–1857), eine weitere weibliche Autorität in de Limagnes Tagebuch,[104] die mit ihrem Salon, den sie seit den 30er Jahren in Paris unterhielt, auch eine gesellschaftlich bedeutende Stellung innerhalb des liberalen Katholiszismus einnahm und von ihrem Biographen Falloux ihrerseits zur großen Heiligen stilisiert wurde,[105] bezeichnet in ihrem *Traité de la résignation* ‚humilité' und ‚soumission' als dem Christentum eigene Tugenden und versteht diese Unterwerfung unter den göttlichen Willen als die Erhebung des Menschen zu Gott, als Ausdruck einer wahren Souveränität, die in der Bezwingung der rebellischen Natur liege.[106] Erstes christliches Vorbild für den Verzicht auf den eigenen Willen ist bekanntermaßen die Legende von Jesus am Ölberg, von dem angesichts des bevorstehenden Kreuzestodes die das Christentum fundierenden Worte überliefert sind: „Vater, willst du, so nimm diesen Kelch von mir, doch nicht mein, sondern dein Wille geschehe."[107]

Jesus ist aber nicht nur Vorbild für die Selbstüberantwortung an das Konstrukt eines göttlichen Willens, sondern auch für ein klagloses Leiden und Sterben, das den jungen Mädchen als Form einer Imitatio Christi ebenfalls abverlangt wird und häufig Einzug in die Darstellung ihres Leidensweges findet, so z. B.: „La pauvre malade en était venue à ressembler trait pour trait, sur son

---

103 „Un malade qui se révolte contre son sort, n'a aucune chance de devenir un saint. Au contraire, la maladie doit être reconnue comme une épreuve sanctifiante, la douleur convertie en valeur spirituelle." Albert, *Le sang et le Ciel*, S. 332.
104 De Limagne zitiert am 30.1.1871 (S. 189) eine Passage von ihr, die sich abgedruckt findet in: Sophie Swetchine: *Madame Swetchine. Sa vie et ses œuvres*, hg. von Alfred de Falloux, Bd. II, Paris 1860, S. 9. Es ist nicht unwahrscheinlich, daß de Limagne auch das Tagebuch der Konversion und Briefsammlungen Mme Swetchines gelesen hat, die in den sechziger Jahren ebenfalls vom Comte Alfred de Falloux herausgegeben wurden: *Lettres de Mme Swetchine*, hg. von Alfred de Falloux, 2 Bde, Paris 1862; Sophie Swetchine, *Journal de sa conversion. Méditations et Prières*, hg. von Alfred de Falloux, Paris 1863; *Lettres inédites de Mme Swetchine*, hg. von Alfred de Falloux, Angers 1866; *Correspondance du R. P. Lacordaire et de Mme Swetchine*, hg. von Alfred de Falloux, Paris 1866.
105 Vgl. Sophie Swetchine, *Madame Swetchine. Sa vie et ses œuvres*, z. B. Bd. I, S. 407: „une sainte femme, une vraie sainte, comme on n'en voit pas."
106 Vgl. Sophie Swetchine, *De la résignation*, in: *Madame Swetchine. Sa vie et ses œuvres*, Bd. II, Paris 1860, S. 243–425, hier: S. 260 und: „Que votre volonté soit faite! Miracle toujours subsistant d'un Dieu qui daigne vouloir et d'une créature rebelle qui s'élève à l'obéissance! Parole souveraine dans son apparent anéantissement." Ebd., S. 424.
107 Hier zitiert nach Lukas 22, 42. Ähnliche Formulierungen finden sich in Matthäus 26, 39 und Markus 14, 36. Die Bibel wird nach folgender Ausgabe zitiert: *Die Bibel nach der Übersetzung Martin Luthers*. Bibeltext in der revidierten Fassung von 1984, Stuttgart 1985.

lit de douleur, au Christ sur la croix."[108] Im Fall von Marie-Thérèse wird die in biographischen Darstellungen geradezu stereotype Betonung des klaglosen Ertragens von Schmerzen zudem mit der Engelhaftigkeit verknüpft: „Bientôt la douleur reprenait le dessus, et alors, pas une plainte, pas un murmure: c'était vraiment un ange de patience et de résignation!"[109] Dieses stumme Dulden ist deshalb so wichtig, weil eine laute Klage als Auflehnung gegen den angeblichen Willen Gottes zu verstehen wäre, was dann gegen die verlangte ‚résignation' verstoßen würde. Damit unterscheidet sich die Darstellung des Leidens dieses jungen Mädchens deutlich von dem der Kameliendame, in deren Fall ja gerade das Blutspucken und die lauten Schreie von der Intensität ihres Martyriums zeugen.[110] Die Unschuld des Mädchens erfordert keine Expiation, und so kann die insgesamt recht vage bleibende und alle häßlichen Symptome aussparende Schilderung ihrer Krankheit mehr als auf dem Martyrium ihrer ‚traitements douloureux' und der ‚vives souffrances' auf ihrer Engelhaftigkeit insistieren. Dazu werden sowohl immer wieder die Blässe und die Abmagerung hervorgehoben wie auch Maries Wunsch, ganz weiß und rein zu sein, wenn sie das Abendmahl empfängt:

> Elle voulait être blanche et nette à l'extérieur comme à l'intérieur, et elle faisait, à cette intention, une toilette toute particulière. Tout près de son lit, nous disposions une petite chappelle, où l'on ne voyait pour ornements que du blanc et des fleurs naturelles.[111]
>
> Sie wollte ganz weiß und rein sein, außen wie innen, und sie richtete sich zu diesem Zweck ganz besonders her. Ganz nahe an ihrem Bett stellten wir eine kleine Kapelle auf, wo man als Schmuck nur Weiß und Naturblumen sah.

Diese Beschreibung ihres Außen und Innen kommt bezeichnenderweise völlig ohne den Körper aus. Es scheint, als bestünde das Mädchen, dessen Aufgezehrtwerden von der Krankheit im Textverlauf weiterhin im Modus der ‚consomp-

---

108 *Marie Danré ou La Jeune Postulante de Marie-Réparatrice par l'abbé Poindron*, Saint-Quentin 1888, S. 125. („Mit der armen Kranken war es soweit gekommen, daß sie auf ihrem Schmerzensbett mit jedem Zug Christus am Kreuz glich.")
109 *Souvenirs d'une mère*, S. 43f. („Bald gewann der Schmerz wieder die Oberhand, und dann: nicht eine Klage, nicht ein Murren; sie war wirklich ein Engel an Geduld und Fügung.") Vgl. exemplarisch auch Falloux' Darstellung vom Leiden und Sterben Mme Swetchines in *Madame Swetchine. Sa vie et ses œuvres*: „aucune plainte, aucun gémissement"; „Elle ne permettait pas à la douleur de se traduire par un appareil extérieur plus que par un murmure où par un soupir." Bd. I, S. 490 und S. 499.
110 „On m'a rapportée à moitié morte chez moi. J'ai toussé et craché le sang toute la nuit. [...] je ne puis me faire à l'idée de souffrir plus que je ne souffre." Dumas Fils, *La dame aux camélias*, S. 245; „Jamais martyre n'a souffert pareilles tortures, à en juger par les cris qu'elle poussait." Ebd., S. 248.
111 *Souvenirs d'une mère*, S. 42f.

tion' beschrieben wird,[112] schon hier nur aus ihrer reinen Seele und der weißen Kleidung, als hätte eine dem ‚amaigrissement' der Schwindsucht gemäße Entkörperlichung bereits in Gänze stattgefunden. Sie stirbt dann mit einer „ferveur angélique" betend, ihr Kruzifix umklammernd und mit der Hoffnung, direkt in den Himmel aufgenommen zu werden.[113]

3. Leben und Sterben der Joséphine Sazerac de Limagne

In diesem Publikationskontext situieren sich also Tagebuch und Korrespondenz de Limagnes. Was aber wissen wir von der jungen Frau, die sich dahinter verbirgt? Nur das, was wir aus dem publizierten Tagebuch rekonstruieren können, und das heißt gleichzeitig: nichts, was nicht durch Auswahl und Präsentation des Abbé Delarc gefiltert wäre. Lassen sich für ihr Leben die von ihm gelieferten Daten immerhin noch mit den publizierten Tagebucheinträgen kontrastieren, so stehen für das Sterben naturgemäß ausschließlich Fremdzeugnisse zur Verfügung, die Delarc in seiner *Notice biographique* präsentiert.

a) Zu Biographie und Selbstbild

Schenkt man dem Abbé Delarc Glauben, so ist Joséphine Sazerac de Limagne am 10.7.1848 geboren und am 5.1.1873 gestorben.[114] Sie wächst allein bei der Mutter auf, die offenbar ohne ausreichendes eigenes Einkommen ist und nach dem Tod ihres Mannes im Jahr 1856[115] eine Stellung in der 1849 gegründeten *Administration générale de l'Assistance publique*[116] annimmt. Mit der Armen- und Krankenpflege wählt sie ein klassisches Betätigungsfeld für verwitwete Frauen,

---

112 „[...] elle voyait sa maigreur augmenter chaque jour; elle sentait ses forces l'abandonner. Les sueurs, la fièvre, la toux, consumaient peu à peu sa frêle existence." Ebd., S. 44.
113 Ebd., S. 57.
114 Der Umstand, daß man Marie Bashkirtseff bei der Publikation ihres Tagebuchs um zwei Jahre jünger gemacht hat, um sie nicht als ‚vieille fille' erscheinen zu lassen, läßt eine gewisse Vorsicht auch gegenüber den Angaben Delarcs geboten erscheinen. Vgl. dazu Kapitel IV, S. 195.
115 Über den Vater macht Delarc keine weiteren Angaben. Der Name läßt jedoch auf eine adlige Herkunft schließen. Auch ein jüngerer Bruder Joséphines ist früh verstorben.
116 Durch Gesetz im Januar 1849 gegründet, übernimmt die *Administration générale de l'Assistance publique* die Verwaltung von wohltätigen Einrichtungen und Krankenhäusern. Bis circa 1960 besteht ihre Aufgabe vor allem in gesundheitlicher und sozialer Unterstützung der ärmeren Klassen. Wegen der Verbreitung der Armut in Paris kümmert sich die *Assistance publique* um einen zahlenmäßig großen Anteil der Pariser Bevölkerung, insbesondere Waisen, mittellose Alte und Kranke. Vgl. http://www.aphp.fr/site/histoire/assistance_soin.htm (zuletzt geprüft am 31.01.2009, 21:45 Uhr).

das auch das Lebensumfeld der Tochter mitbestimmt. Früh sieht auch diese sich vor die Notwendigkeit gestellt, ihren Lebensunterhalt zu sichern und belegt Kurse am *Hôtel-de-ville*, um das ‚diplôme d'institutrice' zu erhalten (S. xviii). Sie wählt somit einen der wenigen Berufe, die Frauen in ihrer Situation offen stehen, wobei sie sich für die schlechter bezahlte, aber größere Unabhängigkeit bewahrende Variante des Hausunterrichts in verschiedenen Familien entscheidet.[117] Von 1866 bis 1870, parallel zum Besuch der Kurse am *Hôtel-de-ville* und an der Sorbonne,[118] ist sie als Hauslehrerin in verschiedenen, offenbar gutsituierten Häusern tätig; jedenfalls ist sie zum 14. Juli des Jahres 1868 zum Abendessen beim ‚premier avocat général' eingeladen (14.7.1868; S. 89), und ähnliche Einladungen sowie die Unmöglichkeit der Ablehnung werden immer wieder erwähnt.[119] Solchen mondänen Soireen zieht de Limagne nach eigenem Bekunden die „société de pauvres filles" vor (25.3.1871; S. 201), junge Mädchen, denen sie im Rahmen ihrer karitativen Tätigkeit in der Armen- und Krankenpflege begegnet.[120]

De Limagne verfügt offensichtlich über ein für eine Frau und auch für eine ‚institutrice' der damaligen Zeit ungewöhnlich hohes Bildungsniveau. Bekanntermaßen war die höhere Mädchenbildung bis 1880 nicht gesetzlich geregelt,[121] und die Mädchen wurden bis zum Alter von ca. 15 Jahren entweder im Kloster oder zu Hause erzogen, eventuell unterstützt von der Einrichtung sogenannter *Cours d'éducation maternelle* oder *Cours pour Demoiselles du Grand Monde*.[122] Eine nicht unbeträchtliche Rolle in der Erziehung kam der Vorbereitung auf die Erstkommunion zu, die in Paris oft einige Jahre lang durch weiterführende ‚catéchismes de persévérance' ergänzt wurde. Joséphine hat diese laut Delarc mit viel Erfolg besucht und dort zahlreiche Freundschaften geschlossen, die ihr soziales Milieu nachhaltig prägen (S. xi–xii).

---

117 Vgl. zur Situation und Bezahlung sogenannter ‚institutrices': Bricard, *Saintes ou pouliches*, S. 26f.
118 Die Kurse am *Hôtel-de-Ville* schlossen mit einem Diplom für ‚institutrices' ab, wurden aber auch von anderen genutzt, weil sie bis dato die einzige Möglichkeiten darstellten, ein Diplom zu erwerben, vgl. Françoise Mayeur, *L'éducation des filles en France au XIXe siècle*, Paris 1979, S. 76. Zu den Kursen an der Sorbonne vgl. ebd., S. 119–129 sowie Bricard, *Saintes ou pouliches*, S. 35f.
119 Vgl. etwa den Eintrag vom 22.11.1868 ; S. 114: „Dîner à grande livrée chez les ***. [...] Que de banalités m'a-t-on débitées dans cette soirée."
120 Immer wieder finden sich Hinweise auf Schützlinge, darunter der auf eine (zum Zeitpunkt der Erwähnung bereits verstorbene) Schwindsüchtige (3.9.1868; S. 98) sowie eine junge, verarmte Frau, die keinerlei religiöse Erziehung erhalten hat und nun von de Limagne auf die Erstkommunion vorbereitet wird. Vgl. die Einträge vom 30.1.1871; S. 189f und vom 25.3.1871; S. 201.
121 Erst die am 21.12.1881 erlassene ‚loi Camille Sée' regelt die Sekundarschulbildung von Mädchen. Vgl. Mayeur, *L'éducation des filles*, S. 139.
122 Vgl. Bricard, *Saintes ou pouliches*, S. 32–34; Mayeur, *L'éducation des filles*, S. 113–130.

Erst im Jahr 1867 wurden auf einen Erlaß des Ministers Victor Duruy hin die sogenannten *Cours d'enseignement secondaire pour les filles* eingerichtet, von denen vor allem die an der Sorbonne über ein gehobenes Niveau verfügten und über längere Zeit fortgeführt wurden. Diese Kurse fanden, den Lebensgewohnheiten des Adels angepaßt, im Winter über eine Dauer von 6 Monaten dreimal die Woche statt und führten nach drei Jahren zu einem Abschluß, der in etwa dem ‚enseignement spécial' für Jungen entsprach. Gelehrt wurden Literatur, Geschichte, Geographie, Hauswirtschaftslehre, Naturwissenschaften und einige Grundkenntnisse in Mathematik.[123] Joséphine Sazerac de Limagne scheint also unter den ersten 226 Hörerinnen der Kurse an der Sorbonne gewesen zu sein,[124] die sie laut Auskunft Delarcs mit einem brillanten Examen abschloß. Dem Tagebuch läßt sich auch entnehmen, daß de Limagne zu den wenigen Teilnehmerinnen gehörte, die die freiwilligen Hausaufgaben erledigten, und daß sie intensiv mitschrieb.[125] Außerdem erwähnt sie, daß man sie gebeten habe, ein Programm für einen Kurs über Literatur, Geschichte, Grammatik und Physik für einige Frauen der Gesellschaft zu entwerfen (3.11.1868; S. 109), ein Wunsch, dem sie innerhalb weniger Tage auch nachkam.[126]

Ihre Lektüren zeigen generell ein weites Interessensgebiet. Neben den schon besprochenen Werken der ‚littérature intime' und spirituellen Büchern, auf die noch gesondert einzugehen sein wird, interessiert sie sich vor allem für Geschichte und Politik. So studiert sie eine Geschichte des Konsulats und des Kaiserreichs und läßt sich über die verschiedenen politischen Parteien der Zeit unterrichten.[127] Ihre bedingungslos royalistische Einstellung kommt bei dieser Gelegenheit ebenso zum Ausdruck[128] wie in der Verdammung des Staatsstreichs Napoleons III.[129] Ihr Patriotismus äußert sich bereits in ihrer im Al-

---

123 Ebd., S. 107 und 119.
124 Im November 1868 spricht sie von der Wiederaufnahme ihres Kurses an der Sorbonne (16.11.1868; S. 241).
125 „Cours de Sorbonne. J'y pioche pendant deux heures à cœur joie et en reviens avec un réel contentement. Je ferai mon possible pour faire les devoirs, car je veux travailler ferme." (11.11.1868; S. 112f)
126 „Je prépare (dans mon esprit) le programme du cours qu'on me demande" (7.11.1868; S. 110); „J'envoie le programme de mon cours à M. ***, mais sans condition pécuniaire." (9.11.1868, S. 111); „Mon programme est vu et approuvé; à bientôt l'exécution." (10.11.1868; S. 112)
127 „Ce soir ma lecture *du Consulat et de l'empire* amène M. ***, qui a une connaissance très-approfondie de l'histoire, à me parler des divers partis politiques qui ont caractérisé cette époque." (5.5.1870; S. 174) Vermutlich handelt es sich bei dem Buch um Adolphe Thiers, *Histoire du Consulat et de l'Empire*, Paris 1845–1869.
128 „Ses sympathies pour les Girondins ne me paraissent pas sans fondement, mais leur grande honte sera toujours d'avoir voté la mort du roi...." (5.5.1870; S. 174)
129 „Deux journées de combat à outrance autour de Paris ont effacé et racheté glorieusement cette autre date du 2 décembre 1851, qui n'avait laissé que des souvenirs néfastes." (2.12.1870; S. 183)

ter von 15 Jahren erwählten Devise „Force, noblesse, austérité"[130], noch stärker aber während des Krieges von 1870/71 in dem Wunsch, ein ihr möglicherweise anzuvertrauendes Kind in Gottesfurcht und im Haß auf die Preußen aufzuziehen.[131] Zuweilen betreffen ihre Stellungnahmen auch tagesaktuelle politische und kirchliche Angelegenheiten, wie etwa ihre Äußerungen zur Nachfolge des Präfekten Haussmann und der Labilität des neuen Ministeriums,[132] zum Dogma der Unfehlbarkeit des Papstes (Brief vom 14.11.1869; S. 257f), sowie im Verlauf des Krieges gegen Preußen immer wieder zum militärischen Stand der Dinge (30.10.1870; S. 180). Sie entsprechen zumeist den Positionen der liberalen Katholiken, was unter anderem auf die Lektüre von deren maßgeblicher Zeitschrift *Le Correspondant* zurückzuführen sein dürfte.

Auch deren Positionen zur Rolle der Frau schließt sie sich weitgehend an und betont immer wieder, als Frau keine Meinung haben zu können. Allerdings scheint diese Formulierung zuweilen mehr rhetorisch bedingt (oder gar von Delarc eingefügt?) zu sein, als aus wirklicher Überzeugung zu resultieren, vor allem wenn sie dem Ausdruck einer eigenen Position vorausgeht. Möglicherweise wird hier also vor allem die Schwierigkeit deutlich, die Frauen haben, wenn sie eine eigene Stellung beziehen möchten.[133] Gelegentlich sind auch Ansätze zur Kritik an den für Frauen geltenden Restriktionen enthalten, etwa wenn sie das Verbot bestimmter Bücher beklagt.[134] Die feministische Bewegung scheint ihr durchaus bekannt zu sein, allerdings äußert sie sich darüber in skeptischen Formulierungen. Neben der Ablehnung von katholischer Seite ist das sicher auch auf das Fehlen konkreter Verbesserungen bezüglich der Möglichkeiten des Lebensunterhalts zurückzuführen, was sie selbst besonders betrifft: „Je sais qu'en France on a beaucoup écrit pour améliorer le sort de la

---

130 „Je ne perdrai pas de vue la devise que j'avais moi-même choisie à quinze ans en la résumant par ces trois mots: *Force, noblesse, austérité.*" *Fragments*, S. 5f („Stärke, Edelmut, Strenge").

131 „[...] si on me confiait un enfant, je voudrais l'élever dans la crainte de Dieu et la haine des Prussiens." (4.3.1871; S. 196)

132 „[...] il paraît que M. Haussmann a décidément fini avec la royauté de la Seine. Un instant on a parlé de M. Cochin pour lui succéder, mais en fait c'est à M. Chevreau qu'est remis le sceptre. Sera-t-il bien solide? pas plus peut-être que le nouveau ministère qu'on prétend être de carton." (6.1.1870; S. 155)

133 „Je ne suis qu'une femme, je ne saurais avoir d'opinion" (2.4.1871; S. 203); „Sauf de rares exceptions, le rôle de la femme ne me semble pas devoir être la discussion." (Brief vom 14.11.1869; S. 158)

134 „Les gros livres nous sont défendus à nous, pauvres femmes; à tort ou à raison, les Français sont à peu près tous impitoyables sur ce point. Parmi les livres qui nous sont plus spécialement interdits, figurent parfois ceux qui pourraient nous être les plus utiles. Je n'ai donc garde de les ouvrir, et c'est une modeste réflexion personnelle que je consigne ici, en écrivant que dans le christianisme, ce qui me frappe le plus, c'est qu'il a *la vie.*" *Fragments*, S. 41.

femme; à quoi cela a-t-il abouti? quels débouchés nouveaux lui sont ouverts?"[135] (9.5.1872; S. 227)

Diese Überlegung artikuliert sie in Zusammenhang mit der nach dem Krieg und der Verschlechterung ihres Gesundheitszustandes immer schwieriger werdenden wirtschaftlichen Situation, die es besonders Frauen schwer macht, Arbeit zu finden. Auch für de Limagne, die unter weniger prekären pekuniären Bedingungen aufgewachsen zu sein scheint – offensichtlich ist sie in früheren Jahren gereist, kennt die Eisenbahn und das Meer in Biarritz, Nizza, Genua und Dieppe (*Fragments*, S. 27) – wird es schwierig, ihren Lebensunterhalt zu sichern: „J'ai cherché de tous les côtés un débouché, mais il n'y a rien pour les femmes, les hommes ont accaparé toutes les carrières."[136] (Brief vom 14.7.1872; S. 281) Es bleiben nur typisch weibliche Beschäftigungen wie Sticken, Nähen und Weben, die wenig ertragreich sind[137] und denen de Limagne zwar nachgeht, gegen die sie aber eine Abneigung hegt.[138]

De Limagne erscheint also als vielseitige, intelligente, lebensfreudige junge Frau, die durchaus Kritik an den gesellschaftlichen Bedingungen für Frauen äußert, zugleich aber von einer starken Religiosität erfüllt ist, die ihr Denken und Fühlen prägt. Die vielleicht beste Selbstcharakterisierung gibt sie in der Niederschrift ihres Gebets von Gründonnerstag 1870:

> Mon Dieu, vous savez que j'aime tout, l'esprit, le plaisir, mes études, mes amis, mon âge, ma patrie; mais vous savez aussi que je vous aime infiniment mieux, et que pour cela je veux me donner toute à vous. (14.4.1870; S. 170)

> Mein Gott, du weißt, daß ich alles liebe, scharfsinnigen Witz, Spaß und Vergnügen, mein Studium, meine Freunde, mein Lebensalter, meine Heimat; aber du weißt auch, daß ich dich unendlich mehr liebe und daß ich mich deshalb dir ganz hingeben will.

Die im zweiten Teil des Satzes erkennbare religiöse Hingabe charakterisiert sie ebenso wie die zuvor erkennbare Lebensfreude, beides gerät jedoch zuweilen untereinander und mit der Krankheit in Konflikt.

Neben diesen Informationen zu ihrem Leben und ihren Lektüren finden sich in einigen nichtdatierten Fragmenten, die in einer Rhetorik autobiographischer Aufrichtigkeit verfaßt sind, auch Reflexionen über die eigene Identität: „Ce que je suis, le sais-je bien moi-même? cependant je vais essayer de le dire,

---

135 „Ich weiß, daß man in Frankreich viel geschrieben hat, um das Los der Frau zu verbessern; wozu hat das geführt? welche neuen Perspektiven haben sich ihr eröffnet?"

136 „Ich habe überall nach Arbeitsmöglichkeiten gesucht, aber es gibt nichts für die Frauen, die Männer haben alle Berufe an sich gerissen."

137 „En fait de travail je crains d'être bientôt réduite à ma tapisserie, mince ressource il faut l'avouer." (9.5.1872; S. 227)

138 „Je passe mon après-midi à coudre, ce qui est une petite pénitence pour moi, car j'avoue à ma honte que les ouvrages féminins ne me plaisent guère." (29.7.1868; S. 90)

et ce travail, où je serai sincère, me l'expliquera peut-être."[139] (*Portraits et croquis*, S. 3) Das Schreiben wird hier also explizit zum Mittel erklärt, etwas über sich selbst herauszufinden. Ganz klassisch fängt diese Selbstbespiegelung in der Kindheit an, wo schon eine fieberhafte Übererregbarkeit, die bekanntlich als Prädisposition für die Schwindsucht gilt, angelegt zu sein scheint:

> Tout enfant j'avais une exubérance de sensations (je n'ose pas dire encore de sentiments), qui me donnait la fièvre. Que d'indispositions spontanées, qui effrayaient ma mère et dont la violence était causée par une émotion quelconque. (*Portraits et croquis*, S. 3)

> Noch ganz Kind hatte ich einen Überschwang an Empfindungen (ich wage es nicht, sie schon Gefühle zu nennen), der mir Fieber verursachte. Wie viele plötzliche Unpäßlichkeiten, die meine Mutter erschreckten und deren Heftigkeit durch irgendeine Erregung verursacht war.

Im weiteren bezeichnet de Limagne sich als ein Wesen voller Widersprüche. Zunächst bestimmt sie den Widerspruch als den zwischen einer „âme tendre" und einem „verbe sec" (*Portraits et croquis*, S. 4), d.h. sie schreibt sich eine empfindsame Seele zu, die ihren Ausdruck nicht in Worten findet; an anderer Stelle bringt sie ihn auf den Gegensatz von „raison froide" und „imagination ardente":

> Il y a en moi deux principes contraires qui me font souvent bien souffrir: c'est une raison froide qui retombe sur une imagination ardente, et me désenchante d'autant plus que celle-ci m'avait présenté plus d'illusions. (25.8.1870, S. 175)

> In mir herrschen zwei einander entgegengesetzte Prinzipien, die mich oftmals heftig leiden lassen: Eine kühle Vernunft trifft auf eine brennende Imagination und desillusioniert mich um so mehr, als mir jene so viele Wunschbilder vor Augen gestellt hatte.

Das impliziert, ebenso wie der Hinweis, daß ihr jede Monotonie, und sei es eine des Glücks, unerträglich sei,[140] eine unstete Wechselhaftigkeit, die im kulturellen Imaginären mit dem Wesen ihrer Krankheit verbunden ist.[141] Weiterhin spielt die im Fieber und der ‚imagination ardente' angelegte Feuermetaphorik in der Selbstbeschreibung eine nicht ganz unbeträchtliche Rolle, wenn de Limagne

---

139 „Was ich bin, weiß ich es überhaupt selbst? Ich will jedoch versuchen, es zu sagen, und diese Arbeit, bei der ich aufrichtig sein will, wird es mir vielleicht erklären."
140 „Toutes les angoisses me paraîtraient douces à côté de la monotonie." *Portraits et croquis*, S. 3.
141 Vgl. dazu auch die Darstellung von Madame Gervaisais in dem gleichnamigen Roman der Brüder Goncourt. Das Verhältnis von Pathologie und Weiblichkeit wird deutlich herausgearbeitet von Annika Nickenig / Eva Siebenborn, „Pathologie – Raum – Geschlecht: Die Schwindsüchtige als Figur der Liminalität im Roman *Madame Gervaisais* (1869) der Gebrüder Goncourt", in: Lidia Becker / Alex Demeulenaere / Christine Felbeck (Hgg): *Grenzgänger und Exzentriker*. Beiträge zum XXV. Forum Junge Romanistik in Trier (3.– 6. Juni 2009), S. 273–289.

sich als eine Seele bezeichnet, die sich wie die Salamander vom Feuer nährt.[142] Diese Rede vom Feuer impliziert die noch oft angesprochene Problematik der Mäßigung, die auch zu einem Problem der Temperierung wird. Nicht zufällig ist es der Gegensatz von kalter Vernunft und brennender Imagination, den sie als Problem bezeichnet und der auf die Notwendigkeit eines Ausgleichs hinweist.

Eine andere, ebenfalls der Mäßigung bedürfende Seite ihres Wesens ist ein Hang zum Großen, Weiten und Unendlichen, den sie im Duktus romantischer Melancholie beschreibt:

> [...] j'ai le rêve de l'infini. Que de fois mes yeux, le soir, ne se sont ils pas mouillés de larmes à la vue d'un lac dont mes regards cherchaient à sonder l'étendue sous les vaporeuses clartés d'un ciel d'automne! J'y voyais l'image des choses sans limites et me demandais si rien sur cette terre ne pourrait égaler l'immensité. (*Portraits et croquis*, S. 3)

> [...] ich träume vom Unendlichen. Wie oft sind nicht meine Augen abends von Tränen naß beim Anblick eines Sees, dessen Ausdehnung meine Augen unter der dunstigen Helle eines Herbstabends zu ermessen suchten! Ich sah darin das Bild der grenzenlosen Dinge und fragte mich, ob irgend etwas auf dieser Erde der Unermeßlichkeit gleich käme.

Das Feuer und das Große werden zugleich in eine bei de Limagne immer vorhandene religiöse Rhetorik eingebettet, in der beide Aspekte als etwas Göttliches konnotiert sind, an das eine Annäherung erfolgen soll. In diesem religiösen Kontext ist dann keine Mäßigung mehr nötig: „O Jésus, je comprends ce qui est grand; donnez-moi les ailes de la foi pour y atteindre. Je comprends ce qui est vrai; donnez-moi les flammes de la charité pour l'aimer."[143] (*Portraits et croquis*, S. 6)

Die romantische Prägung äußert sich ferner in Aussagen über die Kraft der Musik[144] und des Meeres[145], über die Schönheit der Natur und die Affizierbarkeit der schönen Seele:

> Quelle âme, en face de ces splendeurs des cieux, des magnificences des montagnes et de l'Océan, en face de cette terre avec ses fleuves, ses forêts, ses riantes prairies, ses fleurs embaumées, toutes ses voix et ses mélodieux concerts; [...] quelle âme ne sent au fond d'elle-même la mystérieuse impression de la beauté! (*Fragments*, S. 38f)

---

142 „Une légende ne raconte-t-elle pas que les salamandres se nourrissent de feu? cela est vrai pour certaines âmes." *Portraits et croquis*, S. 3.

143 „O Jesus, ich erkenne, was groß ist; gib mir die Flügel des Glaubens, um dahin zu gelangen. Ich erkenne, was wahr ist; gib mir die Flammen der Barmherzigkeit, um es zu lieben!"

144 „La musique est une puissance si colossale, qu'il me semble impossible de l'apprécier. [...] Elle est plus forte que la poésie qui illumine, éblouit, fascine l'âme, mais n'y touche pas et ne la ravit pas à elle-même." *Fragments*, S. 26f.

145 „La mer est le grand poëme dont chaque page est un chef-d'œuvre; le tableau aux teintes lumineuses sur lequel varient les effets de la lumière qu'elle renvoie; le spectacle aux scènes imposantes au-dessus duquel plane l'esprit de Dieu." Ebd., S. 27.

Welche Seele wird nicht, im Angesicht der Herrlichkeit des Himmels, der Pracht der Gebirge und des Ozeans, im Angesicht dieser Erde mit ihren Flüssen, ihren Wäldern, ihren lachenden Wiesen, ihren balsamischen Blumen, allen ihren Stimmen und melodischen Konzerten; [...] welche Seele wird nicht in der Tiefe ihrer selbst den geheimnisvollen Eindruck der Schönheit fühlen!

Den Reflexionen zur eigenen Identität folgen als literarisch zu bezeichnende Skizzen, in denen offenbar Freundinnen porträtiert werden.[146] Diese Portraits bleiben – im Gegensatz übrigens zur späteren Portraitierung eines jungen Mannes im Tagebuch (18.2.1870; S. 162ff) – recht unkörperlich und zielen auf eine romantische Verklärung der Beschriebenen. De Limagne, die sicher nie Baudelaire oder die Goncourt gelesen hat, greift dabei auf romantische Muster zurück, wie sie sie bei den von ihr zitierten Chateaubriand, Lamartine, Hugo oder Alphonse Karr finden kann.[147] So sind es in einem Fall die schwarzen Augen, in deren Blick sich eine Reihe unterschiedlicher Gefühle ablesen läßt und die ihrer Besitzerin eine Aura von Lebhaftigkeit, Ausdruckskraft und Geheimnis verleihen,[148] sowie die sehr blassen Wangen und die blaßrosa Lippen, die als einzige körperliche Merkmale des jungen Mädchens erwähnt werden und sie zu einem engelhaften Wesen machen, dessen edle Blässe bestens in die Kategorie schwindsüchtiger Schönheit paßt.[149] Auch in einem weiteren Fall, wo die Beschriebene als sensible Blume präsentiert wird,[150] werden wieder der blasse Teint („d'une pâleur de rose blanche" [*Portraits et croquis*, S. 7]) und die dunklen Augen erwähnt. Hier insistiert de Limagne auf der „animation étrange" des Gesichts, die aus dem Farbenspiel der je nach Lichteinfall zwischen leuchtendem Gold und Schwarz changierenden dunkelbraunen Augen und dem durch geringste Gemütsregungen ausgelösten Erröten hervorgeht. Der schnelle Wechsel zwischen Erblassen und Erröten charakterisiert noch ein drittes junges Mädchen, das ebenfalls den Klischees schwindsüchtiger Schönheit entspricht und als „être mystérieux" vorgestellt wird, „qu'un mot fait pâlir, qu'un regard fait rougir."[151] (*Portraits et croquis*, S. 9) Die Widersprüchlichkeit und Wechselhaftigkeit ihres

---

146 Die Namen sind in der Veröffentlichung selbstverständlich getilgt.
147 Vgl. *Fragments*, S. 44; 26.11.1868; S. 116; September 1869; S. 137; 7.1.1870; S. 157. Damit geht sie allerdings schon über das von Dupanloup für die Mädchenerziehung vorgesehene Literaturprogramm hinaus, der die romantische Dichtung als für Frauen ungeeignet verwirft und allenfalls den sehr christlichen Victor de Laprade genehmigt. Vgl. Bricard, *Saintes ou pouliches*, S. 96f.
148 „Ses mouvements étaient comme ceux des yeux prompts, vifs, pleins d'expression et de mystère." *Portraits et croquis*, S. 7.
149 „Ses joues très-pâles se dessinaient en un contour délicat; ses lèvres, quoique d'un rose éteint, ressortaient cependant sur cette pâleur." Ebd., S. 7.
150 „Dans le ballet des fleurs animées elle eût représenté au naturel cette sensitive dont le calice se referme au moindre contact." Ebd., S. 7.
151 „[...] das ein Wort erbleichen, ein Blick erröten läßt."

Wesens, für die de Limagne bei sich selbst kritische Worte findet, wird bei der Freundin als Fülle charmanter Kontraste entfaltet:

> [...] c'est un être mystérieux, qui se pare des contrastes les plus charmants; qui a des passions violentes avec de petites idées, qui a des vanités insatiables et des générosités inépuisables, à la fois bonne comme une sainte et méchante comme une déesse; tout est caprice et inconséquence, qui pleure de joie et rit de colère. (*Portraits et croquis*, S. 9f)
>
> [...] sie ist ein geheimnisvolles Wesen, das mit den entzückendsten Kontrasten ausgestattet ist, das heftige Leidenschaften bei unbedeutenden Einfällen empfindet, das unersättliche Eitelkeiten und unerschöpfliche Großzügigkeit kennt, gleichzeitig gut wie eine Heilige und böse wie eine Göttin; sie ist launenhaft und inkonsequent, sie weint vor Freude und lacht vor Wut.

Die Portraits zeigen also recht stereotype Muster der romantischen Frauendarstellung und legen nahe, daß de Limagne Weiblichkeit in Kategorien denkt, die grundsätzlich von der Semantik der Schwindsucht affiziert sind.[152] Die darin angelegte Entkörperlichung spiegelt sich in den Portraits, die fast körperlos bleiben und die jungen Frauen als Mischung von Blässe, Augen, Seelenleben, Erröten und Lichtspiel darstellen. Aber obwohl de Limagne sich durchaus diskurskonform verhält und selbst Muster verwendet, die von der ‚littérature intime' vorgegeben sind, enthüllt ihr eigenes Schreiben eine sehr viel komplexere Persönlichkeit als die eindimensionale und klischeehafte Darstellung ihres Lebens und Sterbens in der dem Tagebuch vorangestellten *Notice biographique*.

b) Erbauliches Sterben und Überleben in der Schrift

Wie bei vielen publizierten Tagebüchern junger schwindsüchtiger Frauen wird auch im Fall de Limagnes die biographische Fremddarstellung des herausgebenden Geistlichen in nicht geringem Maße zur Rezeptionslenkung eingesetzt. Von Beginn an ist in der *Notice biographique* die Intention unverkennbar, den Schwindsuchtstod der jungen Frau als Triumph christlichen Leidens darzustellen und zur Befreiung der Seele vom Körper zu verklären:

> Le 5 janvier 1873, vers le soir, au moment où l'Église répétait dans les premières vêpres de l'Épiphanie les paroles d'Isaïe: «Lève-toi, entoure-toi de clartés... voici la splendeur, la gloire du Seigneur a commencé pour toi,» s'éteignait à Paris, des suites d'une maladie de poitrine, une jeune personne, Mlle Joséphine Sazerac de Limagne. (S. v)
>
> Am 5. Januar 1873, gegen Abend, zu der Zeit, da die Kirche in der ersten Vesper zu Epiphanias die Worte Jesajas wiederholte: „Mache dich auf, werde licht; denn dein Licht kommt, und die Herrlichkeit des Herrn geht auf über dir!",[153] verschied in Paris

---

152 Vgl. auch Nickenig / Siebenborn, „Pathologie – Raum – Geschlecht".
153 Jesaja, 60, 1.

an den Folgen einer Lungenkrankheit eine junge Frau, Mlle Joséphine Sazerac de Limagne.

Den Tod an den Anfang einer Lebensbeschreibung zu setzen, heißt, ihn zum Kulminationspunkt des Lebenslaufs zu machen, zum, wie es wenig später heißt, „couronnement d'une vie calme et pleine tout à la fois d'harmonie, de courage et d'humilité."[154] (S. vi) Bei der Evozierung ihres Todes, dessen Erbauungscharakter ausdrücklich unterstrichen wird,[155] gerät die Protagonistin allerdings seltsam weit in den Hintergrund: ihr Name fällt erst ganz am Ende des Satzes. Offenbar interessiert das Individuum hier nur in der Perspektive, die zuvor aufgebaut wurde. Ausgangspunkt ist dabei der Todeszeitpunkt, der über die Heranziehung des liturgischen Kalenders schnell eine höhere Bedeutung erlangt. Das nüchterne kalendarische Datum („Le 5 janvier 1873, vers le soir") wird zum Beginn des Festes Epiphanias umgedeutet („les premières vêpres de l'Épiphanie"), dessen hervorbrechender Glanz mittels der Worte des Propheten Jesaja beschworen wird. Anders als in Chateaubriands Schilderung von Pauline de Beaumonts Sterben wird Joséphine Sazerac de Limagnes Tod nicht als ein Ende oder das Hereinbrechen der ewigen Nacht begriffen, sondern er wird nach christlicher Auffassung als Anfang und Neubeginn, als Beginn des ewigen Lebens inszeniert. Die Bestimmung des Todeszeitpunktes als Beginn des Festes der Erscheinung des Herrn, die den Eindruck der Überlagerung von individuellem Schicksal und kollektivem Ritus bewirkt, trägt dabei nicht unerheblich dazu bei, daß das Sterben zur Vereinigung der Schwindsüchtigen mit dem himmlischen Bräutigam stilisiert werden kann. Nachdem der Tod so bereits vor seiner Erwähnung im Satz eine Bedeutung im christlichen Kontext erhalten hat, wird er über das Verb „éteindre" als ein der Semantik der Schwindsucht gemäßes sanftes Erlöschen eingeführt.[156] Daraufhin wird die Krankheit benannt, euphemistisch als „maladie de poitrine" umschrieben, bevor schließlich die Protagonistin dieses Sterbens vorgestellt wird, zunächst einfach als „jeune personne", und erst dann auch mit ihrem Namen. Bevor sie individuelle Konturen gewinnt, stehen also ihr Tod und seine christliche Bedeutung, ihre Krankheit und ihr jugendliches Alter im Fokus. Daß die Biographie mit dem Tod beginnt, zeigt aber auch an, daß erst dieser das geschilderte Leben für ein größeres Publikum interessant macht.

Auch im weiteren folgt Delarcs Darstellung dem Modell des sanften Todes einer schönen Schwindsüchtigen, wie es seit Chateaubriands Stilisierung von de

---

154 „Krönung eines ruhigen Lebens, das gleichermaßen von Harmonie, Mut und Demut erfüllt war."
155 Delarc fügt den Bericht einer Freundin über de Limagnes Sterben ein, in dem es heißt: „[...] sa mort a été bien édifiante." S. xxv.
156 Zum Zusammenhang von Schwindsucht und sanftem Tod vgl. Clark Lawlor, *Consumption and Literature*, S. 28–40.

Beaumonts Sterben vorgeprägt ist. Zwar tritt in der priesterlichen Darstellung naturgemäß die Schilderung der körperlichen Schönheit zugunsten der seelischen zurück, wie überhaupt das Bildnis der lebenden Person erst sehr viel später in Erinnerung gerufen wird als die Evozierung ihres Sterbens. Erst nach einer ausführlichen Schilderung ihrer Kindheit und ihrer frühen Neigung zu ‚caritas' und Krankenpflege wird das eingangs zitierte Porträt der jungen Hauslehrerin als ‚figure un peu pâle' gezeichnet. Dabei gibt sich Delarc gar keine Mühe, die Stereotypie seiner Darstellung zu verhehlen, im Gegenteil weist er sogar explizit darauf hin, daß es sich bei dieser Vereinigung von Schönheit, Intelligenz und Seelenadel in einer jungen Frau um einen bestimmten Typus handele, dem jeder schon begegnet sei:

> Nous avons tous connu du reste, ici ou là, parfois hélas! à notre propre foyer, ce type de la jeune fille ou de la jeune femme resplendissante de beauté, d'intelligence et d'élévation d'âme, admirablement douée pour répandre le bonheur autour d'elle pendant de longues années, et enlevée à tout jamais au seuil de la vie, disparaissant brusquement dans un tourbillon, ou bien après avoir lutté contre un mal impitoyable. (S. xv)

> Wir haben übrigens, hie und da, manchmal, ach!, sogar in unserem eigenen Haus, diesen Typus eines jungen Mädchens oder einer jungen Frau gekannt: Sie sprüht vor Schönheit, Intelligenz und Seelenadel, ist mit der bewunderungswürdigen Gabe ausgestattet, lange Jahre um sich herum Glück zu verbreiten, und wird dann an der Schwelle des Lebens für immer hinweggerissen, verschwindet ganz plötzlich in einem Strudel oder aber nach einem langen Kampf gegen eine unbarmherzige Krankheit.

Gerade der mit der Betonung eines bestimmten Typus einhergehende Verzicht auf Einzigartigkeit macht es möglich, das auf die *Notice* folgende Tagebuch als Modell für junge Mädchen und Frauen zu publizieren, dem sie nacheifern können. Der frühe Tod und die Jenseitsbezogenheit dokumentieren, daß die vorgestellte Frau zu gut für diese Welt ist und der Gewalt des Bösen zum Opfer fällt. So wird der Tod zum Signum einer Auserwähltheit, die einer Belohnung für das Leiden und die Liebe zu Jesus gleichkommt und von Delarc von Anfang an zur Beschreibung de Limagnes eingesetzt wird:

> Le suprême amour de cette âme qui quittait la terre avait été Jésus-Christ, et le Seigneur, voulant mettre un terme aux souffrances de la jeune malade et la récompenser, l'invitait à quitter son lit de douleur dans l'instant même où l'Église célébrait le souvenir de la manifestation du Sauveur aux hommes. (S. v-vi)

> Die höchste Liebe dieser die Erde verlassenden Seele hatte Jesus Christus gegolten, und der Herr, der den Leiden der jungen Kranken ein Ende bereiten und sie belohnen wollte, lud sie genau in dem Moment ein, ihr Schmerzensbett zu verlassen, als die Kirche das Fest beging, das an die Erscheinung des Erlösers der Menschen erinnert.

Mit dieser Schilderung des Todes als Begegnung der entschwindenden Seele mit Jesus Christus folgt Delarc zudem der Konvention, die junge Schwindsuchtstote als Bräute Christi begreift. Damit hat auch diese Darstellung an der verbreiteten Erotisierung schwindsüchtiger Frauen teil.

Allerdings setzt Delarc anders als Chateaubriand nicht auf die Denkmalhaftigkeit der Schrift, sondern auf ihre Kraft zur Affektion des Lesers und der Erhebung von dessen Seele. Dabei bedarf es freilich einer besonderen Voreinstellung, um die Schönheit von de Limagnes Leben erkennen zu können, wie Delarc eigens betont:

> [...] cette vie manque de ce qui pourrait la rendre intéressante selon le monde, mais le chrétien sait que les plus belles vies sont celles où, sous le regard de Dieu, on remplit modestement et vaillamment sa tâche de chaque jour. (S. vi)

> [...] diesem Leben fehlt alles, was es nach den Maßstäben der Welt interessant machen könnte, aber ein Christ weiß, daß die schönsten Leben die sind, wo man unter dem Blick Gottes bescheiden und tapfer seine tägliche Aufgabe erfüllt.

Das Werk ist damit an ein christliches Publikum adressiert, das bescheidene und tapfere Pflichterfüllung sowie die daraus resultierende moralische Schönheit zu würdigen weiß und sich daran erbauen möchte. Ein solches Literaturverständnis, das zumindest implizit wohl in erster Linie auf ein weibliches Publikum zielt, wird insbesondere im Umkreis der von den liberalen Katholiken propagierten ‚littérature intime' vertreten.

Einen Einblick in das Selbstverständnis dieser Literatur liefert Augustin Cochin in seiner Besprechung des *Récit d'une sœur*, der de Limagne übrigens emphatisch zustimmt.[157] Er diskutiert darin u.a. die Frage nach Funktionsweise und Rezeption der ‚littérature intime', die er deutlich von der abschätzig betrachteten ‚littérature publique' abgrenzt.[158] Seine Definition beruht auf Oppositionen wie Natürlichkeit vs. Affektiertheit, Privatleben vs. Bühne, Geheimnis vs. Öffentlichkeit, die alle aus dem Gegensatz von Authentizität und Literarizität hervorgehen. Sie stellen einem als ‚vie véritable' entworfenen Raum des Privaten[159] einen öffentlichen Raum des Uneigentlichen, Affektierten und Literari-

---

[157] „[...] ces souvenirs intimes ne pouvaient être appréciés d'une manière plus délicate et plus chrétienne." (9.5.1872; S. 228) Der *Récit d'une sœur* ist eines von sechs Büchern, die im Jahr 1866 erscheinen und von Cochin unter der Kennzeichung als ‚littérature intime' besprochen werden. Bei den anderen handelt es sich entweder um die Publikation von Tagebüchern oder Briefen aus dem Nachlaß oder um biographische Darstellungen, nämlich: *Lettres de Frédéric Ozanam*, Paris 1865, *Correspondance du R. P. Lacordaire et de Mme Swetchine* Paris 1866, *Œuvres completes d'A. de Tocqueville publiées par Mme de Tocqueville*, Paris 1866, sowie die Biographien von Chocarne über Lacordaire und von Gratry über Perreyve (vgl. Anm. 84) sowie die von Lecoffre über Elisabeth Seton. Die ebenfalls zum Katholizismus konvertierte und an ihrer Krankheit gestorbene Seton teilt das Schicksal Alexandrine de la Ferronays', ihren Mann an Schwindsucht sterben zu sehen. Vgl. Cochin, *Récit d'une sœur*, S. 385.

[158] „Il est temps que quelques regards jetés dans le paradis de la littérature intime nous consolent et nous vengent de l'enfer de la littérature publique." Ebd., S. 390.

[159] „La vie privée est la vie véritable, elle est l'asile sacrée des affections et le refuge de l'âme indépendante." Ebd., S. 308.

schen gegenüber und folgen damit einem Selbstverständnis, das in Tagebüchern vom Ende des 18. Jahrhunderts bereits formuliert wird.[160] Daraus ergibt sich in besonderer Weise das Problem, was eigentlich beim Überschreiten dieser Grenze, also bei der Publikation privaten Schreibens geschieht, das Cochin explizit thematisiert: „Chacun de ses ouvrages, en effet, et surtout le *Récit d'une Sœur* [...] soulève la question des limites qui doivent protéger la vie privée contre la littérature."[161] Tatsächlich akzeptiert Augustin Cochin in seinem Artikel das Veröffentlichen von Tagebüchern nur in Ausnahmefällen, da er befürchtet, daß durch die zunehmende Veröffentlichung solcher Schriften die im öffentlichen Raum herrschende Affektiertheit die Intimität und das ihr zugeschriebene Natürliche verderben könnte: „[...] cette lettre, que va-t-elle devenir, si vous pouvez supposer que ce brutal que l'on nomme le public peut regarder par-dessus votre épaule? Adieu le naturel!"[162] Für noch problematischer hält er allerdings die Publikation von Tagebüchern:

> L'usage du journal est déjà très-discutable. Ce petit rapport secret, que tant de personnes prennent la peine inutile de s'adresser tous les soirs, ce miroir de papier, miroir perfide où le possesseur paraît si joli et le voisin si laid, que va-t-il devenir, si vous vous dites tout bas qu'il pourra être un jour publié? Un feuilleton insupportable, un article de mode, un mélange de malice et d'affectation. Non, non, il faut protester, et défendre contre la littérature imprimée la littérature manuscrite.[163]
>
> Die Verwendung des Tagebuchs ist schon sehr diskutabel. Dieser kleine, geheime Bericht, den viele Menschen unnötigerweise jeden Abend an sich selbst richten, dieser Spiegel aus Papier, heimtückischer Spiegel, in dem der Besitzer hübsch erscheint und der Nachbar so häßlich, was wird aus ihm werden, wenn man sich, ganz leise nur, sagt, daß er eines Tages publiziert werden könnte? Ein unerträgliches Feuilleton, ein Modeartikel, eine Mischung aus Schalk und Affektiertheit. Nein, nein, man muß Protest erheben und die handgeschriebene Literatur gegen die gedruckte verteidigen.

Die Skepsis gegenüber der Selbstbespiegelung, die im Tagebuchschreiben immer schon als Gefahr angelegt ist, wird hier deutlich formuliert. Verschärft wird diese in dem Moment, wo der Gedanke an eine mögliche Publikation ins Spiel kommt, und man nicht nur Gott und sich selbst, sondern auch einem Publikum

---

160 Vgl. dazu und zur Problematik einer solchen Unterscheidung Ursula Geitner, „Zur Poetik des Tagebuchs. Beobachtungen am Text eines Selbstbeobachters", in: Jürgen Schings (Hg.), *Der ganze Mensch. Anthropologie und Literatur im 18. Jahrhundert*, Stuttgart 1994, S. 629–659, S. 630ff.
161 Cochin, *Récit d'une sœur*, S. 306. („Jedes dieser Werke, und vor allem der *Récit d'une Sœur*, wirft die Frage nach den Grenzen auf, die das Privatleben vor der Literatur schützen müssen.")
162 Ebd., S. 309. („[...] dieser Brief, was wird aus ihm werden, wenn man gewärtigen muß, daß dieses brutale Wesen, das man die Öffentlichkeit nennt, einem einen Blick über die Schulter werfen kann? Adieu Natürlichkeit!")
163 Ebd.

gefallen möchte. Cochin sieht hier den Einzug weltlicher Affektiertheit ins Tagebuch voraus, die damit auch ohne tatsächliche Publikation diese Form intimen Schreibens verderben könnte. Wir werden noch sehen, wie anders Marie Bashkirtseff diese Problematik wendet – für Cochin jedoch wäre ihr Tagebuch schlichtweg nicht publizierbar gewesen.[164] Er läßt Ausnahmen nur zu, wenn das Tagebuch erkennbar ohne jede Publikationsabsicht geschrieben worden sei und sich durch ‚Wahrheit' und ‚moralische Schönheit' auszeichne.[165] Insofern verwundert es nicht, daß in den Vorworten solcher Publikationen immer wieder versichert werden muß, daß die Verfasserinnen keinerlei Publikationsabsicht gehegt hätten.[166] Das würde nicht nur ihrer weiblichen Bescheidenheit widersprechen, sondern auch der Authentizität der Dokumente.[167] Jeder literarische Anspruch muß also abgestritten und statt dessen die Natürlichkeit und Aufrichtigkeit dieses Schreibens betont werden, wie Falloux das im Fall der Briefe von Mme Swetchine tut: „[...] ce sont ces sentiments mêmes dans leur abandon le plus sincère, dans leur forme absolument spontanée, et répondant à l'effusion également confiante des cœurs qui s'ouvraient à elle."[168] Die gelegentlich kunstlose Sprache, die vom Herausgeber bewußt nicht überarbeitet wird, soll zum direkten Anzeiger der hohen seelischen Qualität werden: „[...] les phrases sans art, les contrastes sans transition [...] trahissent l'ineffable qualité de son âme."[169]

---

164 „Rien, en ce genre, ne mérite [...] d'être publié que ce qui n'a pas été fait pour l'être." Ebd., S. 311.

165 Ebd., S. 310f. „Le public exige que les révélations auxquelles on l'initie soient *absolument vraies* et *exceptionnellement belles*." Ebd. Die Kombination von beiden Elementen ist dabei unerläßlich; „Ce vrai est insignifiant, s'il n'est pas beau, s'il ne rayonne pas de cette beauté souveraine qui est la beauté morale." Ebd., S. 313.

166 Nach Dupanloup ist literarisches Schreiben bei Frauen ohnehin nur als Unterhaltung für die eigenen Kinder zulässig und unter der strikten Voraussetzung, daß es nicht publiziert wird. Vgl. dazu Bricard, *Saintes ou pouliches*, S. 98 und Félix-Antoine-Philibert Dupanloup, *De la haute éducation*, Paris 1866, S. 50.

167 So betont auch Falloux in dem Vorwort, das er seiner Publikation der Briefe von Mme Swetchine voranstellt, explizit, daß Mme Swetchine niemals an eine Publikation gedacht hätte: „Plein d'une crainte respectueuse au moment d'imposer pour la seconde fois les périls de la publicité, à une personne qui n'en avait ni la prévision ni le goût, je crois devoir me justifier." Alfred de Falloux, *Préface*, in: Sophie Swetchine, *Lettres de Mme Swetchine*, Paris 1862, S. i–vii, hier: S. i. Nach Geitner hat die gewollte Verweigerung der Publikation einen zentralen Platz in der speziellen Schrift-Sprache des Tagebuchs und seiner ökonomisch-moralischen Bilanzierung. Vgl. Geitner, „Zur Poetik des Tagebuchs", S. 635.

168 De Falloux, *Préface*, S. i. („[...] es sind diese Gefühle selbst in der ehrlichsten Ungezwungenheit, in einer völlig spontanen Form, die auf die vertrauensvollen Herzensergüsse der sich ihr öffnenden Menschen antworten.")

169 Ebd., S. iv. („[...] die kunstlosen Sätze, die unvermittelten Gegensätze verraten die unsagbare Qualität ihrer Seele.") Nur in einer Nebenbemerkung gibt Falloux zu, auch Kürzungen vorgenommen zu haben, die auf den „strictes lois de la probité ou de la convenance" beruhten, die ‚Wahrheit' bleibe aber bestehen, ebd., S. v.

Auch für Cochin sichert gerade das Fehlen literarischer Ambitionen den Erfolg der vorgestellten Werke.

In dieser Literaturauffassung spielt die unmittelbare Übertragung des Erlebens einer Seele auf das Lesepublikum eine entscheidende Rolle. Das setzt aber auch eine besondere Empfänglichkeit des Publikums voraus. Die Leserschaft der ‚littérature intime', die Cochin als „ce grand public sérieux, intelligent et sensible" bezeichnet, hebt er deutlich über das von ihm herabgewürdigte Theaterpublikum: „l'auditoire habituel des mauvais théâtres."[170] Das Theater, auf dem neben *La dame aux camélias* auch Boulevardkomödien von Eugène Labiche oder Victorien Sardou reüssieren, deren Frauenfiguren keineswegs über eine katholische Erziehung verfügen, fungiert hier offensichtlich als Symbol für die Verderbtheit der Sitten schlechthin.[171] Seinem eigens adressierten seriösen Publikum hingegen verspricht Cochin eine „jouissance pure" bei der Lektüre,[172] die auf der Wahrheit und der Natürlichkeit beruhen, die den *Récit d'une sœur* über die anerkannten Kunstformen und ihren Werkcharakter erheben:

> Ce livre charme par une qualité que le talent littéraire le plus consommé ne saurait atteindre, par la vérité, par le naturel, par la supériorité que la chair a sur le marbre, le teint sur la peinture, le son de la voix sur le caractère imprimé.[173]
>
> Dieses Buch bezaubert durch eine Qualität, die das vollendetste literarische Talent nicht erreichen könnte: durch die Wahrheit, die Natürlichkeit, die Überlegenheit des Fleisches über den Marmor, des Teints über die Malerei, des Klangs der Stimme über die gedruckte Letter.

Die Pointe besteht also darin, dem Werk seinen Werkcharakter zu nehmen und das Lebendige und Natürliche als Wahrheit zu konzipieren.[174] In einer Umwertung klassischer Ästhetik wird diese Natürlichkeit dann höher eingeschätzt als die Marmorstatue, das Gemälde oder das gedruckte Wort. Nach dieser Intention soll das Leben gerade nicht zum Kunstwerk werden, sondern das Buch soll durch die Wiederbelebung der Toten den ‚Marmor des Vergessens' zerbre-

---

170 Cochin, *Récit d'une sœur*, S. 305.
171 Vgl. hierzu Bricard, *Saintes ou pouliches*, S. 120f. Aus Dupanloups Erziehungsprogramm bleibt das Theater denn auch fast vollständig ausgeschlossen (eine Ausnahme bilden nur auf Griechisch aufgeführte Stücke für junge Männer). Vgl. Dupanloup, *Lettres sur l'éducation des filles*, S. 393.
172 Cochin, *Récit d'une sœur*, S. 304.
173 Ebd., S. 376.
174 Cochin betont auch immer wieder ausdrücklich, daß der *Récit d'une sœur* keine Heiligenlegende, keine Reise ins Reich der Engel darstelle, sondern die volle, irdische Wirklichkeit: „[...] nous sommes en pleine vie réelle, [...] sur la terre des vivants." Ebd., S. 318. Diesem affichierten Realismus widerspricht freilich die idyllische Schilderung äußerst tugendhafter Figuren, die leicht ins Kitschige abgleitet, etwa wenn Cochin sich vorstellt, daß die Ahnen auf ihren Porträts sich vor ihren Abkömmlingen verbeugen und die Worte äußern: „Que nos descendants sont vertueux!" Ebd., S. 356.

chen.¹⁷⁵ Explizit soll also kein Marmordenkmal für die Verstorbenen errichtet, sondern eine Affektion des Lesers erreicht werden, die zur Voraussetzung für die Erbauung im besten Sinn des Wortes, nämlich die Erhebung der Seele zu Gott wird und die schließlich die Tränen an die Stelle des Lesens setzt: „Arrivé là [à la mort d'Albert, S.G.], on ne lit plus, on pleure; c'est vers vous, mon Dieu, que l'âme s'élève."¹⁷⁶ Darin liegt für Cochin der Vorzug der ‚littérature intime', deren Wahrhaftigkeit und Gefühlskraft sie von der eigentlichen Literatur unterscheiden. Was jedoch beiden gemeinsam ist, ist die Tatsache, daß Weiblichkeit nur als imaginierte zur Darstellung gelangen kann, sei es in der schönen Leiche, sei es in der zu Gott aufsteigenden Lichtgestalt.

Es leuchtet ein, daß Leiden und Sterben ein für die ‚littérature intime' besonders ergiebiges Thema darstellen. Auch Delarc insistiert in seiner *Notice biographique*, deren Duktus sich offensichtlich dem Milieu des liberalen Katholizismus verdankt, darauf:

> [...] dans le spectacle de la vie humaine, rien n'intéresse davantage, rien ne passionne comme la lutte contre la souffrance et contre la mort, et, à ce point de vue, l'œuvre de Mlle de Limagne offre bien des passages que le lecteur ne lira pas sans une émotion profonde. (S. xxxiv)

> [...] im Schauspiel des menschlichen Lebens, gibt es nichts, was mehr interessiert, nichts, was spannender ist als der Kampf gegen das Leiden und den Tod, und in dieser Hinsicht bietet das Werk von Mlle de Limagne viele Passagen, die der Leser nicht ohne tiefe Gefühlsregung lesen wird.

Die liberalen Katholiken haben aber nicht nur das Seelenheil der Leser und Leserinnen im Blick, sondern entwickeln – trotz ihrer Opposition zum Second Empire¹⁷⁷ – eine patriotische Prägung, die nach der Niederlage von 1871 noch vehementer zum Zuge kommt und sich in den nun sehr präsenten Leitdiskurs der Degeneration einfügt. So wie Cochin Mme Swetchine als „une femme du

---

175 „Après les corps, les mémoires tombent en cendres, les derniers restes du souvenir se décomposent et s'effacent sous le marbre glacé de l'oubli. Elle [Mme Craven] a voulu briser ce marbre, rendre à des ombres chéries un peu de couleur, de rayonnement et de durée, [...], il lui a plu d'étendre au loin la leçon de leurs douleurs, de creuser et de prolonger le sillon de leurs vertus, de faire parler, briller, germer leurs exemples." Ebd., S. 306.
176 Ebd., S. 343. („Da angekommen [beim Tod Alberts], liest man nicht mehr, man weint; zu dir, mein Gott, hebt die Seele sich empor.")
177 Vgl. Lecler, „La spiritualité des catholiques libéraux", S. 386. Eine gute Darstellung der politischen Dimension des liberalen Katholizismus findet sich auch bei Jacques Gadille / Jean-Marie Mayeur, „Les milieux catholiques libéraux en France: continuité et diversité d'une tradition", in: Jacques Gadille (Hg.), *Les catholiques libéraux au XIXe siècle*. Actes du Colloque international d'histoire religieuse de Grenoble des 30 septembre–3 octobre 1971, Grenoble 1974, S. 185–207.

monde, appartenant à une race bien française et bien chrétienne"[178] vorstellt, präsentiert auch Delarc de Limagne als gute Christin und Patriotin:

> [...] en France nous avons présentement à nous régénérer par la conception chrétienne de la souffrance et par le mépris de la mort. Or, il me semble que ces deux grandes choses ressortent de chacune des pensées de Mlle de Limagne: savoir souffrir et mourir chrétiennement; toute sa vie est là, tel est l'enseignement de ce livre. (S. xxxiv–xxxv)

> [...] in Frankreich obliegt es uns zur Zeit, uns durch die christliche Auffassung von Leiden und Verachtung des Todes zu regenerieren. Mir scheint nun, daß diese zwei großen Dinge aus jedem Gedanken von Mlle de Limagne sprechen: zu leiden und christlich zu sterben wissen; ihr ganzes Leben ist darin beschlossen, das ist die Lehre dieses Buches.

Eine solche Opferbereitschaft erwartet Delarc auch von der Leserschaft. Die Veröffentlichung des Tagebuchs wird quasi zum Aufruf, dem Vorbild de Limagnes zu folgen:

> Qu'il me soit permis de l'envoyer [ce livre, S.G.], au nom de la chère morte, à tous ces amis inconnus, à toutes ces âmes [...] qui, sous le regard de Dieu, veulent apprendre à souffrir et mourir pour payer leur rançon et celle de leur pays. (S. xxxv)

> Es sei mir erlaubt, dieses Buch im Namen der teuren Toten an alle unbekannten Freunde, an alle Seelen zu schicken, die unter dem Blick Gottes lernen wollen zu leiden und zu sterben, um damit sich und ihr Land zu erlösen.

Aus der Fremdperspektive lassen sich solche Maximen und Appelle leicht formulieren. Was aber heißt es, wenn man sich selber in der Position des Opfers befindet? Wenn ein solches Schicksal nicht nur Gegenstand erbaulicher Lektüre, sondern Realität des eigenen Lebens wird? Hat die Wahrnehmung des kranken Körpers möglicherweise Auswirkungen auf das Selbstbild und das genuin schwindsüchtige Frauenbild? Und trägt sie dazu bei, daß in der Selbstdarstellung die von den vorgeformten christlichen Leitbildern beeinflußten Muster verändert werden?

4. Christlich krank sein: die Schwindsucht in de Limagnes Tagebuch und Korrespondenz

Wann de Limagne an der Schwindsucht erkrankte, ist weder dem Tagebuch noch der *Notice biographique* Delarcs zu entnehmen. Diese fehlende Präzision ist insofern wenig erstaunlich, als die Symptome der Schwindsucht in der ersten Krankheitsphase bekanntermaßen schwer zu fassen sind. Allerdings scheinen die evasiven Auskünfte des Abbé Delarc, der den Beginn der Krankheit in einem ‚imparfait' versteckt, das eben keinen genauen Zeitpunkt markiert, auch darin

---

[178] Cochin, *Récit d'une sœur*, S. 391. („Eine Dame von Welt, reiner französischer Herkunft und edler christlicher Gesinnung.")

begründet zu sein, daß es ihm weniger um eine Rekonstruktion der Krankheitsgeschichte zu tun ist als vielmehr um die Parallelisierung der Krankheit mit dem Krieg von 1870/71:

> Lorsque éclata la funeste guerre de 1870, Mlle de Limagne, qui commençait à lutter contre les premières atteintes de cette terrible maladie de poitrine, avait déjà renoncé à une partie de ses leçons et se retirait peu à peu dans cette solitude où, au milieu des souffrances et en face de la mort, elle devait se montrer si courageuse et si chrétiennement résignée. (S. xvii)

> Als der verhängnisvolle Krieg von 1870 ausbrach, hatte Mlle de Limagne, die bereits anfing, gegen die ersten Heimsuchungen dieser schrecklichen Lungenkrankheit zu kämpfen, schon auf einen Teil ihrer Unterrichtsstunden verzichtet und zog sich allmählich in jene Einsamkeit zurück, in der sie sich, inmitten der Leiden und im Angesicht des Todes, so mutig und christlich in ihr Geschick fügen sollte.

In dieser Parallelisierung von Krankheit und Krieg bleibt bewußt unklar, ob Leiden und Tod eher auf die Krankheit bezogen werden oder die Begleiterscheinungen des Krieges gemeint sind, der im übrigen tatsächlich einen Anstieg der Zahl der Schwindsuchtstoten zur Folge hatte,[179] und wie sich Mut und christliche Resignation auf die beiden ‚Feinde' verteilen. Dieser Kunstgriff läßt auf eine mythische Interpretation der Krankheit schließen, in dem Sinne wie Anne Hunsaker Hawkins das Konzept entwickelt. Demzufolge stellen solche Krankheitsmythen eine Form der Krankheitsbewältigung dar, bei der der Krankheit mittels metaphorischer Zuschreibungen ein Sinn zugesprochen wird. Diese Mythen reflektieren nicht nur die gemachte Erfahrung, sondern tragen auch zu ihrer Formung bei, d.h. sie haben sowohl repräsentierenden als auch konstruktiven Anteil an der Darstellung.[180] Die im angeführten Zitat auffälligerweise mit dem Attribut „terrible" versehene Krankheit als zu bekämpfender Feind ist dabei nur einer der Mythen, die Hunsaker Hawkins in den von ihr untersuchten Autopathographien als die Krankheitserfahrung strukturierend ausmacht.[181] Dieser Mythos weist besondere Nähe zu de Limagnes christlicher Auffassung des Lebens als „lutte persistante" (*Fragments*, S. 24) oder als „combat spirituel" (so der Titel eines Buches von Lorenzo Scupoli, das sie liest) auf und kann daher auch in ihrer Krankheitsdarstellung produktiv werden.

Im 1868 einsetzenden Tagebuch sind entgegen Delarcs Datierung von Beginn an Symptome wie Rückenschmerzen, Husten, Ohnmachten und Schwächegefühl verzeichnet, die mit ständig präsenten Gedanken über die Vergänglichkeit des Lebens und dem häufiger erwähnten Gefühl, das Leben sei am

---

179 Vgl. Dan Latimer, „Erotic Susceptibility and Tuberculosis: Literary Images of a Pathology", in: *MLN* 105 (1990), S. 1016–1031, hier: S. 1017.
180 Hawkins, *Reconstructing Illness*, 1999, S. 21.
181 Daneben können beispielsweise auch Vorstellungen von der Krankheit als Reise oder als Wiedergeburt zum Tragen kommen. Vgl. ebd., S. 28.

Entgleiten, einhergehen.[182] Die Insistenz, mit der dieses Thema wiederkehrt, läßt vermuten, daß die Diagnose der fast immer tödlich verlaufenden Schwindsucht bereits zu Beginn des veröffentlichten Tagebuchs gestellt worden ist oder daß de Limagne ihren Zustand zumindest erahnt. Ausdrücklich benannt wird die Krankheit erst von Mai 1871 an in der Korrespondenz, und zwar in einer Selbstverständlichkeit, die den Umstand als bekannt voraussetzt: „Ma maladie de poitrine a repris son cours."[183] (31.5.1871; S. 274) Der kritische Moment der Stellung und Übermittlung der Diagnose, dem die Ärzte bekanntlich viel Aufmerksamkeit widmen,[184] bleibt für den Leser also ebenso im Dunkeln wie deren Mitteilung an andere, beispielsweise die Freundin in England.

Zwar gewinnt die Schwindsucht in den täglichen Einträgen kaum Kontur, und die erwähnten Symptome beschränken sich auf wenig eindeutige Symptome wie Husten, Fieber, Schwäche, Schlaflosigkeit und Atemprobleme. Dennoch ist eine grobe Einteilung des Krankheitsverlaufs in Phasen möglich. Interessanter als eine gar nicht zu leistende exakte Rekonstruktion des tatsächlichen Krankheitsverlaufs sind dabei die verschiedenen Phasen des mentalen Umgangs damit, die hier anhand einzelner Themenkomplexe nachgezeichnet werden sollen. Dabei läßt sich aufzeigen, wie schwierig es ist, den Anforderungen christlicher Resignation, wie sie in den Fremddarstellungen immer wieder hervorgehoben wird, gerecht zu werden. Das läßt sich zum einen greifen in der Konzentration auf die seelische Verfassung und der weitgehenden Ausblendung der Körperdarstellung, wobei das Schreiben offensichtlich dazu beiträgt, eine mit christlichen Prämissen konforme Geisteshaltung erst zu erzeugen. Zum anderen manifestiert sich die Problematik des Sich-Einschreibens in christliche Diskursmuster ganz deutlich in dem Selbstopfer, das de Limagne angesichts der preußischen Belagerung von Paris anbietet, sowie in ihrer bewußten Vorbereitung auf das Sterben, in der sie sich bereits mit der Stilisierung zur ‚petite Sainte' auseinandersetzen muß. Beide Aspekte des Opfertodes machen deutlich, wie diese Art der ‚écriture de la consomption' als Versuch, dem eigenen Leiden einen Sinn zu geben, immer schon in vorgefertigten Diskursmustern verfangen ist.

---

182 „C'est donc vrai qu'à mesure que je sens la vie m'échapper, je m'y attache davantage!" (6.1.1868; S. 66); „Chose étonnante, plus je me sens faible et plus je m'attache à la vie, dont le vide m'apparaît cependant de tous les côtés." (29.1.1868; S. 68); „A quoi bon faire des projets que la mort dissipe si vite" (3.2.1868; S. 69); „Je médite sur la mort et l'éternité." (23.2.1868; S. 71)

183 „Meine Lungenkrankheit schreitet nun weiter fort." Weitere eindeutige Hinweise finden sich ausschließlich in der Korrespondenz: „la lésion trop réelle qui me déchire la poitrine" (1.10.1871; S. 279); „des variations de température si contraires aux faibles poitrines" (9.6.1872; S. 293); „ma poitrine est toujours mauvaise" (14.7.1872; S. 281).

184 Vgl. Grellet / Kruse, *Histoires de la tuberculose*, S. 54–59.

a) „Se résigner à être malade" – die Krankheit annehmen
(Januar bis Mai 1868)

Von Januar bis Mai 1868 erwähnt de Limagne immer wieder Schmerzen im Rücken, Husten und Schwächeanfälle.[185] So fällt sie etwa im Februar nach einem Messegang, zu dem sie ihren kranken Körper gezwungen hat, in Ohnmacht.[186] Es ist einer der vielen Versuche, den schwachen Körper durch Willenskraft zu überwinden, der dieses Mal allerdings scheitert. In der Folgezeit scheint sie ans Haus und zum Teil sogar ans Bett gebunden zu sein,[187] bevor sie im April die Arbeit wieder aufnimmt, wenn auch unter streng verordneter Schonung, die sie interessanterweise zur Ursache ihrer Erschöpfung umdeutet: „Je suis soumise à un régime reposant qui m'ereinte! On ne me permet de continuer mes leçons qu'à la condition expresse de parler bas, ce qui n'est pas toujours facile."[188] (Brief vom 17.4.1868; S. 238) Hinter dem „on" bleibt die anzunehmende ärztliche Autorität, gegen die de Limagne immer wieder aufbegehrt, in großer Anonymität verborgen. Oft führen solche gesundheitsschonenden Anweisungen aber auch zu Auseinandersetzungen mit der Mutter, die die Befolgung der Verordnungen zu gewährleisten hat.[189] Dem inneren Drang nach Verausgabung steht also immer wieder der verordnete Zwang zur Schonung gegenüber.

Die Folgen des Wissens oder Ahnens um die tödliche Krankheit zeigen sich in dieser Zeit deutlich. In den Briefen dominiert der Lebenswille, der auch mit der Sorge um die Mutter zusammenhängt.[190] Allerdings gerät er in Konflikt mit der Vorgabe der christlichen ‚résignation', die verlangt, den eigenen Willen völlig dem vermeintlichen Willen Gottes unterzuordnen. Das führt bereits im April 1868 dazu, daß in einem Brief beide Aspekte unvermittelt nebeneinander ste-

---

185 „J'ai toujours la même douleur dans le dos, et ma toux me fatigue." (6.1.1868; S. 66)
186 „J'ai recours à toute ma volonté pour aller à la messe; mais au retour j'ai un long évanouissement, au point de me croire à mourir." (9.2.1868; S. 70)
187 „Ma nuit a été tellement mauvaise que j'essaye en vain de me lever." (14.3.1868; S. 73); „Je suis privée d'aller à la messe, cela m'attriste." (15.3.1868; S. 73)
188 „Mir ist eine Schonkur verordnet, die mich erschöpft! Ich darf meine Stunden nur unter der ausdrücklichen Bedingung fortführen, daß ich leise spreche, was nicht immer einfach ist."
189 Besonders eklatant gilt das für einen während der Fastenzeit erfolgenden Opernbesuch, der als Zerstreuung ärztlich angeraten ist, von der Mutter jedoch nur unter Berufung auf den nötigen töchterlichen Gehorsam und die noch nicht erlangte Volljährigkeit durchzusetzen ist. Vgl. Brief vom 13.3.1869; S. 255.
190 Die weltlich orientierte Sorge um die Mutter verfolgt Joséphine de Limagne bis zu ihrem Sterben, wo das Lösen von der Mutter als letztes großes Opfer von ihr verlangt wird, wie ein in die *Notice biographique* eingeschobener Brief einer anwesenden Freundin berichtet: „Je crois que je vais mourir, dit Joséphine. Oui, mon enfant, répondit-il [l'abbé], offrez bien largement votre sacrifice, il est temps! Elle leva les yeux au ciel; puis, se tournant vers sa mère, elle ajouta: Mais ma mère! Il faut aussi l'abandonner à Dieu." S. xxvii.

hen: „Il faut que je vive pour ma pauvre mère; je voudrais accepter de bon cœur la volonté de Dieu quelle qu'elle soit."[191] (17.4.1868; S. 238)

Im Tagebuch hingegen dominiert der Versuch, sich gemäß christlichen Vorgaben dem Willen Gottes unterzuordnen und die Krankheit bereitwillig anzunehmen. Dabei soll die Lektüre von im engeren Sinne spiritueller Literatur helfen, wie etwa die Werke von San Alfonso de' Liguori (17.3.1868; S. 74), der *Combat spirituel* von Lorenzo Scupoli (13.8.1868; S. 94) und die *Imitation de Jésus-Christ*[192] (11.2.1871, S. 191), welche die Anforderungen einer Loslösung vom Irdischen und der bereitwilligen Annahme der Leiden in der Nachfolge Christi formulieren. Delarc nennt in seiner biographischen Vorstellung neben diesen aus dem 15. bis 18. Jahrhundert stammenden, im 19. Jahrhundert noch weit verbreiteten Werken das zeitgenössische Buch *La journée des malades, réflexions et prières pour le temps de la maladie* (1864) von Henri Perreyve als bevorzugte Lektüre de Limagnes (S. xxix). Aus diesen Schriften läßt sich der christliche Krankheitsmythos herauskristallisieren, mit dem sie sich in ihrem Schreiben auseinandersetzt.

In der christlichen Konzeption kann die Krankheit zugleich temporärer Rückzug von der Welt wie auch Reinigung und Strafe sein. Im ersten Fall bietet sie die Möglichkeit, sich von der ‚superbia vitae' freizumachen und den Blick auf das ‚wahre', sprich das vom Christentum angenommene Leben nach dem Tod zu richten: „La première grâce de la maladie est d'établir l'homme dans la retraite, et de l'avertir qu'il doit penser à la vie qui est la vraie vie."[193] Durch das ‚abattement' des Körpers in seiner ‚ardeur', die Demütigung, als welche die durch die Krankheit zerstörte Schönheit wahrgenommen wird, erlange die Seele ohne eigene Anstrengung die Gelegenheit zu Reflexion und Einsamkeit, werde sie aus dem „engourdissement de la chair", aus dem „pétillement de vie, de force et de jeunesse" befreit, könne sie aus ihrem „sommeil spirituel" erwachen.[194] Wird das mit der Krankheit verbundene Leiden angenommen, dann kann es nach christlicher Überzeugung zur Reinigung werden, das der Seele Frieden bringt[195] und den Weg zu Jesus Christus öffnet: „Acceptez la souffrance qui purifiera votre cœur, et, redressé dans la justice par l'expiation, ouvrez-le à la sainte intimité des

---

191 „Ich muß für meine arme Mutter leben; ich möchte von ganzem Herzen den Willen Gottes akzeptieren, was auch immer er sei."
192 Zu Autorschaft und Verbreitung der *Imitation de Jésus-Christ* vgl. Delumeau, *Le péché et la peur*, S. 31.
193 Perreyve, *La journée des malades*, S. 1. („Die erste Gnade der Krankheit ist, daß sie den Menschen zum Rückzug zwingt und ihn daran erinnert, daß er an das Leben denken muß, welches das wahre Leben ist.")
194 Ebd., S. 4–8.
195 Ebd., S. 43.

colloques de Jésus-Christ."[196] Die Annahme der Leiden setzt allerdings auch voraus, daß der Kranke sie als Strafe für seine Sünden anerkennt, wie Perreyve es in seinem *Confiteor* für Kranke vorgibt: „Je confesse à Dieu tout-puissant [...] que j'ai mérité par mes péchés les maux que je souffre aujourd'hui, et que la maladie dont je ressens les étreintes est le juste châtiment de mon ingratitude et de ma dureté."[197] Das Wichtigste im Umgang mit der Krankheit aber ist die völlige Unterordnung unter den mutmaßlichen Willen Gottes, die Perreyve ans Ende seiner Messe für die Kranken stellt:

> O Dieu, qui, nous enseignant à vous prier, nous avez appris à dire: *Père, que votre volonté soit faite*, mettez dans le fond de mon cœur le goût divin de cette parole, afin qu'abandonné désormais entre vos mains, je ne mette plus mon bonheur et mes espérances que dans l'accomplissement adoré de vos volontés éternelles. Ainsi soit-il.[198]

> O Gott, der du uns das Beten beigebracht hast und uns gelehrt hast zu sagen: *Vater, dein Wille geschehe*, gib in die Tiefe meines Herzens den göttlichen Geschmack an diesem Wort, damit ich, von nun an mein Schicksal in deine Hände legend, mein Glück und meine Hoffnungen nur noch in der verehrten Erfüllung deines ewigen Willens suche. Amen.

Der damit einhergehende Verzicht auf den eigenen Willen stellt sich für de Limagne als ein lange währender Kampf heraus: „Oui, je le sens de plus en plus, il ne suffit pas d'un élan pour atteindre au renoncement de soi-même! On n'y arrive qu'après une lutte persistante."[199] (*Fragments*, S. 24)

Weiterhin gilt das Leiden generell als Imitatio Christi, was im Fall der Schwindsucht wie schon erwähnt durch Jesusdarstellungen unterstützt wird, die die Auszehrung des als Gottessohnes Verehrten betonen.[200] Auch bei de Limagne ist eine solche Parallelisierung in ihren Eintragungen während der Passionszeit zu erkennen: „Je commence mon carême par une indisposition qui me fait penser à la mort, ma pensée de prédilection."[201] (26.2.1868; S. 71) Im folgenden äußert sie die Hoffnung, auf ihrem Kreuzweg nicht zurückzuweichen,[202] und

---

196　Ebd., S. 9. („Akzeptiert das Leiden, das euer Herz reinigt, und, durch die Buße wieder in der Gerechtigkeit aufgerichtet, öffnet es der heiligen Innigkeit der Gespräche mit Jesus Christus.")
197　Ebd., S. 42. („Ich bekenne dem allmächtigen Gott, daß ich durch meine Sünden die Übel verdient habe, die ich heute erleide, und daß die Krankheit, deren Würgegriff ich verspüre, die gerechte Strafe für meine Undankbarkeit und meine Härte ist.")
198　Ebd., S. 44.
199　„Ja, ich fühle es immer mehr, eine Anstrengung reicht nicht aus, um zum Selbstverzicht zu gelangen! Man erreicht ihn erst nach einem dauernden Kampf."
200　Albert, *Le sang et le Ciel*, S. 100.
201　„Ich beginne meine Fastenzeit mit einer Unpäßlichkeit, die mich an den Tod denken läßt, mein Lieblingsgedanke."
202　„[...] j'espère ne pas reculer dans le chemin royal de la sainte Croix!" (29.3.1868; S. 77)

formuliert am Karfreitag in einem gebetsartigen Eintrag ihre Absicht, in der Nachfolge Jesu alle Leiden anzunehmen:

> Oui, mon divin Crucifié, [...] à votre suite je veux accepter pleinement toutes les croix qu'il vous plaira de m'envoyer: vous avez connu toutes les souffrances, vous avez connu l'ennui, l'abandon, je les accepte à mon tour et m'appuie sur votre couronne d'épines pour m'aider à les porter. (10.4.1868; S. 79)
>
> Ja, mein göttlicher Gekreuzigter, [...] in deiner Nachfolge will ich alle Kreuze annehmen, die es dir gefällt, mir zu schicken; du hast alle Leiden gekannt, du hast die Sorge, das Verlassensein gekannt, ich nehme sie meinerseits an und stütze mich auf deine Dornenkrone, daß sie mir helfe, jene Leiden zu tragen.

Zu Ostern ist diese Thematik verständlicherweise besonders präsent,[203] aber auch zu anderen Zeiten versucht de Limagne, den durch die christliche Religion bedingten Vorgaben gerecht zu werden, etwa durch affirmatives Wiederholen der theologischen Maximen: „C'est une grâce que Dieu nous ait envoyé la souffrance."[204] (14.3.1868; S. 73) Im Zusammenhang mit einer schweren Nacht erfolgt die oben schon zitierte Einsicht, sich in das Schicksal der Krankheit fügen zu müssen, die zugleich mit Gedanken an den Tod einhergeht: „Il faut me résigner à être malade. [...] Je médite sur la mort."[205] (14.3.1868; S. 73) In diesem Zusammenhang greift de Limagne zu den Werken von Alfonso de' Liguori (1696-1787), des italienischen Begründers der Redemptoristen, dessen Werke sich im 19. Jahrhundert in Frankreich großer Verbreitung erfreuen.[206] Unter dem Einfluß dieser Lektüre betrachtet sie das Leben zunehmend als Schatten, Illusion und Chimäre (20.3.1868; S. 75) und sieht sich allmählich auf dem Weg der Lösung vom Irdischen: „[...] il me semble avoir fait quelques pas dans la voie du détachement. [...] Les promesses de l'avenir me laissent de plus en plus indifférente."[207] (21.3.1868; S. 74)

Der Gedanke an den Tod muß einer guten Christin ständig präsent sein. Regelmäßige Vorbereitung auf diesen wichtigen Moment, der letztlich über

---

203 Am Ostersonntag findet sich folgender Eintrag : „Mon Seigneur glorieux et ressuscité, je n'oublie aujourd'hui même ni vos souffrances ni votre mort, car je veux souffrir avec vous pour partager un jour votre gloire et la contempler." (12.4.1868; S. 80)

204 „Es ist eine Gnade, daß Gott uns das Leiden geschickt hat."

205 „Ich muß mich darein fügen, krank zu sein. [...] Ich meditiere über den Tod."

206 Davon zeugen z. B. 1241 Einträge von französischen Übersetzungen im Katalog der Bibliothèque Nationale de France. Vgl. auch Delumeau, Le péché et la peur, S. 395. De Limagne benennt nicht genau, was sie liest; da sie aber die „méditations sur nos fins dernières" hervorhebt (17.3.1868; S. 74), ist an einen Titel wie Alphonse de Liguori, Nouveau Pensez-y bien, très pieuses considérations sur les fins dernières et la Passion de Jésus-Christ pour tous les jours de la semaine, Laval 1862 zu denken, der im Vorwort auch als „ces méditations" bezeichnet wird.

207 „[...] ich glaube einige Schritte auf dem Weg der Loslösung gemacht zu haben. [...] Die Versprechungen der Zukunft lassen mich mehr und mehr gleichgültig."

das Seelenheil entscheidet,[208] ist daher von großer Bedeutung und gehört für de Limagne zu einem ‚règlement', wie es Mädchen in der Regel aus Anlaß ihrer Erstkommunion niederschreiben: „Tous les premiers vendredis du mois, je ferai la préparation à la mort."[209] (*Fragments*, S. 6) Dieser Vorbereitung zum Tode dienen die *Pensez-y bien* und die *Préparations à la mort*, die besonders seit dem Ende des 17. Jahrhunderts und bis um 1900 florieren. Der Gedanke an den Tod, der in seiner ganzen abschreckenden Materialität vorgestellt werden soll – auch der noch bei Dupanloup als Autorität in der Mädchenerziehung geltende Fénelon insistiert in seinem Werk *L'Éducation des filles* (1687) eindrücklich darauf –, kann dann als Mittel dienen, die Gewalt der Leidenschaften zu bekämpfen und so zum ‚détachement' von irdischen Angelegenheiten und zum Heil der Seele beizutragen.[210]

Allerdings sind in de Limagnes Tagebuch wiederholt Einträge zu finden, die zeigen, daß diese Anforderungen in einem Kontext, wo der Tod real vor Augen steht, nicht so leicht umzusetzen sind: „Est-ce maladie ou tentation? mais la pensée de la mort me tourmente à un degré que je n'ai jamais ressenti. Cette pensée que je trouvais douce me fait horreur à présent et m'ôte jusqu'au sommeil."[211] (25.3.1868; S. 76) Zwar findet sich auch, vor allem im Zuge der österlichen Begeisterung, eine Exaltiertheit, die sie das Ende nicht nur des eigenen Lebens, sondern gleich der Welt freudig begrüßen läßt: „Je suis un peu folle peut-être, mais j'aimerais à [sic] voir cela, surtout Notre-Seigneur apparaissant avec sa croix!"[212] (9.4.1868; S. 79) Generell aber empfindet de Limagne, was für eine kranke junge Frau ganz natürlich erscheint, sowohl Angst vor dem Tod als auch Faszination für das Leben. Christlichen Begriffen zufolge ist das jedoch als ‚superbia vitae' zu verurteilen, und sie sieht sich vor die Aufgabe gestellt, sich davon frei zu machen: „je tâche [sic] de me distraire de la terreur de la mort et

---

208 „[…] la plus dangereuse journée sera la dernière; parce que quiconque se laissera vaincre en ce tems-là [sic], n'aura plus d'esperance [sic] de salut." Lorenzo Scupoli, *Le combat spirituel*, traduit nouvellement de l'Italien par le R. Père Brignon de la Compagnie de Jésus, Bruxelles 1709, S. 298. Das Werk wird hier nach dieser französischen Übersetzung zitiert, die auch im 19. Jahrhundert noch aufgelegt wird, etwa: Tours 1865.
209 „Jeden ersten Freitag im Monat werde ich mich auf den Tod vorbereiten."
210 Vgl. dazu Delumeau, *La péché et la peur*, S. 389–399. Ähnlich wirkt ja auch der Anblick der verwesenden Leiche Marguerite Gautiers auf Duval, durch den er sich seiner Verfallenheit an die irdische Sinnlichkeit bewußt wird, was schließlich den Prozeß des Erzählens auslöst.
211 „Ist es Krankheit oder Versuchung? Aber der Gedanke an den Tod quält mich in einem Maße, wie ich es nie gekannt habe. Dieser Gedanke, den ich sanft fand, verursacht mir jetzt Schrecken und raubt mir sogar den Schlaf."
212 „Vielleicht bin ich ein wenig verrückt, aber ich würde das gerne sehen, unseren Herrn, der mit dem Kreuz erscheint."

de la fascination de la vie, qui luttent tour à tour dans mon cœur."²¹³ (30.6.1868; S. 86f) Dieses Hin- und Hergerissensein zwischen dem Lebenswillen und dem bis zu ihrem Tode immer wieder zu leistenden Versuch, den Tod als Segen und Erlösung zu betrachten, ist gleichzeitig als Konflikt zwischen Weltverhaftetheit und Gottbezogenheit lesbar, der de Limagne die ganze Zeit ihrer Krankheit über begleitet und der sich auch in ihrem Verhältnis zum Reisen spiegelt.

b) Imaginäre Reisen als Fenster zur Welt (Sommer 1868)

Im Gegensatz zu Pauline de Beaumont, für die ihre Krankheit auf den durch diese bedingten Reisen ein schutzloses Ausgeliefertsein im Exil bedeutet, stellt das Reisen für de Limagne keine belastende Realität, sondern einen imaginären Fluchtpunkt dar. Die immer wieder aufs Neue geschmiedeten Reisepläne verheißen ihr im Modus des von den Unannehmlichkeiten realer Reisen freien „voyager en rêves" den Ausbruch aus dem Eingesperrtsein im häuslichen Krankenzimmer, als das sie die Schwindsucht erlebt.

Nachdem im Sommer 1868 eine leichte Besserung einzutreten scheint, werden sogleich Reisepläne gemacht, die de Limagne hoffnungsvoll stimmen:

> Projet d'un voyage à Baden²¹⁴; il doit faire bon y aller en ce moment! cela me tente un peu, les voyages, je ne vois rien de plus agréable; la portière du wagon qui nous emporte, c'est une fenêtre qui s'ouvre sur le monde. (7.7.1868; S. 88)

> Plan einer Reise nach Baden; es muß angenehm sein, jetzt dort hinzufahren! Das Reisen verlockt mich, ich kann mir nichts Schöneres denken; die Tür des Waggons, der uns fortträgt, ist ein Fenster, das sich auf die Welt hin öffnet.

Die Reise als Fenster zur Welt erhält in diesem überwiegend spirituellen Tagebuch eine doppelte Bedeutung. Sie steht für das Entkommen aus dem Krankenzimmer, jenem Ort, der quasi zur Kapelle umfunktioniert wird und Eingeschlossensein und Weltabkehr symbolisiert.²¹⁵ Damit stellt sie erstens eine Hinwendung zur Welt dar und spiegelt die Verlockung wider, die davon aus-

---

213 „Ich versuche, mich dem Schrecken des Todes und der Faszination des Lebens zu entziehen, die abwechselnd in meinem Herzen kämpfen."

214 Welches Baden hier gemeint ist, läßt sich nicht erkennen. Wahrscheinlicher als einer der bekannten Kurorte (Baden bei Wien, oder Baden in Baden) wäre Baden in der Bretagne, denn die einzige wirklich stattfindende Reise führt später in die Normandie.

215 Am Ende ihrer Krankheit, als sie das Zimmer nicht mehr verlassen kann und, sehr zu ihrem Leidwesen, auf Messen und Gottesdienste verzichten muß, betet de Limagne vor den Photographien von Jesus und Maria, die ihr Zimmer schmücken: „Plus je regarde les photographies de Notre-Seigneur et de la sainte Vierge, plus je les trouve belles. Je fais ma prière devant elles pour m'exciter davantage à la dévotion." (13.12.1872; S. 232) Vgl. zur angeratenen Ausgestaltung des Krankenzimmers auch Perreyve, *La journée des malades*, S. 95–103.

geht. Zweitens steht sie, als gerade für die Schwindsucht besonders angeratene Therapieform, auch für den Wunsch nach Heilung und kann als solcher auch als Flucht vor Krankheit und Tod gelten. Selbstverständlich ist auch im Christentum der Wunsch nach Heilung von einer Krankheit legitim, ja sogar eine Verpflichtung, um den Aufgaben im Diesseits nachzukommen,[216] aber er darf nicht in der Angst vor den Leiden begründet sein. In einem späteren Eintrag reflektiert de Limagne selbst ihre Fluchtansätze, die sie letztlich auf die Schwäche des Fleisches, das sich den Leiden entziehen will, zurückführt: „Dans un temps j'ai pu désirer ardemment m'éloigner *d'ici* temporairement, c'était la nature qui se révoltait devant la souffrance et la voulait fuir."[217] (29.1.1870; S. 158)

Nach dem Scheitern der Reisepläne äußert de Limagne resigniert: „Au lieu de lire les journaux en chemin de fer, je repasse mon journal de l'année dernière et je m'examine sur mes dispositions actuelles."[218] (30.7.1868; S. 90) An die Stelle der Reise als Fenster zur Welt tritt also das Tagebuch, womit die Selbstbezogenheit an die Stelle der Weltzugewandtheit tritt, an die Stelle der Zerstreuung die strenge Gewissensprüfung, die allerdings ihrerseits mit den Gefahren des ‚amour-propre' behaftet ist. Doch das Tagebuch gibt auch die Möglichkeit zu imaginären Ausflügen und erlaubt es seinerseits, ein Fenster zur Imagination zu öffnen. In einem recht elaborierten, undatierten Fragment beschreibt de Limagne sich selbst als am realen Fenster stehend, um imaginär den Ausbruch aus dem der Krankheit geschuldeten Eingesperrtsein zu vollziehen:

> Le temps est triste ce matin; la pluie qui tombe m'oblige à rester au logis, car je crains de raviver cette vilaine toux qui s'obstine à ne pas me dire un adieu définitif. Le front collé contre ma fenêtre, je regarde à plusieurs reprises si quelque éclaircie ne se produit pas dans le ciel, mais mon œil a beau parcourir l'horizon, pas le moindre petit coin bleu ne se montre, les gros nuages se succèdent comme les charges incessantes d'une armée sans fin. Il faut donc se résigner et s'orienter pour la journée *at home*. Mais aujourd'hui j'étais décidément affamée de soleil; ma pensée, traversant ces vilains nuages qui me cachent sa lumière, se reporte vers ces horizons supérieurs souvent décrits par les aéronautes. Ne racontent-ils pas que, lorsque leur nacelle a traversé la couche de nuages recouvrant la terre, leurs yeux sont éblouis et leur âme remplie d'admiration à la vue des rayons du soleil dorant la crête des nuages ou se jouant dans les innombrables vallées formées par des montagnes vaporeuses? Au moment où j'écris, pareille scène se passe

---

216 „Lors donc que la maladie menace de rendre votre corps inutile au service de Dieu et incapable de satisfaire aux devoirs de votre vocation, il est juste, il est sage, il est digne de Dieu de consacrer tous vos soins à rendre à ce corps les forces sans lesquelles vous ne sauriez accomplir vos devoirs." Ebd., S. 160.

217 „Zu einer gewissen Zeit habe ich brennend wünschen können, mich vorübergehend von *hier* zu entfernen; das war die Natur, die gegen das Leiden aufbegehrte und es fliehen wollte."

218 „Anstatt in der Eisenbahn Zeitungen zu lesen, gehe ich mein Tagebuch des letzten Jahres durch und prüfe mich bezüglich meiner jetzigen Verfassung."

au-dessus de ma tête; mais où sont les ailes qui me permettraient d'aller la contempler? (*Fragments*, S. 20f)

Es ist tristes Wetter heute morgen; der beständig fallende Regen zwingt mich, zu Hause zu bleiben, da ich fürchte, sonst diesen niederträchtigen Husten wieder zu beleben, der sich hartnäckig weigert, sich endgültig zu verabschieden. Die Stirn ans Fenster gedrückt, schaue ich immer wieder, ob nicht irgendwo am Himmel eine Aufhellung zu sehen ist, aber vergebens durchläuft mein Auge den Horizont, nicht das kleinste Zipfelchen Blau zeigt sich, die dicken Wolken folgen aufeinander wie nicht enden wollende Angriffe einer endlosen Armee. Ich muß mich also darein fügen und mich auf einen Tag *at home* einstellen. Aber heute war ich entschieden sonnenhungrig; meine Gedanken durchqueren die niederträchtigen Wolken, die mir das Licht verstecken, und wenden sich den höheren Schichten zu, die von den Aeronauten oft beschrieben werden. Erzählen sie nicht, daß, wenn ihre Luftgondel einmal die erdumhüllende Wolkenschicht durchstoßen hat, ihre Augen geblendet sind und ihre Seele von Bewunderung erfüllt ist beim Anblick der Sonnenstrahlen, welche die Gipfel der Wolken golden erscheinen lassen oder mit den unzähligen, aus den dunstigen Gebirgen gebildeten Tälern spielen? Während ich schreibe, spielt sich eine solche Szenerie über meinem Kopf ab; aber wo sind die Flügel, die es mir erlauben würden aufzusteigen, um sie zu betrachten?

Die Passage verdeutlicht, daß de Limagne mit Körper und Seele nach draußen orientiert ist, ohne sich von den Einschränkungen lösen zu können, denen sie in ihrem Zimmer unterliegt. Die Stirn ans Fenster geklebt und dem Blick bis zum Horizont schickend, gelingt es ihr nicht, auch nur das kleinste Zipfelchen blauen Himmels ausfindig zu machen. Der erforderlichen Resignation setzt sie jedoch mit einem starken „mais" ihren Hunger nach der Sonne entgegen und beginnt in Gedanken, hierin den Aeronauten gleich, die mit Beginn der Luftschiffahrt seit Ende des 18. Jahrhunderts die der Menschheit lange Zeit gesteckten Grenzen der Bindung an die Erde überschritten haben, die dicke Wolkenschicht zu durchbrechen und zum Glanz der Sonne vorzudringen. An die Stelle des Schweifens in die Weite, dem es nicht gelingt, den Horizont des Sichtbaren zu überschreiten, tritt also die vertikale Orientierung nach oben, die zumindest gedanklich erfolgreich ist, wenn auch die fehlenden Flügel den Aufstieg des Körpers in solche Höhen verhindern. Eine symbolische Deutung der Sonne als Glanz Gottes läge hier nahe, wird aber erst im späteren Verlauf vorgenommen. De Limagne, die den Raum über den Wolken den Aeronauten zuspricht, bleibt mit ihrer Beschreibung zunächst im Diesseits verhaftet. Dabei steht die Sonne in erster Linie für das Verlassen des Zimmers, das bei gutem Wetter möglich wäre, und somit für den Ausbruch aus dem krankheitsbedingten Eingesperrtsein.

Mit der über das gemeinsame Attribut „vilains" („niederträchtig") erfolgenden Parallelisierung von Wolken und Husten wird dieses Verlangen noch deutlicher. So wie die Wolken das Licht der Sonne verdecken, verdeckt der Husten durch den Zwang, im Haus zu bleiben, gewissermaßen das Licht der Welt. Es ist der Wunsch nach einem Durchbrechen der Krankheit, das in dieser Passage zum Ausdruck kommt, das aber durch den flügellosen Körper, der den des Fliegens fähigen Gedanken nicht folgen kann, verhindert wird. De Limagne formuliert hier letztlich den Wunsch nach einem Überschreiten der Grenzen der eigenen Existenz, die Befreiung vom Körper. Dies scheint hier jedoch weniger ein Sehnen nach dem Tod zu bedeuten als vielmehr die Thematisierung der mit dem Körper verbundenen Schwerfälligkeit und die Befreiung davon in der Imagination. In der Fortsetzung der Passage wird die anfangs dem Wetter zugeschriebene Traurigkeit auf die eigene Seele übertragen, über das nachtschwarze Einwickeln des Herzens mit der Melancholie assoziiert, die dann als das Element erscheint, das den Nachvollzug des Aufstiegs in die Höhe unmöglich macht.[219] Die Wolken jedoch erscheinen dabei als letztlich unerheblich, weil sie die Präsenz der nun mit Gott parallelisierten Sonne nur zeitweise verbergen, sie aber nicht vernichten können. Die Wendung zu Gott führt schließlich zur Bitte um die Befreiung von solcher Melancholie: „Seigneur, faites qu'au milieu des orages, à travers les ténèbres de la vie morale, je ne perde jamais le sentiment de votre présence, ô divin soleil des âmes."[220] (Ebd.) Das eng mit der Krankheit verbundene Thema von Melancholie und Imagination wird also im Kontext räumlicher Einsperrung besonders virulent und an das imaginäre Reisen gebunden.

Mit ihrer Träumerei am Fenster verstößt de Limagne allerdings eindeutig gegen die Anweisungen für Kranke, die Perreyve in seinem Ratgeber erteilt:

[...] au lieu d'appuyer votre front sur la vitre de la fenêtre, et de rêver avec une ardeur fiévreuse au plaisir qu'il y aurait de courir loin d'elle [de la chambre, S.G.] au dehors: croyez-moi, restez amis; cette chambre vous aimera si vous l'aimez.[221]

[...] anstatt die Stirn gegen das Fenster zu drücken und mit fiebernder Hitze von dem Vergnügen zu träumen, daß es wäre, weit weg von ihm [dem Zimmer, S.G.] nach draußen zu gehen: Glaubt mir, bleibt Freunde; dieses Zimmer wird euch lieben, wenn ihr es liebt.

Das Träumen am Fenster ist also nicht nur verboten, weil es eine Form der Weltzugewandtheit darstellt, die der oder die Kranke vermeiden sollte, es ist auch gefährlich, weil es eine ‚ardeur fiévreuse' beinhaltet. Diese ist bei de Limagne, deren Reiseverlangen sich zu einem wahren Fieber auswächst, immer wieder zu erkennen: „[...] j'éprouve le désir de voyager n'importe où, pourvu que je change de lieu, de site. [...] j'ai une sorte de fièvre de voir, de m'en aller loin...."[222]

---

219 „[...] la tristesse causée par les âpretés de la vie envahit le cœur de l'homme et l'enveloppe comme d'une nuit noire." *Fragments*, S. 21.
220 „Herr, mach, daß ich inmitten der Stürme, in der Düsternis meiner Stimmungen niemals das Gefühl deiner Gegenwart verliere, o göttliche Sonne der Seelen."
221 Perreyve, *La journée des malades*, S. 97.
222 „[...] ich verspüre ein Verlangen zu reisen, egal wohin, wenn ich nur den Ort, die Gegend wechsle. [...] ich habe eine Art Fieber zu sehen, weit weg zu gehen."

(8.6.1868; S. 85) Die hier zutage tretende Leidenschaftlichkeit, die Welt zu sehen, bei der das Fieber als typisches Schwindsuchtssymptom auf den Wunsch nach einer Flucht vor der Krankheit übertragen wird, kann als Reaktion auf die ihr durch den kranken Körper auferlegte Einschränkung in der Bewegungsfreiheit verstanden werden. Für Perreyve jedoch, der das Krankenzimmer als Ort weltabgeschiedener Zurückgezogenheit und ungestörter Hingabe an fromme Meditation anpreist, wird schon der Blick aus dem Fenster zum Indiz für den nicht aufgegebenen Weltbezug und für die fehlende Bereitschaft sich auf den durch die Krankheit ermöglichten Rückzug auf das Heil der Seele einzulassen. Jedoch ist sich auch de Limagne, die ihre Krankheit vorwiegend als Einengung ihrer Bewegungsfreiheit und als Reklusion erlebt, der Gefahren krankheitsbedingter körperlicher Untätigkeit und daraus hervorgehender unmäßiger Tätigkeit der Imagination in allen ihren Spielarten wohl bewußt.

c) Spleen, Melancholie und ,langueur': die Gefahren der ,inaction' (August bis Dezember 1868)

Das Thema der ,inaction' wird im Tagebuch um so präsenter, je schwächer der Körper wird. Im August und September 1868 mehren sich die Erwähnungen von körperlicher Schwäche, die sich in Schlaflosigkeit und Bettlägerigkeit manifestieren.[223] Bis in den Dezember hinein ist ein ständiger Kampf gegen den kranken Körper zu beobachten, der die Kranke aber noch nicht dauernd an das Bett zu fesseln scheint. Das Verhältnis von Aktivität und den seelischen Gefahren der gesundheitlich angeratenen Inaktivität nimmt daher breiten Raum ein. Durch ihre Lektüren hat de Limagne Vorbilder vor Augen, die sich entgegen den Ratschlägen der Ärzte gerade nicht schonen, so etwa jene Sœur Rosalie, die Perreyve in *La journée des malades* anführt:

> On défendait un jour à la sainte et admirable sœur Rosalie, déjà malade, de sortir pour visiter ses pauvres: « Mes enfants, dit-elle aux jeunes sœurs qui l'entouraient, laissons les médecins faire leur métier, et nous, faisons le nôtre! »[224]

> Eines Tages wurde der heiligen und bewunderswürdigen Schwester Rosalie, die schon krank war, verboten, das Haus zu verlassen, um die Armen zu besuchen. „Meine Kinder", sagte sie zu den jungen Schwestern, die sie umgaben, „lassen wir die Ärzte ihren Beruf machen, und machen wir den unseren!"

Ähnlich verhält sich auch de Limagne, wenn sie davon profitiert, daß ihre Mutter sie nicht kräftig genug für mondäne Neujahrsbesuche hält, um ihrerseits

---

223 „La nuit m'est douce, bien que sans sommeil" (août 1868; S. 92); „je souffre beaucoup du cœur." (13.8.1868; S. 94); „Je suis souffrante et obligée de me coucher une partie de l'après-midi. [...] J'ai des insomnies pénibles." (12.9.1868; S. 99)
224 Perreyve, *La journée des malades*, S. 161f.

Krankenbesuche zu machen.²²⁵ Dabei zeigt sich immer wieder die Befriedigung, den kranken Körper zur Arbeit gezwungen zu haben: „Si j'avais écouté mon corps paresseux, je serais restée au lit toute la journée. Je tâche de prendre le dessus et ne m'en repens pas."²²⁶ (10.8.1868; S. 94) Diese Einstellung verdankt sich nicht zuletzt Perreyves *La journée des malades*, wo das Zusammenspiel von Körper und Seele als ein Krieg dargestellt wird,²²⁷ in dem es gilt, dem Körper auf keinen Fall das Übergewicht einzuräumen: „Plus d'hommes sont éloignés des œuvres d'esprit par le poids exagéré de la chair que par la souffrance."²²⁸ An späterer Stelle wird de Limagne sogar die Bändigung des Fleisches zur Reinigung des Geistes fordern „[…] c'est en matant la chair insoumise que l'esprit s'épure et en domptant les tendances d'en bas qu'on acquiert la vraie liberté, celle des enfants du Christ."²²⁹ (25.10.1870; S. 179); vielleicht weil sie ihren eigenen Geist als „esprit rebelle" begreift, welcher der Imagination zuviel Raum bietet (22.9.1868, S. 100).

Die dem schwachen Körper abgerungene Arbeit wird daher einerseits und in Übereinstimmung mit Perreyve zu einem Mittel gegen Müdigkeit und Traurigkeit, was ein Bewußtsein für das Zusammenspiel von ‚physique' und ‚moral' erkennen läßt. De Limagne verläßt das Haus weiterhin um sieben Uhr morgens, um Stunden zu geben,²³⁰ und läßt in einer ganzen Reihe von Einträgen im November und Dezember erkennen, daß die Verausgabung ihr als ein Ausweg aus den Gefahren der ‚inaction' und des müßigen Träumens erscheint. Die Verausgabung der physischen Kräfte wird so zur psychischen Notwendigkeit: „Plus que jamais l'inaction me serait fatale!... Il me faut du travail, de l'activité; j'ai besoin de dépenser mes forces."²³¹ (8.12.1868; S. 118) Allerdings beinhaltet

---

225 „Ma mère ne me trouve pas assez vaillante pour l'accompagner dans ses visites; je reste donc *at home* et j'emploie mes loisirs à aller souhaiter la bonne année à quelques pauvres malades." (1.1.1870; S. 153f)
226 „Wenn ich auf meinen trägen Körper gehört hätte, wäre ich den ganzen Tag im Bett geblieben. Ich versuche, die Oberhand zu gewinnen, und es gereut mich nicht." Vgl. auch: „Corporellement parlant, je ne vaux rien, néanmoins je prends le dessus et, comme à l'ordinaire, je n'en suis pas fâchée." (2.12.1868; S. 117)
227 „[…] la grande guerre qui divise le corps et l'esprit." Perreyve, *La journée des malades*, S. 89.
228 Ebd., S. 89 („Viele Menschen werden von den geistigen Werken mehr durch das übertriebene Gewicht des Fleisches als durch das Leiden abgehalten.").
229 „[…] indem man das ungehorsame Fleisch bändigt, reinigt sich der Geist, und indem man die niederen Neigungen bezähmt, gelangt man zu wahrer Freiheit, jener der Kinder Christi."
230 „Le travail ne chôme pas pour moi : il me faut partir dès sept heures du matin […], car je donne ma première leçon à huit heures précises." (Brief vom 16.11.1868; S. 243)
231 „Mehr als je zuvor wäre Untätigkeit fatal für mich!... Ich brauche Arbeit und Tätigkeit; ich muß meine Kräfte verausgaben." Vgl. auch: „Ne craignez pas non plus pour ma santé : d'abord l'activité me vaut mieux que l'inaction, car ce dernier état me mènerait tout droit au spleen." (24.11.1868; S. 245)

die Verausgabung, die zur Überwindung des Müßiggangs beitragen kann, auch die Gefahr einer Übersteigerung, die auf einen Mangel an Mäßigung schließen läßt:

> J'ai cependant bien travaillé aujourd'hui; le soir pendant mes deux heures et demie de cours, je prends des notes sans désemparer... je reviens éreintée. Dans mon examen de conscience, je me reproche d'avoir l'intempérance du zèle. Oui, je suis intempérante au travail, comme en pas mal d'autres choses. (9.12.1868; S. 119)

> Dennoch habe ich heute gut gearbeitet, abends während der zweieinhalb Stunden Vorlesung schreibe ich ununterbrochen mit... ich komme völlig erschöpft nach Hause. In meiner Gewissensprüfung werfe ich mir die Unmäßigkeit meines Eifers vor. Ja, ich bin unmäßig bei der Arbeit, wie auch bei so manch anderen Dingen.

In ihren Versuchen, dem kranken Körper die nötige Arbeit abzuringen, schwankt de Limagne also immer zwischen einem Zuviel und einem Zuwenig, zwischen Leidenschaft und Ermattung (,langueur'). Sie reproduziert damit, wie schon Pauline de Beaumont, das im Krankheitsbild der Schwindsucht angelegte Schwanken zwischen Polen des Extremen, welches das rechte Maß stets verfehlt.

Ein Zuviel an Leidenschaft manifestiert sich beispielsweise in einem Eintrag aus dem Monat Mai, in dem sie die Heilige Jungfrau bittet, das Feuer ihres Herzens zu temperieren: „[...] je suis effrayée de me voir aussi passionnée. Je vous appelle à mon aide, très-sainte Vierge, pour tempérer le feu de mon cœur."[232] (19.5.1868; S. 83) Diese brennende Leidenschaftlichkeit ist wie die Verausgabung eng mit dem Konnotationspotential der Schwindsucht und einer Intensivierung der Lebenskräfte verbunden, wird aber von de Limagne für gefährlich gehalten.[233] Die Leidenschaft ist Thema einer der wenigen Passagen, in der eine Selbstwahrnehmung des Körpers beschrieben wird: „J'ai senti vingt fois mon sang refluer vers mon cœur, et la passion remuer mon être."[234] (4.8.1868; S. 92) Als Bremse kann sie nur Gott entgegensetzen: „C'est le frein invincible qui s'oppose à la fougue de mon caractère."[235] (Ebd.) De Limagne ist also in einer Bekämpfung der Leidenschaften begriffen, wie sie der Theatiner Lorenzo Scupoli (1530–1610) in seinem *Combat spirituel* predigt, den de Limagne liest, um nicht nur ihren Körper, sondern auch ihre Seele zu pflegen.[236] Scupoli begreift

---

232 „Ich bin über meine Leidenschaftlichkeit erschrocken. Ich rufe dich um Hilfe an, heilige Jungfrau, um das Feuer meines Herzens zu mäßigen."
233 Auch im Fall der Musik fürchtet sie die damit verbundene Leidenschaft: „ J'étudie beaucoup mon piano, [...] la musique [...] deviendrait une passion pour moi, si je m'y laissais aller. Parfois je suis tentée d'y renoncer complètement." (27.10.1868; S. 106f)
234 „Ich habe zwanzig Mal gefühlt, wie mein Blut zum Herz zurückströmte und die Leidenschaft mein Wesen aufwühlte."
235 „Er ist die unbezwingliche Bremse, die sich dem stürmischen Drang meines Charakters entgegensetzt."
236 „Je lis et médite un chapitre du *Combat spirituel*, car si je laisse soigner mon corps, je dois penser à mon âme..." (13.8.1868; S. 94)

die Sorge um das Seelenheil als einen das ganze Leben währenden Kampf und steigert die Metaphorik des ‚combat' bis hin zur ‚guerre', die gegen die ‚passions déréglées' zu führen sei.[237]

Als Problem der Mäßigung erscheint bei de Limagne aber nicht nur die überhandnehmende ‚passion', sondern auch die fehlende, wie sie in einem undatierten Fragment beklagt:

> Quelle est donc cette langueur qui me fait craindre de n'être plus susceptible d'aucun intérêt ni d'aucune passion [...] ne serai-je jamais de ces âmes qui, suivant une belle parole, séparées des besoins de cette chair pesante, parviennent enfin à cette exaltation sublime qui s'appelle folie dans le monde, et suprême sagesse dans l'éternité? (*Fragments*, S. 54)

> Was ist das für eine Ermattung, die mich fürchten läßt, für kein Interesse, keine Leidenschaft mehr empfänglich zu sein... werde ich niemals zu diesen Seelen gehören, die, einem schönen Wort zufolge, von den Bedürfnissen des schweren Fleisches gelöst, endlich zu dieser sublimen Exaltiertheit gelangen, die in der Welt Wahn heißt und höchste Weisheit in der Ewigkeit?

Das Fehlen der ‚passion' wird also zur ‚langueur', was an den anderen Pol der Schwindsucht, das Erschlaffen der Kräfte in der romantischen ‚maladie de langueur' anschließt. Die damit verbundene Indifferenz, die sich auch hinter der gewissenhaften Pflichterfüllung verbergen kann, bezeichnet de Limagne als ‚spleen moral' (*Fragments*, S. 29 und Mai 1869; S. 130). Denn in der Hingabe an christliche Pflichten ist Indifferenz nicht erlaubt, in diesem Fall sind ‚ardeur' und ‚passion' gefordert.[238] De Limagne verortet sich in der zitierten Passage, und das nicht zum ersten Mal, auf der Seite derer, die aufgrund des ‚schweren Fleisches' zur mystischen Exaltation nicht fähig sind.

Allerdings sind auch hiervon Ausnahmen zu erkennen, die das Pendel wieder zugunsten der Leidenschaftlichkeit ausschlagen lassen. Im September und Oktober 1868 etwa entwickelt sie den Wunsch, aus einem Gefühl der Überfülle von Liebe und Kraft heraus ein großes Opfer zu bringen:

> [...] mon âme ne demande au ciel et à la terre qu'une grande cause à servir par un grand dévouement; l'amour et la force surabondent en moi et coulent comme deux fleuves impétueux dont je ne veux pas laisser épancher une goutte en vaines passions! (23.9.1868; S. 101)

> [...] meine Seele verlangt von Himmel und Erde nur, daß ich einer großen Sache mit großer Hingabe dienen kann; ich habe mehr als genug Liebe und Stärke in mir, sie fließen wie zwei reißende Ströme, und ich will nicht einen Tropfen sich in eitle Leidenschaften ergießen lassen.

---

237 Scupoli, *Le combat spirituel*, S. 295.
238 „Si l'ardeur que mes doigts ont mise à faire de la tapisserie toute la journée était l'image de mon ardeur pour Dieu, que je serais heureuse!!!" (22.9.1868; S. 100)

Der einzig denkbare Adressat für ein solches Opfer, das der ‚langueur' diametral entgegensteht und über jedes Maß hinauswächst, kann in ihrem Bezugssystem nur Jesus sein: „Quand on aime, on veut s'immoler. [...] O Sauveur! ô Crucifié! ô la première passion de ma vie! je vous dois tout et je vous sacrifierai tout ..."[239] (12.10.1868; S. 103f)

Trotz dieser Exaltiertheit dominieren die Tendenzen zum Spleen, zum ‚ennui', zur Melancholie – alle diese Begriffe werden parallel benutzt und scheinen semantisch nicht differenziert zu sein. Dabei stellt der ‚ennui' ein Problem dar, das nicht immer mit körperlicher Erschöpfung in den Griff zu bekommen ist:

> [...] je m'ennuie comme jamais je ne me suis ennuyée. J'ai beau me raisonner, aller, venir, fatiguer mon corps, cela ne se passe pas. Guérissez mon âme, ô mon Dieu, qui seul la voyez dans son amertume (7.3.1868; S. 72)

> [...] ich langweile mich, wie ich mich noch nie gelangweilt habe. Vergeblich rede ich mir zu, gehe hin und her, ermüde meinen Körper, es geht nicht vorbei. Heile meine Seele, o Gott, der du allein sie in ihrer Verbitterung siehst.

An solchen Stellen wird deutlich, daß der ‚ennui' oder ‚spleen', der auch als Versuchung begriffen wird,[240] als echte Krankheit der Seele, als eine ‚maladie de langueur', zu verstehen ist, die zu ihrer Heilung ebenso auf Gott angewiesen ist wie die überbordende Leidenschaft. Selbst die eigentlich heilsame Einsamkeit, die der Seele den Rückzug von der Welt und die Konzentration auf Gott ermöglichen soll, kann Auslöser einer solchen Melancholie werden,[241] die wieder durch Aktivität gefüllt werden muß. Dabei haben es, so de Limagne, die Männer leichter als die Frauen, weil sie Tätigkeiten nachgehen, die sie dem Schmerz der Leere entkommen lassen:

> La douleur du vide ne peut se comparer à aucune autre, sauf à la mort. [...] Les hommes échappent par l'activité de la vie publique à cette intensité des plaies de l'âme qui saignent dans la solitude et crient dans le silence... [...] pour nous, la force, le remède ne sont qu'en Dieu. (11.4.1868; S. 80)

> Der Schmerz der Leere ist mit nichts vergleichbar als mit dem Tod. [...] Die Männer entgehen durch ihre öffentlichen Tätigkeiten der Intensität der seelischen Wunden, die in der Einsamkeit bluten und in der Stille schreien... [...] für uns sind Stärke und Heilmittel nur in Gott.

Den typisch weiblichen Beschäftigungen hingegen schreibt de Limagne keine Kraft zu, der ‚douleur du vide' zu entkommen, im Gegenteil, die Handarbeit öff-

---

239 „Wenn man liebt, dann will man sich opfern. [...] O Retter! o Gekreuzigter! o erste Leidenschaft meines Lebens! ich verdanke dir alles und werde dir alles opfern..."
240 „Je tâche de surmonter l'ennui qui m'accable; c'est peut-être une tentation que ce dégoût, ce vide qui m'envahissent goutte à goutte." (1.11.1868; S. 108)
241 „O solitudo! bienheureuse solitude... je t'aime, et cependant je te redoute parfois, car c'est alors que je sens davantage l'abandon peser sur moi, et je ne connais rien de plus de triste que l'abandon." (1.6.1868; S. 84)

net für sie „à deux battants la porte du monde imaginaire" (*Fragments*, S. 35), so daß solche Tätigkeiten ebenso wie das Zeichnen immer eine gewissen Kontrolle erfordern.[242]

Das Schreiben jedoch begreift sie als ein Therapeutikum, das sich gegen beide Extreme einsetzen läßt. So schreibt sie im August 1868, um das sie verzehrende Fieber zu ersticken: „[....] j'écris pour me distraire et éteindre cette fièvre d'esprit qui me consume" (15.8.1868; S. 95), während sie zur Zeit der preußischen Belagerung mit dem Schreiben gegen die Gefahren des Spleens ankämpft: „Je voudrais me remettre à écrire un peu, afin de combattre le spleen qui me gagne."[243] (29.11.1870, „soixante-quatorzième jour du siège"[244]; S. 180) Das Schreiben wird also als Mittel der mäßigenden Selbstdisziplinierung entworfen, das den Exzessen der Schwindsucht entgegenwirken kann. Diesen Charakter bezieht es möglicherweise einerseits aus der Fähigkeit, die Kluft zwischen Selbstwahrnehmung und diskursiven Vorgaben zu verringern, die individuelle Erfahrung in Diskursmuster zu überführen und damit handhabbarer zu machen, aber andererseits auch aus der Kraft, der Krankheit und vor allem dem Tod einen Sinn zu verleihen.[245]

d) Imitatio Christi, Reklusion und Auferstehung (Dezember 1868 bis Sommer 1870)

Das Jahr 1868 schließt mit einer akuten Verschlechterung der Krankheit, de Limagne gesteht nun, wirklich zu leiden:

> Ma douleur est revenue pis que jamais, au point de m'empêcher de respirer. La nuit je suis obligée de me tenir sur mon séant; mais cette contrainte me gêne un peu pour prier Dieu, et puis je ne veux pas inquiéter ma mère, ah! non, mille fois... J'accepterai toutes les douleurs avant celle-là. (30.12.1868; S. 125)

> Meine Schmerzen sind schlimmer wiedergekehrt als je zuvor, so daß ich kaum atmen kann. Nachts bin ich gezwungen, eine sitzende Position einzunehmen, aber diese Einschränkung stört mich etwas, wenn ich zu Gott zu bete, und dann ich will meine Mutter nicht beunruhigen, oh nein! tausendmal nein... Ich werde alle Schmerzen akzeptieren, bevor ich diesen auf mich nehme.

---

242 Vgl. 29.7.1868; S. 90 und 22.9.1868; S. 100.

243 „Ich schreibe, um mich abzulenken und um das Fieber des Geistes zu ersticken, das mich verzehrt."; „Ich möchte wieder etwas schreiben, um den Spleen zu bekämpfen, der sich meiner bemächtigt."

244 „74. Tag der Belagerung".

245 Zur Funktion des Schreibens in der Zusammenführung entgegengesetzter Körperkonzepte, aber auch in der Umwandlung des schrecklichen Todes in einen göttlichen vgl. auch Dauzet, *La mystique bien tempérée*, S. 67–80.

Der Wunsch, die Mutter nicht zu beunruhigen, hängt vermutlich nicht nur mit deren beabsichtigter Schonung oder der Angst zusammen, daß diese die Tochter in ihren Aktivitäten noch weiter einschränkt, sondern auch damit, daß in de Limagnes Umfeld dem klaglosen Ertragen der Leiden großer Wert beigelegt wird.[246] In dieser Situation wird das Tagebuch, das sie nun als „mon pauvre journal" (31.12.1868; S. 125) direkt anredet, zum Vertrauten ihrer Schmerzen,[247] die sie vor der Mutter zu verbergen sucht.

Die Dimension des Leidens wird in dieser Zeit verstärkt thematisiert, zumal es nach christlicher Auffassung das Moment darstellt, in dem sich Gott und Mensch am nächsten kommen und eine Erhebung des Menschen zu Gott möglich wird: „C'est par la souffrance que Dieu a été le plus homme, c'est par la souffrance que l'homme s'élève davantage vers Dieu."[248] Über den leidenden Gott werden im Christentum Schmerz und Leiden in besonderer Weise valorisiert und das klaglose Ertragen der Leiden auch zum Gradmesser des Glaubens erhoben, denn die Klage gegen das Leiden ist als ein Aufbegehren gegen den Willen Gottes und somit als Mangel an Resignation und sogar als Beleidigung lesbar.[249] Eine solche Einstellung spiegelt sich beispielsweise in den Lektüreratschlägen wieder, die Perreyve in seinem Buch gibt: „Si vous souffrez, lisez les Actes des Martyrs; ils sont pleins d'exemples, d'enseignements, d'encouragements pour vous. A chacune de leurs pages vous trouverez la joie du sacrifice, le mépris de la chair corruptible, le noble dédain de la vie."[250] Der Vergleich mit diesen noch schlimmeren, interessanterweise vor allem von Jungfrauen und Kindern ertragenen Leiden soll also dazu beitragen, sich von ‚lâcheté' zeugender Klagen zu enthalten.[251]

---

246 Dies belegt etwa ein Eintrag aus dem Jahr 1870: „[…] le comte de Montalembert […] dans sa longue maladie, n'a jamais laissé échapper une seule plainte, au témoignage de la sœur de Bon-Secours qui l'a soigné pendant quatre ans." (25.4.1870; S. 172f)

247 „Ma nuit est des plus pénibles." (26.12.1868; S. 123); „Les nuits me font peur maintenant, car c'est alors que je souffre vraiment." (27.12.1868; S. 124)

248 Swetchine, *Journal de sa conversion. Méditations et prières*, S. 290. („Durch das Leiden ist Gott am meisten Mensch gewesen, durch das Leiden steigt der Mensch weiter zu Gott auf.") Zur Dimension des leidenden Gottes im Christentum sowie zum Verhältnis von Imitatio Christi und Opfergedanke vgl. Albert, *Le sang et le Ciel*, S. 63–69. Zur Debatte um den Schmerz und seine christliche Notwendigkeit im 19. Jahrhundert vgl. Dauzet, *La mystique bien tempérée*, S. 70f.

249 „[…] souffrir est en soi une triste chose; […] mais mal souffrir, souffrir avec murmure, souffrir en offensant Dieu, c'est ce que je conçois de plus déplorable." Aus der *Préface* zu Perreyve, *La journée des malades*, S. xxiv.

250 Ebd., S. 179. („Wenn ihr leidet, so lest die Geschichten der Märtyrer; sie sind reich an lehrreichen Beispielen und Ermutigungen für euch. Auf jeder Seite werdet ihr die Freude am Opfer, die Geringschätzung für das verderbliche und verführbare Fleisch und die edle Verachtung des Lebens finden.")

251 „Vous rougirez aussi de vous plaindre en considérant les travaux des martyrs, et vous regretterez vos lâches murmures en entendant les héroïques paroles que les enfants et les vierges

De Limagne versucht, in diese Richtung zu denken und sich die Leiden als Teil des Wegs zum Himmel umzudeuten: „Enfin nous ne sommes que sur la route du ciel; si j'y pensais bien, comme j'accepterais les souffrances que Dieu m'envoie!"[252] (S. 123, 25.12.1868) So äußert sie auch ihre Bereitschaft, statt des von ihr anvisierten Lebensweges den „rude sentier des difficultés" zu beschreiben, der bekanntermaßen als beschwerlicher, aber zum Heil führender Weg gilt (Mai 1869; S. 131). In einer direkten Wendung an Jesus signalisiert sie ihre Bereitschaft zum Martyrium und zur Annahme des Kelches: „Il faut que vous soyez glorifié durant tous les siècles, ô Jésus! et jusqu'à la fin des âges vous aurez des martyrs. [...] Acceptons donc le calice qu'il nous faudra boire."[253] (*Fragments*, S. 34)

Diese Bereitschaft zur Imitatio Christi charakterisiert zunehmend den Versuch, die Krankheit als christliche Probe in der Nachfolge Christi zu begreifen und zu gestalten. In dieser christlichen Überformung geht die Verknüpfung mit spezifischen Konnotationen der Schwindsucht zurück und macht einer allgemeinen Thematisierung des Leidens Platz. Allerdings sind die folgenden Jahre im Tagebuch deutlich weniger gut dokumentiert als das Jahr 1868. Da de Limagne ihr ‚journal' des Jahres 1869 verbrannt hat, bleiben aus diesem Zeitraum nur wenige Briefe sowie einzelne Fragmente aus anderen Heften und der Bericht von einer Pilgerreise nach Honfleur in der Normandie im August und September. Diese Reise, die einzige, die de Limagne zeit ihrer Krankheit unternimmt, ist eben keine Kur, sondern eine Pilgerreise, deren Zusammenhang mit der Krankheit nicht expliziert wird.[254] Sie entspricht nicht wirklich den gängigen klimatischen Empfehlungen, ist möglicherweise aber das einzige, was sich de Limagne leisten kann, und verbindet den Klimawechsel mit dem religiösen Heilungsversuch der Pilgerschaft. Der für die Krankheitsthematik weitgehend unergiebige Bericht von dieser Pilgerreise schwelgt im Naturgenuß als „spectacle plein de vie" (September 1869; S. 136), was sich in romantischen Naturschilderungen, die mit erbaulichen Momenten durchsetzt sind, niederschlägt. Diese religiös inspirierte Reise genießt sie also tatsächlich als sich auf die Welt öffnendes Fenster.

Im November 1869 jedoch wird eine erhebliche Verschlechterung des Gesundheitszustandes ersichtlich: De Limagne bezeichnet sich nun als „une pauvre

---

répondaient au milieu des supplices, avec des sourires qui faisaient trembler les proconsuls." Ebd., S. 180.

252 „Schließlich sind wir erst auf dem Weg zum Himmel; wenn ich nur daran denken wollte, wie leicht würde ich die Leiden, die Gott mir schickt, hinnehmen."

253 „Du sollst über die Jahrhunderte lang glorifiziert werden, o Jesus! und bis zum Ende der Zeiten wirst du Märtyrer finden. [...] Nehmen wir den Kelch, der geleert werden muß, denn an!"

254 Einen Klimawechsel hat freilich der erstmals erwähnte Arzt ebenso empfohlen wie die Briefpartnerin in England: „Je croirais presque que vous vous êtes entendue avec le docteur pour me conseiller le changement d'air." (13.3.1869; S. 255)

recluse, réduite à ne voyager qu'en imagination"²⁵⁵ (Brief vom 14.11.1869, S. 257), berichtet, daß sie ohne Opium nicht schlafen könne und das Zimmer nicht verlasse. Entgegen ihrer Hoffnung hält die Reklusion an: Im Januar und Februar 1870 spricht sie von einer „clôture absolue" (15.2.1870; S. 160), die ihr aber immerhin den Empfang von Besuchen ermöglicht. Auch in diesem Stadium läßt sie sich von dem Versuch, den Körper durch Arbeit zu überwinden, nicht abhalten, wenn sie auch von der um ihre Gesundheit besorgten Mutter darin behindert wird.²⁵⁶

Die Begriffe, die sie zur Kennzeichnung ihres Eingesperrtseins wählt, sind dem semantischen Feld klösterlicher Einschließungen entnommen, wo das Eingeschlossensein auch als besondere Form der Kasteiung gilt.²⁵⁷ Parallel zu dieser räumlichen Einengung zeichnet sich in der mentalen Einstellung zur Krankheit eine zunehmende Resignation ab, die de Limagne als Erfolg christlichen Selbstverzichts wahrnimmt, ohne das Schwinden der Lebenskraft als mögliche Komponente einzubeziehen:

> [...] j'arrive à n'avoir plus de désirs. Soyez-en béni, mon Dieu! Il fait beau soleil aujourd'hui; je le vois de ce fauteuil où depuis si longtemps je suis retenue prisonnière, mais je ne désire plus en jouir. (29.1.1870; S. 157)

> [...] es gelingt mir, keine Wünsche mehr zu haben. Sei dafür gesegnet, mein Gott! Die Sonne scheint heute; ich sehe es von dem Sessel aus, in dem ich seit so langer Zeit gefangen gehalten bin, aber ich wünsche nicht mehr, sie zu genießen.

Was sich in dieser Reklusion weiter abspielt, bleibt dem Blick des Lesers, bedingt durch eine mehrwöchige Schreibpause, entzogen. Im Frühjahr 1870 aber wird eine Heilung erwähnt, die de Limagne allein der Heiligen Jungfrau zuschreibt: „Ma première sortie... C'est à Notre-Dame des Victoires que je vais, pour remercier la très-sainte Vierge de cette guérison que je lui dois tout entière, car les moyens humains étaient devenus impuissants."²⁵⁸ (8.4.1870; S. 168) Im weiteren wird die Heilung sogar als eine Art Auferstehung gefeiert: „[....] presque

---

255 „[...] eine arme Klausnerin, darauf beschränkt nur in der Einbildung zu reisen."
256 „[...] mes projets de travail sont tout à fait entravés par ma mère, qui craint toujours pour ma santé." (7.1.1870; S. 156). Vgl. auch: „Employé mon insomnie à corriger des épreuves." (6.1.1870; S. 156); „Fatigue de corps, à laquelle je ne veux pas me laisser aller: je termine les extraits que j'avais entrepris sur le *Cours de littérature* de Lamartine." (7.1.1870; S. 156)
257 Vgl. Albert, *Le sang et le Ciel*, S. 126–129. Dieses Feld ist auch in Romanen des 18. und 19. Jahrhunderts produktiv, wo der eingegrenzte Raum oft geschlechtsspezifisch, d.h. als Signum männlicher Unterdrückung von Frauen semantisiert wird. Gerade sakrale Räume rufen dabei in besonderem Maße das Gefühl der Einengung hervor. Vgl. Barbara Storck, *Erzählte Enge. Raum und Weiblichkeit in französischen Erzähltexten des 18. und frühen 19. Jahrhunderts*, Heidelberg 2009.
258 „Mein erster Ausgang... Ich gehe zur Kirche Notre-Dame des Victoires, um der heiligen Jungfrau für diese Heilung zu danken, die ich ganz ihr verdanke, denn die menschlichen Mittel waren machtlos geworden."

tout le monde est venu me féliciter de ma résurrection."²⁵⁹ (25.4.1870; S. 172) Allerdings ist sich de Limagne der Labilität ihres Zustandes bewußt und meint, weiterer Pflege zu bedürfen, für die sie nun auch wieder auf nach ärztlichem Ermessen sinnvolle Mittel zurückgreifen will: „[...] je sens parfaitement que la cure n'est pas encore complète; je crois vraiment qu'il me faudrait un climat plus doux."²⁶⁰ (25.4.1870; S. 172) Also werden erneut Reisepläne geschmiedet, die medizinische und religiöse Therapie miteinander kombinieren sollen: Eaux-Bonnes in den Pyrenäen wird anvisiert, vorausgehen soll jedoch eine „action de grâce" in Lourdes.²⁶¹ Aber auch in diesem Fall bleibt das Reisen auf den Bereich der Hoffnung verwiesen. De Limagne verbringt de facto den Sommer in Paris, wo sie einen lang erwarteten Besuch ihrer Freundin aus England erhält.²⁶²

e) Feindschaft, Gefangenschaft und heldenhafte Opferbereitschaft: die Schwindsucht im Zeichen der Belagerung (September 1870 bis Mai 1871)

Von Herbst 1870 an nehmen die politischen Ereignisse Einfluß auf das Leben de Limagnes. Nach der französischen Niederlage von Sedan wird vom 19.9.1870 bis 28.1.1871 Paris von den preußischen Truppen belagert. Joséphine de Limagne und ihre Mutter haben nach Auskunft des Abbé Delarc das Angebot einer Freundin, bei ihr in England Zuflucht zu suchen, ausgeschlagen und verharren als ‚echte Patriotinnen' (so Delarc) in Paris. Dieser ersten Belagerung folgt im Mai 1871 die zweite, während der die Truppen der in Versailles tagenden, monarchistisch dominierten *Assemblée nationale* in der sogenannten ‚Semaine sanglante' (21.–28. Mai) die zwischenzeitlich errichtete Kommune niederschlagen. Diese Erfahrungen stellen für de Limagne neue Metaphoriken zur Artikulierung des Krankheitserlebens parat. Dazu bieten sich zum einen Ähnlichkeiten zwischen der Belagerungssituation und der von der Krankheit verursachten räumlichen Einengung an, zum anderen erhält die zuvor schon gelegentlich angeklungene

---

259 „[...] fast alle haben mir zu meiner Auferstehung gratuliert."
260 „Ich spüre genau, daß die Kur noch nicht abgeschlossen ist; ich glaube wirklich, daß ich ein sanfteres Klima bräuchte."
261 „Ma mère commence à penser à mon voyage de cet été; c'est vers les Pyrénées que je porterai mes pas. Je prendrai les Eaux-Bonnes, mais je commencerai par une visite d'action de grâces à Notre-Dame de Lourdes." (5.5.1870; S. 174f)
262 Der Freundin gegenüber stellt sie den Verzicht auf die Reise als Reaktion auf deren Besuchsankündigung dar: „Aussitôt la réception de votre lettre, j'ai déclaré que je ne voulais plus entendre parler de voyages." (5.8.1870; S. 260) Inwieweit andere Gründe wie finanzielle Schwierigkeiten oder eine Verschlechterung der Gesundheitssituation daran beteiligt sein mögen, läßt sich dem Tagebuch nicht entnehmen.

Bedeutung des Opfers im Zusammenhang mit dem Krieg gegen Preußen neue Brisanz.

Zunächst scheint de Limagnes Gesundheitszustand im Zeitraum der preußischen Belagerung, trotz des ungewöhnlich strengen Winters, verhältnismäßig gut zu sein, jedenfalls äußert sie im März über ihren ‚Feind', den Husten: „[...] pour parler vrai, il a été très-pacifique avec moi cet hiver."[263] (2.3.1871; S. 194) Erstmals bezeichnet sie hier ihre Krankheit als Feind, die jedoch angesichts des militärischen Feindes, zu dem sie mit der Formulierung in Bezug gesetzt wird, schon fast als vertraut und harmlos erscheint: „C'est un ennemi avec lequel je me suis habituée à vivre depuis longtemps."[264] (Ebd.) Es finden sich einige Formulierungen, die eine Engführung von Belagerung und Krankheit bedeuten, vor allem hinsichtlich der Freiheit. De Limagne bezeichnet dabei einerseits den Zustand Frankreichs als eine Agonie,[265] andererseits ihr eigenes Eingeschlossensein als eine Sequestration: „[...] j'ai été tant séquestrée que je jouis doublement de l'air et des choses du dehors."[266] (23.2.1871; S. 193) Angesichts der Unmöglichkeit, Paris zu verlassen, bleibt alleine das Fensteröffnen als offenbar verbotene Geste der Weltzuwendung: „Le temps est si doux qu'en l'absence de maman, je laisse la fenêtre ouverte toute l'après-midi. Ce soir je reste un peu assise sur un banc du jardin."[267] (4.3.1871, S. 196) Anfang Juni stellt sie dann ausdrücklich einen möglichen Einfluß der Niederschlagung der Kommune auf ihren Gesundheitszustand her, wobei der Wunsch nach dem Ortswechsel erhalten bleibt: „Voilà bien des causes qui auront, je l'espère, une heureuse influence sur ma santé, mais je vous avoue que je voudrais changer de lieu, ne fût-ce que pour quelques jours."[268] (3.6.1871; S. 274)

Die Mutter allerdings scheint die Lage anders zu beurteilen und sich ernsthafte Sorgen um den Gesundheitszustand zu machen:

> Pourquoi ma pauvre mère se préoccupe-t-elle davantage de ma toux en ce moment? [...] S'il [l'ennemi; gemeint ist: la toux; S.G.] me tourmente un peu maintenant, c'est pour me faire souvenir que je suis à Paris, en dépit de l'ordonnance qui me condamnait à Nice ou à Alger. (2.3.1871; S. 194f)

---

263 „[...] um die Wahrheit zu sagen, er ist diesen Winter sehr friedlich mit mir umgegangen."
264 „Es ist ein Feind, mit dem ich es schon lange gewohnt bin zu leben."
265 „[...] plaignez-moi d'être Française et d'assister à l'agonie de mon pays; c'est bien comme cela, je crois, que l'on peut appeler l'effroyable crise par laquelle nous passons." (25.3.1871; S. 268f)
266 „[...] ich bin so lange eingesperrt gewesen, daß ich jetzt doppelt die Luft und die Dinge von draußen genieße."
267 „Das Wetter ist so mild, daß ich in Mamas Abwesenheit den ganzen Nachmittag das Fenster offen lasse. Heute abend sitze ich ein wenig auf einer Gartenbank."
268 „Das sind viele Umstände, die, wie ich hoffe, eine glücklichen Einfluß auf meine Gesundheit haben werden, aber ich gestehe, daß mir ein Ortswechsel lieb wäre, und sei es nur für wenige Tage."

> Warum sorgt meine arme Mutter sich zur Zeit mehr um meinen Husten? […] Wenn er mich jetzt ein wenig plagt, dann um mich daran zu erinnern, daß ich in Paris bin – entgegen der ärztlichen Vorschrift, die auf Nizza oder Algier lautete.

Was genau sich hinter der Formulierung „il me tourmente un peu" versteckt, bleibt hier der Phantasie des Lesers überlassen. Ein halbes Jahr später allerdings wird de Limagne von dem eingangs zitierten Leiden schreiben, das der Verlust der Lunge mit sich bringt. Auch die schon hier erfolgende erneute Thematisierung einer eigentlich nötigen Reise in den Süden – jetzt ist schon von Algerien die Rede, was in der Regel für besonders ernste Fälle vorgeschlagen wird – legt es auf jeden Fall nahe, daß sie die immer noch als bloßen Husten bezeichnete Schwindsucht verharmlost, und läßt – auch vor dem Hintergrund der Krankheitskrise im Winter 1869/70 – die Annahme von mit Blutspucken verbundenen Hustenanfällen äußerst plausibel erscheinen.

Vor diesem Hintergrund ist ihre Opferbereitschaft zu betrachten. Das Thema des Selbstopfers taucht gleich zu Beginn der Belagerung wieder im Tagebuch auf, zunächst in Formulierungen, die denen aus dem Jahr 1868 aufs Wort gleichen und sie als Stereotype ausweisen: „ô Sauveur! ô Crucifié! ô la suprême passion de ma vie, je vous dois tout et vous sacrifierai tout!"[269] (20.9.1870; S. 176) Schnell entsteht aber auch die Absicht zu einem konkreten heroischen Akt angesichts der preußischen Bedrohung, denn de Limagne bietet sich als Opfer für die Befreiung von Paris an.[270]

> Maintenant mon sacrifice est fait, je l'offre à Dieu avec toutes les angoisses qui peuvent m'assiéger en ces jours. […] Plaise au Seigneur Jésus que l'heure du dévouement sonne bientôt pour moi: à mon âge, il est temps de se donner, de se dévouer. Faites, ô mon Dieu! que cette heure ne sonne pas en vain pour moi; et cependant, s'il y avait dans le souhait de mon cœur quelque secret orgueil, oh! alors laissez-moi me consumer en désirs. (28.9.1870; S. 177)

> Nun ist mein Opfer vollbracht, ich biete es Gott mit allen Ängsten an, die mich dieser Tage bestürmen können. […] Möge es dem Herrn Jesus gefallen, daß die Stunde der Hingabe bald für mich läuten möge: in meinem Alter ist es Zeit, sich zu geben, sich aufzuopfern. Mach, o mein Gott, daß diese Stunde nicht vergeblich für mich läutet; und dennoch, wenn im Wunsch meines Herzens eine Spur von heimlichem Hochmut sein sollte, o, dann laß mich mich in meinem Verlangen verzehren.

Im Gegensatz zu Alexandrine de la Ferronays' Selbstaufopferung wird hier die Absicht zum Selbstopfer eindeutig artikuliert. Dabei verleiht das Aufschreiben des Entschlusses diesem eine Nachdrücklichkeit, die ihn fast schon als selbst-

---

269 „O Retter! o Gekreuzigter! o erste Leidenschaft meines Lebens! ich verdanke dir alles und werde dir alles opfern …"

270 Ihre Formulierungen lassen dabei nicht klar werden, ob sie damit ihre Bereitschaft, den Schwindsuchtstod zu sterben, signalisiert, oder ob das ‚dévouement' als Absicht zu verstehen ist, in ein Kloster einzutreten.

konstituierenden Akt erscheinen läßt, auch wenn de Limagne sich damit gleichzeitig den patriotischen und katholischen Diskurszwängen unterordnet, in denen sie steht und die dieses Opfer als Gabe an Gott von ihr fordern:

> Le chrétien malade doit se constituer en état de victime, et accepter tous les détails du sacrifice, douloureux ou répugnants. Mais le premier sentiment qui doive se rencontrer dans cet état de victime est celui de la soumission, du renoncement à la volonté propre, de l'obéissance librement acceptée.[271]
>
> Der kranke Christ muß sich als Opfergabe konstituieren und alle Einzelheiten des Opferrituals annehmen, seien sie auch schmerzhaft oder abstoßend. Aber das erste Gefühl, das in diesem Zustand des Opferseins anzutreffen sein muß, ist das der Unterordnung, das des Verzichts auf den eigenen Willen, das des frei akzeptierten Gehorsams.

In dieser Formulierung Perreyves wird eine Paradoxie deutlich, die der auf völlige Selbstauslöschung zielenden christlichen Opfervorstellung zugrunde liegt. Zwar soll der oder die Kranke sich als ‚victima' konstituieren, aber diese Konstitution kann durch die Forderung des völligen ‚renoncement à la volonté propre' nicht als Akt einer Selbstkonstitution betrachtet werden, sondern geht über die Opferung des Körpers hinaus auch mit dem Verzicht auf den eigenen Willen einher. Nur unter diesen Prämissen kann das Opfer als gottgefällig angenommen werden. Ein solches Erfordernis, das zudem Freiwilligkeit und die Absenz jeglicher auf Ruhm zielender Hintergedanken impliziert, spiegelt sich in de Limagnes Formulierung wider, daß Gott ihr Opfer nur annehmen solle, wenn es frei von jeder Form von ihr selbst nicht bewußtem Hochmut sei. Andernfalls solle es ihr verwehrt bleiben, ihre ‚consomption' in ein ‚sacrifice' zu verwandeln, und Gott solle sie der gottfernen ‚consomption' ihres Begehrens überlassen. Wie das Schreiben weist also auch die Bereitschaft zum Selbstopfer eine gefährliche Nähe zum ‚amour-propre' auf, der in genauem Gegensatz zum erstrebten ‚renoncement de soi' steht und jeden Versuch der Selbstkonstitution verdächtig macht.

Die hier beschriebene, auf völlige Selbstauslöschung zielende Form des Opfers ist bei Perreyve nicht genderspezifisch kodiert und steht unbestritten auch Frauen offen. Das gilt jedoch nicht für eine Form des Opfers, die de Limagne im Mai 1871 thematisiert. Hier zeigt sich, daß sie sich eigentlich zu einer ganz anderen Form des Heroismus berufen fühlt. In der Folge eines Gesprächs mit Offizieren äußert sie nämlich mit einem Mal den brennenden Wunsch, es ihnen gleichzutun und eine männliche Rolle auszufüllen:

> [...] ils nous ont régalés d'épisodes sur le premier et le second siége [sic] de Paris. Cela me faisait un singulier effet; il me semblait être débarrassée de mon corps avec tous ses accidents, et être tout âme. J'aimerais, moi aussi, courir des dangers pour une noble cause, affronter la mort, exciter le courage... Que je suis donc folle! (25.5.1871; S. 211)

---

271 Perreyve, *La journée des malades*, S. 157f.

[...] sie haben uns mit vielen Episoden aus der ersten und zweiten Belagerung von Paris unterhalten. Das hatte eine sonderbare Wirkung auf mich; es schien mir, von meinem Körper mit all seiner Hinfälligkeit erlöst zu sein und ganz Seele zu sein. Ich würde mich auch gerne für eine edle Sache Gefahren aussetzen, dem Tod gegenüber treten, den Mut anspornen.... Was bin ich denn verrückt!

Was de Limagne hier vor Augen steht, ist der heldenhafte und denkmalsetzende Opfertod in der Schlacht. Dieser sogleich wieder als ‚folie' verworfene Wunsch bringt eindrücklich die doppelte Einschränkung zum Ausdruck, der kranke Frauen ausgesetzt sind. Nicht nur, weil ihr Körper krank ist, hindert er sie daran, ‚ganz Seele' zu sein und dem Vorbild der Offiziere gleich Gefahren zu trotzen; auch weil es ein weiblicher Körper ist, zwingt er sie an einen Platz in der Gesellschaft, von dem aus ein solches Heldentum nicht möglich ist. Damit erweist sich erneut der Körper als Bremse gegenüber exaltierten Vorhaben, während das Gefühl der Befreiung von dem als hinderlich empfundenen Körper als dringend benötigtes ‚excitant' fungiert.[272]

Der kranke Körper taucht in diesem Zeitraum in der Schrift kaum auf. Statt dessen schreibt de Limagne fast täglich in wachsendem Entsetzen über die Gewalttaten der Kommunarden, insbesondere über die Zerstörung von Kirchen. In gewisser Weise vertritt also die Schilderung der Verwüstungen in Paris die unterlassene Darstellung der am eigenen Körper erlittenen Schädigungen. Diese sind jedoch so ernst, daß sie in den ersten Maiwochen eine Schreibpause zur Folge haben, die de Limagne ausdrücklich auf ihren Körper zurückführt,[273] ohne ihm allerdings im folgenden in den bis 28. Mai wieder fast täglichen Aufzeichnungen weiteren Raum einzuräumen. Dieser am letzten Tag der ‚Semaine sanglante' verfaßte und – zumindest in der Auswahl Delarcs – für Monate letzte Eintrag endet mit einer Annahme der Krankheit als Dank dafür, daß ihren Freunden in den Kriegswirren nichts zugestoßen ist:

> Je rends grâces à Dieu, qui, au milieu de tant de douleurs, nous a conservé des amis. Maintenant que me voilà rassurée sur leur compte, je suis décidée à accepter tranquillement la maladie; *in pace!* (28.5.1871; S. 213)

> Ich danke Gott, der uns inmitten so vieler Schmerzen unsere Freunde bewahrt hat. Jetzt, wo ich über ihr Schicksal beruhigt sein kann, bin ich entschlossen, meine Krankheit geduldig zu akzeptieren; *in pace!*

Damit wird das dem Opfer zugrundeliegende *do-ut-des*-Prinzip unterstrichen, es wird aber nahezu in sein Gegenteil verkehrt, wenn die Gabe Gottes statt zur Kompensation zur Voraussetzung der ‚résignation' wird. Außerdem zeigt sich erneut die Schwierigkeit, die Krankheit zu akzeptieren. Denn eigentlich hatte

---

272 Vgl. „J'ai tant besoin d'excitant." (13.12.1872; S. 232)
273 „Bien que mon misérable corps m'ait obligée à interrompre ces notes de tous les jours". (22.5.1871; S. 207)

de Limagne schon wiederholt die Bereitschaft artikuliert, eigene Wünsche aufzugeben und ihr Leben als Opfer darzubringen.

f) Der leidende Körper und das Sterben als ‚petite Sainte'
(Mai 1871 bis Dezember 1872)

Am 31. Mai 1871 benutzt de Limagne erstmals den Ausdruck der ‚maladie de poitrine', um ihre Krankheit zu bezeichnen, und erwähnt, daß der Arzt alle zwei Tage kommt und ihr das Verlassen des Bettes verboten hat, was sie in die Metaphorik der Gefangenschaft übersetzt: „[...] il [le docteur, S.G.] m'a condamnée à la chambre et au lit à perpétuité."[274] (Brief vom 31.5.1871; S. 272) In dieser letzten Phase der Schwindsucht zeugen immer wieder lange Schreibpausen indirekt von den Attacken der Krankheit. So wird die nahezu undokumentierte Zeit von Juni bis September[275] im Nachhinein als ein „long cauchemar" bezeichnet (Brief vom 1.10.1871; S. 278), das Tagebuch bleibt sogar bis November des Jahres unterbrochen – zumindest in der Version, die Delarc dem Leser bietet. Das wirkliche Leiden bleibt also hinter der körperlichen Unfähigkeit zum Schreiben und in der Unsagbarkeit der Schmerzen verborgen. Gedanken über das Leiden werden lediglich im Modus der vom Feiertag Allerheiligen ausgelösten Reflexion geäußert und betreffen eher eine grundsätzliche Betrachtung des menschlichen Lebens: „Souffrir, combattre, c'est le fond de la vie humaine, il est nécessaire que tout passe sous le meule, soit faché, soit pétri, subisse l'action du feu pour être épuré."[276] (1.11.1871; S. 214) Das diesseitige Leiden wird damit als zumindest teilweise Vorwegnahme des nach dem Tod zu erwartenden Fegefeuers begriffen.

Ansonsten versuchen die wenigen Einträge eher, Normalität herzustellen und das Leiden unkenntlich zu machen, als den ‚cauchemar' zur Darstellung zu bringen. Der Arzt, der zuvor nur einmal erwähnt wurde,[277] wird nun zur ständigen, wenn auch nur widerwillig akzeptierten Autorität in den immer seltener werdenden Aufzeichnungen. So äußert die Kranke im November 1871 ihren Unmut darüber, daß er nicht an eine Besserung ihres Befindens glauben will,

---

274 „[...] er hat mich zu Zimmer und Bett auf ewig verurteilt."
275 Aus diesem Zeitraum ist nur ein Brief abgedruckt, der allerdings mehr Informationen über die Ereignisse in Paris als über die Gesundheit enthält. Nur ihre Müdigkeit erwähnt de Limagne: „Je ne vous enverrai aucune nouvelle: je ne sais pas où je les prendrais du reste, car je suis fatiguée." (21.7.1871; S. 277)
276 „Leiden und kämpfen, das ist der Grund des menschlichen Lebens, es ist nötig, damit alles unter den Mühlstein gerät, zermalmt, durchgeknetet wird, die Tätigkeit des Feuers erleidet, um gereinigt zu werden."
277 Brief vom 13.3.1869; S. 255. Vermutlich waren aber bereits das „régime reposant", über das de Limagne sich im April 1868 beschwerte, und die damit verbundene Anweisung, leise zu sprechen (S. 238), auf ärztlichen Rat zurückzuführen.

auch wenn die Reaktionen ihres Körpers ihm letztlich recht geben.[278] In dieser Phase ist erstmals eine kritische Beobachtungshaltung gegenüber dem fast feindselig beschriebenen Körper festzustellen:

> Ce matin avant mon travail, j'ai mis tous mes efforts à me trouver une respiration convenable, mais sans y parvenir, si bien qu'à midi je ressemblais pas mal à une carpe pâmée. En désespoir de cause, ma mère m'engage à sortir et je profite du soleil. Le grand air me fait du bien et apaise le vilain râclement de ma poitrine. Je suis sûre qu'à me voir marcher dans la rue, personne ne se douterait que je suis écloppée (sic!). (21.12.1871; S. 216)

> Heute morgen vor der Arbeit habe ich alle Anstrengung daran gesetzt, vernünftig zu atmen, aber ohne Erfolg, so daß ich gegen Mittag ziemliche Ähnlichkeit mit einem nach Luft schnappenden Karpfen hatte. Vor lauter Verzweiflung fordert meine Mutter mich auf auszugehen, und ich nutze die Sonne. Die frische Luft tut mir gut und wirkt beruhigend auf das häßliche Röcheln meiner Brust. Ich bin sicher, daß niemand, der mich gehen sah, den Verdacht geschöpft hätte, daß ich gehunfähig bin.

Durch den Vergleich mit einem nach Luft schnappenden Karpfen nimmt de Limagne eine fast komisch zu nennende Selbstdistanzierung vor, die völlig vom Ernst der Situation ablenkt und in starkem Kontrast zu idealisierenden Topoi der Fremddarstellung steht. Die Schwierigkeit, den die lebensnotwendige Atmung fast verweigernden Körper als den eigenen anzunehmen, äußert sich auch darin, daß das „vilain râclement" allein der Brust zugeschrieben wird, die dadurch wie vom Individuum abgetrennt erscheint. Eine gewisse Erleichterung ergibt sich lediglich aus der Überzeugung, wenigstens dem Blick der Passanten die Krankheit verborgen zu haben.

Diesem Spaziergang folgt wieder eine bis März dauernde Schreibpause, die auch nachträglich nicht kommentiert wird und den Leser vom Leiden ausschließt. Körper und Schrift schwinden also im selben Maße. Der Gesundheitszustand scheint hinfort gelegentliche Ausgänge in die Kirche oder zu einer Beerdigung zuzulassen, zu de Limagnes Bedauern allerdings nicht zu Ostern.[279] Wieder taucht die Angst vor der Melancholie und der Vernachlässigung der Pflichten auf,[280] begleitet von der Sorge, bald kein Geld mehr verdienen zu können: „En fait de travail je crains d'être bientôt réduite à ma tapisserie, mince ressource il faut l'avouer."[281] (9.5.1872; S. 227) Nichtsdestotrotz versucht die Mutter gemäß dem Rat des Arztes, die Heilung in südlicheren Gefilden zu suchen, wovon die sonst so auf Reisen erpichte Tochter sie abzuhalten versucht:

---

278 „[...] le docteur m'a assombrie en refusant de me croire mieux et je suis ennuyée qu'une oppression plus forte qu'à l'ordinaire vienne lui donner raison." (6.11.1871; S. 215)

279 „Mon état de santé m'empêche de célébrer (sic) toute fête." (31.3.1872; S. 223)

280 „Que Dieu me préserve de la mélancolie! j'ai peur qu'elle ne me conduise à l'alanguissement de mes devoirs." (1.4.1872; S. 225)

281 „Was die Arbeit anbelangt, so fürchte ich, bald gänzlich auf meine Weberei zurückgeworfen zu sein, die eingestandenermaßen nur wenig Ertrag bringt."

> Je viens de dire à ma bonne mère, qui cherche le moyen d'accomplir cette ordonnance à peu près impossible, que, d'après votre témoignage, le Midi lui-même a souvent un ciel gris et des variations de température si contraires aux faibles poitrines. (Brief vom 9.6.1872; S. 292f)

> Ich habe meiner guten Mutter gesagt, die nach Mitteln sucht, die schier unerfüllbare ärztliche Anweisung umzusetzen, daß nach Deiner Aussage auch im Süden der Himmel oft grau ist und es Temperaturschwankungen gibt, welche Lungenschwachen so unzuträglich sind.

Ob sich darin nun eine wohlbegründete Einsicht in die Unmöglichkeit des Vorhabens oder eher völlige Hoffnungslosigkeit niederschlagen, muß einmal mehr unentschieden bleiben. In der Folgezeit klagt die Kranke jedenfalls zunehmend über Abgeschlagenheit[282] und ihre Arbeitsunfähigkeit, mit der sie gezwungen ist, ihrer Mutter zur Last zu fallen.[283]

Ein Eintrag aus dem Juni zeugt von der großen Verzweiflung, die mit ihrem Zustand einhergeht. In der schon bekannten Raumtopologie von oben versus unten wird hier über den Lichtmangel und die Kälte ein Tiefpunkt markiert:

> Vie toute de repos et de lâcheté, soutenue facticement, sans utilité pour rien et pour personne, et pour le seul plaisir de vivre quelques jours de plus... Cette image me fait mal... ma vie intérieure dépérit... Je m'enfonce dans je ne sais quel abîme, et je dois être arrivée déjà à une grande profondeur, car la lumière ne m'arrive presque plus et je sens le froid qui me gagne. (Juin 1872; S. 230)

> Ein Leben, das nur noch aus Schonung und Schlaffheit besteht, künstlich aufrechterhalten, ohne Nutzen für irgend etwas oder irgend jemanden, und nur, um ein paar Tage länger zu leben... Dieses Bild tut mir weh.... Mein inneres Leben siecht dahin... Ich versinke in ich weiß nicht welchem Abgrund und ich muß schon tief hinabgesunken sein, denn das Licht erreicht mich kaum mehr, und ich fühle die Kälte, die mich überkommt.

In diesem Abgrund verschwindet de Limagne für den Leser wieder für die Zeit einer diesmal sehr lange währenden Schreibpause. Im Nachhinein wird ersichtlich, daß die Kranke seit Ende August ans Bett gefesselt ist[284] und sich offensichtlich auf das Sterben vorbereitet, denn im Oktober verfaßt sie einen Abschiedsbrief an ihre Mutter (S. xxii). Tagebucheinträge gibt es nur noch zwei im November und Dezember, die Sterbende scheint ihre letzte Kraft in Briefe zu stecken, in denen sie das Leiden nun in pauschalisierter Form benennt und

---

282 „[...] j'ai été si abattue ces temps derniers qu'il ne m'aurait pas été possible d'entreprendre un travail intellectuel." (Brief vom 9.6.1872; S. 293)
283 Die Schwierigkeit, Arbeit zu finden wird bereits im Mai und Juni 1872 thematisiert: „Je reçois la visite de Mme***, qui cherche par monts et par vaux une occupation qui me convienne, et qui a échoué jusqu'à présent." (9.5.1872; S. 227)
284 „[...] moi qui depuis trois mois n'ai pas quitté le lit où j'endure de nombreuses misères." (Brief vom 30.11.1872; S. 286)

aus denen sich ihr Zustand, der die Möglichkeit zu schreiben stark einschränkt, ansatzweise erahnen läßt:

> Le docteur me fait espérer pour la fin de cette semaine un remède qui doit me couper la fièvre et faciliter ma respiration, ce ne sera vraiment pas mal venu, car j'ai bien sept heures de grande fièvre depuis plus de dix jours. Aussi je suis tout absorbée et je vous écris bien vite entre deux accès. (Brief vom 19.11.1872, S. 296)

> Der Arzt macht mir für Ende der Woche Hoffnung auf ein Heilmittel, das das Fieber senken und die Atmung erleichtern soll, das wäre wirklich nicht unwillkommen, denn ich habe gut sieben Stunden hohes Fieber seit mehr als zehn Tagen. Das laugt mich völlig aus, und ich schreibe Ihnen schnell zwischen zwei Anfällen.

Parallel zu den medikamentösen Maßnahmen beginnt sie Ende November nochmals eine Novene, eine neuntägige Andacht, bei der es aber gar nicht mehr um Heilung gehen soll, sondern nur noch darum, den göttlichen Willen voll und ganz zu akzeptieren – das Problem der ‚résignation' bleibt also bis zum Schluß bestehen:

> Notre-Seigneur a daigné me visiter et j'ai commencé une nouvelle neuvaine à sa sainte-Mère. Ce n'est pas la santé que j'implore, mais l'acceptation pleine et entière de la volonté du divin Maître. (Brief vom 30.11.1872; S. 297)

> Unser Herr hat die Güte gehabt, mich zu besuchen, und ich habe eine neue Novene für seine heilige Mutter angefangen. Nicht um Gesundheit flehe ich, sondern um die vollständige Akzeptanz des Willens des himmlischen Herrschers.

Das publizierte Tagebuch endet mit einem Eintrag vom 13.12.1872, in dem die körperlichen Qualen sehr diskret angedeutet werden:

> [...] *l'Enthousiasme* [Fußnote von Delarc: «Ouvrage d'une norvégienne convertie au catholicisme, Mme Marie Gjertz»] serait le bienvenu dans ma chambre de malade, peut-être ferait-il perdre de vue que je ne sais plus comment me tenir dans mon lit, ainsi qu'une foule d'autres misères. (13.12.1872, S. 233)

> *L'Entousiasme* [Fußnote von Delarc: „Werk einer Norwegerin, die zum Katholizismus konvertiert ist, Mme Marie Gjertz"] wäre in meinem Krankenzimmer sehr willkommen, vielleicht würde es mich davon ablenken, daß ich nicht mehr weiß, welche Position ich im Bett einnehmen soll, sowie von einer Menge anderen Elends.

Der ‚enthousiasme' ist hier nicht nur als der gemeinte Romantitel lesbar, sondern auch als notwendige, aber fehlende Beflügelung der Seele. Erneut kommt hier der Gegensatz zwischen körperlicher Schwere und seelischer Erhebung zum Ausdruck, den de Limagne in ihrem Schreiben immer wieder als Problem thematisiert hat.

Die letzten Wochen ihres Lebens sind nur noch in der Fremdperspektive zugänglich, die sich aus Briefen eines sie regelmäßig besuchenden Priesters und einer Freundin erschließen läßt, welche ihr vorbildhaftes Sterben schildern und dabei jede Leidensdimension aussparen. Der Priester bezeichnet sie als „notre sainte", womit er einer Wahrnehmung folgt, die schon zu Lebzeiten artikuliert worden ist und die Joséphine Sazerac de Limagne Angst zu bereiten scheint:

> Je crains d'avoir été profondément hypocrite, quand des personnes telles que Mme*** osent dire devant moi que je suis une petite sainte... Alors on ne priera pas pour moi. (4.11.1872; S. 230)
>
> Ich fürchte, zutiefst heuchlerisch gewesen zu sein, wenn Leute wie Mme *** vor mir zu sagen wagen, ich sei eine kleine Heilige.... Dann wird man nicht für mich beten.

An diesem Eintrag zeigt sich einerseits die Differenz von Selbst- und Fremdwahrnehmung, andererseits aber auch die Problematik der Aufrichtigkeit. Die Befürchtung, man könne sie für eine kleine Heilige halten und nicht für sie beten, resultiert nicht zuletzt aus dem oben skizzierten gesellschaftlichen Kontext, in dem Heilige und Schwindsüchtige zusammengedacht werden. Diese Art von Sanktifizierung kann von einer Christin des 19. Jahrhunderts als Bedrohung empfunden werden, weil ihr damit Gebete verloren zu gehen drohen, die die Zeit der Reinigung im Fegefeuer, so eine zu der Zeit weit verbreitete Ansicht, zu verkürzen vermögen.[285] De Limagne gehörte einer an Allerseelen 1868 gegründeten „association pour les âmes du purgatoire" an (25.10.1868; S. 106 und 2.11.1868; S. 108), wie sie in der zweiten Hälfte des 19. Jahrhunderts im katholischen Frankreich florierten. Diese Vereinigungen dienten einerseits dem gemeinsamen Beten für die Seelen im Fegefeuer und ermöglichten andererseits, über einen kleinen Beitrag aller, das Lesen von Messen für verstorbene Mitglieder.[286] Mit einer solchen Mitgliedschaft ließ sich also das die Verkürzung der Zeit im Fegefeuer gewährleistende Beten und Messelesen sicherstellen. Heilige allerdings brauchen diese Unterstützung nicht, da sie nach der von den Priestern verbreiteten Lehre, direkt ins Paradies kommen.[287]

Daraus ergibt sich eine Gefahr für diejenigen, die von ihren Zeitgenossen fälschlich für Heilige gehalten werden. Wird nicht für sie gebetet, dann verlängert sich die Zeit der Expiation. Hat nun die Betreffende durch vorgetäuschte Frömmigkeit dazu beigetragen, so hat sie sich der Hypokrisie schuldig gemacht und eine schlimme Sünde begangen. Jedem Anschein von Heiligkeit muß also ebenso entgegengearbeitet werden wie der Hypokrisie, was de Limagne tut, wenn sie in Briefen wiederholt ihre Überzeugung äußert, auf Gebete der Adressaten angewiesen zu sein: „Je vous assure que j'en ai le plus grand besoin. On ne vit pas vingt-quatre ans sans se frotter à bien des souillures."[288] (Brief vom 30.11.1872; S. 286f) Die vorzeitige Sanktifizierung zu Lebzeiten gefährdet

---

285 Vgl. Guillaume Cuchet, *Le crépuscule du purgatoire*, Paris 2005, S. 5.
286 Vgl. ebd., S. 125–129.
287 Vgl. ebd., S. 5.
288 „Ich versichere Ihnen, daß ich dessen sehr bedarf. Man lebt nicht 24 Jahre, ohne mit so einigen Schmutzflecken in Kontakt zu kommen." Die Bitte, für sie zu beten, kehrt mehrfach gegenüber unterschiedlichen Briefpartnern wieder: „[...] il faut me promettre de prier pour

also das Heilsversprechen, das als einzige Form des Gegengeschenks für die erbrachte Selbst-Opferung denkbar ist.

Der zitierte Eintrag spiegelt einmal mehr die Diskrepanz von Selbst- und Fremdwahrnehmung wider. Den Anforderungen an christliche ‚résignation' kann de Limagne aus eigener Wahrnehmung nicht hinreichend gerecht werden – und die Unmöglichkeit, das selbstgestellte Ideal jemals zu erreichen, reflektiert sie luzide (*Tristia*, S. 58–60). Sie muß daher immer fehlen, ja sich als Sündige fühlen, um keinesfalls dem ‚orgueil' oder dem ‚amour-propre' zu erliegen. Von den anderen jedoch wird sie als vorbildhaftes Beispiel erbaulichen Leidens und Sterbens gesehen und mit dem Attribut der ‚petite Sainte' belegt.[289] Die Angst, als zu perfekt zu erscheinen, hängt also immer zusammen mit der Angst, dem ‚amour-propre' zu verfallen und heuchlerisch zu sein – und damit gegen christliche Demut zu verstoßen. Daraus ergibt sich auch, daß die Selbstdarstellung notwendigerweise immer diese Gefahr thematisieren muß, um nicht in Hochmut und Heuchelei zu verfallen, die schließlich zur Verdammnis führen könnten. Gleichzeitig fällt der entsprechende Eintrag notwendigerweise selber unter diesen Hypokrisie-Verdacht, da er die Frage aufwirft, für wen de Limagne diese Zeilen notiert: Ist es eine aufrichtige Befürchtung, die nur dem Tagebuch als vertrautem Freund gegenüber artikuliert werden kann? Sind die Zeilen ein Bekenntnis Gott gegenüber, dem dies als Quasi-Beichte anvertraut wird? Oder aber sind sie schon in Hinblick auf eine erhoffte Veröffentlichung geschrieben und sollen sie das Bild der ‚petite Sainte' durch den Ausdruck größtmöglicher Selbstbescheidenheit stärken und jedem Anschein der Hypokrisie entgegenwirken? Von diesem Verdacht kann das Schreiben nicht gänzlich frei gesprochen werden; vielmehr spiegelt sich hierin ein grundsätzliches Problem des Tagebuchschreibens: das Dilemma, zwischen Authentizität und Heuchelei bzw. zwischen Aufrichtigkeit und Affektiertheit nicht entscheiden zu können. Eine individuelle Form der Sinngebung scheitert also an existenten kulturellen Mustern, die dem Individuum jeden Akt einer echten Selbstkonstitution unmöglich machen, da sie ihn zugleich mit der Sünde mangelnder Demut belegen. Selbstkonstitution ist in dieser Form der ‚écriture' nur möglich, wenn diese auf Selbstauslöschung zielt – und spiegelt damit in besonderer Weise die der Schwindsucht inhärente paradoxe Verknüpfung von Schreiben und Schwinden. Die Spannung zwischen angestrebter Selbstauslöschung und sich dabei vollziehender Selbstkonstitution besteht schließlich über den Tod hinaus, da dieser zur unabdingbaren Voraussetzung des Überlebens in der Schrift wird.

---

moi, si je meurs bientôt." (Brief vom 30.11.1872; S. 286); „Continuez, s'il vous plaît, à prier pour moi; mes besoins sont si grands." (Brief vom 12.11.1872; S. 295)

289 Der schon zitierten Befürchtung fügen sich ähnliche hinzu: „Me prenez-vous pour un ange?" (25.1.1869; S. 250), fragt sie ihre Freundin in einem Brief, weil sie vermutet, daß diese ihr Zurückhaltung in bezug auf deren moralische Unvollkommenheit unterstellt.

5. Die Schwindsucht als Weg zu Gott in Selbst- und Fremddarstellung

Die diskontinuierliche Selbstdarstellung im Tagebuch zeitigt, so ist deutlich geworden, andere Effekte als die durch die Retrospektive geprägte und auf Vereinheitlichung zielende Fremddarstellung. Dem Bild des reinen Engels tritt der eigene, von Zweifeln geprägte Kampf um die vorbildliche, christliche Haltung der Krankheit gegenüber entgegen; das angestrebte ‚renoncement de soi-même' gerät immer wieder mit den Gefahren des ‚amour-propre' in Konflikt. Kann die Schwindsüchtige also aus der Fremdperspektive als ‚petite Sainte' und ihre Krankheit als Weg zu Gott erscheinen, so wird in der Selbstdarstellung eine andere Bewegung sichtbar. Trotz des Versuchs, die tödliche Krankheit demutsvoll anzunehmen, entsteht in Momenten der Verzweiflung der Wunsch, dem eigenen Tod zu entgehen, was unter dem Druck christlicher Sozialisierung geradezu als eine Entfernung von Gott und als Rückfall in die dem Primat des Körpers unterstehende menschliche Natur erscheinen muß.

Das Ideal der Entkörperlichung ist in beiden Darstellungsformen zu erkennen, allerdings wird es unterschiedlich akzentuiert. In der Fremddarstellung führt es zur Stilisierung der Schwindsüchtigen zum Engel, wobei das für diese Krankheit charakteristische Abmagern dafür signifikant wird. Es gilt als Überwindung der rebellischen Natur und damit als ein Weg zu Gott. In der Selbstdarstellung hingegen fungiert der schwache und kranke Körper kaum als Weg zur Entkörperlichung, sondern erscheint vielmehr als Hindernis, weil er als Beschwernis und Behinderung zur Melancholie verleitet, anstatt die Exaltiertheit der Seele zu befördern. Immer wieder ist in de Limagnes Tagebuch eine vertikal orientierte Raummetaphorik anzutreffen, in der der Körper den Aufschwung der Seele abbremst und sie in den Abgrund der Melancholie herabzieht. Insofern geraten hier auch die unterschiedlichen, aber gleichermaßen präsenten Konnotationen der ‚maladie de langueur' und der ‚maladie mystique' in Konflikt miteinander.

Im Gegensatz zur Fremddarstellung erscheint in der Selbstdarstellung nicht das Abmagern als Mittel zur Entkörperlichung, sondern viel radikaler scheint das Ziel auf, sich völlig vom Körper frei zu machen, nicht zuletzt auch, um den einengenden Zwängen von Krankheit und Weiblichkeit zu entkommen. In seiner Radikalität weist das von de Limagne mehrfach artikulierte Bestreben, sich des Körpers zu entledigen und nur Seele zu sein, einen deutlichen Hang zu mystischen Aufschwüngen auf und fügt sich hierin wieder in die Angelisierungstendenz ein.[290] Es ist aber auch dem Wunsch geschuldet, körperlichen Hemmnissen, seien sie krankheitsbedingt oder gesellschaftlicher Natur, zu entkommen, und bleibt in dieser Hinsicht stärker diesseitsorientiert. Nur aus der Fremdper-

---

[290] Sie beruft sich dafür aber auch auf Platon: „Le corps, a dit Platon, n'est qu'un accident fâcheux, dont il faut tâcher de se débarrasser." *Fragments*, S. 30.

spektive kann die Symptomatik der Schwindsucht also als eine den Aufstieg zu Gott ermöglichende Entkörperlichung gelesen werden. Im Selbstschreiben hingegen spiegeln sich nicht zufällig die der Schwindsucht zugeschriebenen Schwankungen zwischen einem Zuwenig und einem Zuviel, die zudem mit den Vorstellungen weiblicher Schwäche und Wechselhaftigkeit konvergieren.

Auch in dieser an Gott adressierten Ausprägung der ‚écriture de la consomption', die ein Sich-Einschreiben in bestehende Diskursmuster bedeutet, dient das Schreiben einer Sinnzuschreibung und Bewältigung der Krankheit und wird zugleich als Therapeutikum gegen krankheitsbedingte Stimmungsschwankungen eingesetzt. Dabei richtet sich die Intention des Schreibens in erster Linie darauf, eine Geisteshaltung der ‚résignation' zu erzeugen, ohne daß dieser Prozeß je abgeschlossen sein könnte. Er steht also in dem für die ‚écriture de la consomption' so charakteristischen aporetischen Spannungsfeld zwischen einer Selbstauslöschung in der Schrift und einer gleichzeitig sich vollziehenden, aus christlicher Sicht jedoch zu verwerfenden Selbstkonstitution.

Wie für Pauline de Beaumont stellt auch für Joséphine Sazerac de Limagne das Selbstopfer eine Möglichkeit dar, dem bevorstehenden Sterben einen Sinn zu verleihen. Trotz des aufgrund der diskursiven Vorprägungen minimalen Spielraums versucht sie, ihre Opferrolle in der Dimension des Selbstopfers aktiv auszugestalten und sie im Schreiben zu erweitern. Bleibt der Frau in der Fremddarstellung aufgrund des starken Hangs zur Viktimisierung lediglich eine passive Rolle beschieden, die sie zur ‚victime réparatrice' und damit zur Opfergabe bestimmt, so kann sie im eigenen Schreiben ihrem Opfer durch entsprechende Semantisierung eine aktive Wendung geben und sogar – wenn auch nur im Modus der ‚folie' und in einem kurzen Moment – mit der Idee des Heldentodes in der Schlacht eine Form des Selbstopfers entwerfen, die ihr im Leben grundsätzlich verwehrt bleibt. Obwohl de Limagnes Opferbereitschaft grundsätzlich im Kontext einer Kompensation durch das Heil im Jenseits steht, gibt es während der preußischen Belagerung auch den Versuch, einen ökonomischen Mehrwert im Diesseits zu erzielen: von Gott erwartet sie als Gegengaben für ihr Selbstopfer den Sieg Frankreichs und das Leben ihrer Freunde.

Die Tatsache, daß de Limagne ihre Opferbereitschaft schriftlich artikuliert, hat sicherlich entscheidenden Anteil daran, daß ihr Tagebuch publiziert und noch bis 1890 mehrfach neu aufgelegt wird. Insofern beschert es ihr eine weitere Kompensation, nämlich das Überdauern in der Schrift, welches in offensichtlichem Gegensatz zur Selbstauslöschung steht, die mit dem auf das Jenseits hin orientierten, schwindsüchtigen Schreiben angestrebt wird.

IV. Zitat, Aneignung und Abwehr von Schwindsuchtsbildern im Tagebuch der Künstlerin Marie Bashkirtseff (1858–1884)

C'est d'être enterrée vive que je suis malade.[1]
Marie Bashkirtseff

1. Streben nach Dauerhaftigkeit: die Malerin Marie Bashkirtseff

„Oui, il est évident que j'ai le désir, sinon l'espoir, de *rester* sur cette terre, par quelque moyen que ce soit. Si je ne meurs pas jeune, j'espère rester comme une grande artiste; mais si je meurs jeune, je veux laisser publier mon journal".[2] Diesen Wunsch formuliert Marie Bashkirtseff in dem im Mai 1884 verfaßten Vorwort zu ihrem Tagebuch, wenige Monate vor ihrem Schwindsuchtstod am 31. Oktober desselben Jahres. Das christliche Ideal eines ‚mourir jeune', das in den Texten religiöser schwindsüchtiger Frauen wie Joséphine Sazerac de Limagne fest verankert ist und im Sinne einer ‚résignation' demutsvoll angenommen wird, wird von der russischen Künstlerin aufgerufen und zugleich konterkariert. Anstelle des christlichen Bescheidenheitstopos findet sich in ihrem Tagebuch der dezidierte Wille zu einem zeitlichen Überdauern – auch über den Tod hinaus. Mit diesem Selbstverständnis wendet sich die Malerin nicht nur von jenseitigen Heilsversprechen ab, sondern beschreibt eine Lebenszugewandtheit, die sie vor allem durch ihr Kunstschaffen begründet. Daß dabei Krankheit und Kunst in einem ambivalenten Verhältnis stehen, das verdeutlicht die Lektüre ihres umfassenden *Journal*, zu dem das zitierte Vorwort den ambitionierten Prolog bietet. Die Malerei, die seit dem Eintritt in die Académie Julian in Paris Bashkirtseffs Lebensinhalt bedeutet, wird mit fortschreitender Krankheit schließlich über das eigene Leben gesetzt:

> Peindre tant qu'il fait jour, modeler jusqu'au dîner et écrire quand ça vient ou avant dormir. / Et vivre? / Vivre? Quand j'aurai du talent et quand Bastien-Lepage sera amoureux de moi. Ah! ha? Et si je meurs avant? Je ne regretterai rien. (28.1.1884)[3]

---

1   „Es ist das Gefühl, lebendig begraben zu sein, das mich krank macht."
2   *Journal de Marie Bashkirtseff*, hg. von André Theuriet, Bd. 1, Paris 1890, S. 5. Im folgenden wird die *Préface* dieser Ausgabe im Fließtext mit Kurztitel und Seitenangabe zitiert. („Ja, natürlich hege ich den Wunsch, wenn nicht die Hoffnung, auf Erden zu bleiben, mit welchen Mitteln auch immer. Wenn ich nicht jung sterbe, dann werde ich hoffentlich eine große Künstlerin; aber sollte ich jung sterben, so will ich mein Tagebuch veröffentlichen lassen".)
3   Unter der Leitung (und nach der Transkription) von Ginette Apostolescu brachte der *Cercle des Amis de Marie Bashkirtseff* zwischen 1995 und 2005 in insgesamt 16 Bänden die kompletten Tagebuchaufzeichnungen der Malerin heraus: Marie Bashkirtseff, *Mon journal*, hg. von

> Den ganzen Tag über malen, bis zum Abendessen an den Skulpturen arbeiten und schreiben, wenn es gerade kommt oder vor dem Schlafen. Und leben? Leben? Wenn ich Talent habe und wenn Bastien-Lepage in mich verliebt ist. Oh! Und wenn ich vorher sterbe? Ich werde nichts bereuen!

Zum Zeitpunkt der Niederschrift der *Préface* weiß Bashkirtseff bereits seit langem um ihre Erkrankung und formuliert daher den Wunsch, noch genug Zeit zu haben, um zu einer erfolgreichen und berühmten Malerin zu werden. Die vor dem Hintergrund einer essentiellen Vergänglichkeit von Lebenszeit thematisierte Schwindsucht wird dabei zwischen dem Malen und dem Schreiben verortet – und damit zwischen öffentlichem Ruhm und ver-öffentlichter Intimität –, die beide als Mittel betrachtet werden, der Vergänglichkeit des Lebens eine Dauerhaftigkeit in der Kunst entgegenzusetzen. Diese Dauerhaftigkeit ist dabei gerade nicht jenseitig orientiert, wie im Falle der schwindsüchtigen ‚petites Saintes', sondern eindeutig auf die Diesseitigkeit bezogen („rester sur cette *terre*"), auf weltlichen Ruhm.

Die beiden Konzepte Malen („grande artiste") und Schreiben („mourir jeune et publier un journal") sind, so wird an anderer Stelle im Tagebuch deutlich, miteinander verknüpft und bedingen einander. Bashkirtseff geht davon aus, auf ihren Ruhm als Malerin angewiesen zu sein, um überhaupt eine Veröffentlichung ihrer ‚cahiers intimes' zu erreichen und nach ihrem Tod wahrgenommen zu werden:

> [...] je voudrais posséder cette sublime éloquence de la plume afin qu'en me lisant on s'intéresse à ma plate existence. Il [Mots noircis: est curieux que] le récit de mes insuccès et de mon obscurité allait me donner ce que je cherche et chercherai encore… Mais je ne le saurai pas… Et d'ailleurs pour qu'on me lise et se débrouille dans ces milliers de pages ne faut-il pas que je devienne quelqu'un? (5.12.1882)

> [...] so gerne würde ich die erhabene Gewandtheit der Feder besitzen, damit man sich beim Lesen meiner Texte für mein langweiliges Leben interessiert. Es [gestrichen: ist merkwürdig, daß] gerade der Bericht meiner Mißerfolge und meiner Düsterkeit mir genau das zu geben scheint, was ich suche und was ich weiter suchen werde… Aber ich werde es niemals wissen… Und damit man mich überhaupt liest und sich durch diese Tausende von Seiten hindurchkämpft, muß ich dafür nicht berühmt werden?

Die Bedeutung des Tagebuchs für den erhofften Ruhm in der Nachwelt wird dabei von Bashkirtseff als supplementär eingeschätzt. Ihre Aufzeichnungen im *Journal* haben in ihren Augen lediglich die Funktion, das eigene Streben nach Berühmtheit zu dokumentieren, nicht zu begründen:

> Mais qu'est-ce que je veux? Oh! Vous le savez bien. Je veux la gloire! Ce n'est pas ce journal qui me la donnera. Ce journal ne sera publié qu'après ma mort, car j'y suis *trop*

Ginette Apostolescu, 16 Bände, Montesson 1995–2005. Das Tagebuch wird im folgenden nach dieser Ausgabe mit Datumsangaben im Text zitiert.

nue pour me montrer de mon vivant. D'ailleurs, il ne serait que le complément d'une vie illustre. (3.7.1876)

Aber was ich will? Oh! Das wißt Ihr nur zu allzu gut.[4] Ich will Ruhm! Und den werde ich nicht durch dieses Tagebuch erlangen. Dieses Tagebuch wird erst nach meinem Tode veröffentlicht, denn ich entblöße mich darin zu sehr, um es zu Lebzeiten vorzulegen. Im übrigen wird es lediglich das Beiwerk zu meinem berühmten Leben sein.

Anders als Marie Bashkirtseff es zum damaligen Zeitpunkt geplant haben mag, verläuft die Rezeption ihres Werkes jedoch nach einer umgekehrten Logik. Es ist weniger ihrer realistischen Malerei[5] sondern vielmehr ihrem in Tagebuchform dokumentierten Schicksal als schöner Schwindsüchtiger geschuldet, daß man die frühverstorbene Künstlerin heute noch kennt.[6] Das Schicksal des ‚mourir jeune' und die damit verbundene Stilisierung ermöglichen ein nachhaltig verklärendes und zugleich reduzierendes Bild der Malerin Bashkirtseff, das erst durch die unzensierte Veröffentlichung der Tagebücher einem differenzierteren Portrait weicht. Erst die vollständige Herausgabe ihres ‚Journal' zeigt die Komplexität, Heterogenität und Dynamik der von Bashkirtseff immer wieder ausgehandelten Selbstbilder und Rollenmodelle.

---

4   Bashkirtseff spricht ihre künftigen Leser im Tagebuch mit ‚vous' an. Im Französischen wird in dieser Pluralform der Unterschied zwischen dem informellen ‚Du' und einem distanzierteren ‚Sie' eingeebnet. Die zeitgenössische deutsche Übersetzung vermeidet die direkte Anrede und umgeht das Problem der Distanznahme durch ein Ausweichen in die dritte Person („der Leser möge…"). Auch wenn in zeitgleich in Deutschland erschienenen Tagebüchern wohl die formalere Anrede des Lesers Konvention gewesen sein mag, wird im folgenden das ‚vous' durchgängig als ein ‚Ihr' übersetzt, um die für Bashkirtseff wichtige Beziehung zu ihren Lesern adäquat wiederzugeben. Einerseits kann auf diese Weise die große Intimität, die Bashkirtseff gegenüber ihren Lesern schafft, berücksichtigt werden, andererseits wird so ihrer temperamentvollen, ‚unkonventionellen' Persönlichkeit, die im Schreiben immer wieder aufscheint, Ausdruck verliehen.

5   Bashkirtseff war zum Zeitpunkt ihres Todes noch immer ein junges Talent, vielmehr denn eine erfolgreiche Künstlerin. Mit besonderem Stolz erfüllte sie, daß vier ihrer Werke im Pariser *Salon* ausgestellt wurden. Ihr bekanntestes Bild, *Le Meeting* von 1884, hängt heute im Musée d'Orsay.

6   Zu diesem Urteil gelangt auch Philippe Lejeune, wenn er der Frage nachgeht, was den eigentlichen ‚Wert' des Textes ausmacht, das Schreibtalent oder das beschriebene Modell: „Le Journal de Marie B. n'est pas un document biographique sur un peintre célèbre. C'est le journal qui est l'œuvre." Philippe Lejeune, „Le moi de Marie. Réception du Journal de Marie Bashkirtseff (1887–1899)", in: Jacques Tramson (Hg.), *Du livre au jeu: points de vue sur la culture de jeunesse. Mélanges pour Jean Perrot*, Paris 2003, S. 235–260, hier: S. 237. Seiner Ansicht nach ist das ein Aspekt, über den die Autorin lange im Irrtum lag: „Marie avait presque tout prévu! La seule chose qu'elle a mis longtemps à deviner, c'est que ce n'est pas sa peinture qui sauverait son journal, mais plutôt l'inverse. L'idée n'apparaît, et encore timidement, qu'en décembre 1882. Pour le reste, elle voit avec lucidité les difficultés de la *réception*, les problèmes de style, ce qui peut lasser (la répétition), ce qui peut choquer (l'esthétique de la spontanéité et de la rapidité)." Ebd., S. 242.

Die vielen kunstkritischen und selbstreflexiven Aussagen der Künstlerin lassen vermuten, daß Bildlichkeit und Schriftlichkeit in Marie Bashkirtseffs Darstellungsweise der eigenen Krankheit eng miteinander verknüpft sind. Tatsächlich rekurriert sie auf die in ihrer Umgebung vorherrschenden Krankheits-*bilder* (populär-)wissenschaftlicher wie literarischer Prägung. Diese Mythen, Bilder und Vorstellungen über die Schwindsucht sind in ihr autobiographisches Schreiben auf mehrfache Weise eingelagert. Darüber hinaus bildet das Entwerfen und narrative Präsentieren von Bildern (Gemälden, Skizzen) einen konkreten Teil der Schreibpraxis Bashkirtseffs.[7] Malerei und Tagebuch-Schreiben bilden deshalb in ihrem Fall keine distinkten künstlerischen Betätigungsfelder, vielmehr dienen sie gleichermaßen der Herstellung eines Auto-Portraits, ermöglichen eine prozessuale Selbstkonstitution in der Kunst. Bashkirtseff nutzt beide Bereiche, das Malen und das Schreiben, um herrschende Rollenmodelle zu erproben. Gerade der Versuchs- und Wiederholungscharakter der ‚écriture', so wird im folgenden sichtbar werden, modelliert die eigene ‚Identität als Kranke' in Abgrenzung zu stereotypen Schwindsuchtsbildern.

Die Gegenüberstellung der beiden miteinander verknüpften Kunstformen wird begleitet von der Thematisierung der aufgrund der fortschreitenden Krankheit unaufhaltsam verstreichenden Zeit, die zum strukturgebenden Moment des Tagebuchs wird. Die durch die Krankheit verkürzte Lebenszeit bildet den Rahmen der von Marie Bashkirtseff geschaffenen Kunst, und das Malen läßt sich im Nachhinein ebenso wie das Schreiben des 16-bändigen *Journal* als ein Versuch lesen, die Krankheit zu überwinden und über den Tod hinaus Bedeutung zu erlangen. Die gattungsbedingte Unabgeschlossenheit des Schreibens, die verhindert, daß sich das Tagebuch als ‚Werk' beschreiben läßt, markiert dabei permanent auch das Fehlen einer abgeschlossenen Sinnhaftigkeit.

Das Tagebuch der Marie Bashkirtseff ist in seiner Struktur geprägt von dem Paradoxon, das allen autobiographischen Texten, die sich mit der eigenen Krankheit befassen, zugrunde liegt. Einerseits ist die Krankheit ein wichtiger Gegenstand des Tagebuchschreibens, insofern sie den Alltag mitstrukturiert und eine Reflexion über das Selbst, den eigenen Körper, geradezu herausfordert. Das autobiographische Schreiben kann es ermöglichen, den alltäglichen Erfahrungen mit der Krankheit, den Schmerzen und Ungewißheiten Ausdruck zu verleihen. Andererseits stören die Symptome der Krankheit selbst, die physische Schwäche, die Hustenanfälle, die Reisen, Kuren und Behandlungen, ein Schreiben darüber. Der Tod schließlich setzt dem Schreibprojekt ein jähes Ende, und gerade die letzte Phase der Erkrankung bleibt weitestgehend undokumen-

---

7 Das Malen und die entstehenden Bilder werden in dem *Journal* auf eine Weise beschrieben, die sich zur spezifischen Textgattung der Ekphrasis zählen lassen, was sich im engeren Sinne verstehen läßt als schriftliche (literarische) Darstellung von Kunstwerken (Gemälde und Statuen). Vgl. Gottfried Boehm / Helmut Pfotenhauer, *Beschreibungskunst – Kunstbeschreibung. Ekphrasis von der Antike bis zur Gegenwart*, München 1995.

tiert. Der Gegenstand, der zum Schreiben anregt, entzieht sich also zugleich der Verschriftung.

Das autobiographische Schreiben über die eigene Krankheit unterliegt damit einer grundsätzlichen Ambivalenz. Eine Untersuchung der Darstellungsweisen der Schwindsucht im Tagebuchschreiben Marie Bashkirtseffs muß deshalb die von ihr eingesetzten sprachlichen Bilder und stilistischen Mittel, die Erklärungsmuster und Sinngebungsverfahren, im Spannungsverhältnis mit den herrschenden Fremddarstellungen der Krankheit beleuchten. Das eigene Schreiben wird bei ihr zu einer permanenten Auseinandersetzung mit, stellenweise zu einem Gegenentwurf zu den Wahrnehmungsweisen in ihrem unmittelbaren Umfeld, die von der Künstlerin als Einschränkung und Einengung empfunden werden. Bashkirtseffs Schreiben kann deshalb als ein Versuch gelesen werden, sich in bereits existierende kulturelle und medizinische Vorstellungen einzuschreiben und dabei den Hiatus zwischen der Vielzahl konkurrierender Diskurse auf der einen Seite und dem Bedürfnis nach einer eindeutigen, sinnstiftenden Erklärung der Krankheit auf der anderen zu überwinden. Gerade in der ‚écriture journalière', deren suchende Dynamik eine abgeschlossene Sinnhaftigkeit unmöglich macht, scheint dabei immer die Differenz zu ganzheitlichen Definitionen der Schwindsucht auf. Während der Körper stetig schwindet, wächst die Form und Gestalt der Selbstentwürfe stetig an.

Sowohl das aus der Editionsgeschichte resultierende Spannungsverhältnis von Fremd- und Selbstdarstellung wie auch die Verortung der Lebens- und Krankheitsgeschichte Bashkirtseffs im medizinhistorischen Kontext des ausgehenden 19. Jahrhunderts führen zu der Frage, auf welche Weise sich die Künstlerin auf vorherrschende Krankheitsbilder – und Bilder von Kranken – bezieht, inwiefern sie diese abwehrt oder sich aneignet. Die Art und Weise, in der Bashkirtseff unterschiedliche Erklärungsmuster und Ästhetisierungsverfahren verhandelt und erprobt, führt zu einer von gängigen Schwindsuchtsbildern abweichenden Sinnzuschreibung und gibt Aufschluß darüber, ob und inwiefern Bashkirtseffs Schreiben über die eigene Krankheit in Tagebuchform zu einem subjektkonstitutiven Verfahren werden kann.

2. Zwischen Authentizität und Verfälschung: Fremd- und Selbstdarstellung im Tagebuch

Bashkirtseff formuliert in ihrem Tagebuch das Vorhaben, das eigene Leben in Gänze darzustellen und zu dokumentieren, und sie knüpft daran einen zweifachen Anspruch: die Hervorhebung der eigenen Besonderheit und ‚Ausnahme-Existenz' sowie die Authentizität und Wahrhaftigkeit des Dargestellten, d.h. seine ‚crédibilité':

> A quoi bon mentir et poser? [...] Si ce livre n'est pas l'exacte, l'absolue, la stricte vérité, il n'a pas de raison d'être. Non seulement je dis tout le temps ce que je pense, mais je n'ai jamais songé un seul instant à dissimuler ce qui pourrait paraître ridicule ou désavantageux pour moi. (*Préface*, S. 5)
>
> Wozu soll ich lügen und mich verstellen? [...] Wenn dieses Buch nicht die exakte, absolute, strikte Wahrheit enthält, dann hat es keine Daseinsberechtigung. Ich sage immer, was ich denke, und ich habe niemals auch nur einen Augenblick lang versucht, die für mich peinlichen und unvorteilhaften Momente zu verbergen.

Mit ihrer Beteuerung, die reine Wahrheit zu schreiben und nicht zu „lügen und posieren", reiht sich Bashkirtseff strategisch in die Tradition derjenigen ein, die ihre Autobiographien mit der dezidierten Verpflichtung zur Wahrheit, zur ‚sincérité' begonnen und damit einen ‚pacte autobiographique'[8] mit dem Leser geschlossen haben. Nimmt man einen für die Geschichte der Autobiographie so prominenten Text wie Rousseaus *Confessions* (1782) in den Blick, so wird deutlich, wie nah sich Bashkirtseff mit ihren Formulierungen an den Konventionen autobiographischen Schreibens orientiert. Die Schlagworte der Wahrhaftigkeit, der Exemplarität, der Vollständigkeit („[...] je m'étale dans ces pages *tout entière*", *Préface*, S. 5)[9] und der Allgemeingültigkeit werden allesamt aufgerufen und sind dem Versuch geschuldet, das eigene Schreiben zu authentifizieren und das Interesse und die Empathie des Lesers hervorzurufen.[10] Im Falle Bashkirtseffs ist dabei entscheidend, daß der Begriff der Authentizität weniger eine Texteigenschaft bezeichnet als eine Textstrategie, d.h. einen Effekt, der sich erst aus der Darstellung ergibt.[11] Allein die im Tagebuch rekurrenten Anreden an die künftige Leserschaft und das bewußte Sich-Aussetzen machen offenbar, daß die

---

8 Philippe Lejeune, *Le pacte autobiographique*, Paris 1975, S. 36.

9 „[...] ich breite mich auf diesen Seiten *in Gänze* aus."

10 Bei Jean-Jacques Rousseau liest man dieselben Veriditätsbekundungen: „Je veux montrer à mes semblables un homme dans toute la vérité de la nature; et cet homme, ce sera moi. [...] Je dirai hautement: Voilà ce que j'ai fait, ce que j'ai pensé, ce que je fus. J'ai dit le bien et le mal avec la même franchise. Je n'ai rien tu de mauvais, rien ajouté de bon; et s'il m'est arrivé d'employer quelque ornement indifférent, ce n'a jamais été que pour remplir un vide occasionné par mon défaut de mémoire. [...] Je me suis montré tel que je fus; méprisable et vil quand je l'ai été; bon, généreux, sublime, quand je l'ai été: j'ai dévoilé mon intérieur tel que tu l'as vu toi-même, Être éternel." Jean-Jacques Rousseau, *Confessions*, hg. von Bernard Gagnebin, Marcel Raymond, Paris 1959, S. 5.

11 In ihrem Aufsatz „Aspekte einer Begriffs- und Problemgeschichte" beschreibt Eleonore Kalisch, inwiefern Darstellung als konstitutives Moment von Authentizität betrachtet werden muß: „Damit kommt ein neuer Aspekt im Verhältnis von Authentizität (im antiken Grundsinn der Täterschaft oder besser Handlungsfähigkeit) und Darstellung (als Gesamtheit performativen Verhaltens) zur Sprache. Darstellung wird als ein Konstitutionsfaktor des Selbst erkannt, das sich in der bürgerlichen Lebenspraxis nicht als Substanz, sondern als Relation bildet." Eleonore Kalisch, „Aspekte einer Begriffs- und Problemgeschichte von Authentizität und Darstellung", in: Erika Fischer-Lichte / Isabel Pflug (Hgg.), *Inszenierung von Authentizität*, Tübingen / Basel 2000, S. 31–70, hier: S. 43.

angestrebte ‚Wahrhaftigkeit' des Dargestellten nicht qua Gattungszugehörigkeit Tagebuch gegeben ist, sondern daß diese immer wieder hergestellt werden muß, paradoxerweise zumeist gerade über ein ‚Posieren' vor dem stets mitgedachten Blick der Nachwelt. Dieser wiederum ist nicht automatisch gegeben, sondern muß erst erschrieben werden, und in diesem Schreiben muß das Verhältnis zum Leser ausgelotet und erprobt werden, was die Dynamik der Unabgeschlossenheit und Umwegigkeit des Tagebuchs begründet.

Bis zur Mitte des 19. Jahrhunderts besteht eine klare Trennung zwischen autobiographischen Texten, die ohne, und solchen, die mit erklärter Publikationsintention geschrieben werden. Nur erstere können behaupten, tatsächlich eine Intimität offenzulegen und gelten als wahrhaftig; letztere, oftmals zudem mit einem gewissen literarischen Anspruch geschrieben, müssen sich den Vorwurf gefallen lassen, manipulativen Charakters zu sein. Die daraus erwachsende vermeintlich eindeutige Unterscheidung zwischen privat und öffentlich, innen und außen, authentisch und literarisch, läßt sich aber hinterfragen.[12] Während die Absicht der Veröffentlichung intimer Aufzeichnungen in dieser Zuordnungslogik unter den Verdacht der ‚Verfälschung' von Authentizität gerät – und deshalb diese Intention gerade von religiös inspirierten Schreiberinnen vehement bestritten wird –, verhält es sich im Falle der ‚Konfessionen' Marie Bashkirtseffs genau umgekehrt. Gerade die Publikation, d.h. die Konfrontation mit der Öffentlichkeit gewährleistet in ihrer Argumentation Wahrheit und Authentizität:

> Mais puisque je parle de publicité, cette idée qu'on me lira a peut-être gâté, c'est-à-dire anéanti, le seul mérite d'un tel livre? Eh bien, non! – D'abord j'ai écrit très longtemps sans songer à être lue, et ensuite c'est justement parce que j'espère être lue que je suis absolument sincère. Si ce livre n'est pas *l'exacte, l'absolue, la stricte vérité*, il n'a pas raison d'être. [...] Vous pouvez donc être surs, charitables lecteurs, que je m'étale dans ses pages tout entière. (*Préface*, S. 5)

> Da ich ja nun eine Veröffentlichung in Erwägung ziehe, frage ich mich, ob die Erwartung, daß man mich lesen wird, den Verdienst dieses Buches schmälern kann? Oh nein! – Zunächst einmal habe ich lange Zeit geschrieben, ohne daran zu denken, daß man mich lesen wird, und nun bin ich gerade deswegen vollkommen aufrichtig, weil ich

---

12 In ihrem Essay „Zur Poetik des Tagebuchs" führt Ursula Geitner diese Logik für das Tagebuchschreiben seit dem 18. Jahrhundert aus und charakterisiert dabei das Verhältnis von Tagebuch und Sprache im Modus der Selbstbeobachtung als das zentrale Thema der Schreibpraxis. „Am Anfang des modernen Tagebuchs stehen mithin offensichtlich – aber dennoch nicht überflüssig zu bemerken – das publizierte Geheimnis und der manipulierte Text." Geitner, „Zur Poetik des Tagebuchs", S. 632. Ihrer Argumentation zufolge ist die Beschreibung der Publikationsintention ebenso interpretationsbedürftig wie das autobiographische Notat selbst. Bereits Béatrice Didier stellt jedoch die ‚Intimität' des Tagebuchs in Frage und unterstreicht die große Bedeutung, ja Anwesenheit einer weiteren Person: „Le journal qui pourrait sembler le refuge de l'individu et le lieu privilégié du secret, est, en fait, un genre fort ouvert à la présence d'autrui. [...] plus que la présence d'autrui comme sujet, est importante celle d'autrui comme regard." Béatrice Didier, *Le journal intime*, Paris 1976, S. 24.

> hoffe gelesen zu werden. Wenn dieses Buch nicht die exakte, absolute, strikte Wahrheit enthält, dann hat es keine Daseinsberechtigung. [...] Ihr könnt also sicher sein, geschätzte Leser, daß ich mich auf diesen Seiten in Gänze ausbreite.

Die hier formulierte Publikationsintention ist eine wichtige Besonderheit, mit der sich Bashkirtseff von ihren Vorläuferinnen absetzt. Ganz offensichtlich ist der Unterschied zu Joséphine Sazerac de Limagne, deren Herausgeber Delarc beteuert, die Kranke habe eine Veröffentlichung ihres Tagebuchs niemals in Erwägung gezogen.[13] Mit der deklarierten Publikationsabsicht Bashkirtseffs bricht für die Geschichte des ‚journal intime', so hat schon Philippe Lejeune herausgearbeitet, ein neuer Zeitabschnitt an: „L'année 1887 marque un tournant dans l'histoire du journal en France."[14] Die ursprüngliche Logik des Schreibens, derzufolge Intimität an Aufrichtigkeit gekoppelt ist und Veröffentlichung an Verstellung, wird umgekehrt; zugleich bricht die argumentative Zusammenführung von Publikationsintention und Aufrichtigkeitserklärung den Nexus von Innerlichkeit und Authentizität auf.

Betrachtet man die von Bashkirtseff verfaßte *Préface* nicht nur als Para- sondern vor allem als Metatext zu ihrem ursprünglich aus 106 Einzelheften bestehenden *Journal*, so läßt sich darin die Konzeptualisierung des Tagebuchs als ‚Verlängerung' des Lebens herauslesen. Das Tagebuch dient in einer solchen Lesart nicht nur der eigenen, persönlichen Erinnerung, sondern auch dem post mortem-Gedächtnis der Umwelt an die eigene Person:

> Si j'allais mourir comme cela, subitement, prise d'une maladie! ... Je ne saurai peut-être pas si je suis en danger; on me le cachera, et, après ma mort, on fouillera dans mes tiroirs; on trouvera mon journal, ma famille le détruira après l'avoir lu et il ne restera bientôt plus rien de moi, rien... rien... rien!... C'est ce qui m'a toujours épouvantée. Vivre, avoir tant d'ambition, souffrir, pleurer, combattre et, au bout, l'oubli!... l'oubli... comme si je n'avais jamais existé. (*Préface*, S. 12f.)

> Soll ich etwa auf diese Weise sterben, ganz plötzlich, durch eine Krankheit hinweggerafft! ... Vielleicht werde ich gar nicht wissen, daß mein Leben in Gefahr ist; man wird es mir verheimlichen, nach meinem Tode wird man in meinen Schubladen wühlen und mein Tagebuch finden, meine Familie wird es lesen und dann zerstören, und sehr bald bliebe nichts mehr von mir übrig, nichts... nichts... nichts!... Diese Vorstellung hat mich

---

13 Vgl. in dieser Studie S. 114.
14 Lejeune / Bogaert, *Le journal intime*, S. 206. („Das Jahr 1887 markiert einen Wendepunkt in der Geschichte des Tagebuchs in Frankreich.") Lejeune führt weiter aus: „Auparavant, seuls les journaux de voyage avaient fait couramment l'objet de publication. Depuis les années 1850, on éditait, comme documents historiques, des journaux de chroniqueurs ou les livres de raison des siècles passés. La forme littéraire du journal personnel n'est apparu au XIXe siècle, et très timidement, que dans la fiction, surtout dans les romans pour la jeunesse." Ebd. Ein anderer Grund ist auch die zunehmende Laizisierung des Schreibens, mit der die Ausrichtung auf eine mögliche Publikation formulierbar wird, wie Alain Girard konstatiert. Vgl. Girard, *Le journal intime*, S. 87f.

immer mit Entsetzen erfüllt. Leben, Ehrgeiz, Leiden, Weinen, Kämpfen, und am Ende nur das Vergessen!... Vergessen! als hätte ich niemals existiert.

Der Angst, im Zuge einer todbringenden Krankheit zu schwinden und schließlich ausgelöscht und vergessen zu werden – eine Angst, die unmittelbar auf das Krankheitsbild der Schwindsucht zu reagieren scheint, in der der Körper sukzessive aufgezehrt wird –, begegnet Bashkirtseff mit der Erschaffung von etwas Dauerhaftem und Unzerstörbarem und unternimmt auf diese Weise eine zweifache, selbstbezogene Monumentsetzung, in der Malerei wie auch im Schreiben. Diese Angst vor dem Vergessenwerden, an die sich eine Art Vanitas-Gedanke anschließt,[15] ist zwar übermächtig, jedoch bekräftigen das kontinuierliche Schreiben des ‚Journal' und insbesondere das Verfassen eines Vorwortes die existentielle Bedeutung des Unternehmens. Das geschriebene Leben bekommt an dieser Stelle bereits die Funktion zuerkannt, das gelebte Leben zu substituieren.

Das Tagebuch der Marie Bashkirtseff erscheint zum ersten Mal 1887, drei Jahre nach dem Tod der jungen Künstlerin, in einer radikal gekürzten und damit in seiner ursprünglichen Idee verfälschten Fassung, die von André Theuriet herausgegeben wird.[16] Der im Vorwort von Bashkirtseff angekündigte Offenbarungsgestus, ihr Anspruch auf Vollständigkeit und Faktentreue, werden bereits an dieser Stelle vereitelt, stattdessen wird das Leben der Künstlerin auf ein eindimensionales Bild festgelegt. So findet sich in der Ausgabe von 1890, anstelle eines Vorwortes, das Gedicht „À la mémoire de Marie Bashkirtseff (après la lecture de son Journal)"[17], das der Herausgeber Theuriet zu Ehren der verstorbenen Künstlerin verfaßt hat:

---

15 Signifikant ist in dieser Hinsicht auch der parallel zum Vorwort am 1.5.1884 geschriebene Tagebucheintrag: „Qu'est-ce que j'inventerai de neuf en Art? Si ce n'est pas pour se produire avec l'éclat d'un météore, à quoi bon? / Avoir du talent? Seulement? Et puis après? Mourir, car il faudrait toujours mourir. / Et la vie est triste, affreuse, noire. Qu'est-ce que je vais devenir? Quoi faire? Ou [sic] aller? Pourquoi? Etre heureux comment? Je suis lasse avant d'avoir rien fait. J'ai usé toutes les jouissances en imagination. J'ai rêvé de telles grandeurs, que ce qui pourra m'arriver ne sera jamais qu'à peu près ou moins encore. Alors?? Alors??? alors demain, après-demain ou dans huit jours il arrivera quelque niaiserie qui changera le cours de mes idées et puis ça recommencera et puis la Mort."
16 Offenbar läßt sich dabei nicht erkennen, ob Theuriet der Originaltext oder nur eine bereits durch die Mutter oder durch eine dritte Person manipulierte Abschrift zugänglich war. In dem ursprünglichen Manuskript, das heute in der *Bibliothèque Nationale de Paris* archiviert ist, gibt es verschiedene Anstreichungen, Vermerke und Randnotizen, die sich nicht immer eindeutig zuordnen lassen. Sicher ist aber, daß es Eingriffe von verschiedenen Personen gegeben hat, so daß die Erstpublikation durch mehrere ‚Schichten' von Modifizierungen hindurchgegangen ist. Vgl. Colette Cosnier, *Marie Bashkirtseff – Un portrait sans retouches*, Paris 1985, S. 314, S. 324; Marie-Eléonore Chartier, „Marie Bashkirtseff: les complexités d'une censure", in: Cathérine Viollet (Hg.), *Genèse, censure, autocensure*, Paris 2005, S. 115–130.
17 „Zum Andenken an Marie Bashkirtseff (nach der Lektüre ihres Tagebuchs)."

Le monde saluait déjà ta *jeune étoile*,
Et, tandis que ta *gloire* et ton nom célèbrés
Montaient, *l'Ange de mort* t'emportera sous son voile
Dans ce linceul soyeux de tes *cheveux dorés*.

[...]

Tu m'apparais de *gloire* et de *clarté vêtue*.
– Au travers de ton œuvre, ainsi dans l'avenir
Les foules te verront, *blanche et pure statue*,
Te dresser, *radieuse*, au fond du souvenir.[18]

Die Welt begrüßte deiner Jugend Schein,
Bereit, deinem Ruhm und Namen Ehre zu singen,
Während der Engel des Todes seinen Schleier auswarf,
Dich in dem seidenen Leichentuch deines goldenen Haars hinfort zu bringen.

[...]

Du erscheinst mir gekleidet in Ruhm und in Glanz.
Durch dein Werk hindurch bis in alle Ewigkeit
Sehen die Scharen dich gleißend und rein,
Als Statue, erleuchtest du das Dunkel der Vergangenheit.

In dieser Huldigung in Versform wird die Malerin Marie Bashkirtseff nachträglich zu einer Lichtgestalt stilisiert: ihr Ruhm ist sternengleich, ihre Gestalt hell leuchtend, ihr Haar golden – und obendrein erscheint die Künstlerin, emporgehoben vom Engel des Todes, als eine weiße und reine Statue, die in der Erinnerung ihrer Mitmenschen erstrahlen wird. Die hier eingesetzten Bilder des Lichtes und der Helligkeit scheinen den Leser buchstäblich zu blenden, und schreiben die eigentlich lebenszugewandte Malerin zugleich posthum auf ein jenseitsorientiertes, engelsgleiches Bild fest.

Die hier unternommene ‚Angelisierung' Bashkirtseffs entspricht in mehrfacher Hinsicht der Inszenierung des Begräbnisses der jungen Künstlerin, über das Colette Cosnier schreibt, es bilde den Ausgangspunkt eines „véritable culte"[19] mit religiösen Ausmaßen:

> Marie Bashkirtseff est à peine morte que sa légende commence. Un cortège funèbre tout blanc s'avance vers l'église russe de la rue Daru. Blanche la livrée des valets de pied, blanche la robe des chevaux, blanc le cercueil, blanc le velours qui le capitonne, blanches les fleurs qui s'amoncellent en gerbes et en couronnes. Ce n'est pas une femme qu'on enterre au cimetière de Passy mais une enfant. Ce n'est pas une artiste qu'on pleure dans *Le Figaro* du 1er novembre 1884 mais une jeune fille du monde, une jeune fille à marier

---

18 Bashkirtseff, *Journal*, S. 2f, Hervorhebungen A.N.
19 Cosnier, *Marie Bashkirtseff*, S. 317.

[...]. Et dès ce moment, l'histoire de Marie Bashkirtseff va prendre les couleurs de la légende.[20]

Kaum ist Marie Bashkirtseff tot, da beginnt ihre Legende. Ein schneeweißer Trauerzug bewegt sich zur russischen Kirche in der Rue Darue. Weiß die Livree der Lakaien, weiß die Schabracke der Pferde, weiß der Sarg und die Samtdecke, die ihn auspolstert, weiß die Blumen, die sich als Sträuße und Kränze auf ihm türmen. Es ist keine Frau, die auf dem Friedhof von Passy beerdigt wird, sondern ein Kind. Es ist keine Künstlerin, die im „Figaro" vom 1. November 1884 betrauert wird, sondern ein junges Mädchen der Gesellschaft, ein heiratsfähiges Mädchen. [...] Von diesem Moment an wird Marie Bashkirtseffs Geschichte zur Legende verfälscht.[21]

Sowohl die in dem Gedicht Theuriets eingesetzten Metaphoriken zur Darstellung Marie Bashkirtseffs als auch die Inszenierung der Beerdigung in gänzlich weißer Ausstattung arbeiten einem Bild zu, in dem über die Farbsymbolik die Eigenschaften der Unschuld und der Reinheit evoziert werden. Eine solche Lesart wird auch dadurch gestützt, daß die Malerin mit der Publikation ihres Tagebuchs von den Herausgebern und der Familie bewußt jünger gemacht, und dadurch umso mehr zu einer jungfräulichen ‚idéale jeune fille' stilisiert wird.[22] Durch diese posthume Erleuchtung und Verjüngung wird also nicht nur ein ästhetischer Effekt erzielt, sondern ein konkreter christlicher Vorstellungskreis bedient. Das (weibliche) Ideal des ‚mourir jeune', das in dem selbstverfaßten Vorwort der Künstlerin gerade in seiner überkommenen Bedeutungsdimension der ‚petite Sainte' zurückgewiesen wird, evoziert eine körperlich-seelische Unschuld, die nicht nur das Bild der Künstlerin für lange Zeit beherrschen wird, sondern die auch eine wichtige Voraussetzung dafür bildet, daß Bashkirtseff als tragische und schöne Schwindsuchtstote überhaupt zu Ruhm und Bekanntheit gefunden hat.[23]

Die Stilisierung Marie Bashkirtseffs zum jungen und unschuldigen Mädchen – ein Bild, das an bestehende kulturelle Vorstellungen anknüpft und die

---

20 Ebd., S. 313.
21 Colette Cosnier, *Marie Bashkirtseff. Ich will alles sein. Ein Leben zwischen Aristokratie und Atelier*, Berlin 1994, S. 323.
22 „La grande maîtrise littéraire de la petite Marie, à laquelle l'éditeur prétendait n'avoir pris aucune part, devait se doter d'un atout supplémentaire pour frapper l'inconscient collectif: aussi l'héroïne fut elle rajeunie de deux ans. À une époque ou toute jeune fille bien née devait se marier avant vingt-cinq ans, sous peine d'entrer dans la catégorie suspecte des vieilles filles, Marie, officiellement née le 11 novembre 1860, meurt à vingt-quatre ans. Elle conserve sa qualité d'‚idéale jeune fille', de vierge." Chartier, „Marie Bashkirtseff", S. 122f.
23 „Une mort prématurée fixe à jamais de vous une image jeune. Si Marie B. avait vécu: – son journal n'aurait été connu que longtemps après, il n'aurait peut-être plus été en phase avec un mouvement contemporain d'émancipation du moi; – l'image de la jeune fille aurait été estompée, ternie peut-être, en tout cas modifiée par la femme qu'elle serait devenue. La vie ne l'a pas abîmée. La mort l'a fait entrer fraîche et vivante dans la scène littéraire." Lejeune, „Le moi de Marie", S. 236.

Heterogenität der Persönlichkeit samt der verheerenden Krankheit abfedert und eindämpft – beginnt mit ihrem pompösen Begräbnis und setzt sich im Umgang mit den Tagebüchern fort. Die Editionsgeschichte des Tagebuchs zeigt, dem ursprünglichen Anspruch der Authentizität diametral entgegengesetzt, einen dezidierten Willen zur Mythisierung der Künstlerin. Im Gegensatz aber zu den Tagebüchern und Briefen von Céleste de Chateaubriand, Pauline de Beaumont und Joséphine Sazerac de Limagne, die nur in Teilen zur Verfügung stehen und von den jeweiligen Herausgebern stark modifizierende Eingriffe erfahren haben, existiert im Falle von Marie Bashkirtseff heute eine vollständige, wenn auch revisionsbedürftige Neuauflage des Tagebuchs in 16 Bänden, die den Zeitraum von 1873 bis 1884 umfaßt und vom *Cercle des Amis de Marie Bashkirtseff* herausgegeben wurde. Auch wenn der Zugang zu dem Text allein aufgrund des Umfangs noch immer schwierig ist, so ist der heutige Leser deshalb in der privilegierten Situation, das lange vorherrschende reduzierte Bild der frühverstorbenen Künstlerin mit der sehr eigenwilligen Selbstdarstellung in ihrem Tagebuch abzugleichen. Auf diese Weise wird nicht nur ein neuer Blick auf Bashkirtseff möglich, es ergeben sich auch Aufschlüsse über die Kriterien und Modalitäten der Herausgebereingriffe dieser Zeit.[24]

Neben einer rigiden ästhetischen Glättung des Textes und neben der Entschärfung der darin zu findenden Aussagen bemüht man sich auch, die schreibende Frau zu verjüngen und ihr Temperament und ihre Spontaneität einzudämmen.[25] Auf diese Weise schreibt sich eine bestimmte Form der Rezeption fest: Marie Bashkirtseff wird lange Zeit als tugendhafter, schwindsüchtiger Engel wahrgenommen, wobei die Hervorhebung des frühen Todes die ‚Reinheit'

---

24 Marie-Éléonore Chartier gelingt es in ihrem Aufsatz über den Fall „Marie Bashkirtseff: Les complexités d'une censure", die von Theuriet vorgenommenen Veränderungen durch den editorischen Kontext der Zeit zu erklären und sie gleichzeitig in ihrer literarisierenden Funktion deutlich zu machen: „Les carnets d'adolescentes sont souvent d'une lecture ardue: narration minimale, répétitions, avalanche de noms, brouilles quotidiennes y sont pléthore. André Theuriet a donc multiplié les interventions à but esthétique, non sans faire des concessions à une certaine littérature d'époque, romanesque, convenable. […] D'un point de vue éditorial, littéraire, commercial, la méthode employée par André Theuriet était donc absolument nécessaire. Elle permettait au lecteur de franchir sans peine les degrés qui séparent le journal intime brut de l'œuvre communicable […]. L'intervention éditoriale, qui vise […] à découper, plus ou moins artificiellement, une vie en temps forts, fait passer Marie au statut de personnage." Chartier, „Marie Bashkirtseff", S. 122.

25 Insgesamt unterscheidet Chartier drei Zensurkriterien: die ästhetische Veränderung, die ideologische Verfälschung und der Schutz der Privatsphäre (vgl. ebd., S. 129). Auch wenn die Herausgeber der Tagebücher Bashkirtseffs die Schwindsucht keinesfalls auszublenden versuchten, wie im Falle von de Beaumont und de Limagne, sondern im Gegenteil den Aspekt der Schwindsucht in den Vordergrund rückten (vgl. ebd., S. 123), so bedeutet doch der Eingriff in die Form des Tagebuchs auch eine Modifizierung der darin enthaltenen Krankheitsdarstellung. Der Krankheitsverlauf spiegelt sich nicht nur in den inhaltlichen Aussagen der Autorin, sondern auch auf der formalästhetischen Ebene des Textes.

und Idealität der Sterbenden gewährleistet: „Elle conserve sa qualité d',idéale jeune fille', de vierge."[26] Bashkirtseff wird auf diese Weise in eine Reihe von schwindsüchtigen, tagebuchschreibenden Frauen gestellt, aus der sie zwar tatsächlich hervorgeht, von der sie sich aber auch auf zweifache Weise – aufgrund ihrer gesellschaftlichen Rolle und aufgrund ihres lebensbejahenden und kritischen Schreibens – absetzt.

Während bis heute die existierenden Biographien über Bashkirtseff, und insbesondere die ersten Publikationen über ihr Leben,[27] eine Mythisierung der Künstlerin vornehmen und damit das gleich nach dem Tod begründete einseitige Bild weiter festschreiben, muß man sich gleichermaßen davor hüten, das Tagebuch selbst als authentisches Zeugnis, als Verschriftlichung der ‚eigentlichen' und intimen Stimme, zu lesen.[28] Zu deutlich sind verschiedene Strategien der Theatralisierung und der Produktion eines ‚Textbegehrens'[29], zu deutlich thematisiert auch die Autorin, daß sie im Schreiben immer nur einen Bruchteil ihrer Gedankenwelt zum Ausdruck bringen kann: „Entre chaque mot que j'écris, je pense un million de choses, je n'exprime que par lambeaux mes pensées."[30] (31.5.1878) Der fragmentarische Charakter der ‚écriture journalière' – nicht etwa die Überführung der disparaten Lebensereignisse in eine sinnhafte Kontinuität im Narrativ – wird damit von der Autorin selbst dezidiert ins Zentrum gerückt.

Einer reduktionistischen Rezeption Bashkirtseffs, wie sie lange vorherrschte, soll hier ein differenzierteres Bild entgegengesetzt werden. Einen wichtigen Schritt in diese Richtung unternehmen einige neuere Forschungen, wie sie gerade in den letzten Jahren auch in Deutschland publiziert worden sind, so

---

26 Ebd., S. 123. („Sie bewahrt ihre Eigenschaft als ideales junges Mädchen, als Jungfrau.")
27 Vgl. Albéric Cahuet, *Moussia. Ou la vie et la mort de Marie Bashkirtseff*, Paris 1926 und Maurice Barrès, *Huit jours chez M. Renan*, Paris [1888] 1913.
28 Auch Colette Cosniers Publikation, die sich hinsichtlich ihres eigenen Umgangs mit den Texten von und über Bashkirtseff einen kritischen Anstrich gibt, postuliert bereits in ihrem Titel *Marie Bashkirtseff – Un portrait sans retouches* einen Anspruch an Wahrhaftigkeit und Authentizität, der nicht eingelöst werden, dem Inszenierungsbestreben der Tagebuchtexte nicht gerecht werden kann.
29 „[…] the Preface shifts the focus of that desire from the development of the *jeune fille* herself to the development of the narrative relationship set up by the diary text." Sonia Wilson, „Making an Exhibition of Oneself in Public: the Preface to Marie Bashkirtseff's Journal Intime", in: *French Studies* 55.4 (2001), S. 483–497, hier: S. 493. Vgl. auch deren aktuelle Studie, die für die vorliegende Untersuchung leider nicht mehr berücksichtigt werden konnte: Sonia Wilson, *Personal Effects. Reading the Journal of Marie Bashkirtseff*, Oxford 2010.
30 „Zwischen all den geschriebenen Wörtern verbergen sich eine Million gedachter Dinge, nur Bruchstücke meiner Gedanken kommen zum Ausdruck."

etwa von Margot Brink[31] und Sabine Voigt[32]. Diese korrigieren zwar das lange Zeit vorgegebene Bild der Künstlerin, vereinnahmen sie aber wieder in anderer Hinsicht – als emanzipierte Frau des 19. Jahrhunderts – und verkennen dabei die Widersprüchlichkeit und Komplexität, die sich aus einer engen Textlektüre ergeben können.

Gerade die Geschlechterthematik findet immer wieder Eingang in aktuelle Forschungsansätze, in denen die „neue, spezifisch moderne Form weiblicher Selbstreflexion und Subjektivität"[33] akzentuiert wird, die bei Bashkirtseff zum Ausdruck komme. Die Selbstverständlichkeit, mit der sich Bashkirtseff täglich sowohl mit ‚weiblich' als auch mit ‚männlich' konnotierten Themenfeldern (Aussehen, Kleidung, ‚Vergnügungen' vs. Kunst, Politik, Gesellschaft) auseinandersetzt, zeigt dabei, daß sie gerade durch ihr Schreiben *als Frau* die herrschende binäre Geschlechterzuordnung[34] zu unterwandern versteht. Im Falle Bashkirtseffs nämlich wird die klassische Konstellation eines männlichen Künstlers, der für die Erschaffung seines Kunstwerks das weibliche Modell opfert, unter gänzlich anderen Vorzeichen reaktiviert und schließlich transformiert. Während es im Falle Pauline de Beaumonts der Schriftsteller Chateaubriand ist, der seiner verstorbenen Geliebten ein Denkmal setzt und darin einen Ausgangspunkt für das eigene Schreiben findet, unternimmt Marie Bashkirtseff als erste schreibende Schwindsüchtige diese Denkmalsetzung selbst. In dem ‚Journal' der russischen Malerin macht sich die Künstlerin selbst zum bevorzugten Kunstwerk, Subjekt und Objekt der Darstellung fallen also ineinander.

Grundsätzlich läßt sich Bashkirtseffs Tagebuch als Versuch der Sublimierung lesen, als Überwindung der krankheitsbedingten Vergänglichkeit des Körpers. Das im Vorwort des Herausgebers Theuriet metaphorisch entworfene Bild

---

31 Margot Brink, *Ich schreibe, also werde ich. Nichtigkeitserfahrung und Selbstschöpfung in den Tagebüchern von Marie Bashkirtseff, Marie Lenéru und Catherine Pozzi*, Königstein / Taunus 1999.

32 Sabine Voigt, *Die Tagebücher der Marie Bashkirtseff*, Dortmund 1997.

33 So auch Brink, *Ich schreibe, also werde ich*, S. 91. Letztlich kommt Brink aber zu dem anfechtbaren Urteil, daß Bashkirtseff aufgrund ihrer Schreibtätigkeit die männliche Rolle annehmen und die weibliche grundsätzlich ablehnen muß, vgl. ebd., S. 120ff.

34 Wie bereits in der Einleitung zu diesem Band erwähnt, skizziert Silvia Bovenschen in ihrer Monographie *Die imaginierte Weiblichkeit* die Diskrepanz zwischen einer Überfülle aus kulturellen Bildern über die Frau gegenüber einer verschwindend geringen Zahl an Informationen von der und über die ‚reale', historisch agierende Frau: „Es ist wiederum nur *ein* Moment des Literarischen, in dem das Weibliche diese Bedeutung erlangen konnte: nur in der Fiktion, als Ergebnis des Phantasierens, des Imaginierens, *als Thema* ist es üppig und vielfältig präsentiert worden; als Thema war es eine schier unerschöpfliche Quelle künstlerischer Kreativität; als Thema hat es eine große literarische Tradition. Die Geschichte der Bilder, der Entwürfe, der metaphorischen Ausstattungen des Weiblichen ist ebenso materialreich, wie die Geschichte der realen Frauen arm an überlieferten Fakten ist." Bovenschen, *Die imaginierte Weiblichkeit*, S. 11.

einer Statue – „blanche et pure statue"–, welches das Bild von der Künstlerin festzuschreiben droht, findet in Bashkirtseffs eigener Denkmalsetzung ein Gegengewicht. Der in der Fremddarstellung angelegten Legendenbildung spricht die Perspektive Bashkirtseffs zuwider, und zwar gerade nicht im Sinne einer direkten Referentialität zwischen Leben und Schreiben, wie es die proklamierte Authentizität verheißen könnte, sondern aufgrund der im Tagebuch anzutreffenden Widersprüche und Brüche sowie der sichtbaren Strategien der Inszenierung und Theatralisierung. Bemerkenswert ist dabei vor allem die Form des Tagebuchs, die sich durch Spontaneität, Fragmenthaftigkeit, Unterbrechungen, Widersprüche und Exklamationen auszeichnet und damit der Herstellung eines geschlossenen Bildes, einer einheitlichen Bedeutung zuwider läuft. Eine solche Schreibweise ist, so wird zu sehen sein, nicht nur die formale Markierung der ‚Authentizität' des Geschriebenen,[35] sondern spiegelt die Prozessualität einer Selbstdarstellung im Modus der Schwindsucht.

3. Bashkirtseffs Krankheit im medizinhistorischen Kontext

a) Bashkirtseffs Leben mit der ‚phtisie'

Marie Bashkirtseff, geboren am 24.11.1858 in Gawronzi bei Poltawa, beginnt das Tagebuchschreiben im Alter von 12 Jahren. Sie beschreibt ausführlich die turbulenten Familienverhältnisse, ihre Verliebtheiten, amourösen Abenteuer und die vielen Reisen, die Situation des Exils. Bashkirtseffs Mutter trennt sich früh von ihrem Mann, verläßt mit ihren Kindern die russische Provinz und bewohnt die großen Städte Europas: Wien und Paris, Nizza und Neapel.[36] Innerhalb einer recht ungewöhnliche Familienkonstellation, die besonders in Nizza für Aufsehen sorgt – die alleinstehende Mutter, der trunksüchtige Onkel und der ausschweifenden Liebesabenteuern nachgehende Bruder Paul, die Tante Romanoff und ihre Tochter Dina – nimmt Marie schon früh an einem stets festlichen gesellschaftlichen Leben teil.[37] Gleichermaßen profitiert sie von ei-

---

35 Vgl. Geitner, „Zur Poetik des Tagebuchs", S. 635.
36 „En 1870, au mois de mai, nous sommes parties pour l'étranger. Le rêve si longtemps caressé par maman s'est accompli. A Vienne, on resta un mois, se grisant de nouveautés, de beaux magasins et de théâtres. On arriva à Baden-Baden au mois de juin, en pleine saison, en plein luxe, en plein Paris." *Préface*, S. 7.
37 „Moussia = Marie Bashkirtseff, sa mère, sa tante, sa cousine, sans relations... se font assez vite remarquer dans tous les lieux où les hivernants se rencontrent sans être contraints de se lier: promenade, casino, skating, bals de cercle, tir au pigeon, régates, courses, fêtes de charité. Cette famille, pour l'opinion méfiante des Niçois et mêmes des hôtes de passage, est une famille qui a de vilains procès dans son pays et que l'on ne peut pas avoir chez soi." Cahuet, *Moussia*, S. 30f.

ner kosmopolitischen Erziehung, lernt ungewöhnlich kritisches Denken, sorgt eigenständig und vehement für ihre schulische Ausbildung[38] und diskutiert, in ihrem Tagebuch, aber auch in ihrem Umfeld, zentrale politische Fragen, nicht zuletzt das Verhältnis zwischen Mann und Frau in der Gesellschaft. In Paris, wo die unkonventionelle Familie ab 1877 Quartier bezieht, nimmt sie Gesangs- und Malunterricht und wird schließlich Schülerin in der Académie Julian, wo sie von Tony Robert-Fleury und Jules Bastien Lepage[39] unterrichtet wird.

Bereits im Frühjahr 1874, während einer Reise nach Paris, zeigen sich bei Marie Bashkirtseff erste Krankheitssymptome, die aber, der allgemeinen medizinischen Unsicherheit bei der Diagnose der Schwindsucht entsprechend, zunächst nicht eindeutig zugeordnet werden:

> En effet je suis si gaie que c'est étrange. J'ai dans l'idée que j'aurai un cancer dans mon sein gauche, car je sens des douleurs de temps en temps. J'en ai prévu sérieusement maman, mais elle dit que c'est bêtise. Je ne sais pas quel faux amour-propre leur dit [Rayé: que c'est] qu'il ne faut pas croire à cela, comme si j'étais immortelle. J'ai prévenu, si je meurs tant pis pour eux. C'est à eux de me pleurer. (12.5.1874)

> Ich bin so fröhlich, daß es mir seltsam vorkommt. Vielleicht habe ich in der linken Brust Krebs, denn von Zeit zu Zeit habe ich Schmerzen. Ich habe Mama ernsthaft davon unterrichtet, aber sie sagt das sei Unsinn. Welche falsche Eigenliebe bringt sie dazu, mir nicht zu glauben, ganz so als sei ich unsterblich? Ich habe sie gewarnt, wenn ich sterbe, haben sie eben Pech gehabt. Sie sind es ja, die dann um mich trauern müssen.

Während die ersten Krankheitssymptome zunächst einmal falsch gedeutet und im familiären Umfeld noch nicht besonders ernst genommen werden, wird doch bereits hier die Sorge Bashkirtseffs um ihren körperlichen Zustand sichtbar, der

---

38 „À Nice, par la volonté de Marie, tout change. A douze ans, elle fait elle-même le plan de ses études avec les professeurs du lycée, stupéfaits de cette passion de culture: neuf heures de devoirs et de leçons chaque jour. Elle se perfectionne dans l'étude de l'anglais, de l'italien, de la musique, invective son professeur de dessin, M. Bensa, qui ne lui donne pas un enseignement assez méthodique à son gré, et se sépare avec éclat de sa gouvernante, trop souvent en retard pour ses leçons..." Ebd., S. 41f.

39 Tony Robert-Fleury (1837–1911), Historienmaler, war Bashkirtseffs erster Lehrer und u.a. Schöpfer des einflußreichen Gemäldes *Pinel délivrant les aliénés de la Salpêtrière* (1867), das einen bedeutsamen Umbruch im therapeutischen Umgang mit ‚Geisteskranken' markiert. Jules Bastien-Lepage (1848–1884) läßt sich dem Naturalismus zurechnen, er ist lange Zeit ein einflußreicher Freund und Lehrer Marie Bashkirtseffs, die sich in ihrem Tagebuch von seinen Werken durchgehend begeistert zeigt, so auch von seiner *Jeanne d'Arc* (1879), und stets befürchtet, sich in ihrer eigenen Kunst nicht genug von dem Lehrer absetzen und ihren eigenen Stil entwickeln zu können: „Je ne vois pas ou je vais en peinture. Je suis Bastien-Lepage et c'est déplorable. On reste toujours en arrière. On n'est jamais grand tant qu'on n'a pas découvert une voie nouvelle, sa propre nature, le moyen de rendre des impressions particulières. [...] J'imite Bastien-Lepage et c'est une si grande honte que je deviens rouge quand j'y pense." (13.7.1883) Bastien-Lepage ist bekannt für traditionelle Themen und ländliche Motive (Bsp. *Les Foins* 1877), er stirbt, im selben Jahr wie Bashkirtseff, an Krebs.

von diesem Zeitpunkt an zu einem wiederkehrenden Thema in den Tagebucheintragungen wird. Ebenso deutlich ist der trotzige Impuls, die eigene Besorgnis abzuwehren und das bevorstehende Unheil auf die Menschen in ihrer Umgebung zu verschieben.

Obwohl also schon früh bei Bashkirtseff Symptome auftreten, die sich rückblickend als Anzeichen der Schwindsucht identifizieren lassen, wird die Krankheit der Malerin über einen langen Zeitraum nicht als solche benannt, sondern beschönigend beschrieben. Dieses noch für die zweite Jahrhunderthälfte charakteristische Phänomen der ‚diffizilen Sagbarkeit‘[40] manifestiert sich in einem euphemistischen Umgang mit der Krankheit, der sich in Bashkirtseffs Krankheitsverlauf noch zu einem fortgeschrittenen Zeitpunkt beobachten läßt:

> Krishaber prétend que ma toux est purement nerveuse, c'est possible, car je ne suis ni enrhumée, je n'ai ni mal de gorge, ni mal de poitrine. J'étouffe tout simplement et j'ai une pointe au côté droit. (17.1.1880)
>
> Krishaber behauptet, mein Husten sei nervös. Das kann sein, denn ich bin nicht erkältet, habe weder Halsschmerzen noch Schmerzen in der Brust. Ich bekomme einfach keine Luft und habe ein Stechen in der rechten Seite.

Der Husten wird von dem behandelnden Arzt als ‚nervös‘ abgetan, was zum damaligen Zeitpunkt auch als ein Merkmal der Hysterie betrachtet wurde, und Bashkirtseff räumt ein, daß weitere typische Begleitsymptome nicht zu verzeichnen sind. Dennoch beschreibt sie körperliche Beschwerden, die sich offenbar nicht zuordnen lassen, die aber als Leiden sehr präsent sind: ein Gefühl der Erstickung und ein Stechen in der Seite. Immer wieder wird die Diskrepanz zwischen einer spürbaren Versehrtheit des Körpers und einer quälenden diagnostischen Unsicherheit im Tagebuch thematisiert:

> J'ai rêvé qu'on m'expliquait ce que j'ai dans le poumon droit; dans certaines parties l'air ne pénètre [sic] pas… ce qui fait remonter… mais c'est trop dégoûtant à raconter. Il suffit que je sois atteinte. Ah! je le sais, car depuis quelque temps je sens une espèce de malaise, de légère faiblesse indéfinissable… mais je ne suis plus comme avant, je ne me sens pas comme les autres; une sorte de vapeur affaiblissante m'enveloppe, je parle au figuré bien entendu. Il semble que j'ai quelque chose d'étranger à moi dans la poitrine, et j'ai… mais à quoi bon ces absurdités, [Mots noircis: on verra bien]. (11.10.1881)
>
> Ich habe geträumt, daß man mir erklärt, was das ist, was ich da in der rechten Lunge habe; in einige Bereiche gelangt keine Luft, so daß… etwas aufsteigt… aber das ist zu abstoßend, um es zu erzählen. Es genügt, daß ich befallen bin. Ach, ich weiß es, denn seit einiger Zeit fühle ich eine Art Unwohlsein, eine leichte, undefinierbare Schwäche…

---

40 Die grundsätzliche Schwierigkeit, die Krankheit klar und in eindeutiger Abgrenzung von anderen Krankheiten mit ähnlichen Symptomen zu definieren, und die Zurückhaltung hinsichtlich einer endgültigen Diagnose aus Angst, die Krankheit dadurch allererst hervorzurufen, führen zu dem Phänomen der ‚diffizilen Sagbarkeit‘ der Schwindsucht noch in der zweiten Hälfte des Jahrhunderts. Vgl. Grellet / Kruse, *Histoires de la tuberculose*, S. 50ff.

aber ich bin nicht mehr wie früher, ich fühle mich anders als die anderen; ich bin wie von Dämpfen umgeben, die mich einhüllen und schwächen, ich meine natürlich im übertragenen Sinn. Es ist, als ob ich einen Fremdkörper in meiner Brust hätte, und ich habe... aber was sollen diese Sinnlosigkeiten, [geschwärzt: wir werden schon sehen].

Die charakteristische Unsicherheit bezüglich des Status der Krankheit überträgt sich auf Bashkirtseffs Diskurs, der von Auslassungen, Ellipsen und Vagheiten („une espèce de", „une sorte de") unterbrochen wird. Ihre Darstellung wird stellenweise wieder zurückgenommen und zensiert („c'est trop dégoutant") und scheitert letztlich an der Undefinierbarkeit ihres Gegenstandes („mais à quoi bon ces absurdités"). Die Form der Darstellung, geprägt von Unterbrechungen und Streichungen, sagt auch etwas über die Situation des Schreibens aus. Das Charakteristikum der Gattung Tagebuch, der spontane und ungeschliffene Zustand der Aufzeichnungen, wird hier akzentuiert durch die Emotionalität der Schreibenden. Die Fragmentierung der Form läßt sich auf den dargestellten ‚Gegenstand' rückübertragen: auf die Krankheit einerseits, und auf die im Werden begriffene Persönlichkeit der Autorin andererseits.

Bezeichnend ist dabei vor allem die Eröffnung der Schilderung Bashkirtseffs, in der Wissenschaft und Imagination, die Beschreibung einer Situation fachlicher Erklärung und die Erzählung eines Traums ineinander laufen („J'ai rêvé qu'on m'expliquait").[41] Die folgenden Sätze beziehen sich dann aber auf ihre eigene Wahrnehmung der Krankheit und tragen die Schwierigkeit in sich, etwas zweifellos Vorhandenes, aber nicht Greifbares beschreiben zu wollen. Dies wird auch in einem Begriff wie ‚vapeur' transportiert, der im 18. Jahrhundert ein hysterisch konnotiertes diffuses Frauenleiden bezeichnet. Die Kranke bringt also eine Veränderung zum Ausdruck, die nicht faßbar ist, die die betroffene Person aber tatsächlich isoliert, sowohl gegenüber ihrer Umwelt als auch insofern die Krankheit als fremdes Element im Eigenen ‚diagnostiziert' wird. Mit dem Eindruck, nicht so zu sein wie früher, nicht so zu sein wie die anderen, formuliert Bashkirtseff ein Gefühl der Fremdheit und des Nichtvertrauten. Die Auswirkung der Krankheit geht über das Erleiden der konkreten Symptome hinaus und umfaßt stattdessen das gesamte Interaktionsfeld der Kranken, ihre zwischenmenschlichen Beziehungen und ihre Position im sozialen Gefüge. Die beiläufige Bemerkung, selbstverständlich „au figuré" zu sprechen, d.h. im übertragenen Wortsinn, läßt sich unmittelbar aus dieser Schwierigkeit herleiten und gleichzeitig (programmatisch) auf spätere Darstellungsversuche der Krankheit übertragen.

Trotz der stellenweisen Ausblendungen und Vagheiten – oder gerade deswegen – liest sich Bashkirtseffs Tagebuch wie eine klassische Schwindsuchts-

---

41 Eine andere Traumerzählung findet sich am 16.11.1882, hier ist es die Diagnose, niemals gesund zu werden, die Bashkirtseff noch beim Aufschreiben am nächsten Tag erschüttert; sie faßt ihre Serie von Träumen als ‚malheur prévu' auf.

geschichte des späten 19. Jahrhundert. Dazu gehören sowohl die frühen ersten Anzeichen im Alter von fünfzehn Jahren wie auch die Überlegungen über eine mögliche hereditäre Vorbelastung oder eine Ansteckung durch Personen im nahen Umfeld. Typisch sind auch die Kuren, die Bashkirtseff unternimmt, besonders prominent die Reise zum Mont-Dore im Sommer 1880. Bereits 1877 wird sie ins belgische Enghien und in die deutschen Kurorte Schlangenbad und Wiesbaden geschickt, 1878 nach Soden.[42] Diese Reisen und Kuren prägen den Alltag der wohlhabenden Schwindsüchtigen des 19. Jahrhunderts, was zu einem regelrechten Sanatoriumskult führt und Orte wie den Mont-Dore zu mondänen Zentren macht, in denen Kranke und Nichtkranke dem *divertissement* nachgehen.[43]

Auch während des Aufenthalts am Mont-Dore schreibt Bashkirtseff in ihr Tagebuch und gibt auf diese Weise über die verschiedenen Behandlungen, Untersuchungen und Diagnosen Aufschluß: „Je viens de commencer mon traitement. On vient vous chercher dans une chaise à porteurs calfeutrée. Un costume de flanelle blanche, pantalon à pied, et capuchon et manteau. / Alors se suivent: bain, douche, boisson, aspiration etc. etc. je me prête à tout".[44] (21.7.1880) Die Beschreibung der medizinischen Praxis liest sich in Bashkirtseffs Tagebuch selten so ‚dokumentarisch' wie an dieser Stelle, wo sie die alimentären Regeln, die Bäder und ‚aspirations' aufführt und damit recht genaue Angaben über die Behandlungsmethoden der Schwindsucht in den achtziger Jahren des 19. Jahrhunderts gibt. Die von ihrem Arzt Fauvel verschriebenen Anwendungen wie Iod, Milch und Lebertran sind zu diesem Zeitpunkt gängige therapeutische Maßnahmen und lassen sich auf ein Krankheitskonzept zurückführen, dem zufolge die Schwindsucht als eine Überreizung konzipiert wird, auf die man beruhigend

---

42 Vgl. zu den für Schwindsüchtigen empfohlenen Reisen die Eintragung im Raspail von 1888, wo die Behandlung in Form einer Kur, zumeist im Süden, unter anderem der Vorstellung einer besonderen Ansteckungsgefahr und Verschmutzung in den Städten entspringt: „Dans les villes malsaines et situées dans un bas-fond, où les boues séjournent accumulées, et que traversent les cours d'eau où se déversent les produits empoisonnés des diverses industries, la phtisie est rarement curable; et il arrive souvent que les symptômes de la maladie se dissipent comme par enchantement ou s'améliorent peu à peu, lorsque le malade va séjourner sur les plateaux élevés, dans les vallées des Pyrénées, ou autres, abritées contre les vents du Nord. On voit la maladie empirer de nouveau, dès qu'il retourne dans sa famille." Francois-Vincent Raspail: „Maladies de poitrine; inflammation; pneumonie, péripneumonie et fluxion de poitrine, points de coté; hydrothorax; pleurésie; rhume négligé; phtisie", in: ders. (Hg.), *Manuel annuaire de la santé*, Paris / Bruxelles 1888, S. 338–343, hier: S. 342.

43 Vgl. Guillaume, *Du désespoir au salut*, S. 69f. Das Sanatorium wird schließlich zu einem literarischen Topos, der bis ins 20. Jh. hineinreicht und beispielsweise in Romanen von Thomas Mann oder André Gide sichtbar wird.

44 „Meine Behandlung hat begonnen. Man wird in einem gepolsterten Tragestuhl abgeholt. Ein weißes Flanellgewand, eine Hose, eine Kapuze und ein Mantel. Dann folgen: Bad, Dusche, Wassertrinken, Inhalieren usw. usw. Ich lasse alles mit mir machen".

einzuwirken versucht, etwa durch ein ‚régime alimentaire', indem leichte Kost bevorzugt wird, ganz besonders Milch- und Mehlspeisen.[45]

Parallel zu dieser reizhemmenden Behandlung wird an der Patientin Bashkirtseff auf dem Mont-Dore das entgegengesetzte ‚traitement' vollzogen, bei dem ihr Körper stark beansprucht und seine Energien angereizt werden:

> Nous avons fait une trop grande promenade; cinq heures à cheval avec ce traitement affaiblissant et je suis éreintée, dans le sens exact du mot. Je crains que le traitement ne donne raison à cette animal de docteur des eaux, qui a prétendu que j'étais faible... il est vrai que, quand j'eus fini, il m'assura que, pour avoir si bien supporté vingt et un bains, il fallait être très forte. La médecine est une triste science. (18.8.1880)

> Wir haben einen viel zu langen Ausflug gemacht; fünf Stunden zu Pferd, und das bei dieser schwächenden Behandlung, nun bin ich buchstäblich todmüde. Ich befürchte, daß diese Behandlung dem blöden Kurarzt, der behauptet hat, ich sei schwach, Recht geben wird... es stimmt, nachdem ich fertig war, versicherte er mir, daß man doch sehr kräftig sein muß, um einundzwanzig Bäder zu überstehen. Die Medizin ist eine traurige Wissenschaft.

Bashkirtseff beschreibt hier das Paradox, daß die angerateten Behandlungen eigentlich nur dann durchzustehen sind, wenn der Körper stark und gesund ist. Stattdessen bestätigen sie aber nur den von ärztlicher Seite prophezeiten geschwächten Zustand. In dieser kritischen Sichtweise wird nicht nur die spöttische Haltung der jungen Künstlerin offenbar, es werden auch einige Widersprüche des medizinischen Diskurses der Zeit sichtbar. Aufgrund der Tatsache, daß die Krankheit auch zu diesem Zeitpunkt noch nicht eindeutig konzipiert war, und mal als Überreizung, mal als Schwächung der Lebensenergien aufgefaßt wurde, besteht eine Koexistenz von medizinischen Ansätzen, die empfehlen, dem überreizten Körper Ruhe angedeihen zu lassen, und solchen Positionen, in

---

[45] Bashkirtseff notiert 1884, in ihrem Todesjahr, die Behandlung mit Ziegenmilch, die offenbar dazu dient, sie zunehmen zu lassen: „Huile de foie de morue, arsenic, lait de chèvre. On m'a acheté une chèvre." (5.5.1884); „C'est que ces dames sont trop simples. Exemple: je prends du lait de chèvre pour engraisser et je le prends avec plaisir. Bon, ce soir Dina dit de faire traire la chèvre (la chèvre habite la serre, l'escalier et la jardin) et comme elle sait que je déteste qu'on me dise ce que je dois faire elle se met à raconter des *finesses* pour que je ne m'aperçoive pas qu'elle me rappelle de prendre mon lait." (19.5.1884) Hier fühlt sich Bashkirtseff durch die Behandlung gegängelt. Pierre Guillaume, der in seiner Studie die Eigentümlichkeiten (und manchmal auch Widersprüchlichkeiten) der verschiedenen Behandlungsmethoden darstellt, erkennt auch die grotesken Züge in den einzelnen therapeutischen Maßnahmen. „Cette quête du lait le meilleur, donc le plus pur et le plus frais possible, a des conséquences pittoresques. En plein Paris, Marie Bashkirtseff est ainsi pourvue d'une chèvre, dont elle partage le lait avec son ami Bastien Lepage." Guillaume, *Du désespoir au salut*, S. 61. Daß diese Behandlung mit Ziegenmilch bereits zu Beginn des Jahrhunderts genutzt wurde, ist in der Darstellung der Krankheit Céleste de Chateaubriands durch Récamier deutlich geworden.

denen genau umgekehrt davon ausgegangen wird, der kranke Organismus müsse angereizt und angestrengt werden, um zu genesen.[46]

Diese ambivalente Konzeptualisierung der Krankheit geht auf das vitalistische Paradigma zurück, das bereits zu Beginn des Jahrhunderts ein gängiges Erklärungsmuster für die Schwindsucht darstellte. Ausgehend von den Schriften Bichats wird der menschliche Organismus als Reservoir einer begrenzten Menge an Energie entworfen, dessen Ressourcen sich mit der Zeit verbrauchen, dessen Kräfte aber auch angeregt und erneuert werden können. Die Widersprüchlichkeit des Reizmodells, mit der sich auch Pauline de Beaumont in ihren Briefen an Joubert auseinandersetzte,[47] gründet folglich in der Ambivalenz, daß die Irritabilität des Organismus zum einen als grundlegendes Lebensprinzip, zum andern als Ausgangspunkt des Pathologischen verstanden wird.[48] Was Bashkirtseff mit einem lakonischen Kommentar quittiert – „La médecine est une science triste" –, markiert eine grundsätzliche „impuissance médicale"[49] oder genauer: einen Widerspruch zwischen dem wissenschaftlichen Anspruch eines klaren Zugriffs auf die Krankheit in der Definition über die Läsion und einer unüberschaubaren Produktion an heterogenen Diskursen über die Krankheit. Gerade dem autobiographischen Schreiben gelingt also offenbar die Aufdeckung eines solchen Widerspruchs, insofern das Schreiben über die eigene Krankheit sich in der entstehenden definitorischen Lücke zu verorten hat und notwendigerweise seinerseits in Erklärungsnot gerät.

Spätestens ab dem Sommer des Jahres 1880 ist Bashkirtseffs Leben nicht nur von wiederkehrenden Beschwerden, sondern auch von andauernden Behandlungen geprägt. Die Krankheit allerdings verläuft auf charakteristische Weise launisch und nicht immer wird der direkte Bezug zwischen ärztlicher Anwendung und subjektiver Empfindung sichtbar, nicht immer folgt auf den Heilungsversuch eine tatsächliche Erleichterung des Leidens. Auch der Aufent-

---

46 Der Eintrag im Raspail von 1863 / 88 enthält eine Auffassung von Krankheit, in der die Schwindsucht über die Gerinnung von Blutkörperchen erklärt wird: „On comprendra le mécanisme de cette maladie, si l'on se reporte à la théorie de la fièvre, telle que nous l'avons donnée. En effet, l'action du froid, coagulant le sang dans les vaisseaux pulmonaires, intercepte la circulation et accumule de plus en plus les produits de la coagulation contre ces obstacles, de manière que lorsque les vaisseaux qui les contiennent éclatent, on crache le sang". Raspail, „Maladies de poitrine", S. 340. In dieser Konzeption ist das Pathologische ein Zustand der Überreizung, der durch Beruhigungswasser behandelt werden kann; dies entspricht in etwa der von Bashkirtseff übernommenen Konzeptionalisierung einer Koppelung von ‚physique' und ‚moral', wobei die Krankheit als eine Folge des leidenschaftlichen, gereizten Temperaments betrachtet wird.
47 Vgl. das Unterkapitel „Die ‚phtisie' im Zeichen des Vitalismus: Exzeß und Wechselhaftigkeit" im zweiten Teil dieser Studie, S. 62–72.
48 Vgl. Sarasin, *Reizbare Maschinen*, S. 51–71. Vgl. auch die Einleitung zu diesem Band.
49 Guillaume, *Du désespoir au salut*, S. 44.

halt am Mont-Dore ist weniger erfolgreich als erhofft, was dazu führt, daß im Hause Bashkirtseff die generelle Wirkkraft solcher Kuren diskutiert wird:

> On ne peut se faire une idée de mes tracasseries. On parle de maladie jusqu'à en avoir le gosier tout sec, chacun émet son opinion, maman dit que le Mont-Dore m'a fait du mal parce que j'ai suivi le traitement, qu'on ne va pas aux eaux que pour se reposer et qu'elle ne reconnaît que les eaux allemandes, parce qu'il n'y a pas de salles d'inhalations etc. Puis que Eaux-Bonnes me fera du mal parce que ça doit ressembler au Mont-Dore. Alors Dina dit que… je n'en sais plus rien, j'arrive à en avoir le vertige et je pleurerais de rage d'entendre toute la journée la même chose et délayée à un point qu'on arrive à dire de telles inepties que j'en ris au milieu des larmes. Ils ont tellement irrité la question qu'on peut plus y toucher. / Et moi je n'en peux plus… (22.5.1881)
>
> Man kann sich keine Vorstellung von meinen Qualen machen. Alle reden über die Krankheit, bis sie eine trockene Kehle haben, jeder breitet sich darüber aus, Mama sagt, daß der Mont-Dore mir schlecht bekommen ist, weil ich mich dort den Anwendungen unterzogen habe, daß man nur in Kur geht, um sich auszuruhen, und daß sie nur die deutschen Kurorte anerkennt, weil es dort keine Inhalationsräume gibt usw. Dann, daß Eaux-Bonnes mir schlecht bekommen wird, weil es dort doch so sein muß wie auf dem Mont-Dore. Dann sagt Dina noch daß… ich weiß schon gar nicht mehr was, mir ist schon schwindlig davon und ich könnte vor Wut heulen, daß ich mir den ganzen Tag das Gleiche anhören muß, daß immer das Gleiche breitgetreten wird, bis sie schließlich solche Dummheiten sagen, daß ich darüber unter Tränen lachen muß. Sie haben das Thema dermaßen ausgereizt, daß man es gar nicht mehr ansprechen kann. Und ich kann nicht mehr…

Sehr deutlich wird in diesem Eintrag, wie die Uneindeutigkeiten im medizinischen Diskurs im Zuge einer persönlichen Aneignung des Wissens zu weiteren Unklarheiten und Paradoxien führen, mit denen man sich den sich verschlechternden Zustand der Patientin zu erklären sucht. Die verordnete Behandlung wird als Widerspruch zu der vom Körper benötigten Ruhe aufgefaßt; gleichzeitig meint man zu wissen, daß es eine ‚richtige' Behandlungsform gibt, die durchgeführt werden muß. Das hier im familieninternen Diskurs Proklamierte verhält sich analog zum Argumentationsmuster der zeitgenössischen Medizin: eine eindeutige Wahrheit ist nicht faßbar, man geht aber davon aus, daß es sie geben muß.

Darüber hinaus befindet sich Bashkirtseffs Darstellung an dieser Stelle auf einer übergeordneten Ebene, insofern sie deutlich macht, daß die Krankheit der Schwindsucht eine immer schon beschriebene oder besprochene ist. Neben den Symptomen selbst, den alltäglichen Beschwerden und Schmerzen, ist es vor allem das ständige Reden über die Krankheit, ihre diskursive Allgegenwärtigkeit, die Bashkirtseff quälen. Die Malerin beschreibt die somatischen Auswirkungen, die derartige Diskussionen im Familienkreis auf sie haben, allen voran als Reizung, Tränen und Schwindel. Die vielen unterschiedlichen und widersprüchlichen Meinungen verwirren und ‚nerven' die Kranke im buchstäblichen Sinne, und führen offenbar zu einer Art ‚Überreizung' des Themas, ein Vorgang, der sich wiederum mit den physiologischen Vorgängen der Schwindsucht analogisieren läßt. Die vielgestaltige Diskursivierung der Krankheit ist damit integraler Bestandteil der sozialen Praxis.

Trotz der verschiedenen Therapieansätze, der zahlreichen Diskussionen und Definitionsversuche im medizinischen und familiären Umfeld, schreitet die Schwindsucht der jungen Künstlerin voran. Gerade zu dem Zeitpunkt, da sie beginnt, mit dem Malen Erfolg zu haben – sie stellt wiederholt im Pariser *Salon* aus, sie unternimmt eine Reise nach Spanien, die für ihr Kunstschaffen überaus anregend ist –, wird sie immer mehr von der Erkrankung geschwächt. Im Tagebuch notiert Bashkirtseff ihre gesundheitlichen Krisen, versucht aber stets, ihr Leben und ihre Malerei davon nicht einschränken zu lassen:

> Madame Nachet m'apporte un bouquet de violettes aujourd'hui, je la reçois comme tout le monde car malgré la fièvre qui ne me quitte pas depuis quinze jours et une congestion pulmonaire du côté gauche, alias pleurésie, et deux vésicatoires, je ne capitule pas, je suis levée et me comporte comme une personne naturelle. (29.11.1881)

> Madame Nachet bringt mir heute einen Strauß Veilchen, ich empfange sie wie alle anderen, denn trotz des Fiebers, das mich seit zwei Wochen nicht verläßt, trotz einer Lungenstauung (alias Rippenfellentzündung) auf der linken Seite und trotz zwei Zugpflastern kapituliere ich nicht, ich stehe auf und betrage mich ganz natürlich.

Die schwierigen Phasen der Krankheit, wie hier im November 1881 oder im Dezember 1882, manifestieren sich im Tagebuch, wo das physische aber auch das psychische Ringen Bashkirtseffs mit der Schwindsucht dokumentiert sind. Das in der Bezeichnung der Krankheit verankerte ‚Schwinden' gewinnt dabei zunehmend an Offensichtlichkeit:

> J'ai maigri de la moitié. Depuis deux mois on peut suivre jour par jour les progrès de cet amincissement. / Ce n'est plus Vénus callypige, c'est Diane. Je me contenterais bien de Diane mais Diane peut se changer en carcasse... / En apparence je me porte bien et vis comme d'habitude. Mais j'ai la fièvre tous les jours tantôt dans la journée, tantôt la nuit. Des heures à me retourner sans trouver de repos, puis des cauchemars ou des hallucinations. (22.6.1884)

> Ich habe um die Hälfte abgenommen. Seit zwei Monaten kann man Tag für Tag dieses fortschreitende Abmagern verfolgen. Das ist nicht mehr Venus Kallipygos, das ist Diana. Ich würde mich auch mit Diana zufrieden geben, aber Diana kann sich in ein Gerippe verwandeln... Dem Anschein nach geht es mir gut und ich lebe weiter wie immer. Aber ich habe jeden Tag Fieber, bald tagsüber, bald nachts. Über Stunden wälze ich mich herum, ohne Ruhe zu finden, und dann Albträume oder Halluzinationen.

Trotz der ausführlich geschilderten körperlichen Beschwerden versucht Bashkirtseff nach eigenen Angaben, der Krankheit nicht völlig nachzugeben, sondern „comme d'habitude", „comme une personne naturelle" zu leben. Dann wieder scheint die Krankheit über lange Zeiträume wie vergessen und die Künstlerin ist völlig auf die Weiterentwicklung ihrer Malerei konzentriert. Auch die Einträge in den letzten Wochen Bashkirtseffs sind geprägt vom Gedanken an die Kunst und verzeichnen sehr viel stärker die Sorge um den erkrankten Freund Jules Bastien-Lepage als die Frage nach dem eigenen Gesundheitszustand. Dementsprechend erscheint das Ende des *Journal* – der letzte Eintrag findet sich am 20. Oktober 1884, elf Tage vor ihrem Tod – dem Leser gleichsam unvermittelt.

b) Miasma und Kontagium: medizinische und kulturelle Schwindsuchtsdiskurse in Bashkirtseffs autobiographischem Schreiben

Zu dem Zeitpunkt, als Marie Bashkirtseff an der Schwindsucht erkrankt und darüber schreibt, ist das Bild von der Krankheit in der medizinischen Wissenschaft im Wandel begriffen. Nachdem Villemin bereits 1865 die Kontagiosität der Schwindsucht aufzeigt, bedeutet spätestens die Entdeckung des Tuberkulose-Erregers durch Robert Koch im Jahre 1882, zwei Jahre vor Bashkirtseffs Tod, eine Umwälzung bisheriger Annahmen. Die Idee der Ansteckung impliziert nun einen essentiell verschiedenen und ‚systemfremden' Erreger, der ‚von außen' in das Individuum eindringt.[50] Kochs Entdeckung bedeutet also sowohl eine Veränderung der bislang gültigen Erklärungsmuster für die Schwindsucht – aus der ‚phtisie', die über die Symptomatik der ‚consomption' definiert wird, wird die ‚tuberculose', was eine Fokussierung auf die Ätiologie der Krankheit impliziert – als auch eine grundsätzliche Veränderung der Konzeptualisierung des Pathologischen. Dieser epistemologische Umbruch führt zusehends zu einer Ablösung des romantisch-melancholischen Bildes der Schwindsucht durch sein beunruhigendes Gegenstück unter den Vorzeichen des hygienischen Diskurses, der die Gefahr der Ansteckung in den Vordergrund rückt und daran regulierende Anweisungen knüpft:

> A la fin du XIXe siècle, la thèse de l'ubicité du bacille focalise la crainte phobique des contacts qui constitue l'axe central du discours hygiéniste. […] À la figure élitaire du poitrinaire succède le portrait robot du semeur de bacille.[51]

> Die phobische Angst vor Körperkontakt, die den Dreh- und Angelpunkt des hygienischen Diskurses bildet, wird gegen Ende des 19. Jahrhunderts durch die These der Allgegenwart des Bazillus noch verstärkt. […] Auf die elitäre Figur des Lungenkranken folgt das roboterhafte Portrait der Bazillenschleuder.

---

50 Damit ist die Vorstellung einer Wesensgleichheit, einer rein graduellen Unterschiedlichkeit von Pathologie und Physiologie wieder in Frage gestellt, wie der Medizinhistoriker Georges Canguilhem konstatiert: „la continuité de l'état normal et de l'état pathologique ne paraît pas réelle dans le cas des maladies infectieuses." Georges Canguilhem, *Le normal et le pathologique*, Paris 1998, S. 48.

51 Grellet / Kruse, *Histoires de la tuberculose*, S. 18. Vgl. zur wachsenden Deutungsmacht des hygienischen Diskurses gegen Ende des 19. Jahrhunderts Sarasin: *Reizbare Maschinen*.

Die theoretische Neuausrichtung im Bereich der medizinischen Wissenschaft bedeutet nicht, daß von nun an die vormals schwierige Diagnose der Krankheit durch ein eindeutiges Erklärungsmuster ersetzt wird. Vielmehr existieren im kulturellen Imaginären weiterhin durchaus divergente Schwindsuchtsdiskurse nebeneinander. Ortrun Riha unterscheidet dabei zwischen der Miasmalehre und der Theorie des Kontagiums als wesentliche konkurrierende Erklärungsmodelle für die Schwindsucht im 19. Jahrhundert.[52] Beide Vorstellungsbereiche lassen sich auch in Bashkirtseffs Tagebuch wiederfinden und werden von der Künstlerin in der Darstellung der eigenen Krankheit aufgegriffen und verhandelt.

Daß Bashkirtseffs Schreiben im Kontext des Ansteckungszeitalters situiert ist, das läßt die von ihr verwendete Bildlichkeit erkennen. Nachdem die Malerin von ihrer Diagnose erfahren hat, verwendet sie mehrfach das Partizip „atteint"[53], in dem die Vorstellung impliziert ist, sie sei von der Krankheit ‚befallen' oder ‚ergriffen'. Was im eigentlichen Sinne einzelne Organe betrifft,[54] wird hier auf den gesamten Organismus übertragen. Obwohl die Idee der Ansteckung niemals explizit von ihr formuliert wird, bricht sich in der Wendung „Je suis atteinte" die Vorstellung einer gleichsam aggressiven, feindlichen Krankheit Bahn, die von außen in das Individuum eindringt.

Auch an anderer Stelle spielt die Angst vor Ansteckung eine Rolle, jedoch nicht bezogen auf die Schwindsucht, sondern auf eine weitere Krankheit der großen Städte, die ‚vérole'.

> La lettre est de La Mouzay qui est folle et vous allez le voir. La petite vérole est dans son quartier et elle prie que nous donnions l'hospitalité à sa fille pendant quelques jours. / Pour qu'elle apporte la maladie alors. Je savais bien qu'il y avait cette épidémie mais à Paris on ne pense pas à ces choses-là. Mais cet avis direct, brutal et cette idée de risquer une fille de vingt ans pour une femme de trente-quatre, me met en frayeur. / Mes mains tremblaient et j'ai eu chaud aux joues qui me brûlent encore. Est-il possible de réclamer de pareils services et d'écrire de telles choses. L'imagination, la peur seule peut donner la maladie et pour moi ce serait la mort. / Je me tuerais. (1.6.1880)

> Der Brief ist von La Mouzay, die wahnsinnig ist, und Ihr werdet sehen weshalb. In ihrem Viertel gehen die Pocken um, und sie bittet uns, für einige Tage ihre Tochter aufzunehmen. Damit diese also die Krankheit anschleppt! Ich wußte, daß diese Epidemie grassiert, aber in Paris denkt man an so etwas nicht. Und nun diese direkte und brutale Mitteilung und diese Idee, ein Mädchen von 20 Jahren für eine Frau von 34 der Gefahr auszusetzen, das erschreckt mich. Meine Hände haben gezittert, meine Wangen sind

---

52 Riha, „Leben im Fieber", S. 29–40, hier: S. 36f.
53 Vgl. den entsprechenden Tagebucheintrag vom 11.10.1881.
54 „[…] les chairs sans devenir laides se détendent et pas même cela mais à regarder les bras par exemple: quand j'allonge le bras il prend un caractère *atteint* au lieu de l'insolence d'autrefois." (19.10.1881); „les deux poumons sont atteints, le gauche beaucoup moins pourtant." (28.12.1882)

heiß geworden und glühen noch immer. Wie kann man denn einen solchen Gefallen einfordern und etwas Derartiges schreiben. Allein die Vorstellung, die Angst können zum Auslöser der Krankheit werden, und für mich würde das den Tod bedeuten. Ich würde mich umbringen.

In dieser Passage kommen sehr verschiedene und zum Teil gegensätzliche Auffassungen von Krankheit zusammen: Zunächst einmal wird das Pathologische – in diesem Falle die „petite vérole", d.h. die Blattern oder Pocken – mit Urbanität zusammengedacht, mit dem epidemischen ‚Befall' einzelner Stadtviertel („dans son quartier"), wenn auch gleichzeitig die Krankheit weggerückt wird und in der unmittelbaren Nähe nicht vorstellbar ist („à Paris on ne pense pas à ces choses-là"). Die Idee der Ansteckung scheint dabei die Wahrnehmung des Raums zu verändern: Durch die Idee einer Krankheit der Städte bzw. der Massen wird eine ‚äußere' Gefahr imaginiert, die das Eigene, das Innere zu gefährden droht.

Ähnlich wie im Falle der Schwindsucht werden hier ‚physique et moral' eng miteinander verknüpft, die Gefahr der Ansteckung wird trotz ihrer offensichtlichen physiologischen Beschaffenheit mit einer moralischen Wertung versehen. Der Antrag auf schützende Unterbringung eines Menschen aus den ‚verseuchten' Stadtgebieten wird als ‚brutal' empfunden und zudem als (unangemessene) Gefährdung der eigenen Person. Hier klingt die Vorstellung an, das eigene (junge) Leben könne für ein anderes geopfert werden, wodurch das konstruierte Selbst einen sowohl heroischen wie auch viktimisierten Anstrich bekommt, sich also inmitten der befürchteten Situation des Ausgesetzt-Seins durch die eigene Darstellungsweise affirmiert. Die Koexistenz zweier verschiedener Umgangsformen mit Krankheit – zum einen die Evokation der Krankheit der schmutzigen Massen, zum andern die Selbststilisierung zur Ausnahmeexistenz – funktioniert nur über eine dezidierte Abspaltung in erhabene und niedere („edle und ekle") Krankheitsformen. Auf diese Weise kann das Stereotyp der Schwindsucht als Künstler- oder Intellektuellenkrankheit trotz des Wissens um die Kontagiosität aufrechterhalten werden.

Offenbar ist das Tagebuch der Bashkirtseff an einer wissenshistorischen Umbruchsituation verortet, insofern sich in der Vorstellung der unheilbringenden und pathogenen Stadt die sogenannte ‚zweite Phase'[55] in der Geschichte der Tuberkulose ankündigt. In gleichem Maße wird aber auch das Überleben von Vorstellungen deutlich, die eigentlich in ein romantisches Weltbild gehören. So wird in Marie Bashkirtseffs Beschreibung – der konkreten Ansteckung zum Trotz – die Macht der Imagination hervorgehoben: die bloße Einbildungskraft kann zum Auslöser von Krankheit werden („L'imagination, la peur seule peut

---

55 „À la même époque, derrière cette phtisie romantique, se cache la phtisie populaire dont l'effroyable développement est lié à la période de l'industrialisation et de concentration urbaine à la fin du XIXe siècle. Alors, profitant d'une meilleure connaissance de la maladie, s'organisera la lutte antituberculeuse". Bourgeois, „La phtisie romantique", S. 235.

donner la maladie"). Diese Vorstellung, die eigentlich im Kontext der ‚sensibilité' des 18. Jahrhunderts verortet ist, verwirft wiederum die Konzeption einer Krankheit, die unkontrollierbar von außen kommt, und geht von einer inneren Disposition aus, von der gedanklichen Hervorbringung einer Krankheit, die erst aus Angst vor ihr generiert wird. Wie zum Beweis lösen die Wut und Angst schließlich pathogene Symptome aus, wodurch die Vorstellung einer imaginativ evozierten Krankheit gleichsam performativ dargestellt wird („Mes mains tremblaient et j'ai eu chaud aux joues qui me brûlent encore.").

Neben der Idee des Kontagiums lassen sich in Bashkirtseffs Tagebuch auch Versatzstücke der Miasmalehre wiedererkennen, ohne daß jedoch die etymologische Bedeutung des Wortes (gr. Miasma = Besudelung, Verunreinigung) und die daran geknüpfte moralische Wertung (Befleckung durch Schuld) vollständig mitgeführt würden. Vielmehr ist es das der Miasmalehre inhärente „[C]hangier[en] zwischen einem moralisch-intrinsisch und einem externen Pol, zwischen Selbstverschulden und schwer beeinflußbarer Außeneinwirkung"[56], das in Bashkirtseffs autobiographischen Sequenzen deutlich wird. So finden sich im Tagebuch Formulierungen, in denen die Krankheit weniger auf einen Vorgang der physiologischen Ansteckung als auf einen womöglich individuellen Schuldkomplex zurückgeführt wird:

> Ce doit être pour me punir d'avoir crié pour des niaiseries. C'est Dieu qui me punit! Le Dieu du pardon, de la bonté, de la miséricorde. / Mais le plus méchant des hommes ne serait pas plus inexorable! Et je suis torturée à tous les instants, rougir devant les miens, sentir leur complaisance à parler plus fort! [...] Mon Dieu faut-il donc être si atrocement séparée du reste de la terre! / Et c'est moi, moi, moi! [...] Ô quelle horrible chose! Ô quel affreux châtiment pour avoir fait quoi? Pas plus que tout le monde! Et certes pas une infamie, pas un crime. (09.08.1881)
>
> Das muß eine Bestrafung für meine Heulerei wegen Kleinigkeiten sein. Gott bestraft mich! Der Gott der Vergebung, der Güte, der Barmherzigkeit. Kein noch so boshafter Mensch könnte so unerbittlich sein! Ich werde in jeder Sekunde gequält, ich erröte vor den Meinen, wenn ich bemerke, daß sie mir zuliebe lauter sprechen. [...] Mein Gott, muß ich denn auf diese furchtbare Weise vom Rest der Welt abgeschottet sein? Ausgerechnet ich, ich, ich! [...] Wie schrecklich! Welch furchtbare Bestrafung für welches Vergehen? Ich habe doch nichts Schlimmeres begangen als andere. Und sicherlich keine Schandtat, kein Verbrechen.

Tatsächlich findet sich in solchen Passagen die Vorstellung eines (alttestamentarisch) richtenden Gottes wieder, der, unerbittlicher als jedes irdische Urteil, die Krankheit und die daraus resultierenden Konsequenzen im zwischenmenschlichen Umgang als Strafe ersinnt. Gleichzeitig wird deutlich, daß dieses Konzept von Schuld und Sühne keine befriedigende Erklärung bereitstellt: Zum einen erscheinen Bashkirtseff die ihr auferlegten Qualen unverhältnismäßig im Ver-

---

56 Riha, „Leben im Fieber", S. 33.

gleich zu den nichtigen ‚Verfehlungen', zum andern treten sie mit der Idee der Barmherzigkeit in Konkurrenz. In der Aufzählung stereotyper Gottesqualitäten („Dieu du pardon, de la bonté, de la miséricorde"), die sich für Bashkirtseff offensichtlich nicht bewahrheiten, ist deshalb ein ironischer Unterton mitzulesen. Die junge Malerin verweist somit auf den Umstand, daß die Konzepte des unendlich gütigen und des willkürlich strafenden Gottes nicht nebeneinander funktionieren.[57] Der in den religiös geprägten Schwindsuchtstagebüchern enthaltene Widerspruch, daß das Beten zu Gott einerseits die Bitte um Heilung, andererseits das Einverständnis mit Gottes Wille und Sanktion bedeutet, führt dazu, daß Bashkirtseff sich auf Gott nur noch floskelhaft beziehen kann. Die wiederkehrende Apposition „mon Dieu" bezeichnet eher ein zufällig agierendes Schicksal als einen bewußt handelnden Gottvater.[58]

Bashkirtseff reflektiert in ihrem Tagebuch auch den Umstand, daß der Glaube an Gott weniger ‚gottgegeben' ist, sondern eine bestimmte ‚Funktion' ausfüllt: „Voilà où on voudrait croire a un Bon Dieu qui vient et arrange tout!"[59] (5.5.1884) Das Gebet, die Hingabe, das Opfer an den Allmächtigen ist demnach weniger selbstlos als es den Anschein hat, sondern ist vielmehr Teil einer wechselseitigen Ökonomie, in welcher der sich Opfernde eine geradezu egoistisch motivierte Gegenleistung bekommt: die Idee von Sinn, Schutz, Sicherheit: „Voyez-vous, les Athés doivent être bien malheureux quand ils ont peur, moi quand j'ai peur, j'appelle aussitôt Dieu et tous me doutes s'évanouissent par égoïsme".[60] (1.6.1880)

Natürlich funktioniert ein solches Prinzip nur bedingt, und je näher der Tod rückt, desto offensichtlicher wird dies. Gerade *weil* Bashkirtseff Gott als sinnstiftende Entität erkannt hat, ist ihr Gebet oder ihr Anruf nur noch eine zitierende Geste, kein Glaube mehr. Ihre Reflexion über das eskapistische Prinzip Glauben verhindert, daß dieses in ihrem Falle funktionieren kann.[61] Daß es

---

57 Vgl. auch folgende Passage: „Pourquoi donc dit-on que Dieu est bon, que Dieu est juste. / Pourquoi Dieu fait-il souffrir? Si c'est Lui qui a créé le monde pourquoi a-t-il créé le mal, la souffrance, la méchanceté?" (16.11.1882)

58 Oftmals gerinnt der derart gefaßte ‚Gott' zu der ebenfalls stereotypen Formel ‚le ciel': „[...] c'est, j'en suis certaine à présent une maladie déterminée à la suite de deux ou trois grosses vilenies que le ciel m'a envoyées." (25.4.1881); „A présent je suis presque heureuse de voir que ma santé se détraque par suite des bonheurs que le ciel ne m'envoie pas." (8.5.1881)

59 „Gerne würde man an einen lieben Gott glauben, der kommt und alles richtet."

60 „Wißt ihr, ein Atheist muß sehr unglücklich sein, wenn er Angst hat, denn wenn ich Angst habe, dann rufe ich Gott an, und all meine Zweifel lösen sich aus reinem Egoismus in Luft auf."

61 „N'est-ce pas naturel de chercher quelque puissance miraculeuse lorsque tout est misère et malheur et qu'il n'y a pas de salut. / On essaye de croire à une Force au-dessus de tout qu'on n'a qu'à invoquer... Cette opération présente ni fatigue, ni froissement, ni humiliation, ni ennui. On prie. / Les médecins sont impuissants, on demande un miracle, qui ne vient pas, mais pendant l'instant où on le demande on est consolé, c'est bien peu. / Dieu ne peut être que

schließlich bei jeder Form religiöser Anbetung weniger um Gott allein, sondern vielmehr um das Individuum selbst geht, das zeigt Bashkirtseffs Exklamation „Et c'est moi, moi, moi!"

Es ist deshalb nur folgerichtig, daß die in religiösen Tagebüchern gängige Formel der ‚résignation' bei Bashkirtseff aufgegriffen, aber entschieden abgewehrt wird:

> Ah! Que c'est horrible. Ah que c'est triste et que Dieu me persécute! / Il me semble que mon inaction, cette interruption du travail, il semble que demain tout cela remarchera, on... croit toujours que demain ce tourment va finir. / Tandis que si je... m'en allais ce serait avec la résignation de mourir devant la première borne du chemin. (07.12.1881)

> Ach, wie ist das schrecklich! Ach wie traurig das ist, wie bin ich von Gott verfolgt! Mir scheint, daß meine Untätigkeit, diese Unterbrechung der Arbeit, es scheint, morgen geht alles weiter, man... hofft immer, daß das Leiden morgen beendet sein wird. Aber wenn ich... fortgehen würde, wäre das eine Einwilligung in den Tod noch vor der ersten Wegbiegung.

In Bashkirtseffs Perspektive käme die Einwilligung in die verordnete Reise in den Midi einer ‚résignation' gleich und damit einer Zustimmung in den Tod. Wie viele der katholischen Tagebuchschreiberinnen (die eher auf ihren Priester hören als auf ihren Arzt), lehnt die Malerin eine Behandlung im Süden ab – dies tut sie jedoch nicht, weil sie sich dem christlichen Dogma gemäß in ihr Schicksal fügt, sondern genau deshalb, weil sie sich *nicht* fügen will, weil eine Einwilligung in die Heilung bereits eine Einwilligung (‚résignation') in den Zustand der Krankheit implizieren würde. In ihrem Tagebuch besteht deshalb ein expliziter Gegenentwurf zu dem Demutstopos, der bei de Limagne zu finden ist.

Obwohl also sowohl das Kontagium wie auch das Miasma in dem Tagebuch Bashkirtseffs aufgegriffen und diskutiert werden, so eignen sich beide nur bedingt als Erklärungsansatz für die Künstlerin. Die Idee einer moralischen Bestrafung entspricht nicht *mehr*, das Konzept der Ansteckung *noch* nicht dem ihr verfügbaren Vorstellungshorizont. Das Aushandeln vorhandener Diskurse in der ‚écriture journalière' dient, so soll im folgenden nachgezeichnet werden, also nicht in erster Linie dazu, die eigene Krankheit in (eindeutigen) Sinn zu überführen, vielmehr werden in Bashkirtseffs Schreiben verschiedene Sinngebungsverfahren und Diskursivierungen der Schwindsucht durchgespielt, werden zitiert und verworfen, ohne daß dadurch eine Eindeutigkeit oder Abgeschlossenheit erzielt würde. Der auffällige Rückgriff auf romantische Bilder – sowohl die Vorstellung des leidenden Künstlers wie die der schönen Schwindsüchtigen werden in Bashkirtseffs Schreiben auf die eigene Person übertragen – zeugt von

juste et s'il est juste comment se fait-il. Une seconde de réflexion et on n'y croit plus, hélas!" (29.5.1884); „Mon Dieu pourquoi me permettez-vous de raisonner, je voudrais tellement croire sans conditions..." (1.7.1884)

einer beständigen Erklärungsanstrengung und läßt doch das Tagebuch bis zuletzt semantisch offen bleiben.

4. Modi der Selbstdarstellung: Erklärungsmuster und Sinngebungsverfahren im Schreiben über die Schwindsucht

a) Genialität und Gefangenschaft: narrative und theatrale Strategien im Tagebuch

In der von Bashkirtseff zu ihrem Tagebuch verfaßten *Préface* von 1884 wird die Zeit *vor* Beginn des Schreibens – die frühe Kindheit und die Geschichte der Eltern – in Form einer geschlossenen Erzählung präsentiert. Während die einzelnen, von Tag zu Tag entstandenen Einträge im *Journal* notwendig ‚zerstückelt', inkohärent und lose nebeneinander stehen,[62] wird hier den Geschehnissen im Nachhinein eine Kohärenz attributiert:

> Je suis née le 11 novembre 1860.[63] [...] Mon père était le fils du général Paul Grégorievitch Bashkirtseff, d'une noblesse de province, brave, tenace, dur et même féroce. [...] Maman s'est mariée à vingt et un ans, après avoir dédaigné de très beaux partis. Maman est une demoiselle Babine. Du côté des Babine nous sommes de vieille noblesse de province, et grand-papa s'est toujours vanté d'être d'origine Tartare, de la première invasion. Baba Nina sont des mots tartars, moi je m'en moque... Grand-papa était le contemporain de Lermontoff, Poushkine, etc. Il a été Byronien, poète, militaire, lettré. Il a été au Caucase... Il s'est marié très jeune à mademoiselle Julie Cornélius, âgée de quinze ans, très douce et jolie. Ils ont eu neuf enfants [...]![64] (*Préface*, S. 6f)

> Ich wurde am 11. November 1860 geboren. [...] Mein Vater war Sohn des Generals Paul Grégorievitch Bashkirtseff, eines Landadligen, tapfer, zäh, hart und grausam. [...] Mama hat mit einundzwanzig geheiratet, nachdem sie eine Reihe sehr guter Partien abgewiesen hat. Mama ist eine geborene Babine. Auf Seiten der Babine gehört unsere Familie zum alten Landadel, und Großvater hat sich immer gerühmt, tartarischen Ursprungs zu sein, von der ersten Invasion. Baba Nina sind tartarische Worte, ich mache

---

62 Béatrice Didier bezeichnet die Struktur des ‚journal intime' per se als zerstückelt, als „morcelant". Didier, *Le journal intime*, S. 112.

63 Das Geburtsdatum wurde aus Gründen der Schicklichkeit nachträglich geändert, sowohl Lejeune wie auch Cosnier geben den 24.11.1858 als Zeitpunkt an. Vgl. die Gründe für eine solche Modifizierung im Sinne einer rückblickenden Verjüngung bzw. ‚Verunschuldigung' der Künstlerin im vorangegangenen Kapitel.

64 Bashkirtseff unternimmt hier die Erdichtung von dem, was Philippe Lejeune in Bezug auf die *Confessions* Rousseaus als ‚faire le roman des parents' bezeichnet hat: „La première image, le roman des parents, a été livrée à l'enfant par le père, et par les tantes. Ce n'est pas exactement un ‚roman familial' au sens freudien, ni dans son origine ni dans son contenu: mais dans sa *fonction*, certainement. L'enfant y a cru, l'a enjolivé, l'a repris à son compte: quitte à être exilé, autant que ce soit d'un paradis." Lejeune, „Le moi de Marie", S. 92.

> mich darüber lustig... Großvater war ein Zeitgenosse von Lermontow, Puschkin, etc. Er war ein Verehrer Byrons, Dichter, Soldat, belesen. Er war im Kaukasus... Er hat in sehr jungen Jahren Fräulein Julie Cornélius geheiratet, die damals fünfzehn Jahre alt war, sehr sanft und hübsch. Sie haben neun Kinder gehabt [...]!

Bashkirtseff beschreibt den gesellschaftlichen Kontext und die Genealogie ihrer Familie und reiht sich somit in eine konkrete Linie adliger Abstammung ein. Dieser Verweis auf einige Berühmtheiten ihrer Zeit, die Einschreibung in einen illustren Kontext, dient der eigenen Valorisierung. Bashkirtseff betont einerseits die harten, kämpferischen Aspekte ihrer Familiengeschichte und eröffnet andererseits, über die Figur der Mutter, eine Art romantischer Perspektive. Diese zweifache Anknüpfung ist gerade in der Darstellung der Schwindsucht bedeutungsvoll, koexistieren hier doch ein trotziges Revoltieren und Mißachten der eigenen Krankheit und eine ebenso entschiedene Verwendung der darin implizierten romantisch-ästhetischen Konnotationen für die eigene Selbstdarstellung.

Krankheit wird bereits in frühen Tagebuchaufzeichnungen thematisiert. Vor allem aber ist es die im Vorwort von 1884 rückblickende Marie, die, nun ernsthaft erkrankt, ihren Erinnerungen an die Kindheit ein pathologisches Moment unterlegt. So werden bereits in der Person der französischen Gouvernante Madame Brenne, die sich seit früher Kindheit um Marie kümmerte, Krankheit und Malen zusammengeführt.

> Après Mme Melnikoff, j'eus pour gouvernante [...] une autre, française, qu'on appelait Mme Brenne, qui portait une coiffure à la mode du temps de la Restauration, avait des yeux bleu pâle et semblait très triste, avec ses cinquante ans et sa phtisie. Je l'aimais beaucoup. Elle me faisait dessiner. J'ai dessiné, avec elle, une petite église au trait. Du reste, je dessinais souvent; pendant que les grands faisaient leur partie de cartes, je venais dessiner sur le tapis vert. (*Préface*, S. 10)
>
> Nach Madame Melnikoff hatte ich eine [...] andere, französische Dame zur Gouvernante, die man Madame Brenne nannte, sie trug eine Frisur, wie sie zu Zeiten der Restauration in Mode war, hatte blasse, blaue Augen und wirkte sehr traurig mit ihren fünfzig Jahren und ihrer Schwindsucht. Ich mochte sie sehr. Sie brachte mir das Zeichnen bei. Mit ihr habe ich in einem Zug ein Kirchlein gezeichnet. Überhaupt zeichnete ich viel; während die Großen Karten spielten, zeichnete ich auf dem grünen Teppich.

Mit der Beschreibung eines blassen, blauen Blickes und eines Ausdrucks von Traurigkeit geht die phtisische Disposition auch ästhetisch in die Portraitierung der Gouvernante ein: sie wird als ebenso fragil wie liebenswert gekennzeichnet. Eine der einflußreichsten Personen in Maries Kindheit ist aber nicht nur schwindsüchtig, sondern regt Marie auch zum Malen an, weckt also in ihr die Leidenschaft, die sie lebenslang begleiten wird. Madame Brenne vereint demnach in sich die beiden Parameter, die Maries Tagebuchpraxis zum Zeitpunkt der Niederschrift der *Préface* am deutlichsten bestimmen, die Erkrankung und das Kunstschaffen. Auf diese Weise entsteht eine nachträglich konstruierte

Kontinuität, die nicht nur die Identität als Malerin auf eine frühe, ja angeborene Kreativität zurückführt, sondern auch die Wurzeln der Erkrankung in der fernen Vergangenheit ansetzt. Mit dieser semantischen Verknüpfung sind zugleich die Ambivalenz und die Unauflöslichkeit von Krankheit und Malen begründet, wobei sich beide Faktoren einerseits wechselseitig stimulieren, andererseits auf verheerende Weise behindern.

Zusätzlich ruft Bashkirtseff mit dieser Darstellung einen zentralen Topos der Künstlerbiographik auf, demzufolge die spätere Genialität häufig schon früh erahnbar ist. Entsprechend ist Bashkirtseffs Aussage, sie habe seit ihrer frühesten Kindheit nach etwas Großem gestrebt, von erstaunlicher Eitelkeit:

> Depuis que je pense, depuis l'âge de trois ans (j'ai tété jusqu'à trois ans et demi), j'ai eu des aspirations vers je ne sais quelles grandeurs. Mes poupées étaient toujours des reines ou des rois; tout ce que je pensais et tout ce qu'on disait autour de maman semblait toujours se rapporter à des grandeurs qui devaient infailliblement venir. (*Préface*, S. 9)
>
> Seit ich denken kann, seit dem Alter von drei Jahren (bis ich dreieinhalb Jahre alt war, bin ich gestillt worden), strebte ich nach etwas Großem. Meine Puppen waren stets Königinnen und Könige; alles, was ich denken konnte, und alles, was man um mich herum sagte, schien auf etwas Großartiges zu verweisen, das unausweichlich eintreten würde.

Hier wird nicht nur ausgesagt, daß eine Entwicklung zur Berühmtheit schon in jungen Jahren angelegt gewesen ist, es wird impliziert, daß die spätere Künstlerin von Anfang an diesen Weg selbst gewollt und geplant habe. Denkt man diese frühe ‚Bestimmung zur Kunst' mit der Erwähnung der Schwindsucht zusammen, so ist damit auch der von Clark Lawlor beschriebene Konnex von Empfindsamkeit und Kreativität aufgerufen, der im Zeitalter der ‚sensibilité' die Figur des Künstlers und Intellektuellen für die Schwindsucht prädisponiert.[65] Bashkirtseff macht sich also ein bislang ausschließlich männlich konnotiertes Bild zu eigen, ohne dabei ihr Frau- bzw. Mädchensein in den Hintergrund zu rücken.

Schon in dieser sehr kurzen Evokation der Krankheit im familiären Umfeld wird deutlich, daß bereits der Ursprung der Schwindsucht im Schreiben Bashkirtseffs durch einen subjektiven Filter wiedergegeben ist, und daß jede Darstellung immer notwendigerweise eine bestimmte Interpretation, ein Erklärungsmuster mit einschließt. Das autobiographische Schreiben über die Krankheit dient also in besonderer Weise dazu, disparate Ereignisse oder Symptome zu einem Sinn zusammenzufügen, der sich dadurch ergibt, daß die Dinge in die Form einer Geschichte überführt und dabei automatisch in ein System von

---

65 „By the time of the later works of George Cheyne, consumption was installed as the physical consequence of psychological problems; both were a sign of greater intellect, spirituality and sensitivity – physical and aesthetic. People who possessed finer nerves and were consumptive and thin were characterised by a corresponding 'fineness' of taste...." Lawlor, *Consumption and Literature*, S. 53.

Kohärenz, Kausalität, Konsekutivität eingebettet werden. Diese Funktion des Schreibens über die eigene Krankheit formuliert auch Anne Hunsaker Hawkins und prägt dafür den Begriff der ‚Pathographie':

> Pathographical narratives offer us a disquieting glimpse of what it is like to live in the absence of order and coherence. They show us the drastic interruption of a life of meaning and purpose by an illness that often seems arbitrary, cruel, and senseless; and by treatment procedures that too often can appear as likewise arbitrary, cruel, and senseless – especially to the person undergoing them. [...] Pathographies concern the attempts of individuals to orient themselves in the world of sickness [...] to achieve a new balance between self and reality, to arrive at an objective relationship both to experience and to the experiencing self. The task of the author of Pathography is not only to describe this disordering process but also to restore to reality its lost coherence and to discover, or create, a meaning that can bind it together again.[66]

Auch wenn das *Journal* sich gerade durch Fragmenthaftigkeit, Gegenwartsbezug und Prozessualität auszeichnet, läßt sich darin die von Hawkins beschriebene Funktion des Schreibens über die Krankheit erkennen.[67]

Grundsätzlich läßt sich in Bashkirtseffs Tagebuchschreiben zwischen Aussagen unterscheiden, die den Blick auf den eigenen Körper und seine Symptome richten und in denen konkret die inneren Vorgänge und Schmerzen umschrieben werden, und solchen, die sich gewissermaßen mit den äußeren Verfahrensweisen am Körper auseinandersetzen, mit der medizinischen Behandlungsweise der Ärzte und den therapeutischen Maßnahmen des ausgehenden 19. Jahrhunderts. Anders als ihre ‚Vorgängerinnen', die in einem religiösen Kontext situierten schwindsüchtigen Mädchen, die in ihrem Tagebuchschreiben die körperliche Symptomatik und die Behandlungsmethoden möglichst ausklammern, widmet sich Marie Bashkirtseff immer wieder in ausdrücklichen und ausführlichen Beschreibungen der Darstellung ihres kranken Körpers:

> Je suis très malade, je tousse très fort, respire avec peine et il se fait dans mon gosier un clapotement sinistre. Je crois que cela s'appelle une *phtisie laryngée*. [...] Cela me serre à la gorge, le sang monte, le larynx est injecté, les cordes vocales et le reste. Sitôt que j'ai un petit peu l'oubli je vais un peu mieux et après chaque crise (presque tous les jours) muette ou autre, cela reprend de plus belle. (03.03.1881)

---

66 Hunsaker Hawkins, *Reconstructing Illness*, S. 2f.
67 Françoise Simonet-Tenant führt aus, daß das Tagebuch sich in seiner Struktur weniger durch Geschlossenheit und Kohärenz, sondern vor allem durch seinen Rhythmus auszeichnet, welcher wiederum an die grundlegendsten Körperfunktionen gekoppelt ist: „Il n'est sans doute pas anodin de doubler l'existence par la tenue d'un journal, de façonner par des rythmes d'écriture les rythmes imposés de la vie – cette vie régie, sur le plan physiologique, par les deux rythmes humains, pulmonaire et cardiaque, et sur les plans événementiel et émotionnel par les temps faibles et forts d'un destin." Françoise Simonet-Tenant, *Le journal intime. Genre littéraire et écriture ordinaire*, Paris 2001, S. 106.

> Ich bin sehr krank, huste sehr stark, atme nur unter Schwierigkeiten und aus meiner Kehle läßt sich ein düsteres Glucksen vernehmen. Ich glaube, das nennt man Kehlkopfschwindsucht. [...] Es schnürt mir den Hals zu, das Blut schwillt an, der Kehlkopf ist blutunterlaufen, ebenso die Stimmbänder und der Rest. Wenn ich es für einen Moment vergesse, geht es mir etwas besser und nach jeder Krise (beinahe täglich), stumm oder nicht, geht es wieder von vorn los.

Die Ausführungen der Kranken in der zitierten Selbstbeobachtung sind erstaunlich sachlich und detailliert; die kleinsten Körperveränderungen und Symptome werden mit geradezu realistischer Genauigkeit beschrieben. Ähnlich wie im Kontext einer ärztlichen Anamnese schildert Marie Bashkirtseff hier den Verlauf ihrer Krankheit und die dazugehörigen Symptome (Husten, Atembeschwerden, Anschwellen des Kehlkopfes), formuliert eine vorläufige Diagnose („je crois que cela s'appelle *phtisie laryngée*"), legt aber auch ihre persönlichen Empfindungen dar. Insbesondere die subjektive Wahrnehmung der Symptome stattet die Krankheit mit einer unheilvollen Bedeutung aus. Die körperlichen Vorgänge werden als „sinistre" beschrieben, sind also gleichermaßen erschreckend wie vage und unheimlich, zugleich wird ein Gefühl der Beklemmung evoziert („cela me serre à la gorge"). Der Effekt einer fremden und unheimlichen Krankheit im eigenen Körper entsteht nicht zuletzt aufgrund der Ungewißheit über die eigentliche Beschaffenheit der Krankheit. Dies wird deutlich in dem wiederkehrenden und diffusen Pronomen „cela" und markiert eine Unsicherheit, die sich auch nicht durch die Verwendung eines medizinischen Terminus („phtisie laryngée") bannen läßt.

Die Repräsentation der Schwindsuchtserkrankung als Situation der Beklemmung und Einengung gipfelt schließlich in der Zusammenführung von Krankheit und Gefangenschaft: „[...] il y a la congestion pulmonaire en bas à gauche. Le côté droit, la chronique est mieux paraît-il. Mais ça m'est indifférent, c'est ce mal aigu qui peut se guérir, qui m'enferme chez moi *pour quelques semaines encore*. C'est à aller se noyer."[68] (2.12.1881) Der wechselnde und ungewisse Zustand der Lungen, hier dem medizinischen Diskurs der Zeit gemäß als eine „congestion", ein Blutandrang formuliert, erzwingt nicht nur ein wochenlanges Gefangensein im eigenen Haus, um sich vor Kälte und Feuchtigkeit zu schützen, sondern suggeriert auch die bedrohliche Anwesenheit von etwas Fremdem im eigenen Körper. Offenbar bewirkt die Schwindsucht eine Veränderung der räumlichen Kategorien: Die Krankheit scheint die schützende Grenze zwischen Innen und Außen zu überwinden und läßt dadurch den Bereich des Eigenen, des Inneren ins Unheimliche, Fremdartige kippen.

---

68 „[...] da ist eine Lungenstauung unten auf der linken Seite. Die rechte, chronische Seite scheint aber besser geworden zu sein. Das kann mir aber egal sein, es ist dieser akute, heilbare Schmerz, der mich *noch ein paar Wochen* ans Haus fesseln wird. Da möchte man sich doch am liebsten ertränken."

Bei den Beschreibungen von Ärzten, Behandlungssituationen und Diagnosen äußert sich Bashkirtseff oftmals kritisch und bringt zum Ausdruck, warum sie mit den verschiedenen ärztlichen Behandlungsmethoden ein Gefühl der Belastung und Demütigung verbindet. Für sie bedeutet die Behandlung einen Eingriff in den eigenen Raum, eine Übertretung von Grenzen oder, erneut, ein Gefühl der Gefangenschaft:

> Ce doit être par stupidité car enfin tout cela c'est ‚pour mon bien' c'est pour que je me soigne, que je n'aille pas à l'atelier etc. [...] Ces [sic] par ces *soins* qu'ils pensent me guérir. L'enfer que je trouve dehors ils me l'organisent dans mon intérieur pour que je n'aie plus où me cacher. (5.10.1880)

> Was für eine Dummheit... schließlich ist das alles nur ‚zu meinem Besten', damit ich mich schone, damit ich nicht im Atelier arbeite etc. [...] Mit dieser ‚Pflege' wollen sie mich heilen. Die Hölle, die ich draußen vorfinden würde, richten sie in meinem Inneren her, bis ich gar keinen Ort mehr habe, an dem ich mich noch verbergen kann.

Die Kursivsetzung der verschriebenen Pflege („*soins*") impliziert eine Ironisierung oder Distanzierung: Es wird deutlich, daß der Prozeß der Heilung letztlich quälend ist, daß also nicht nur die Somatik der Krankheit ein regelmäßiges Arbeiten verhindert, sondern daß die Behandlung eine zusätzliche Einschränkung der künstlerischen Entfaltung bedeutet.

Die Thematik der Gefangenschaft gründet dabei in der krankheitsbedingten Beschränkung auf geschlossene Räume und die Umgebung von Paris sowie in einem Gefühl der Beengung innerhalb der familiären Strukturen. Gleichzeitig erscheint der Schwindsüchtigen die damals gängige Maßnahme, zu Heilungszwecken für einige Monate von zu Hause fortgeschickt zu werden, als nicht weniger beklemmend:

> Mais ce qui m'exaspère c'est ma maladie. Hier, l'horrible sous-Potain qui vient tous les jours, le grand homme ne pouvant se déranger que deux fois par semaine, donc l'ignoble sous-Potain m'a dit d'un air détaché si je me préparais à voyager. / Leur Midi! Oh! rien que cette idée me met [Mot noirci: toujours] en convulsions, je n'en ai pas dîné et si Julian n'était pas venu j'aurais pleuré toute la soirée de rage. / Eh bien non, tant pis, mais je n'irai pas dans leur Midi. / Mourir alors, mourir ici, en pleine vie, bien portante, ma vie ici est une tombe mais malade je ne veux pas m'en aller et je sais que c'est presque indispensable mais cela me déchire, me désespère! Encore les hôtels, encore les wagons; ici je ne fais rien mais cela dure vingt jours, un mois, tandis que là-bas on ne sait où l'exil, loin de tout. (07.12.1881)

> Meine Krankheit macht mich rasend. Dieser furchtbare Vize-Potain, der jeden Tag vorbeikommt, weil der große Herr sich nur zwei Mal pro Woche herbemüht, also dieser verabscheuungswürdige Vize-Potain fragte mich gestern mit gleichgültiger Miene, ob ich bereit sei zu reisen. Ihr ewiger Süden! Oh! Allein die Vorstellung löst bei mir derartige Krämpfe aus, daß ich mich nicht im Stande sah zu Abend zu essen, und wenn Julian nicht gekommen wäre, hätte ich den ganzen Abend lang vor Wut geheult. Und nein, Pech gehabt, ich werde nicht in ihren Süden fahren. Lieber sterbe

> ich, sterbe hier, solange ich mitten im Leben stehe und wohlauf bin, das Leben, das ich hier führe ist ein Grab, aber als Kranke möchte ich nicht fortgehen und ich weiß, daß es fast unerläßlich ist und das zerreißt mich, das bringt mich zur Verzweiflung! Schon wieder Hotels, schon wieder Zugwagons; hier tue ich nichts, aber es dauert zwanzig Tage, einen Monat, während dort unten…, man weiß nicht wo, das Exil, fern von allem.

Bashkirtseff beschreibt hier einen pathetischen Ausbruch der Verzweiflung und des Aufbegehrens gegen die drohende Reise. Weil sie den ‚todesähnlichen' Zustand in Paris dem ‚Exil' im Midi vorzieht, steht zu vermuten, daß sie ähnlich wie Pauline de Beaumont neben den Strapazen der Reise vor allem die damit verbundene geographische und emotionale Isolation fürchtet, das Gefühl der Einsamkeit, das schlimmer erscheint als das Ertragen der Krankheit im Kreise der Familie. Während die medizinische Praxis in der Behandlung der Schwindsucht zwischen der Empfehlung geschlossener Räume und dem Anraten ferner Reisen changiert, impliziert dies im einen wie im andern Fall einen Eingriff in den Raum, in die Privatheit der Kranken, und bedeutet, so wird in den autobiographischen Aufzeichnungen der Schwindsüchtigen sichtbar, eine derart große Belastung, daß dies wiederum den Gesundheitszustand zu beeinträchtigen droht.

Bemerkenswert ist der Umstand, daß Bashkirtseff nicht nur ihre Schwindsuchtserkrankung mit dem Aspekt der Gefangenschaft semantisiert, sondern auch ihre gesellschaftliche Rolle als Frau im 19. Jahrhundert. Die Geschlechterdifferenz zeichnet sich für sie in erster Linie über die Frage der Freiheit aus:

> Ah! que les femmes sont à plaindre. Les hommes sont libres au moins. L'indépendance absolue dans la vie ordinaire, la liberté d'aller et venir, sortir, dîner au cabaret ou chez soi, aller à pied au Bois ou au café. Cette liberté là est la moitié du talent, et les trois quarts du bonheur… ordinaire. Mais… direz-vous femme supérieure que vous êtes, octroyez-vous cette liberté là. C'est impossible… car la femme qui s'émancipe ainsi, la femme jeune et jolie s'entend, est presque mise à l'index; elle devient singulière, remarquée, blâmée, toquée… et par conséquent encore moins libre qu'en choquant point les usages idiots… (20.6.1882)

> Oh! wie sind die Frauen zu bedauern! Männer sind wenigstens frei. Völlige Unabhängigkeit im Alltagsleben, die Freiheit zu kommen und zu gehen, auszugehen, im Theater oder zu Hause zu Abend zu essen, zu Fuß in den Wald oder ins Café zu gehen. Diese Freiheit macht schon die Hälfte einer Begabung aus und drei Viertel des… normalen Glücks. Aber… werdet ihr sagen, als Frau gehobenen Standes könnte ich mir diese Freiheit doch einfach nehmen. Das ist unmöglich… denn die Frau, die sich auf diese Weise emanzipiert, die junge und hübsche Frau, versteht sich, wird an den Pranger gestellt; sie wird sonderbar, auffällig, man tadelt und begafft sie… und in letzter Konsequenz ist sie dann noch weniger frei, als wenn sie sich zurückhält und die idiotischen Sitten gar nicht erst erschüttert.

Das herrschende Geschlechterverhältnis und die Frage der Emanzipation beschäftigen die Malerin immer wieder, gerade in Bezug auf ihre Möglichkeiten als Künstlerin.[69] Über den verbindenden Aspekt der Gefangenschaft und der Beengung werden also auch Krankheit und Weiblichkeit aneinander gekoppelt, beide als Ergebnis einer (männlich geprägten) sozialen Konstruktion herausgestellt: Bashkirtseff suggeriert in dieser Passage, daß die sich emanzipierende Frau damit rechnen muß, angeprangert und pathologisiert zu werden.

Die Geschlechterthematik bleibt in Bashkirtseffs *Journal* virulent: Während für die Künstlerin, wie oben gesehen, die Idee einer Reise mit starker emotionaler Erregung verbunden ist, demonstriert die Haltung des behandelnden Arztes eine Gleichgültigkeit und Distanz („détaché"), in der jede emotionale Involvierung negiert wird. In ihrer Beschreibung von Arztbesuchen und Diagnosen macht Marie Bashkirtseff immer wieder deutlich, daß es sich bei dem Arzt-Patientinnen-Verhältnis um ein Machtverhältnis handelt, das ebenfalls unter geschlechtsspezifischen Vorzeichen steht und in dem die Darstellungsweise der Kranken nur einen beschränkten Raum einnehmen kann:

> Alors j'y suis allée ce matin très voilée et moyennant finance j'ai été admise malgré qu'il ne reçoit que l'après-midi. [...] Je n'ai jamais dit mes suppositions à aucun médecin, à personne, pas même à celui aujourd'hui, seulement comme c'est Richard il l'aura vu, s'il y a quelque chose à voir, si je ne me trompe pas; bien entendu il n'a rien dit. Je lui ai raconté comment j'ai commencé par prendre froid, des extinctions, des toux, Enghien, Fauvel, Krishaber, Mont-Dore etc. / Je tremblais en parlant et il a du commencer par supposer tout autre chose avec son air encourageant. Il m'a regardé dans la bouche et a écouté le dos et la poitrine, puis les petits coups sur la clavicule. / J'avais l'air effrayé d'un enfant bien que ce vieillard voûté paraisse bon et attentionné. Il a fait tout à fait ma conquête par l'épouvante et par son air de condescendance, de bienveillance qui est particulière aux tout-puissants, à ceux qui ont eu tout de la vie. (28.07.1881)

> Heute morgen bin ich also regelrecht eingemummt dort hingegangen und dank finanzieller Mittel auch vorgelassen worden, obwohl er eigentlich erst am Nachmittag empfängt. [...] Ich habe meine Vermutungen den Ärzten niemals mitgeteilt, niemandem, auch dem Arzt heute nicht, aber da es sich um Richard handelt, hätte er etwas gesehen, wenn es etwas zu sehen gäbe, wenn ich mich nicht irre; selbstverständlich hat er nichts

---

69 Voigt, *Die Tagebücher der Marie Bashkirtseff*, S. 76. Im Dezember 1880 tritt sie dem von Hubertine Auclert gegründeten Verein *Le Droit des Femmes* bei, womit sie in ihrer Umgebung eine große Ausnahme bildet: „Pensez-donc que sur les quinze femmes de chez Julian il n'y en a pas une qui ne rirait, ou ne se signerait, à l'idée de l'émancipation de la femme, les unes par ignorance, les autres parce que ce n'est pas comme il faut. J'ai été sur le point de me dire qu'il faut envoyer au diable ces viles créatures qui ne veulent pas être traitées en créatures raisonnables." (2.12.1880) Nicht zuletzt aufgrund dieses Interesses für die Emanzipation der Frau und für das Geschlechterverhältnis ihrer Zeit bezieht sich auch die feministische Philosophin Simone de Beauvoir in *Le deuxième sexe* auf die russische Malerin. „Ce culte du moi ne se traduit pas seulement chez la jeune fille par l'adoration de sa personne physique; elle souhaite posséder et encenser son moi tout entier. C'est là le but poursuivi à travers ces journaux intimes dans lesquels elle déverse volontiers son âme: celui de Marie Bashkirtseff est célèbre et c'est un modèle du genre." Simone de Beauvoir, *Le deuxième sexe*, Paris 1949, S. 93.

gesagt. Ich habe ihm erzählt, wie es angefangen hat, mit der Erkältung, der Heiserkeit, dem Husten, Enghien, Fauvel, Krishaber, Mont-Dore usw. Beim Sprechen habe ich gezittert, und seiner aufmunternden Miene nach zu urteilen, muß er etwas ganz anderes vermutet haben. Er hat mir in den Mund geschaut, den Rücken und die Brust abgehört, und dann kleine Schläge auf das Schlüsselbein gegeben. Ich muß so verschreckt gewirkt haben wie ein Kind, obwohl der krumme Alte einen gutmütigen und zuvorkommenden Eindruck gemacht hat. Durch meine Angst hat er mich völlig erobert, ebenso wie durch sein herablassendes wie auch wohlwollendes Auftreten, das denjenigen zu eigen ist, die allmächtig sind und alles im Leben besitzen.

Erneut stellt diese Beschreibung eines Arztbesuches die Situation der Anamnese dar, also die Wiedergabe der Krankengeschichte aus der Sicht der Patientin, die auf diese Weise auch den Leser über die wichtigsten Stationen ihrer Krankheit instruiert. Bemerkenswerterweise findet kein eigentliches Gespräch statt, vielmehr werden ausschließlich die vom Arzt unternommenen Handlungen der ‚auscultation' und der ‚percussion' beschrieben. Im Fokus steht also die ‚undiskursive' Symptomatik des Körpers, während eine klare Benennung der Krankheit selbst in Form einer ‚supposition' ausbleibt. Bashkirtseff beteiligt sich an dieser sprachlichen Auslassung und versucht sich an einem taktierenden Gestus, indem sie bewußt *nicht alles* erzählt, ihr Wissen also nicht komplett mit dem Arzt teilt. Auf diese Weise wird das herkömmliche Verhältnis Arzt-beobachtet-Patientin insgeheim umgekehrt: Die Patientin beobachtet (und protokolliert) den Arzt, testet ihn und versucht zu überprüfen, ob er mithilfe seiner Untersuchung herauszufinden in der Lage ist, was ihr eigentlich fehlt. Zusätzlich gibt es aber eine weitere Mitteilungsebene, ihr Zittern und ihr verängstigtes Auftreten, die nicht nur die Machtposition des Arztes mitbegründet, sondern auch dem Leser ein bestimmtes Bild vermittelt und eine Infantilisierung oder Verkleinerung der Patientin auf der einen Seite gegenüber einer Überdimensionierung des Arztes Richard auf der anderen zur Folge hat.

Im vorliegenden Fall wird aus der anfänglichen Skepsis eine ungehemmte Verehrung des Arztes, der die Patientin, mit ihren eigenen Worten, ‚erobert' („il a fait ma conquête"), und dies gerade aufgrund einer ambivalenten Mischung aus Herablassung und Wohlwollen, die seiner Machtposition zu eigen sind. Durch die Andeutung einer ‚séduction' wird der Topos der schönen und begehrenswerten Schwindsüchtigen mit aufgerufen, wodurch, der autoritären Verteilung entgegengesetzt, auch die Wirkung der Patientin auf den Arzt in den Blick gerückt wird. Die Hierarchie zwischen beiden Positionen äußert sich sowohl in der Abhängigkeit (er entscheidet, ob er sie empfängt) wie auch in den konkreten Gesten der Untersuchung, bei denen der weibliche Körper zum Objekt wird.[70]

---

70 Die empfundene Autorität ihres Gegenübers wird schließlich generalisiert und auf dessen gesamtes Leben übertragen („ceux qui ont eu tout dans la vie"). Die Untersuchungssituation stellt also im Ergebnis nicht nur Informationen über die untersuchte Patientin bereit, sondern läßt auch einige Schlüsse zu über den sie untersuchenden Arzt; sein Blick wird in der

Das grundsätzlich kritische Verhältnis Marie Bashkirtseffs gegenüber den Ärzten äußert sich manchmal in direkten Beschimpfungen: „Ils se croient quitte de tout en m'embêtant avec des potions et des médecins. / Ce soir je suis rentrée chez moi comme une bête blessée, râlant et les appelant monstres, infâmes, voleurs, brigands! Ah! les lâches!"[71] (17.9.1880) – oder auch in einer Dämonisierung: „mes assassins de docteurs" (19.1.1882).[72] Neben der kritischen Distanz findet sich auch, wie bereits in den ironischen Wendungen angedeutet, eine dezidierte Ridikülisierung der Ärzte, die als unwissend dargestellt werden sollen, während Bashkirtseff sich selbst einen Wissensvorsprung zuschreibt:

> Vous n'ignorez pas que j'ai le poumon droit malade, eh bien vous aurez je n'en doute pas du plaisir à apprendre que le gauche est également attaqué. Aucun de ces idiots de docteurs ne me l'a encore dit, du reste je [Mots noircis: l'ai senti] pour la première fois dans les catacombes à reliques de Kiev mais j'ai pensé que c'était une douleur momentanée à causée [sic] par l'humidité; depuis cela revient tous les jours et ce soir si fort que j'ai mal à respirer et que ça fait une vraie douleur entre la clavicule et le sein, là ou [sic] les docteurs frappent leurs petits coups. (13.08.1881)

> Ihr wißt sehr wohl, daß mein rechter Lungenflügel krank ist, nun, und es wird Euch nicht freuen, zu erfahren, daß der linke nun auch betroffen ist. Keiner dieser idiotischen Ärzte hat es mir bislang gesagt, außerdem habe ich das zum ersten Mal in den Katakomben von Kiew [geschwärzt: gefühlt], dachte aber, das sei ein vorübergehender Schmerz, der durch die Feuchtigkeit ausgelöst wurde. Seitdem kommt es täglich wieder, und heute Abend ist es so stark, daß ich Mühe habe zu atmen und daß ich einen richtigen Schmerz zwischen Schlüsselbein und Brust verspüre, dort wo die Ärzte ihre kleinen Schläge ausführen.

Während der Leser hier explizit in das Wissen über die Krankheit miteinbezogen wird, werden die Ärzte der Inkompetenz bezichtigt; in Bashkirtseffs Darstellung wirkt die medizinische Untersuchungsmethode des Abklopfens wie eine hilflose und dilettantische Geste. Über das Hervorheben eines eigenen Wissensvorsprungs bezüglich der Krankheit versucht Bashkirtseff auch eine Art der Überlegenheit zu inszenieren. Diese Überlegenheit wird ausgebaut und entwickelt sich zu einer dezidierten Strategie:

> Les médecins sont le sujet des plaisanteries à présent. Potain ne pouvant toujours être là m'envoie un docteur qui viendra tous les jours. Charcot [Mots noircis: au travail déjà a] envoyé un remplaçant mais tellement bête que je n'ai pu le souffrir et profitant de ma maladie je lui ai dit que je le déteste, qu'il m'ennuie, que c'est un vrai supplice de le voir

---

Darstellung Bashkirtseffs gespiegelt, und verrät auf diese Weise nicht nur etwas über das Objekt sondern auch über die Beschaffenheit der ärztlichen Sichtweise.

71 „Was die sich erlauben, wie sie mich mit ihren Arzneien und ihren Ärzten ärgern. Heute abend bin ich wie ein verwundetes Tier nach Hause zurückgekehrt, röchelnd und sie als Monster, Ehrlose, Diebe, Räuber beschimpfend! Ach! diese Feiglinge!"

72 Die Betitelung der Ärzte als Mörder verkehrt die ursprüngliche Funktion, Leben zu heilen, ins Gegenteil, nämlich Leben auszulöschen.

> etc. Naturellement je raconte tout cela à Potain et il me promet que le sien sera moins bête. [...] / Et ça m'amuse! Car je joue la folle et profite de cet état pour débiter des insanités. (29.11.1881)
>
> Die Ärzte geben zur Zeit Anlaß zur Belustigung. Potain, der nicht immer vor Ort sein kann, schickt jemanden, der täglich kommen kann. Charcot [geschwärzt: hat schon bei der Arbeit] einen dermaßen dummen Stellvertreter geschickt, daß ich es kaum ertragen konnte und meine Krankheit als Vorwand nahm um ihm zu sagen, daß ich ihn hasse, daß er mich langweilt, daß es mich quält ihn zu sehen usw. Das wiederum erzähle ich natürlich alles Potain, der verspricht, daß seiner weniger dumm sein wird. [...] Und ich amüsiere mich! Denn ich spiele die Verrückte und nutze meinen Zustand aus, um allerlei Unsinn von mir zu geben.

In dieser Passage wird nicht nur die Verunglimpfung der Ärzte fortgeführt, die Schreiberin informiert den Leser zugleich über ein bewußt eingesetztes Spiel der Manipulation, bei der die Krankheit instrumentalisiert wird. Marie Bashkirtseff nutzt ihren Zustand als Legitimation, sich ‚unmöglich' zu verhalten, den Arzt zu beschimpfen und mit großem Vergnügen ‚die Verrückte' zu spielen. Es handelt sich hier um eine dreifache Strategie, die darin besteht, die eigene Angst zu bewältigen, im Umgang mit den Ärzten zu taktieren, und sich selbst gegenüber der Leserschaft als überlegen zu inszenieren.[73]

Ein weiteres Beispiel für eine strategische Verwendung ihrer Krankheit, die zugleich die damit verbundene Theatralität deutlich macht, findet sich kurze Zeit später, im Dezember des Jahres 1881:

> Je fais ma scène à larmes au sous-Potain qui ne sait comment me calmer, car passant des calembredaines, coq-à-l'âne et autres choses exquises dont je régale son imagination, je me suis mise à me plaindre et à pleurer de vraies larmes, les cheveux tombés et balbutiant des griefs enfantins dans un langage de petite fille. Et dire que je me suis montée à froid et que je n'en pensais pas un mot. Du reste c'est comme lorsqu'il m'arrive de [Mot noirci: bien] jouer certains rôles de comédie je suis pour de bon pâle et tremblante et je pleure bref, il me semble que je ferais une actrice énorme, mais je tousse et je n'ai pas le souffle nécessaire pour le moment. (15.12.1881)

---

73 Im Übrigen werden solche Szenen nicht nur gegenüber den Ärzten ‚aufgeführt', sondern auch im Familienkreis: dort inszeniert Bashkirtseff sich als aufsehen- und mitleiderregende Schwindsüchtige, indem sie sich einschließt und vermeintlich die Nahrung verweigert, diese dann aber später heimlich und mit Vergnügen vertilgt: „Je reste toujours enfermée, mange bien et me soigne parfaitement pendant que Rosalie fait des rapports alarmants à ces dames, je pleure, c'est même assez triste cette improvisation. Enfin je leur fais croire que je ne mange pas et elles fondent en larmes et ma tante fait ses malles. [Dans la marge et en surcharge: Ce ne sont pas les fantaisies ni les caprices qui me faisaient pleurer mais parce que je savais que Marie est malade.] Rosalie à moitié pour amuser Marie. (Ecriture de Mme Bashkirtseff) / Hier ces êtres ont imaginé un dîner tellement admirable que j'ai mangé comme un loup mais Rosalie est allée dire que toujours furieuse j'ai tout jeté par la fenêtre dans le terrain vague." (05.04.1884) Interessant sind in diesem Kontext die Kommentare der Mutter an den Tagebuchrändern (in der zitierten Ausgabe stets in eckigen Klammern wiedergegeben), die sich offenbar genötigt sieht, das von ihr gezeichnete Bild wieder gerade zu rücken.

Ich habe dem Vize-Potain eine tränenreiche Szene vorgespielt, so daß er sich gar nicht zu helfen wußte, denn nach einigen Albernheiten und Späßen, mit denen ich seine Vorstellungskraft bediene, habe ich angefangen, mich zu beschweren und viele Tränen zu vergießen, mit offenen Haaren und kindlichem Kummer in Klein-Mädchen-Sprache vor mich hin stammelnd. Wenn man bedenkt, daß ich mich ganz kaltblütig hineingesteigert und kein Wort davon selbst geglaubt habe. Im Grunde war es wie manchmal, wenn es mich überkommt eine Komödienrolle zu spielen, und ich dabei tatsächlich erblasse und zittre und weine, kurz, ich vermute, ich könnte eine großartige Schauspielerin abgeben, doch huste ich und mir fehlt momentan die Puste dafür.

Die Strategie, die eigene Krankheit durch die Inszenierung zu instrumentalisieren, wird hier nicht nur situationsbezogen beschrieben, sondern gewissermaßen auch theoretisiert. Dabei wird ein wesentliches Paradox deutlich, das dem eingangs zitierten Authentizitätsanspruch der Malerin – „Si ce livre n'est pas *l'exacte, l'absolue, la stricte* vérité, il n'a pas de raison d'être." – entgegen läuft: Bashkirtseff beteuert in der zitierten Passage, daß sie sich grundsätzlich für sehr begabt darin hält, einen Krankheitsanfall, etwa eine hysterische Krise zu *imitieren* (Erblassen, Zittern), daß sie dies aber letztlich aus dem Grunde nicht vermag, daß sie *tatsächlich* krank ist und die Symptome (Husten, Kurzatmigkeit) sie daran hindern. In dieser Logik wird das Konzept der ‚poétologie classique' aufgerufen, demzufolge in der theatralen Darstellung das ‚vraisemblable' gegenüber dem ‚vrai' bevorzugt wird. Bashkirtseffs Strategie besteht, so könnte man sagen, in einer Irrealisierung ihrer tatsächlichen Krankheit, indem sie versucht, innerhalb ihrer eigenen Inszenierungen über die ‚tatsächlich' gegebene Symptomatik noch hinaus zu gehen.

In Bashkirtseffs Tagebuch lassen sich, so ist deutlich geworden, verschiedene Strategien wiederfinden, die man als Formen der Krankheitsbewältigung auffassen kann: Die Künstlerin bringt in ihrem Schreiben Kohärenz und Kontinuität in die disparaten Ereignisse, sie bedient sich einer metaphorischen Sprache, um das krankheitsbedingte Gefühl der Gefangenschaft zu formulieren und mit ihrer gesellschaftlichen Rolle als Frau in Verbindung zu bringen, und versucht durch eine ironische Sprechweise die eigene Überlegenheit zu inszenieren. Gerade dieser Aspekt der Inszenierung, der von Bashkirtseff auch für eine Instrumentalisierung ihrer Krankheit genutzt wird, verdeutlicht, daß in dem Tagebuch die Ebenen der narrativen Strategien und der praktischen Krankheitsbewältigung im Alltag ineinanderfließen.

b) Identitätskonzepte im Zeichen der Schwindsucht: Einmaligkeit, Determinierung und die Übermacht kultureller Bilder

Ein wiederkehrendes Prinzip der Erklärung oder Kausalisierung der eigenen Krankheit in Bashkirtseffs Tagebüchern ist die Stilisierung der eigenen Persönlichkeit zur Ausnahmeexistenz, d.h. die Rückführung des physischen Krankheitszustandes auf den eigenen Charakter oder aber auf die eigene Situation innerhalb des gesellschaftlichen Kontextes.[74] Die Ausnahmeexistenz bedeutet zunächst einmal, daß die Krankheit gerade bei ihr, Marie Bashkirtseff, besonders unerbittlich zu sein scheint, und daß sie gerade für sie besonders schwer zu ertragen ist:

> Ce qui est le comble c'est mes oreilles... Je suis frappée là d'une façon épouvantable... Avec ma nature c'est ce qui pouvait arriver de plus cruel... Ainsi je crains tout ce que je désirais et c'est une situation affreuse. [...] Il me semble que le monde serait à moi si je pouvais entendre comme avant... (25.5.1881)[75]

> Das schlimmste sind meine Ohren... hier hat es mich auf schreckliche Weise getroffen... Bei meinem Naturell kann es nichts Grausameres geben... Momentan fürchte ich mich vor allem, wonach ich mich sehne, und das ist eine gräßliche Situation. [...] Mir scheint, die Welt würde mir zu Füßen liegen, wenn ich nur wieder hören könnte wie zuvor.

In dieser Passage, die sich auf ein seltenes Begleitsymptom der Schwindsucht bezieht, die Taubheit, konstruiert Bashkirtseff ihr ‚natürliches Wesen' als gesellig und kommunikationsbedürftig, weswegen sie besonders unter der krankheitsbedingten Isolation zu leiden hat. Hier wird also nicht nur die Empathie des Lesers geweckt, sondern zugleich über die zu erleidende Krankheit ein bestimmtes Selbst konstituiert.

Die Verzweiflung darüber, daß ausgerechnet sie selbst das (willkürliche) Opfer der Krankheit ist, wird aber auch an vielen Stellen positiv umgedeutet:

> On ne peut pas vivre avec une tête comme la mienne, je suis comme les enfants qui ont trop d'esprit. Il me fallait trop de choses pour être heureuse et les circonstances se sont groupées de telle façon que je suis privée de tout sauf de bien être physique. (19.10.1880)

> Mit meinem Eigensinn kann man nicht leben, ich bin wie die Kinder, die zuviel Geist besitzen. Ich benötige einfach zuviel, um glücklich zu sein, und die Umstände sind nun einmal derart, daß ich abgesehen von den physischen Grundbedürfnissen alles zu entbehren habe.

Die Krankheit wird auf diese Weise zu einem Distinktionsmerkmal und dient der dezidierten Aufwertung der eigenen Person; für ein ‚normales' Leben bzw.

---

74 „Sie [die Schwindsucht] war ein Leiden, das mit Lebensüberdruß, mit einer existentiellen Verwundung zusammenhing. Die Krankheit war nur Ausdruck der tiefsten inneren Wahrheit des Schwindsüchtigen, eine ‚Ausnahmeerscheinung' zu sein, ein Wesen, das gefährdet, dadurch aber nur umso auserlesener ist." Claudine Herzlich / Janine Pierret, *Kranke gestern, Kranke heute. Die Gesellschaft und das Leiden*, München 1991, S. 40f.

75 Vgl. auch: „Vraiment c'est à en devenir folle. Sur mille cas, m'a-t-on dit, une fois la surdité arrive... Et c'est justement moi! Mais tous les jours on voit des malades à la gorge, des poitrinaires qui souffrent, qui meurent mais qui ne deviennent pas sourds! Ah c'est un malheur si inattendu, si horrible! Quoi que ce n'est pas assez de... tout! Que je perde la voix, que je sois malade, il fallait encore ce supplice sans nom!" (9.8.1881)

für ein Leben überhaupt ist Marie Bashkirtseff zu geistreich und zu hedonistisch. Gleichzeitig wird durch die Selbststilisierung zum Kind eine Lebendigkeit und Lebhaftigkeit evoziert, die in den äußeren gesellschaftlichen Umständen ihre Beschränkung findet und nur deshalb pathogen erscheint. Auf diese Weise wird die Ausnahme oder Besonderheit, ebenso wie die Intensität, valorisiert.

An die Vorstellung der Ausnahmeexistenz läßt sich auch wieder das vitalistische Konzept der Schwindsucht anknüpfen, insofern die Intensität des Lebens und Erlebens Bashkirtseffs zugleich zu einer Gefährdung eben dieses Lebens werden: „Je l'avais bien dit, on ne peut pas vivre quand on est comme moi et les circonstances sont comme... celles qui ont formé ma vie. Vivre serait trop avoir."[76] (27.7.1881) Gerade Bashkirtseffs Lebenszugewandtheit und ihre Leidenschaft machen ein (langes) Leben gleichsam unmöglich und drohen es im Innersten aufzusprengen. Gleichzeitig ist es – paradoxerweise – diese Lebenskraft selbst, die Bashkirtseff für lange Zeit überhaupt durchhalten läßt und ohne die sie ihrer Krankheit längst erlegen wäre: „[...] jamais elles ne comprendront qu'une moins forte, moins énergique, moins exubérante, serait déjà morte des sept années [Mots noircis: malgré] elles j'ai passé."[77] (2.1.1881) Die von Bashkirtseff selbst hervorgehobene außergewöhnliche ‚Vitalität' bedeutet also zugleich eine Intensivierung und eine Gefährdung des eigenen Lebens und wiederholt auf diese Weise die ambivalente Konnotierung physiologischer Reizbarkeit im medizinischen Diskurs des 19. Jahrhundert, die sowohl als Steigerung wie auch als Schwächung der Lebenskräfte konzeptualisiert wird.

Neben dem beschriebenen individualistischen Erklärungsansatz in Form einer Selbststilisierung zur Ausnahmeexistenz findet sich in Bashkirtseffs Tagebuch ein weiteres Explikationsmuster für die eigene Krankheit, das auf genau entgegengesetzte Weise funktioniert. Vor dem Hintergrund ihrer Lektüre der Werke Émile Zolas diskutiert die schwindsüchtige Malerin die im Naturalismus prominente Vererbungslehre und gelangt auch für die eigene Genealogie zu der Vorstellung einer generationsübergreifenden Determinierung des Subjekts:

> Selon Zola et d'autres philosophes renommés il faut voir les causes pour comprendre l'effet. Je suis née d'une mère excessivement belle, jeune et bien portante [Mots noircis: elle a les] cheveux bruns, les yeux aussi, une peau éclatante. / Et d'un père blond, pâle, d'une santé délicate, ayant fait la vie au point d'en devenir malade; (il parait même qu'on aurait pu très facilement obtenir le divorce, car c'était au commencement qu'il était malade) fils lui-même d'un père très vigoureux et d'une mère maladive morte jeune; et frère de quatre sœurs plus ou moins bossues de naissance. Grand-papa et grand-maman étaient bien constitués et ont eu neuf enfants tous bien portants; grands; [...] Le père

---

76 „Ich hab es schon einmal gesagt, wenn man so ist wie ich, und die Umstände so sind, wie sie sind, wie sie mein Leben geprägt haben, kann man nicht leben. Das Leben wäre zuviel."

77 „Sie werden niemals begreifen, daß jemand, der nicht so stark, nicht so energiegeladen und nicht so überschäumend ist wie ich, die letzten sieben Jahre gar nicht überlebt hätte, die ich nur [ihnen zum Trotz] durchgestanden habe."

maladif de l'illustre produit qui nous occupe est devenu fort et bien portant, et la mère éblouissante de santé et de jeunesse est devenue faible et nerveuse grâce à l'horrible existence qu'on lui a fait, le scandale des frères, ses interventions incessantes qui lui ont fait user sa jeunesse en transes. (03.02.1881)

Schenkt man Zola und anderen berühmten Philosophen Glauben, dann muß man den Ursachen nachgehen, um die Wirkung zu begreifen. Ich wurde von einer exzessiv schönen, jungen und gesunden Mutter zur Welt gebracht [geschwärzt: sie hat] braune Haare und Augen, und eine strahlenden Haut. Und von einem blonden Vater, blaß, von fragiler Gesundheit, der eine krankhaftes Leben geführt hat (eine Scheidung hätte es offenbar schon früher geben können, denn er war vor allem zu Beginn krank), er selbst Sohn eines sehr kräftigen Vaters und einer kränklichen, früh verstorbenen Mutter; und Bruder von vier Schwestern, die alle von Geburt an mehr oder weniger bucklig waren. Großvater und Großmutter waren kräftig gebaut und hatten neun Kinder, die alle wohlauf waren; groß; [...] Der kränkliche Vater des illustren Produktes, das uns hier beschäftigt, ist schließlich stark und robust geworden, und die vor Gesundheit und Jugend strotzende Mutter wurde aufgrund der schrecklichen Lebensumstände, die man ihr bereitet hat, schwächlich und nervös. Der Skandal um die Brüder, die ständigen Einmischungen, haben ihre Jugend schnell dahingerafft.

Die Krankheit ist hier keineswegs mehr ein willkürliches Prinzip, das undurchschaubar bleibt und das man ungerechterweise erleidet, es folgt einer strengen Gesetzmäßigkeit, einer vorgeschriebenen (naturwissenschaftlich verankerten) Kausalität. Bashkirtseffs Krankheit („l'effet") hat ihre Ursache in den vorangegangenen Generationen der Familie („les causes"), womit ein streng naturwissenschaftlich gedachter Determinismus impliziert ist.

Zola selbst etabliert eine Nähe zwischen Medizin und Literatur und versucht, die naturwissenschaftliche Methode des Mediziners unmittelbar auf den Schriftsteller zu übertragen.[78] Zolas Diskursstrategie besteht folglich darin, durch den Rekurs auf die erstarkende Deutungsmacht der Naturwissenschaften die eigene Arbeit mit einer vergleichbaren Autorität auszustatten. Bashkirtseffs Rückgriff auf Zola, mit dem sie die Darstellung ihrer Familiengenealogie einleitet, impliziert nun den Rekurs auf einen Rekurs. Sie macht sich die Autorität Zolas zunutze, um die eigenen Gedankengänge auszuführen. Zolas Idee, dem literarischen Schreiben ein wissenschaftliches Fundament zu unterlegen und sein Postulat, daß die Kunst eine Wissenschaft sein kann, findet sich in Marie

---

78 Um mit seinem Werk *Le roman expérimental* (1880) die theoretischen Grundlagen für den Naturalismus zu legen, hat sich Émile Zola sehr eng an Claude Bernards physiologische Studien und dessen *Etude de la médecine expérimentale* von 1865 angelehnt: „Je n'aurai qu'à faire ici qu'un travail d'adaptation, car la méthode expérimentale a été établie avec une force et une clarté par Claude Bernard, dans son *Introduction à l'étude de la médecine expérimentale*. Ce livre, d'un savant dont l'autorité est décisive, va me servir de base solide. [...] Le plus souvent, il me suffira de remplacer le mot ‚médecin' par le mot ‚romancier', pour rendre ma pensée claire et lui apporter la rigueur d'une vérité scientifique." Émile Zola, *Le roman experimental*, Paris 1887, S. 11.

Bashkirtseffs Schreiben auf umgekehrte Weise wieder: hier ist es die Krankheit selbst, die zur Kunst wird.

Marie Bashkirtseff folgt den naturalistischen Prinzipien, insofern sie für ihre eigene Familie eine Genealogie rekonstruiert, innerhalb derer die physiologische Konstitution und die Lebensführung einzelner Generationen auf die nachfolgenden nachwirken[79] und insofern sie den persönlichen Ereignissen ihrer Vergangenheit den Rahmen einer ‚observation scientifique' anlegt. Vor allem aber schreibt sie in dem Rückblick auf ihre Familiengeschichte die klassischen Schwindsuchtsmerkmale und deren inhärente Widersprüchlichkeit in die hereditäre Genealogie ein. Auf der einen Seite, verdeutlicht über die Schönheit und Gesundheit der Mutter, steht die Ästhetisierung der Krankheit; auf der väterlichen Seite werden die Blässe und die „santé délicate" genannt. Marie, als ‚Ergebnis' dieser Mischung, vereint auf diese Weise beide Aspekte, die Krankheit und die Schönheit. Diese Linie wird bis zu den Großeltern zurückverfolgt, wo sich das gleiche Verhältnis aus Gesundheit und Kränklichkeit wiederholt, allerdings chiastisch verkehrt, insofern es hier der Großvater ist, dem physische Stärke zugeschrieben wird, und die Großmutter, die bereits früh an einer Krankheit verstorben ist.

In seinem Werk über die *Geschichte des Körpers 1765–1914* stellt Phillip Sarasin solche der Heredität verpflichteten Vorstellungen als den Endpunkt des sich seit Beginn des 19. Jahrhunderts herausbildenden Hygienediskurses dar. Während die Physiologie sich zunächst auf den Körper des bürgerlichen Subjekts bezieht, wobei die verschiedenen Formen der Pathologisierung sowie die Differenzierung über die Kategorien von Rasse, Klasse und Geschlecht seiner Individuierung dienen, so greift gegen Ende des Jahrhunderts der Diskurs vom individuellen Körper auf den Volkskörper über, und konzipiert den Vorgang der Reproduktion bedenklich konsequent als direkte Weitergabe der elterlichen Anlagen an das Kind, welches gemäß der technologischen Begrifflichkeit der Zeit als „Photographie der Eltern im Zeugungsakte" betrachtet wird: „Das Kind ist ein mimetisches Produkt momentaner Reize, ein Abdruck von Umständen, die vom Gemütszustand seiner Erzeuger über die Luftqualität im elterlichen Schlafzimmer bis zu den besonderen Eigenheiten der Jahreszeiten seiner Geburt reichen."[80] Die Idee einer Zeichenhaftigkeit oder Lesbarkeit des Körpers, die Rückschlüsse ermöglichen über die Vergangenheit, das eigene Verhalten und den (gesellschaftlichen) Kontext, läßt sich in Marie Bashkirtseffs Tagebuchaufzeichnungen wiederfinden.

---

79 Interessant ist dieser Entwurf eines umfassenden, geradezu romanesken Familienromankosmos vor dem Hintergrund ihrer tatsächlichen Lebensumstände innerhalb einer sehr zerstückelten Familie, lebt sie doch zusammen mit Mutter, Bruder, Tante, Onkel und Kusine. Vgl. Cahuet, *Moussia*, S. 31ff und Cosnier, *Marie Bashkirtseff*, S. 27ff.
80 Sarasin, *Reizbare Maschinen*, S. 435.

Die Abbildung der Wirklichkeit in der Photographie – zentrales Thema auch innerhalb des Zolaschen Naturalismus[81] – wird auch in Bashkirtseffs Tagebuch zu einem Mittel der Selbstdarstellung und Identitätsaushandlung. Mit minutiöser Genauigkeit und der Distanz einer wissenschaftlichen Beobachtung beschreibt Bashkirtseff nicht nur sich selbst, sondern auch Abbildungen ihrer selbst:

> Et à présent je suis chez moi, triste et fatiguée. Je tiens devant moi ma photographie. Je suis habillée mythologiquement mais très couverte, on ne voit que le cou (pas les épaules) et les bras. Je suis debout devant un meuble assez haut, sur lequel j'appuie les deux coudes en me penchant légèrement. La joue droite est appuyée sur mes deux mains avec les doigts entrelacés. La figure est de face et les yeux ouverts et sérieux, presque effrayés, regardent droit devant soi. (1.7.1876)

> Nun bin ich gerade bei mir zuhause, traurig und müde. Ich halte meine Fotografie in den Händen. Ich bin auf mythologische Weise gekleidet, aber sehr bedeckt, man sieht nur den Hals (nicht die Schultern) und die Arme. Ich stehe aufrecht vor einem recht hohen Möbelstück, auf das ich, leicht geneigt, meine Ellbogen, stütze. Die rechte Wange wird durch die Hände gestützt, deren Finger ineinander verschränkt sind. Das Gesicht sieht man von vorn, die Augen sind offen und ernsthaft, beinahe erschrocken, und blicken geradeaus.

Neben der Genauigkeit der Beobachtung, dem Versuch einer gänzlich wertfreien, observierenden Außensicht, von der die zitierte Textpassage zeugt, vollzieht sich an dieser Stelle eine zusätzliche Doppelung des ohnehin in einer Ich-Aufspaltung (schreibendes vs. beschriebenes Ich) bestehenden Tagebuchschreibens. Der wiedergegebene Zustand seelischer und physischer Erschöpfung („triste et fatiguée") kontrastiert mit einem Bild, einer Photographie, die auf der Oberfläche verbleibt und die eigene Person, deren Befindlichkeit nur erahnt werden kann, als Objekt setzt. Diese Aufspaltung in eine betrachtende und eine posierende Marie auf der ‚Inhaltsebene' dieses Tagebucheintrags wiederholt sich – und das dürfte der Schreibenden bewußt sein – auf der Ebene der Darstellung. Bashkirtseff gelingt es, im Medium der Schrift den Inszenierungscharakter einer bildlichen Repräsentationsform wie der Photographie herauszustellen. In der zitierten Textpassage findet sich deshalb die Verdopplungsstruktur des autobiographischen Schreibens über die eigene Krankheit in verdichteter Form wieder.

---

81 „Die Vermittlung zwischen Dokument und Experiment, Sehen und Wissen, deren Kurzschluß man Zola immer wieder vorgehalten hat, beruht auch, so ist zu vermuten, auf einer Übertragung und Aneignung der medialen Konstruktion von Objektivität und Wahrheit aus den wissenschaftlichen Anwendungen der Fotografie." Irene Albers, „Der Photograph der Erscheinungen. Émile Zolas Experimentalroman", in: Peter Geimer (Hg.), *Ordnungen der Sichtbarkeit. Fotografie in Wissenschaft, Kunst und Technologie*, Frankfurt a.M. 2002, S. 211–251, hier: S. 213.

Die beiden konträren Identitätskonzepte, die in Bashkirtseffs Tagebuch im Hinblick auf die Schwindsucht entworfen werden – die Annahme einer Ausnahmeexistenz und die Vorstellung einer hereditären Vorbelastung – werden durch einen weiteren Erklärungsansatz ergänzt, der sowohl den psychologischen als auch den biologischen Essentialismus überwindet und statt dessen die Bedeutung des sozialen Kontextes für die Ätiologie der Schwindsucht in den Blick nimmt. Im Schreiben der Künstlerin ist, so läßt sich zeigen, die Vorstellung einer sozialen ‚Generierung' von Krankheit und Krankheitsrollen angelegt, von der ausgehend man von einem *doing consumption* sprechen kann.

So ist es, wie bereits angedeutet, der Umstand, als Kranke behandelt zu werden, der in Bashkirtseffs Erklärungsweise die Krankheit und ihre Rolle als Schwindsüchtige allererst hervorbringt. „Ils ne comprennent donc pas que ce sont les humiliations [Mots noircis: que j'ai] subies et les rages qui me suffoquent [Mots noircis: tous les jours,] que c'est d'être enterrée vive que je suis malade."[82] (16.12.1880) Die beschriebenen Demütigungen und der Eindruck, lebendig begraben zu sein, führen zu einem Gefühl der Erstickung, das in dieser Darstellung zum Krankheitssymptom wird. Auf diese Weise wird das Gefühl der Einkerkerung, das die Krankheit begleitet, auf das soziale Umfeld und die eigene Rolle (als Tochter, als Frau, als Gefangene von gesellschaftlichen Zwängen) zurückgeführt, darüber hinaus wird der Konstruktionscharakter von Krankheit sichtbar, wird die Krankheit im Zusammenhang mit Normalisierungstendenzen deutlich gemacht.

Marie Bashkirtseff besteht zwar auf ihrer selbsternannten Ausnahmeexistenz, sie erträgt es aber nicht, als eine solche Ausnahme – speziell: als Kranke – behandelt zu werden:

> Comme c'est gai à mon âge d'être une pareille exception [traitée] comme une malade et une maniaque. C'est à en pleurer. Et le quart d'heure de rage que ces excellentes créatures me procurent me fait plus de mal qu'une promenade par une soirée de fin juin certes! (02.07.1881)

> Was für ein Vergnügen, in meinem Alter eine solche Ausnahme zu sein und wie eine Kranke, eine Manische [behandelt] zu werden. Es ist zum Heulen. Und diese Viertelstunde Wut, die diese vortrefflichen Kreaturen mir bescheren, ist sicher schädlicher für mich als ein Abendspaziergang Ende Juni.

In der Konsequenz ihrer Reflexion ist es schließlich nicht mehr die Krankheit, sondern es sind umgekehrt die vorgefertigten Bilder der Krankheit, das Verhalten der Mitmenschen und die daraufhin einzunehmende Rolle als Kranke, die die Krankheit hervorbringen:

---

82 „Sie werden niemals begreifen, daß es gerade die Demütigungen sind, [geschwärzt: die ich] zu erleiden hatte, und die Wut, die mich [täglich] zu ersticken drohen, daß es dieses Gefühl ist, lebendig begraben zu sein, das mich krank macht."

> Je viens écrire sous le coup d'une colère folle; vous savez si les persécutions pour cause de santé m'enragent; j'entre dans mon atelier et je le trouve chauffé à blanc, le poële [sic] flamboie, toutes les fenêtres fermées. Une attention délicate de ma tante. [...] ce qui est au dessus de toute imagination c'est qu'on sait que ces choses-là me donnent des accès de rage et qu'on les fait tout de même. Je suis rentrée en courant et arrachant mes vêtements me suis mise pendant vingt minutes dans un courant d'air parfait en criant qu'il faut bien me défendre par tous les moyens. On ne peut donc pas comprendre que des colères pareilles et les extravagances qui en sont *toujours* la suite, ça fait plus de mal que n'importe quoi! [...] Mais on ne comprendra jamais ça ici. C'est comme ça pour tout. Voilà ce qui fait qu'ayant eu une existence absurde et inutile et embêtante on a saccagé mes plus belles années et que je ne suis pas sur le chemin de les rattraper! (07.09.1881)

> Ich schreibe in einem Zustand wahnsinniger Wut. Ihr wißt, wie sehr diese krankheitsbedingten Belästigungen mich in Rage versetzen; ich komme in mein Atelier und finde es bis zur Weißglut erhitzt vor, der Ofen lodert, alle Fenster sind geschlossen. Eine dezente Aufmerksamkeit meiner Tante. [...] es ist mir unvorstellbar, wie sie das tun können, obwohl sie doch wissen, wie sehr diese Dinge mich in Wut bringen. Ich bin nach Hause gerannt, habe mir meine Kleider vom Leib gerissen und habe mich zwanzig Minuten einem starken Luftzug ausgesetzt und geschrien, daß ich mich doch mit allen Mitteln wehren muß. Sie werden einfach nicht verstehen, daß diese Wutanfälle und Überspanntheiten, die *immer* die Folge sind, mir mehr schaden als alles andere. [...] Aber das werden sie hier nie begreifen. Und so ist das mit allem. Auf genau diese Weise ist mein Leben sinnlos, unbrauchbar und verdrießlich geworden, die schönsten Jahre meines Lebens wurden zerstört und ich kann sie gar nicht wieder aufholen.

Bashkirtseff reagiert auf die Fürsorge ihrer Familie mit Trotz und Widerstand. Sie setzt sich absichtlich der Kälte aus, so daß die eigene Vorstellung, das Verhalten der Anderen mache sie krank, zu einer ‚self-fulfilling prophecy' wird. Die Wahrnehmung der Mitmenschen entpuppt sich als ein Prozeß der Festschreibung, gegen den man sich nicht wehren kann, ohne das vorgegebene Bild nur erneut zu bestätigen:

> Bref ces braves gens m'ont rendue soupçonneuse et maniaque comme une vraie malade... Et tout en écrivant il me semble que vous me croyez malade, très malade, perdue, et cela d'autant plus que je m'en défends!! Je vous le dis c'est une folie dont j'ai conscience. (2.1.1882)

> Kurzum, diese wackeren Leute haben mich mißtrauisch und manisch gemacht wie eine wahrhaftig Kranke... Und während ich schreibe, kommt es mir so vor, als würdet Ihr mich für krank halten, für sehr krank, für verloren, und dies umso mehr, je stärker ich mich dagegen wehre. Ich sage euch, dieser Wahnsinn ist mir bewußt.

Vor diesem Hintergrund erhält die Krankheit in ihrer klaren und eindeutigen Diagnose den zweifelhaften Verdienst, zu beweisen, daß die Launenhaftigkeit der jungen Bashkirtseff ihren Grund hat, und daß die täglichen Demütigungen mitverantwortlich sind für die Krankheit:

> Je crois que l'état où je suis a enfin fait le miracle de leur faire comprendre à tous que mes recriminations [sic] n'étaient pas des caprices de petite fille gâtée. Cinq ou six ans de tracas, de chagrins, de secousses, d'humiliations, de larmes ont fait leur affaire, je suis atteinte et ma pauvre famille exagérant tout me croit presque perdue. (25.5.1881)
>
> Ich glaube mein Zustand hat zumindest das Wunder bewirkt, allen begreiflich zu machen, daß meine Proteste nicht die Launen eines verwöhnten kleinen Mädchens waren. Die fünf oder sechs Jahre voller Ärger, Kummer, Erschütterungen, Demütigungen und Tränen fordern ihren Tribut, ich bin angegriffen, und meine arme Familie, die immer alles übertreiben muß, glaubt mich bereits verloren.

In dieser Darstellungsweise wird von physischen Ursachen gänzlich abstrahiert, stattdessen werden Verhaltensstrukturen und insbesondere der Kontext, das Verhältnis zur Um- und Außenwelt, als Hauptgrund für die Krankheit entworfen. Die gesellschaftlichen Zwänge, die das Individuum bannen, demütigen, erschüttern und zum fortwährenden Protest nötigen, generieren also die Krankheit mit.

Was hier als zusätzlicher Erklärungsansatz – und damit als Element der Kausalisierung und Sublimierung – für die Schwindsucht herangezogen wird, gründet auf einem komplementär funktionierenden Verhältnis von ‚physique' und ‚moral'. Die familiäre Situation, die alltäglichen Demütigungen, das Gefühl der Gefangenschaft trüben Bashkirtseffs Stimmung derart, daß die Beeinträchtigung der Ebene des ‚moral' eine Versehrtheit der Dimension des ‚physique' nach sich zieht. Wie schon in den Briefen Pauline de Beaumonts funktioniert dieses Wechselverhältnis in beide Richtungen, es läßt sich kein ursprünglicher, dem anderen vorgängiger Zustand benennen. Auf der einen Seite versetzt die Krankheit Marie Bashkirtseff in einen Zustand der Sensibilisierung und Melancholie, auf der anderen ist es zuallererst eine bestimmte Geisteshaltung, eine Prädisposition, die krank macht oder doch zumindest die Krankheit begünstigt oder zuläßt.

Neben den Situationen, in denen eine bestimmte (außergewöhnliche, pathologische) Geistesverfassung als Voraussetzung oder Auslöser für die physische Erkrankung betrachtet wird, finden sich auch Passagen, in denen ein Zustand von Melancholie als unmittelbare Auswirkung der Krankheit beschrieben wird:

> Voilà plus de vingt-quatre heures que je souffre à crier, impossible de dormir, ni de faire quoi que ce soit, la lecture même en est interrompue à chaque instant. C'est cette douleur qui me fait voir la vie en noir, je crois. Misère de misère! (27.07.1880)
>
> Nun leide ich schon mehr als vierundzwanzig Stunden unsäglich, es ist unmöglich Schlaf zu finden oder irgendetwas anderes zu tun, selbst das Lesen muß ich jeden Augenblick unterbrechen. Ich glaube es ist dieser Schmerz, der mich das Leben schwarz sehen läßt. Was für ein Elend!
>
> Il pleut, il faudrait… tous les pires incidents de mon existence me défilent par la tête, et il y a des choses, lointaines déjà, qui me font sauter et me crispent les mains, comme une douleur physique qui serait arrivée à l'instant… / Quand ma tante entre chez moi

il me semble que c'est une injure... Mais ce qui m'inquiète, c'est que je me rouille dans cette solitude; tous ces tons noirs obscurcissent l'intelligence et me font rentrer dans moi-même. Je crains que ces nuages sombres ne laissent pour toujours un voile sur mon caractère et ne me rendent amère, aigrie, sombre... Je n'ai pas envie d'être ainsi, et je crains de le devenir, à force de rager et de me taire. (07.09.1880)

Es regnet, man müßte... die schlimmsten Momente meines Lebens gehen mir durch den Kopf, einige längst vergangene Dinge lassen mich hochschrecken und die Hände zusammenkrampfen, gleich einem plötzlichen körperlichen Schmerz. Wenn meine Tante hereinkommt, erscheint mir das wie eine Beleidigung. Aber mich beunruhigt, daß ich in dieser Einsamkeit verkümmere. Diese düstere Stimmung verdunkelt auch den Verstand, und ich ziehe mich ganz in mich zurück. Ich befürchte, daß diese dunklen Wolken für immer einen Schleier auf meinem Charakter zurücklassen und mich bitter, verhärmt, düster machen... Ich habe keine Lust, so zu sein, aber ich fürchte, ich werde vor lauter Wut und Schweigen so werden.

Es ist der Schmerz, der – in einer aus dem Bereich der Malerei stammenden Wendung – Bashkirtseff das Leben ‚schwarz sehen' läßt, oder im übertragenen Sinne verdunkelt. Die Dunkelheit oder Düsterkeit als Bild für eine bedrückte, melancholische Stimmung wird in der zweiten Passage ausgeführt. Hier dient die Beschreibung externer klimatischer Faktoren („nuages sombres") der Darstellung der eigenen inneren Befindlichkeit oder Seelenlandschaft. Der andauernde Regen und die dunklen Wolken fesseln Bashkirtseff zum einen offenbar tatsächlich ans Haus,[83] zum andern drücken sie das bereits mehrfach erwähnte Gefühl der Gefangenschaft aus, mit dem die Krankheit konnotiert ist, und das hier in Verbindung mit Bedrängung von außen einerseits und Vereinsamung andererseits auf zweifache Weise qualvoll ist. Darüber hinaus kontrastiert diese düstere Darstellung auf signifikante Weise mit der strahlenden Lichtgestalt, der Attributierung von Reinheit, mit der Bashkirtseff nach ihrem Tod inszeniert wird.

Bemerkenswert ist in der zitierten Passage weiterhin, daß eine Einwirkung von ‚physique' auf ‚moral' zwar beschrieben, jedoch ihrerseits nur noch als Bild verwendet wird. Es geht nicht mehr um einen tatsächlichen Schmerz, vielmehr wird die ‚douleur physique' als Vergleichsmoment genommen: Die schwierigen Ereignisse der Vergangenheit, die wie aus der Ferne wieder in Bashkirtseffs Kopf aufsteigen, eine offenbar erdrückende Macht der Erinnerungen, werden wie ein physischer Schmerz erlebt.

Die Wirkung der Krankheit ist eine direkte Sensibilisierung – „C'est curieux pourtant comme on est plus sensible quand on est malade"[84] (13.06.1880) –, womit nicht nur die physiologische Ebene gemeint ist, sondern auch ein Zustand der Gereiztheit gegenüber den Mitmenschen, ebenso wie eine künstleri-

---

83 Bashkirtseff erwähnt in ihrem Tagebuch mehrmals ihre Abhängigkeit von klimatischen Faktoren für die Malerei, da sie bei schlechtem Wetter nicht draußen malen kann.
84 „Es ist schon merkwürdig wie viel sensibler man ist, wenn man krank ist."

sche Sensibilisierung. Aus der physiologischen Terminologie wird also ein Bild übertragen auf die Bereiche des sozialen Verhaltens und der künstlerischen Inspiration, ein Beispiel dafür, wie der medizinische Diskurs zum metaphorischen Fundus wird für kulturelle Darstellungen, wie schließlich pathologische Bilder wie das der Sensibilität oder Reizbarkeit interdiskursiv funktionieren.

Das wechselseitige Einflußverhältnis von ‚moral' und ‚physique', das eine Unschärfe hinsichtlich der ‚Ursprünglichkeit' oder ‚Ursächlichkeit' der Krankheit mit sich bringt, unterstreicht die Heterogenität der widersprüchlichen Identitätskonzepte, die Bashkirtseff ausgehend von ihrer Schwindsuchtserkrankung entwickelt. Neben der Vorstellung, eine Ausnahmeexistenz zu sein, und parallel zu der essentialistischen Vorstellung einer hereditären Weitergabe einer pathogenen Disposition, insistiert sie auch immer wieder auf die ‚Herstellung' von Krankheit innerhalb sozialer Interaktionen. Von dieser Überlegung ausgehend ist es der Künstlerin möglich, mit den vorhandenen Krankheitsbildern zu spielen und diese für die eigene Selbstdarstellung strategisch zu nutzen.

c) Literarisierung des eigenen Lebens

Marie Bashkirtseff beschreibt in ihrem Tagebuch nicht nur genauestens, was sie erlebt, gedacht und gefühlt hat, sondern vor allem auch, was sie gelesen hat. Die intensive Bezugnahme auf literarische (oder auch literaturtheoretische) Texte ist ein wesentlicher Grund dafür, daß ihre Erklärungen für die eigene Krankheit derart heterogen und uneindeutig sind – die generelle Mehrdeutigkeit literarischer Texte affiziert in diesem Fall auch das autobiographische Schreiben. Gleichzeitig stellen literarische Anknüpfungen einen, wenn nicht den wichtigsten, Versuch einer Sinngebung dar.[85] Die Bezugnahme auf literarische Schwindsuchtsbilder ermöglicht eine Sublimierung der Krankheit, insofern die in den Referenztexten enthaltenen Prozesse der Ästhetisierung und Valorisierung für das eigene Schreiben genutzt werden.

Marie Bashkirtseff inszeniert sich über die regelmäßige Wiedergabe ihrer Lektüreeindrücke und die Vielzahl ihrer literarischen Bezugnahmen als passionierte Leserin, auf die das Gelesene eine manifeste Wirkung ausübt. So sind nicht nur die theoretischen Überlegungen des Schriftstellers Émile Zola, wie sie im *Roman expérimental* (1880) ausgeführt sind, von Bedeutung für ihr ei-

---

85 Diese Strategie wird auch in der Forschungsliteratur zu Bashkirtseff weitergeführt. Die Biographie von Albéric Cahuet ist ein charakteristisches Beispiel dafür, wie die Darstellung Bashkirtseffs immer wieder mit Vergleichen aus der Literaturgeschichte ‚angereichert' wird: „Par les belles nuits lunaires, Marie veille sur le balcon; elle y rêve en jouant la harpe. Souvent, le jour, elle se couronne de fleurs comme une Béatrix attendant la visite de Dante." Cahuet, *Moussia*, S. 33, vgl. auch S. 21.

genes Schreiben, sondern auch dessen literarische Texte, in denen die Übertragung der naturwissenschaftlichen Prinzipien der ‚observation' auf die Fiktion vollzogen wird und von denen sich die Malerin begeistert zeigt: „J'ai fini ‚l'Assommoir' avant-hier, j'en ai été presque malade, tellement saisie par la vérité du livre qu'il me semblait vivre et converser avec ces gens-là."[86] (3.2.1881) Bashkirtseff liest darüber hinaus sämtliche Romane von Balzac, setzt sich mit den Figurenentwürfen George Sands auseinander[87] und vertieft sich in Stendhals Liebeskonzeptionen. Nicht selten meint sie, in den Romanen ihre eigenen Ideen wiederzufinden: „Lisez ce livre de Stendhal [*De l'Amour*], il est ravissant et vous me comprendrez mieux. [...] Ce sera facile, j'y pensais déjà avant Stendhal. Je l'adore, lui Stendhal, et Balzac aussi parce qu'ils expriment mes pensées en un langage clair et admirable."[88] (14.7.1883) Bashkirtseff postuliert selbstbewußt, einige der von Stendhal verschriftlichten Gedanken bereits lange vor der Lektüre des großen Schriftstellers gedacht zu haben, und verehrt ihn zuerst aus dem Grund, daß er ihre Ideen zum Ausdruck bringt. Was hier nicht ohne Narzißmus vorgebracht wird, exponiert nicht nur eine große Sensibilität für und geistige Nähe zur Literatur, sondern konstruiert diese auch als einen essentiellen Bestandteil der eigenen Identität.

Auf ihre Begeisterung für die Literatur geht auch ihre Abfassung einer ganzen Reihe von Leserbriefen zurück, darunter an Dumas Fils und Edmond de Goncourt; mit Maupassant, dessen Werk sie allerdings weniger schätzt, gelingt ihr sogar ein kurzer Briefwechsel. In den energischen und koketten Anschreiben, in denen sie ihre Identität anonym beläßt, führt Bashkirtseff die Strategien der Inszenierung ihrer eigenen Person vor einem selbstgewählten Publikum fort.[89] Während sie sich in diesen Briefen bisweilen ernst oder empört äußert, verdeutlicht der entsprechende Kommentar in ihrem Tagebuch die für sie typische distanziert-amüsierte Haltung hinsichtlich dieses Kontaktes: „Tout est rompu entre mon écrivain et moi. Sa quatrième et dernière lettre est grossière et

---

86 „Vorgestern habe ich ‚L'Assommoir' fertig gelesen und bin fast krank geworden, so hat mich die Wahrheit des Buches gepackt, es schien mir, als lebte ich und unterhielte mich mit diesen Menschen."

87 Vgl. 9.10.1880.

88 „Lest dieses Buch von Stendhal, es ist hinreißend und Ihr werdet mich besser verstehen. [...] Das wird leicht, ich habe schon vor Stendhal daran gedacht. Ich verehre ihn, aber auch Balzac, dafür, daß sie meine Gedanken in eine klare und bewunderswerte Sprache bringen."

89 „Maintenant écoutez-moi bien; je resterai toujours inconnue (pour tout de bon) et je ne veux même pas vous avoir de loin, votre tête pourrait me déplaire, qui sait. [...] Mais je vous avertis que si j'étais charmante; cette douce pensée vous encouragera à me répondre. Il me semble que si j'étais homme je ne voudrais pas de commerce même épistolaire avec une vieille anglaise fagotée". Marie Bashkirtseff à Guy de Maupassant [Mars 1884], in: Martine Reid (Hg.), *Correspondance. Mit Beiträgen zu Marie Bashkirtseff und Guy de Maupassant*, Arles 2000, S. 22.

sotte. [...] Mais je m'en moque. Il a du talent mais il est sot [...]. / Où est l'être vivant que je pourrais admirer complètement?"[90] (18.4.1884)

In einem Brief an Maupassant erklärt Bashkirtseff ihre ‚Naivität' mit ihrer Krankheit und rekurriert dabei auf die Goncourt-Figur Chérie.[91] Offenbar sind die Romanfigur und ihr Entstehungskontext für Bashkirtseffs Tagebuch von besonderer Bedeutung. In dem Vorwort von *La Faustin* formuliert Edmond de Goncourt das Vorhaben, sich für sein kommendes Buchprojekt am ‚document humain' zu orientieren. Diese Idee wird schließlich in dem Roman *Chérie* verwirklicht, für den de Goncourt die weibliche Psychologie erforschen will, indem er Originaldokumente studiert und verwendet, insbesondere die Tagebücher junger Mädchen:

> [...] je veux faire un roman qui sera simplement une étude psychologique et physiologique de jeune fille, grandie et élevée dans la serre chaude d'une capitale, un roman bâti sur des *documents humains*. Eh bien, au moment de me mettre à ce travail, je trouve que les livres écrits sur les femmes par les hommes, manquent, manquent...... de la collaboration féminine, – et je serais désireux de l'avoir cette collaboration, et non pas d'une seule femme, mais d'un très grand nombre. [...] le dévoilement d'émotions délicates et de pudeurs raffinées, enfin, toute l'inconnue *féminilité* du tréfond de la femme, que les maris et même les amants passent leur vie à ignorer...., voilà ce que je demande.[92]
>
> [...] ich möchte einen Roman erschaffen, der einfach die psychologische und physiologische Studie eines jungen Mädchens sein wird, aufgewachsen und erzogen in dem heißen Treibhaus der Großstadt, ein Roman, der auf Zeugnissen des menschlichen Lebens errichtet wird. Nun, und in dem Moment, da ich mich an die Arbeit begeben möchte, bemerke ich, daß es den Büchern, die von Männern über Frauen geschrieben

---

90 „Zwischen meinem Schriftsteller und mir ist es aus. Sein vierter Brief war ungehobelt und töricht. [...] Darüber kann ich mich nur lustig machen. Er hat zwar Talent, aber er ist töricht [...]. Wo ist das menschliche Wesen, das ich uneingeschränkt bewundern kann?" Die Herausgeberin Reid zeichnet dagegen ein verzweifeltes, wenn auch (krankhaft!) kreatives Bild der jungen Künstlerin: „L'épistolière manie admirablement le cliché (celui de la jeune lectrice admirative et éperdue) pour mieux s'en départir ensuite avec insolence. Manifestement, elle brûle d'impatience; devant la gloire, la reconnaissance du monde (fermé) des arts et de la littérature, elle ne veut plus attendre et ne craint aucun ridicule pour attirer l'attention. A quelques mois de sa mort, cette enfant météore, maladivement douée, fait l'effet de lancer à toutes forces, dans toutes les directions, les mille pièces d'artifice de son talent." Ebd., S. 16. In ihrem Tagebuch kommentiert Bashkirtseff den Briefwechsel mit sehr viel mehr Leichtigkeit und Zynismus: „Balzac est mort. [...] Victor Hugo a quatre-vingt-sept ans. Dumas fils en a soixante. C'est un an pourtant que j'ai adoré d'admiration. Oh! ces pauvres Guy de Maupassant, que sont-ils à côté. A quoi tend leur art? / Ce Maupassant a fait des petits écrits odieux, tout à fait odieux. Non à cause de leur trop grande réalité, mais parce qu'il y a des choses dégoûtantes et odieuses qui révoltent la nature humaine... Cette recherche et cette étude du côté bestial de l'amour." (18.04.1884)
91 Vgl. zu den Parallelen zwischen Marie Bashkirtseff und Chérie: Cahuet, *Moussia*, S. 165–177, vgl. auch die „Préface" von Jean-Louis Cabanès in: Goncourt, *Chérie*.
92 Edmond de Goncourt, *La faustin*, Paris 1892, S. ii–iii.

wurden, an... an weiblicher Zusammenarbeit mangelt, – und ich bin begierig nach einer solchen Zusammenarbeit, und nicht nur von Seiten einer einzigen Frau, sondern von einer großen Anzahl. [...] Die Enthüllung zarter Gefühle und feiner Keuschheit, ja, die ganze unbekannte Weibhaftigkeit auf dem Grund der Frau, die den Ehemännern und selbst den Liebhabern zeitlebens verborgen bleibt..., das ist es, was ich verlange.

Aufschlußreich ist insbesondere das geradezu medizinische Interesse, das Edmond de Goncourt in dem naturalistischen Selbstverständnis formuliert, um die ‚gänzlich unbekannte Seite des Weiblichen' aufzudecken. Dieses Verborgene, das mit dem Neologismus „féminilité" umschriebene Weibliche im Weib, soll sich in all seiner Emotionalität im intimen Schreiben junger Frauen enthüllen.[93] Bashkirtseff scheint in ihrem Vorwort auf diesen in *La Faustin* lancierten Aufruf anzuspielen:

> *Moi* comme intérêt, c'est peut-être mince *pour vous*, mais ne pensez pas que c'est *moi*, pensez que c'est un être humain qui vous raconte toutes ses impressions depuis l'enfance. C'est très intéressant comme document humain. Demandez à M. Zola et même à M. de Goncourt et même à Maupassant! [...] Si je ne vis pas assez pour être illustre, ce journal intéressera les naturalistes; c'est toujours curieux, la vie d'une femme, jour par jour, sans pose, comme si personne au monde ne devait jamais la lire et en même temps avec l'intention d'être lue; car je suis bien sûre qu'on me trouvera sympathique... et je dis tout, tout, tout. Sans cela, à quoi bon? (*Préface*; Paris, 1.05.1884)

> *Ich* als Gegenstand des Interesses, das mag *Euch* gering erscheinen, aber denkt einfach nicht daran, daß *ich* es bin, bedenkt, daß ein menschliches Wesen Euch seit der Kindheit all seine Eindrücke erzählt. Das ist ein interessantes Zeugnis eines menschlichen Lebens. Fragt M. Zola, oder auch M. de Goncourt oder sogar Maupassant! [...] Wenn ich nicht lang genug lebe, um berühmt zu werden, dann wird dieses Tagebuch doch zumindest für die Naturalisten von Interesse sein; das Leben einer Frau ist immer aufschlußreich, Tag für Tag, ohne Verstellung, als ob niemand es jemals lesen würde und zugleich mit der Absicht, gelesen zu werden; denn ich bin sicher, daß man mich sympathisch finden wird... und ich sage alles, alles, alles. Andernfalls, wozu das alles?

Bashkirtseff stilisiert sich an dieser Stelle selbst zum „document humain", wobei sie nicht nur für die gegenwärtige Zeit ein Zeugnis ablegt, sondern bereits über ihr Lebensende hinausweist und implizit schon die Überformung der eigenen Person zum Monument mitdenkt. Auf diese Weise ergeben sich Parallelen, sowohl zwischen Bashkirtseffs Schreibtätigkeit und der der Goncourt-Brüder wie auch zwischen der Person der erkrankten Malerin und der Protagonistin des naturalistischen Romans *Chérie*, die ebenfalls Tagebuch schreibt.[94] Mit der Art und

---

93 Es ist also nicht mehr wie in der *Préface* zu *Germinie Lacerteux* die ‚Clinique de l'Amour', die reine Observation von außen, die eine naturalistische Darstellung ermöglicht, sondern von Bedeutung ist die Verwendung von Dokumenten, denen offenbar ein Status der Authentizität zukommt.

94 Jean-Louis Cabanès geht in seinem Vorwort zu *Chérie* darauf ein, daß der Briefkontakt zwischen Autor und Leserin ein wichtiges Thema in den Romanen des 19. Jahrhunderts

Weise, wie sich die ‚écriture journalière' der Malerin an den Grenzen von faktenorientierter Dokumentierung und Fiktionalisierung bewegt, scheint sie der für das 20. Jahrhundert typischen literarischen Verfaßtheit autobiographischen Schreibens bereits vorauszugreifen.⁹⁵ So werden in Bashkirtseffs Aufzeichnungen die Werke großer Schriftsteller mit der eigenen Person zusammengeführt, der Prozeß des Erfindens wird Bestandteil der eigenen Schreibtätigkeit, aber auch der Lebenswirklichkeit:

> Je dois vous dire que je lis [Balzac] depuis A jusqu'à Z, j'en suis au vingtième volume, enfin je viens de lire cette notice biographique et au risque de me couvrir de ridicule je dirai que je me retrouve presque complètement dans l'être intime de cet homme sublime. Ah! je l'adore, Ah! j'en suis folle. Ah! je l'admire! [...] Ah! quel malheur qu'il soit mort, et, dire... Et tous ses rêves éveillés... Est-ce que je ne passe pas ma vie à rêver des choses extraordinaires, j'invente des événements, cette seconde existence suit son cours... Les événements s'enchaînent. [...] J'emmagasine depuis des années et je prends des notes à part dans un cahier... c'est un besoin sans arrière-pensée comme le besoin de respirer. (28.06.1883)

> Ich muß Euch sagen, ich lese Balzac von A bis Z, ich bin bei Band 20, habe gerade die biographischen Angaben gelesen und auch wenn es lächerlich erscheint, muß ich sagen, daß ich mich fast vollständig im Innenleben dieses großen Mannes wiederfinde. Oh, wie ich ihn verehre, es ist zum verrückt werden. Oh, ich bewundere ihn. [...] Oh welch Unglück, daß er tot ist, und, zu sagen... und all diese Wachträume... Verbringe ich nicht auch mein Leben damit, mir Ungewöhnliches zu erträumen, Ereignisse zu erfinden, diese zweite Existenz folgt ihrem Lauf... die Ereignisse greifen ineinander. [...] Seit einigen Jahren sammle ich und mache separate Notizen in einem Heft... das geschieht ohne Hintergedanken, es ist wie das Bedürfnis zu atmen.

An dieser Stelle kommen nicht nur Verehrung und Überidentifikation mit dem Schriftsteller zum Ausdruck. Im Anschluß an die Lektüren wird das Schreiben und Erfinden hier zu einem vitalen Vorgang („comme le besoin de respirer").

---

darstellt: „Un des exemples les plus intéressants de cette relation épistolaire et anonyme est celle que Marie Bashkirtseff noua quelques semaines en 1884 avec Maupassant. Cette jeune fille artiste-peintre (médaillée au Salon), ‚moderne', grande lectrice des romans naturalistes, passionnée de toilettes (comme Chérie, comme Edmond), auteur d'un Journal (comme Goncourt, comme Chérie), mourut très jeune (comme Chérie) en 1884. On notera aussi que Marie, en 1884, écrivit à Edmond une lettre intéressante qui commence ainsi: ‚Monsieur, comme tout le monde j'ai lu *Chérie* et entre nous ce livre est rempli de pauvretés.'" Goncourt, *Chérie*, S. 24. In diesem Brief erklärte Bashkirtseff auch die Absicht, Edmond de Goncourt das eigene Tagebuch zu vermachen.

95 Vgl. Claudia Gronemann, *Postmoderne / Postkoloniale Konzepte der Autobiographie in der französischen und maghrebinischen Literatur*, Hildesheim 2002. Die Wechselwirkungen zwischen Prozessen der Literarisierung in autobiographischen Texten und einer fiktiven ‚écriture de l'intime' in Romanen des 19. Jahrhundert bedürfen einer eigenen Ausführung. Zu den Fiktionalisierungen von Marie Bashkirtseff vgl. Peter Collister, „Marie Bashkirtseff in Fiction: Edmond de Goncourt and Mrs. Humphry Ward", in: *Modern Philology* 82.1 (1984), S. 53–69.

Der dem Schreiben zuerteilte Stellenwert gewinnt dabei, vergegenwärtigt man sich den bevorstehenden Tod der Künstlerin, zusätzlich an Bedeutung.

Der Entwurf, das eigene Leben zu literarisieren und zu roman(t)isieren, gründet – ähnlich wie die eingangs beschriebene semantische Verknüpfung aus Krankheit und Malerei in der Person der Madame Brenne – abermals in dem Vorbild einer anderen Person, und wieder in dem Modell einer Privatlehrerin, der Madame Melnikoff. Der Selbst-Entwurf als Lesende, die Idee einer romanhaft-romantischen Ausrichtung des eigenen Lebens, läßt sich in Bashkirtseffs Beschreibung ihrer ehemaligen russischen ‚institutrice' wiederfinden, wobei die Art und Weise der Darstellung vor allem etwas über Maries eigenes Konzept einer Modellierung des Lebens verrät. So beschreibt sie für ihre Gouvernante eine ‚Herkunft', die gleichermaßen auf sie selbst zutrifft: „[Son] caractère slave, greffé de civilisation française et de lectures romanesques, est une drôle de machine."[96] (*Préface*, S. 10) Zwei verschiedene Formen der kulturellen Prägung – einmal verstanden als national-geographisch, einmal als literarisch – werden hier in eins gesetzt.

Der stark romantische Zug der Madame Melnikoff wird dadurch deutlich, daß sich diese eines Tages vor dem Hintergrund ihrer Roman-Lektüren verliebt, was einen gewissen ‚bovarysme' offenlegt, der Marie nicht fremd ist.[97] Auch Bashkirtseff versucht beständig, die eigene Lebenswirklichkeit mit den romanesken Bildern der Literatur abzugleichen.[98] Eine solche Rekonstruktion des Lebens in der Autobiographie verläuft nicht selten ausgehend von Romanen, scheint also, wie Lejeune feststellt, ein generelles Merkmal autobiographischen Schreibens zu sein:

> Le héros de l'autobiographie voit sa conscience émerger de la lecture, puis se résorber dans la lecture. La lecture, c'est-à-dire le rapport au texte écrit, ne figure pas dans le récit comme souvenir anecdotique, mais comme expérience originelle et constitutive, et comme aboutissement.[99]

> Der Protagonist der Autobiographie sieht, wie sein Bewußtsein aus der Lektüre aufsteigt […] und später von der Lektüre aufgesogen wird […]. Die Lektüre, das heißt die Beziehung zum geschriebenen Text, tritt in der Erzählung nicht als anekdotische Erinnerung auf, sondern als konstitutive Urerfahrung.[100]

---

96 „[Ihr] slawischer Charakter, auf den sich die französische Zivilisation und einige romantische Lektüren eingeschrieben haben, ist ein merkwürdiges Gebilde."
97 Vgl. 2.12.1883; 4.5.1884; 30.5.1884; 22.6.1884.
98 „On voit chez Marie Bashkirtseff un saisissant exemple de vie sentimentale imaginaire. […] Ce qu'elle souhaite, en vérité, c'est l'exaltation de son moi; mais étant femme et surtout à l'époque et dans la classe à laquelle elle appartient, il ne pouvait être question pour elle d'obtenir le succès par une existence autonome. […] De fait, Marie Bashkirtseff n'a [j]amais rencontré d'homme assez superbe pour qu'elle acceptât de s'aliéner à travers lui." Beauvoir, *Le deuxième sexe*, S. 103.
99 Lejeune, *Le pacte autobiographique*, S. 92.
100 Philippe Lejeune, *Der autobiographische Pakt*, Frankfurt a.M. 1994, S. 105.

Auch Bashkirtseff nutzt die Thematisierung der eigenen Lektüre nicht vorrangig zum Zwecke der Ausschmückung, sondern stilisiert sich gerade über ihre Rekurse auf literarische Texte zur ‚héroïne de l'autobiographie'.

d) Auszehrung und Ästhetisierung: Bashkirtseffs Rekurs auf *La dame aux camélias*

In Bashkirtseffs umfassendem Verweisspiel auf literarische Texte nimmt der Roman *La dame aux camélias* von Alexandre Dumas, der als einer der bedeutenden Populärromane des 19. Jahrhunderts das romantische Schwindsuchtsbild nachhaltig geprägt hat, eine herausragende Rolle ein.[101] Die Tagebuchschreiberin Bashkirtseff bezieht sich sowohl explizit wie auch implizit mehrfach auf diesen Text, dessen Liebesgeschichte, wie bereits gesehen, gänzlich im Zeichen der Schwindsucht steht. Die in dem Roman angelegte Erotisierung und Sanktifizierung der todkranken Protagonistin prägen das Schreiben der Künstlerin über die eigene Krankheit, und auch die besondere dramaturgische Rolle, die dem Tagebuch in Dumas' Text zukommt, das Oszillieren der ‚écriture journalière' zwischen Selbstaufgabe und Selbstkonstitution, lassen sich in Bashkirtseffs *Journal* wiederfinden.[102]

Der naheliegendste Anknüpfungspunkt Bashkirtseffs an die Kameliendame ist die Darstellung der Krankheit, ist doch Marguerite Gautier, ebenso wie Marie Bashkirtseff, schwindsüchtig und bewegt sich zudem in einem ähnlichen gesellschaftlichen Umfeld, in einer Welt der Empfänge, festlichen Bälle und Ateliers, was der Krankheit eine Art Szene bietet. Bashkirtseffs explizite Bezugnahme auf Marguerite Gautier und den daraus entstandenen ‚Mythos' der Kameliendame steht in dem Kontext einer großen Verzweiflung über die Krankheit und den unerbittlich näherrückenden Tod. Die Autorin zeigt sich in ihrem Eintrag im Sommer 1881 entsetzt von der Vorstellung, schwach, bleich und abgemagert zu sein, entsetzt also über das Bild von sich selbst als Kranke:

> Me voyez-vous faible, décharnée, pâle? / Mourante, morte? N'est-ce pas une chose atroce que... cela se passe ainsi... Mais au moment en mourant jeune comme cela on inspire de la pitié à tout le monde. Je suis moi-même attendrie en pensant à ma fin... Non cela ne paraît pas possible. [...] Je l'avais bien dit, on ne peut pas vivre quand on est comme moi et les circonstances sont comme... celles qui ont formé ma vie. Vivre serait trop avoir. [...] Me voilà sur le point de pleurer je crois presque que je vais mourir, je sais pour sûre que je suis affaiblie, *infirme*, eh bien je ne me plains pas de cela. [...] Eh bien la mort alors! et allons lire «La dame aux camélias» en rêvant que je joue ce rôle avec un talent tel que Sarah Bernhard devient laveuse de parquet. (27.07.1881)

---

[101] Vgl. Neuschäfer, *Populärromane im 19. Jahrhundert*.
[102] Vgl. ausführlich zum Verhältnis von Krankheit und Schreiben in der *Dame aux camélias* die Einleitung dieses Bandes.

Seht Ihr mich schwach, ausgezehrt, und bleich? Sterbend? Tot? Ist das nicht grauenvoll, daß... das auf diese Weise geschieht... Aber wenn man jung stirbt, dann erweckt man das Mitleid aller. Ich selbst bin ganz gerührt, wenn ich an mein Ende denke... Nein, das scheint unmöglich. [...] Hab ich es nicht gesagt: Wenn man so ist wie ich, und die Umstände so sind, wie sie sind, wie sie mein Leben geprägt haben, kann man nicht leben. Das Leben wäre zuviel. [...] Nun muß ich beinahe weinen und ich glaube fast, ich muß sterben, ich weiß, daß ich geschwächt und *gebrechlich* bin, und ich beschwere mich nicht darüber. [...] Nun gut, dann also der Tod! Und bei der Lektüre der „Kameliendame" träume ich davon, die Rolle mit einem solchen Talent zu spielen, daß Sarah Bernhardt das Parkett schrubben darf.

Inmitten ihrer Verzweiflung ist sich Bashkirtseff durchaus bewußt, welche emotionalisierende Wirkung das Bild einer jung Verstorbenen auf den Leser oder Betrachter haben kann, eine Wirkung, die sie bewußt einsetzt und mit einkalkuliert („cela inspire de la pitié"). Bashkirtseff bezieht sich also strategisch auf das sowohl ästhetische wie sakrifiziell konnotierte Potential des ‚mourir jeune'-Schicksals. Der Ausruf, sie wolle die Kameliendame besser spielen als Sarah Bernhardt, öffnet deshalb verschiedene Ebenen der Interpretation. Zum einen rekurriert Bashkirtseff auf das von der Kameliendame erlittene Schicksal eines frühen Schwindsuchttodes; zum andern wird bereits in der Wendung „jouer un rôle" der performative Charakter von Krankheitsrollen evoziert. Zusätzlich stellt Bashkirtseff an dieser Stelle die Frage nach stereotyper Bildlichkeit oder Authentizität, ist doch Sarah Bernhardt in erster Linie eine glänzende Schauspielerin, deren Verdienst darin besteht, Bilder von Frauen zu inszenieren und damit zu naturalisieren.[103] Bashkirtseffs trotzige Exklamation – „Eh bien, la mort alors!"– kombiniert die Unausweichlichkeit der Krankheit mit einer theatralen Geste des Heroismus, und vermittelt den Eindruck einer selbst getroffenen Entscheidung. Auf diese Weise wird das von außen gesetzte, passiv erlittene Opfer in ein autonom gewähltes Selbstopfer transformiert. Die in den Fokus gerückte Heldenhaftigkeit ist dabei nur ein Bestandteil des ‚ökonomischen Mehrwerts', der sich für Bashkirtseff aus dieser Opferkonstellation

---

103 Vgl. auch Claudia Thorun, *Sarah Bernhardt. Inszenierungen von Weiblichkeit im Fin de siècle*, Hildesheim 2006. Sarah Bernhardt gilt als die wohl bekannteste und beliebteste Bühnenschauspielerin der damaligen Zeit und wurde ihrerseits zur Inspirationsquelle für viele Literaten. Die Aufführung der Kameliendame war eine ihrer wichtigsten Rollen, der Jugendstilkünstler Alfons Maria Mucha verewigte sie in einem Plakat, das auch seinen Ruhm begründete. Dazu eine Randbemerkung: in dem gänzlich unerträglichen Film *Moulin Rouge* (2001) von Starregisseur Baz Luhrman besteht der einzige geistreiche Moment in einer Szene, in der die Protagonistin Satine, Reinkarnation der Kameliendame im Jahre 1900, sehnsuchtsvoll eine Portraitaufnahme Sarah Bernhardts betrachtet und den Wunsch äußert, eines Tages eine so große Schauspielerin zu sein wie sie. Hier nimmt also das in die Neuzeit transponierte Original Modell an der einstigen Kopie und führt auf diese Weise die mit der Figur der Kameliendame verknüpften vielfältigen Prozesse von Nachahmung und Mythenbildung vor, hinter denen die ‚Original-Dame' verschwindet.

ergibt. Insbesondere das ästhetische Potential, das der immer wieder auf die Bühne gebrachte Mythos mit sich führt, wird von der Schreibenden aufgegriffen und verschiedentlich erprobt.

Die Gleichzeitigkeit von Auszehrung und Intensivierung der Lebenskräfte und das damit einhergehende ambivalente Verhältnis von Krankheit, Heilung und Leben werden im Dumasschen Roman zum Kennzeichen des ‚mal poitrinaire' stilisiert und daher zum Anknüpfungspunkt für das Tagebuchschreiben der schwindsüchtigen Malerin. So wird in *La dame aux camélias* der Kampf gegen die Krankheit, der Versuch, diese über den Rückzug in ein ruhiges Leben aufs Land zu heilen oder doch zumindest zu besänftigen, zugleich zu einer Domestizierung der Ausschweifung, einer Bekämpfung des unmoralischen Lebenswandels.[104] Der auszehrende Charakter der Schwindsucht, die ‚consumption', wird auf diese Weise in ihrer vielfältigen Bedeutung aufgerufen:

> – Si je me soignais, je mourrais. Ce qui me soutient, c'est la vie fiévreuse que je mène.[105]
>
> Cela vient, continua-t-elle en prenant ma main et en la posant contre son cœur dont je sentis les palpitations violentes et répétées, cela vient de ce que, devant vivre moins longtemps que les autres, je me suis promis de vivre plus vite.[106]
>
> Wenn ich mich schone, sterbe ich erst recht. Was mich hält, ist gerade, daß ich wie im Fieber drauflos lebe.[107]
>
> „Weil ich", fuhr sie fort, indem sie meine Hand faßte und gegen ihr Herz drückte, das ich heftig klopfen fühlte, „weil ich, da ich kürzere Zeit zu leben habe als andere Menschen, mir vorgenommen habe, rascher zu leben."[108]

Es ist mithin die Krankheit, die Gautier an das Leben zu binden scheint, weil sie sie dazu bringt, intensiver zu leben; die Schwindsucht bedeutet in dieser Betrachtungsweise weniger eine Einschränkung oder Beschneidung der Lebenskräfte, als eine Intensivierung derselben; letztlich bedeutet sie beides zugleich, ist ambivalent konnotiert. In jedem Fall wird das eigene Schicksal einer verkürzten Lebenszeit dadurch dramatisch überhöht.

Diese Verdichtung der verbleibenden Zeit wird auch von Bashkirtseff aufgegriffen: „Ô poésie! Ô peinture, ô Espagne. Ah que la vie est courte. Ah! que l'on

---

104 „[…] the dangerous and immoral courtesan [Marguerite Gautier], was transformed into a sentimental and – crucially – reformed, dying consumptive, now monogamously consumed by love. Fallen women might be restored to spiritual health by the purifying powers of consumption." Lawlor, *Consumption and Literature*, S. 167.
105 Dumas Fils, *La dame aux camélias*, S. 115.
106 Ebd., S. 122f.
107 Dumas, *Die Kameliendame*, S. 92.
108 Ebd., S.100f.

est malheureux de vivre si peu!"[109] (20.06.1882) Der nahende Tod führt in ihrer Darstellung zu einer gesteigerten Sensibilität:

> Enfin je suis encore à un âge où l'on trouve de l'ivresse même à mourir. Il me semble que personne n'aime autant *tout* que moi. Art, musique, peinture, livres, monde, robe, luxe, bruit, calme, rires, tristesses, mélancolie, blague, amour, froid; soleil, toutes les saisons. [...] J'adore et j'admire tout, tout se présente à moi sous les aspects intéressants ou sublimes, je voudrais tout voir, tout avoir, tout embrasser, me confondre avec tout et mourir puisqu'il le faut dans deux ans ou dans trente ans, mourir avec extase pour expérimenter ce dernier mystère, cette fin de tout ou ce recommencement divin. (11.03.1884)

> Ich bin noch in einem Alter, indem selbst der Tod einen berauscht. Mir scheint, als würde niemand *alles* so sehr lieben wie ich. Kunst, Musik, Malerei, Bücher, Welt, Kleider, Luxus, Lärm, Ruhe, Lachen, Traurigkeit, Melancholie, Witz, Liebe, Kälte, Sonne, alle Jahreszeiten. [...] Ich verehre und bewundere das alles, alles zeigt sich mir von seiner interessantesten und erhabensten Seite, ich will alles sehen, alles haben, alles umarmen, in alles eintauchen und, da es nun einmal sein muß, in zwei Jahren oder in dreißig Jahren sterben, ekstatisch sterben und dieses letzte Mysterium erforschen, das Ende von allem oder den göttlichen Neuanfang.

Bashkirtseff beschreibt hier euphorisch eine Offenheit für jede Form äußerer Eindrücke und Anregungen, eine entschlossene Lebenszugewandtheit im Angesicht des frühen Todes. Trotz ihrer eigenen Beteuerung, daß diese Empfindsamkeit nicht mit der Krankheit zusammenhänge, sondern eine ihr inhärente Charaktereigenschaft sei – „Cet amour universel n'est pas une sensation de poitrinaire, j'ai toujours été ainsi"[110] (ebd.) – so bestätigt dies nur einmal mehr das Erklärungsmuster, daß die Schwindsucht vor allem außergewöhnliche und hochsensible Menschen ereilt. An anderer Stelle beteuert Bashkirtseff, daß die Nähe zum Tod sehr wohl das besondere Interesse ihrer Person mitprägt.

> Tiens, ça m'amuse cette disposition de condamnée ou à peu près. C'est une pose, une émotion, je contiens un mystère, la mort m'a touché du doigt, il y a là un certain charme, c'est nouveau d'abord. / Et pouvoir *pour tout de bon* parler de ma mort, c'est intéressant et je le répète, ça m'amuse. (28.12.1882)

> Ach, beinahe amüsiert mich diese Vorbestimmung als Verdammte. Das ist eine Pose, eine Empfindung, ich berge ein Geheimnis, der Tod hat mich mit Fingerspitzen berührt und das macht einen gewissen Charme aus, das ist neu. Und *wirklich* über meinen Tod sprechen zu können, das ist interessant, und ich kann nur wiederholen, es amüsiert mich.

---

109 „Oh Poesie! Oh Malerei, oh Spanien! Ach, wie kurz ist doch das Leben. Ah! Wie unglücklich ist man doch, nur so kurze Zeit zu leben."
110 „Diese allumfassende Liebe ist nicht die Empfindung einer Schwindsüchtigen, ich bin schon immer so gewesen."

Abermals wird hier das Opfer positiv umgedeutet und gewendet. Die Idee der „pose" impliziert eine strategische Inszenierung und kalkuliert die damit verbundene emotionalisierende, verführerische Wirkung mit ein („charme").

Ein weiteres Schwindsuchtssymptom, das zugleich vielfältige Konnotationen bereitstellt, wird in Bashkirtseffs Selbstdarstellung im Tagebuch im Sinne einer Ästhetisierung verwendet: das Blutspucken. So nutzt sie in ihren eigenen Beschreibungen das affektive Potential der Schwindsucht: „Enfin, je crache le sang. O poésie! *Cracher*, je crache. C'est délicieux."[111] (12.9.1881) Wie in der Einleitung dieser Studie ausgeführt, ist die Semantisierung des Blutes und seiner Repräsentation im 19. Jahrhundert ambivalent. Insbesondere, weil das Blut auch die Geschlechtlichkeit der Frau markiert, löst es Unbehagen aus, läßt sich aber auch erotisch auffassen.[112] Indem Bashkirtseffs Ausspruch eine Freude über das *endlich* in Erscheinung tretende Blut suggeriert – und das Blutspucken überdies mit „poésie" verknüpft – macht sie deutlich, daß dieses Symptom ganz entscheidend zur Darstellung der Schwindsucht und zu ihrer Ästhetisierbarkeit dazu gehört. Über dieses sichtbarste aller möglichen Symptome wird die ‚phtisie' also als ‚fashionable disease' konzipierbar[113]: „Je tousse autant que possible mais par miracle loin de m'enlaidir cela me donne un air de langueur qui me va bien."[114] (3.1.1880); „Je suis portée vers la mélancolie grâce à ma toux et à ma douleur au côté. Cela me donne l'air tragique".[115] (18.1.1880)

Insofern Bashkirtseff die empfindsame Dimension der Krankheit akzentuiert („mélancolie", „langueur") und beteuert, daß ihr diese Krankheitsmerkmale ‚gut stehen', nutzt sie die kulturelle Zusammenführung und Ästhetisierung von Weiblichkeit und Krankheit und bezieht sich deutlich auf das stereotype Bild der schönen Schwindsüchtigen zurück. Gerade in diesem Punkt erweist sich der Roman *La dame aux camélias* als einschlägige Referenz, weil die darin getroffene Ästhetisierung und Erotisierung der Krankheit von Bashkirtseff aufgegriffen werden kann. Der Erzähler in Dumas' Text beschreibt gerade die kranke Marguerite Duplessis als anziehend, Leidenschaft und Krankheit fließen ineinander. Die Krankheit auf der einen und die Passion auf der anderen Seite teilen sich dabei die Semantiken des Fiebers und des Opfers; der Modus einer essentiellen Bindung, ein Abstoßen und Wiederaufflammen, ein Sich Widmen, Sich Op-

---

111 „Endlich spucke ich Blut. Oh Poesie! *Spucken*, ich spucke. Das ist entzückend."
112 Vgl. dazu auch das Kapitel „Der schwindende Körper als Selbstopfer: Consumption und Weiblichkeit" in der Einleitung, S. 28–37.
113 Vgl. Price Herndl, *Invalid Women*. Vgl. auch Lawlor, *Consumption and* Literature, S. 58.
114 „Ich huste so viel wie möglich, aber auf wundersame Weise macht mich das gar nicht häßlich, sondern verleiht mir ein sehnsüchtiges Aussehen, das mir gut steht."
115 „Der Husten und der Schmerz in meiner Seite machen mich melancholisch. Das verleiht mir ein tragisches Aussehen."

fern, sind parallel konstruiert.¹¹⁶ Vor allem aber ist die Krankheit im Roman ein stilistisches Mittel, um die (erotische) Anziehungskraft der Figur zu steigern:

> Ce mélange de gaieté, de tristesse, de candeur, de prostitution, de maladie même qui devait développer chez elle la sensibilité des impressions comme l'irritabilité des nerfs, tout me faisait comprendre que si, dès la première fois, je ne prenais pas d'empire sur cette nature oublieuse et légère, elle était perdue pour moi.¹¹⁷

> Diese Mischung von Fröhlichkeit und Trübsinn, von Unschuld und Verdorbenheit, dazu die Krankheit, die ihre Sinnlichkeit und Reizbarkeit steigerte, alles zusammen machte mir deutlich, daß, wenn ich diese vergeßliche und unstete Natur nicht sofort beim ersten Anlauf erobere, sie mir für immer verloren ist.¹¹⁸

Bashkirtseffs Rückbezug auf das nicht zuletzt durch den Dumasschen Text tradierte Bild der schönen Leiche wird nun aber in ihrem Tagebuch nicht allein für die Erotisierung des eigenen schwindsüchtigen Körpers genutzt – ein zitierender Vorgang, bei dem sich die Künstlerin selbst in die Rolle des beschriebenen Objekts versetzt. Signifikant an der ‚écriture journalière' der jungen Malerin ist vor allem, daß sie das Stereotyp auch in Richtung eines eigenständigen Kunstschaffens hin auslegt und in diesem Prozeß die Subjektposition einnimmt. Auf diese Weise kommen Bashkirtseff gleichsam beide konstituiven Rollen der Entstehung des Kunstwerkes zu: die der geopferten Frau und die des opfernden Künstlers.

Diese Doppelrolle, die durch die Struktur des Tagebuchschreibens mitgetragen wird, wird an den Stellen deutlich, an denen Krankheit und Malerei thematisch zusammenfließen. Die an ein Motiv aus der *Dame aux camélias* anknüpfende Idee einer Intensivierung des Lebens wird bei Marie Bashkirtseff vor allem über den Bereich der Kunst verhandelt, so daß die eigene Situation an die bereits existierende und literarisierte semantische Verknüpfung von Schwindsuchtserkrankung und künstlerischer Produktivität gekoppelt wird.¹¹⁹ Bashkirtseff inszeniert sich als Malende und Kranke zugleich, wobei sie die Gefährdung ihres gesundheitlichen Zustands in Kauf nimmt, wenn dies die Situation des Kunstschaffens erfordert:

> J'étais furieuse mais une fièvre de 41 degrés n'est pas facile à porter. C'est encore cette place où je fais le portrait, imaginez-vous, je suis entre deux portes et devant une fenêtre de sorte que je subis à droite un froid glacial et à gauche la cheminée et les deux portes devant et derrière [...]. (19.01.1882)

---

116 „Marguerite était revenue de ce voyage plus belle qu'elle n'avait jamais été, qu'elle avait vingt ans, et que la maladie endormie, mais non vaincue, continuait à lui donner ces désirs fiévreux qui sont presque toujours le résultat de poitrine." Dumas Fils, *La dame aux camélias*, S. 61.
117 Ebd., S. 188f.
118 Dumas, *Die Kameliendame*, S. 96.
119 Vgl. Lewis Jefferson Moorman, *Tuberculosis and Genius*, Chicago 1940.

> Ich war schrecklich wütend, ein Fieber von 41 Grad ist nicht leicht auszuhalten. Ich bin wieder an diesem Platz, an dem ich das Portrait zeichne, stellt Euch vor, ich bin so zwischen zwei Türen und einem Fenster positioniert, daß ich von rechts einer Eiseskälte ausgesetzt bin und von links den Kamin und die zwei Türen vor und hinter mir [...].

Bashkirtseff situiert sich und ihre Arbeit an dieser Stelle zwischen dem offenen Fenster, durch das die kalte Luft ins Innere gelangt, und dem Feuer des Ofens, zwischen Tür und Fenster. Ihre Krankheit samt hohem Fieber kann sie nicht davon abhalten, an dem Portrait zu arbeiten, das gerade im Entstehen begriffen ist; die Malerin setzt sich selbst der Zugluft aus und setzt ihre Gesundheit aufs Spiel. In der Darstellung im Tagebuch wird diese Szenerie zugleich in Szene gesetzt und dadurch verdoppelt. Auch vom Tagebuchschreiben halten Krankheit und Fieber die Malerin nicht ab, so daß beides, sowohl das Malen wie das Schreiben, nicht nur Ausdrucksformen der Bashkirtseff werden, sondern zu ihrem eigentlichen Lebensinhalt, dessen Entstehung für wichtiger befunden wird, als die Erhaltung der Gesundheit. In diesem Sinne wird die in der ‚phtisie' semantisch angelegte ‚consomption', die das Schwinden des Körpers bedingt, auf ein konkretes Ziel gerichtet, wird zu einem ‚se consumer pour'. Das von Bashkirtseff gewählte Opfer ist ein Opfer *für* das Malen und das Schreiben, bei dem schließlich die Kunst an die Stelle des Lebens tritt.

Das Verhältnis von Kunst und Krankheit, Produktivität und pathologischem Zustand ist aber nicht immer derart positiv; oftmals bildet die Krankheit vielmehr ein manifestes Hindernis für Bashkirtseffs Arbeit als Malerin,[120] und immer stärker wird die Sorge um die eigene Gesundheit mit der Sorge um die Schaffenskraft, die noch zu malenden Bilder verbunden. Gleichzeitig nutzt Bashkirtseff in ihrem Schreiben die traditionelle Semantik der Schwindsucht als verzehrendes Feuer aber auch für die Darstellung ihrer eigenen Inspiration: „[...] je suis tout à l'Art, je crois qu'en même temps que ma pleurésie j'ai attrapé le feu sacré quelque part en Espagne, je commence d'ouvrière à devenir artiste, c'est une incubation [Mots noircis: des plus] célestes qui me rendent un peu folle..."[121] (15.01.1882)

Bashkirtseff spricht in diesen Zeilen, in denen sie zugleich ihr ganzes Wesen der Kunst widmet, von einem Vorgang der ‚Inkubation', über den sie sich nicht nur mit der Lungenkrankheit, sondern auch mit dem Feuer der künstlerischen Inspiration ansteckt. Das Fieber, das als Symptom der Schwindsucht im Tagebuch immer wieder beschrieben wird, wird auf diese Weise von der somatischen

---

120 Sie vergleicht sich stets mit ihrer größten Konkurrentin Breslau mit dem Hinweis auf den Umstand, daß diese schon mehr Preise gewonnen hat, sie selbst aber noch nicht so lange malt und aufgrund ihrer Krankheit nicht in gleicher Weise Fortschritte machen kann.

121 „[...] ich gebe mich ganz der Kunst hin, ich glaube, gleichzeitig mit der Rippenfellentzündung habe ich mich in Spanien mit dem heiligen Feuer angesteckt, ich entwickle mich von der Arbeiterin zur Künstlerin, diese heili[gst]e Inkubation macht mich ganz wahnsinnig..."

auf die semantische Ebene übertragen.[122] Gleichzeitig wird die Entstehung der Kunst szenisch in die Ambivalenz des physiologischen Zustandes – zwischen Überreizung und Ermattung, Erhitzung und Erkaltung – eingebettet, wie in der zitierten Passage zwischen „froid glacial" und „cheminée" deutlich geworden ist.

Während in *La dame aux camélias* die Leidenschaft Duvals durch die fiebrige Erkrankung der schönen Kurtisane entflammt wird, nutzt Bashkirtseff die Flamme der Inspiration für eine explizit lustvolle Hingabe an die Kunst:

> Je me lève à une heure du matin pour dire que j'ai enfin envie de peindre quelque chose. C'était de n'avoir envie de rien que je souffrais. / C'est comme une flamme qui monte, qui monte; c'est comme la vue soudaine de celui qu'on préfère; une émotion, une chaleur, une joie. / J'en rougis toute seule. (28.10.1883)

> Ich stehe um ein Uhr morgens auf, um zu sagen, daß ich endlich wieder Lust habe, etwas zu malen. Es war die Lust auf gar nichts, an der ich gelitten habe. Es ist wie eine Flamme, die aufsteigt, aufsteigt; es ist wie der plötzliche Anblick des Liebsten; eine Emotion, eine Wärme, eine Freude. Ganz allein erröte ich darüber.

In Bashkirtseffs Tagebuch wird also nicht (nur) die Schwindsüchtige erotisiert – die daraufhin, wie in der *Dame aux camélias*, aber auch wie im Falle Pauline de Beaumonts, zum Ausgangspunkt des literarischen Kunstwerks aus männlicher Hand wird. Auch wird in der Darstellung Bashkirtseffs der innere Drang zum Kunstschaffen selbst in sinnlichen Begrifflichkeiten, wie ein Zustand der Verliebtheit geschildert. Sie knüpft also an den Mythos des sich verzehrenden Künstlers ebenso an wie an das Stereotyp der schönen Leiche. Dadurch werden gleichsam beide Seiten der schwindsüchtigen ‚Kunstproduktion' von ihr in Anspruch genommen. Die romantische Semantik der Schwindsucht wird aufgegriffen und erfolgreich umgelenkt, das sinnliche Potential für die eigene Selbstdarstellung genutzt, ohne dabei in den von außen determinierten Status eines Objekts zu treten.

5. Subjekt und Objekt der Darstellung: Bashkirtseffs zweifache Aneignung der Schwindsuchtsrepräsentation

Obwohl Bashkirtseff auf das Stereotyp des inspirierten Künstlers zurückgreifen kann, um ihre eigene Schaffenskraft im Zeichen der Schwindsucht zu modellie-

---

122 „Diese Leidenschaft [der Schwindsüchtigen] äußerte sich in der Glut der Liebe, aber auch in einem besonderen künstlerischen Empfinden, im Sinn für alles Schöne, Schöpferische – das ganze Jahrhundert lang bestand eine besondere Beziehung zwischen Tuberkulose, Kunst und literarischem Schaffen. Das Fieber, die Auszehrung waren daher nur der körperliche Ausdruck eines Feuers, das bald die Glut der Sehnsucht, bald des Genies war, und die Blässe des Kranken belebte. Die glänzenden Augen, die roten Wangen waren Ausdruck eines selbstzerstörerischen Seelenfeuers: die Tage des Tuberkulosekranken verglühten." Herzlich / Pierret, *Kranke gestern, Kranke heute*, S. 41.

ren, bleibt das Verhältnis zwischen Malen und Krankheit doch ein ambivalentes. Allgegenwärtig ist in ihrem Tagebuch der Kampf um ausreichende Zeit und Energie für das Malen sowie die Angst, die Krankheit könne der eigenen kreativen Entwicklung ein vorzeitiges Ende bereiten. Oftmals ist dabei die Sorge um das Fortbestehen der Malerei größer als diejenige um den eigenen körperlichen Zustand; schließlich bildet die Malerei den einzigen Grund, weswegen Bashkirtseff einsieht, daß sie sich den aufwendigen Behandlungen unterziehen und sich heilen lassen muß: „Ah! misère. Mais je voudrais guérir... [...] Poitrinaire! Le mot y est et la chose. Je mettrai tous les vésicatoires qu'on voudra mais je veux peindre."[123] (28.12.1882) Letztlich also steht die Kunst nicht nur im Zeichen der Krankheit, sondern ebenso im Zeichen der Gesundung oder Wiederbelebung, sie wird zu dem einzig denkbaren Element, das Marie Bashkirtseff in ihren letzten Monaten buchstäblich am Leben erhält:

> Il y a deux gouttes de sang sur mon mouchoir. J'écris à Potain. A quoi bon. / Est-ce que je tiens vraiment à vivre? ma vie ne vaut rien et rien ne m'y attache. [...] Et moi? l'art? Je ne sais plus que faire. Un nouveau tableau me ranimera, en attendant je me sens comme perdue! (29.6.1884)

> Es sind zwei Tropfen Blut in meinem Taschentuch. Ich schreibe an Potain. Wozu. Hänge ich wirklich am Leben? Mein Leben ist nichts wert, und nichts läßt mich daran festhalten. [...] Und was ist mit mir? mit der Kunst? Ich weiß nicht länger, was ich tun soll. Ein neues Bild wird mir wieder Lebensmut schenken, aber bis dahin fühle ich mich verloren!

Das ästhetisierende Potential der Schwindsuchtsbilder funktioniert also nur bis zu einem gewissen Grad. Wo die Krankheit das Leben angreift, findet Bashkirtseff stets Strategien, um das Pathologische in der eigenen künstlerischen Betätigung zu sublimieren. Wenn aber die Krankheit die Kunst selbst antastet, dann ist für die Malerin die Dimension des Imaginären überschritten und die Präsenz der Krankheit unhintergehbar:

> Il paraît qu'à une certaine époque il a été de mode d'être poitrinaire, et chacun s'efforçait de le paraître et croyait de l'être. Ah! Si ce pouvait être l'imagination seule! / Je veux vivre moi, quand même et malgré tout, je n'ai pas de chagrins d'amour; je n'ai ni manies, ni sensibleries, ni rien... Je voudrais être célèbre [sic] et jouir de ce qu'il y a de bon sur terre. (22.10.82)

> Früher einmal war es offenbar in Mode, schwindsüchtig zu sein, und jeder versuchte, schwindsüchtig zu erscheinen oder glaubte es zu sein. Oh! wenn das allein die Vorstellungskraft wäre! Ich will leben, trotz allem, ich habe weder Liebeskummer, noch Manien, noch Gefühlsduseleien noch sonst etwas... Ich möchte berühmt sein und alles genießen, was es Gutes auf Erden gibt.

---

123 „Ach, welch Elend. Aber ich will gesund werden. [...] Schwindsüchtig! Allein das Wort. Ich verwende alle Zugpflaster, die es gibt, aber ich will malen!"

Die Bedeutung der Bildlichkeit, die sich in Bashkirtseffs Tagebuch beobachten läßt, findet sich bereits bei Dumas in der Darstellung der Kameliendame. Tatsächlich beginnt der Erzähler die Rekonstruktion der Lebensgeschichte Marguerite Gautiers mit der Betrachtung ihres Portraits:

> Marguerite avait d'elle un merveilleux portrait fait par Vidal, le seul homme dont le crayon pouvait la reproduire. J'ai eu depuis sa mort ce portrait pendant quelques jours à ma disposition, et il était d'une si étonnante ressemblance qu'il m'a servi à donner les renseignements pour lesquels ma mémoire ne m'eût peut-être pas suffi.[124]

> Sie besaß ein wundervolles Portrait, das Vidal von ihr angefertigt hatte, der einzige Künstler, dessen Stift sie nachzuschaffen vermochte. Das Bildnis war mir nach ihrem Tode auf ein paar Tage anvertraut worden, und es hatte eine sprechende Ähnlichkeit, daß ich sie danach zu schildern versuchen konnte, wozu meine Erinnerung allein wahrscheinlich nicht ausgereicht hätte.[125]

Zum einen wird in einer solchen Konstruktion dem Leser die Macht der Repräsentation und die Festschreibung eines überhöhten, mythisierenden Bildes deutlich[126] – der Roman rückt die Perspektive zweier Männer, des Liebhabers und des Erzählers, auf die junge Frau in den Mittelpunkt, während ihre eigenen Schriften zwar genannt, aber erst ganz zuletzt zitiert werden –, bis daß auch ihr Tod letztlich bildlich festgehalten und ästhetisch überhöht werden kann: „[...] je regrettais la mort de cette fille comme on regrette la destruction totale d'une belle œuvre."[127] Zum andern ermöglicht das Bild offenbar das Schließen von Lücken, die Errichtung einer ganzheitlichen Repräsentation.

Der Tod der schönen Frau als Ursprung des Kunstwerks, ausgestaltet bei Schriftstellern wie Chateaubriand, der seiner Geliebten Pauline de Beaumont in den *Mémoires d'outre tombe* ein Denkmal setzte, aber auch bei Autoren wie Poe, Balzac und Zola,[128] wird zu einem Stereotyp des 19. Jahrhunderts, das auch Bashkirtseff einzuholen droht. Denn die Inszenierung ihres Begräbnisses und

---

124 Dumas Fils, *La dame aux camélias*, S. 58.
125 Dumas, *Die Kameliendame*, S. 17.
126 Der gleiche Vorgang wird auch in der Beschreibung des Gesichts der Marguerite Gautier deutlich: hier werden die Züge der jungen Frau, „l'expression virginale, enfantine même qui la caractérisait" auf eine Weise dargestellt, als würden sie im gleichen Moment gezeichnet: Repräsentation und Produktion des Bildes fallen also ineinander: „Dans un ovale d'une grâce indescriptible, mettez des yeux noirs surmontés de sourcils d'un arc si pur qu'il semblait peint; voilez ces yeux grands de cils qui, lorsqu'ils s'abaissent, jetaient de l'ombre sur la teinte rose des joues; tracez une nez fin, [...]; dessinez une bouche régulière [...]; colorez la peau de ce velouté qui couvre les pêches qu'aucune main n'a touchées, et vous aurez l'ensemble de cette charmante tête." Dumas Fils, *La dame aux camélias*, S. 58.
127 Ebd., S. 57 („[...] ich bedauerte den Tod des Mädchens, wie man die Zerstörung eines schönen Werkes bedauert." Dumas, *Die Kameliendame*, S. 16).
128 Vgl. dazu Bronfen, *Nur über ihre Leiche*, vgl. auch Rißler-Pipka, *Das Frauenopfer in der Kunst*.

das darin angelegte Bild der Künstlerin als junges, unschuldiges Mädchen zeigen, daß auch christlich geprägte Darstellungskonventionen von Krankheit, mit denen etwa Joséphine Sazerac de Limagne konfontiert war, weiterhin gängig sind. Bashkirtseffs Tagebuch knüpft nun aber nicht nur an dieses literarische Stereotyp an, sondern macht auch seine Kehrseite deutlich, stellt seine festschreibende Funktion aus. Insbesondere für den Bereich der Krankheit problematisiert Bashkirtseff die Übermacht kultureller Bilder und daran geknüpfte Konnotationen und Rollen:

> Me voilà sous le coup d'une accusation de phtisie. Et Dieu sait les romans que l'on va me prêter, c'est surtout cela qui m'ennuie. « Elle va nulle part, passe sa vie à l'atelier et se meure de la poitrine ». Les hommes en général adorent les racontars romanesques et on va broder sur moi!... (17.01.1881)
>
> Man beschuldigt mich, schwindsüchtig zu sein. Gott weiß, welche Romane man mir andichten wird, das ärgert mich besonders. „Sie geht nicht aus, verbringt ihre Zeit im Atelier und stirbt an Schwindsucht." Die Menschen lieben dieses romaneske Gerede, und solche Geschichten wird man um mich herum spinnen!...

Es ist nicht die Krankheit selbst, die Bashkirtseff an dieser Stelle ängstigt, nicht das damit verbundene Leiden, es sind vielmehr die ‚Romane', die daran geknüpft sind und die sie zwar ästhetisieren und anziehend machen, aber ebenso in die Objektposition rücken. Umso wichtiger sind deshalb die eigenen Bilder und Gemälde und die Selbstbeschreibungen innerhalb des Tagebuchs, das auf diese Weise nicht zwangsläufig zu einer ‚authentischeren', aber zu einer alternativen Perspektive gelangt. Hier werden die schwindsüchtigen Stereotype eigenmächtig verwendet, angeeignet, bilden nicht mehr einen objektivierenden Außenblick, sondern den Ausgangspunkt für eine kreative, selbstermächtigende Subjektkonstitution.

Schließlich existieren in dem Tagebuch auch (schriftliche) Selbstportraits als Kranke, in denen Marie Bashkirtseff ihren kranken Körper minutiös beobachtet, als ‚interessant' bezeichnet und die schönen Seiten hervorhebt.

> Il n'y a pas à dire, je tousse tellement que cela doit tout me détériorer là-dedans. Et avec cela je maigris ou plutôt... oui je maigris; les chairs sans devenir laides se détendent et pas même cela mais à regarder les bras par exemple: quand j'allonge le bras il prend un caractère *atteint* au lieu de l'insolence d'autrefois. C'est même joli et je ne me plains pas encore. A présent c'est la période intéressante, on devient mince sans maigreur et je ne sais quoi de languissant qui va bien... (19.10.1881)
>
> Was soll ich sagen, ich huste so sehr, daß es mir da drinnen zusetzt. Und überdies nehme ich ab oder vielmehr... ja, ich werde dünner; das Fleisch, ohne häßlicher zu werden, ist weniger fest, und nicht einmal das, die Arme zum Beispiel: wenn ich meinen Arm ausstrecke, so nimmt er, im Gegensatz zu seiner einstigen Kühnheit, einen *befallenen* Charakter an. Das ist beinahe hübsch, und ich will mich noch nicht beschweren. Das ist jetzt noch die interessante Zeit, ich werde dünner, ohne abzumagern, und ich wirke sehnsuchtsvoll-ermattet, was mir gut steht.

Bashkirtseff vollzieht hier eine geradezu wissenschaftlich distanzierte ‚observation', im Zuge derer der eigene Körper als Studienobjekt betrachtet wird („les chairs se détendent") und Modellcharakter annimmt: Die Exemplarität des eigenen Körpers wird als Ausgangspunkt genommen für eine allgemeine Beobachtung („on devient mince"). Nicht immer wird also im Autoportrait nur die eigene Schönheit hervorgehoben, sondern auch der kranke Körper wird ausgestellt und in seiner Versehrtheit mit der gleichen naturalistischen Genauigkeit beschrieben.

> Il n'y a pas à se le dissimuler. Je suis poitrinaire. Le poumon droit est assez abîmé et le gauche commence à s'abîmer un peu depuis un an. Les deux côtés. Enfin avec une autre structure je serais presque maigre. Il est évident que je suis plus ronde que la plupart des rosses qu'on appelle jeunes filles mais je ne suis plus comme avant. / Il y a un an encore j'étais superbe sans graisse et sans embonpoint. Maintenant les bras ne sont plus fermes et en haut vers les épaules on sent l'os au lieu de voir une épaule toute ronde et d'une belle forme. Je me regarde tous les matins en me baignant. Les hanches sont encore belles mais on commence à voir les muscles du genou. Les jambes sont bien et ce qui est curieux c'est que le mollet est aussi gros que celui de Dina qui a les jambes et les bras de la même grosseur. Enfin je suis *atteinte*, sans retour. (05.05.1884)

> Es läßt sich nicht verbergen. Ich bin schwindsüchtig. Der rechte Lungenflügel ist stark angegriffen, und der linke ist seit etwa einem Jahr geschädigt. Beide Seiten. Mit einer anderen Statur wäre ich schon fast mager. Verglichen mit dem Großteil der Mähren, die man gemeinhin junge Mädchen nennt, bin ich noch rundlich, aber nicht mehr so wie früher. Noch vor einem Jahr war ich prächtig, ohne fett oder übergewichtig zu sein. Jetzt sind meine Arme nicht mehr fest, und anstelle einer runden und wohlgeformten Schulter ahnt man den Knochen. Ich betrachte mich jeden Morgen, wenn ich mein Bad nehme. Noch sind die Hüften schön, aber man sieht bereits die Muskeln der Knie. Die Beine sind gut, aber merkwürdigerweise sind die Waden ebenso dick wie bei Dina, deren Beine und Arme gleich dick sind. Wie auch immer, ich bin unwiederbringlich erkrankt.

Bashkirtseff nimmt in solchen Passagen selbst eine objektivierende Perspektive ein, läßt den Blick ihre einzelnen Körperteile entlang gleiten; sie verewigt sich ebenso in ihren Gemälden wie in ihrem Tagebuch und führt beides zusammen, indem sie sich in der Schrift mit der Genauigkeit eines naturalistischen Gemäldes abermals portraitiert. Dieser Vorgang wird abermals gedoppelt in der Selbst-Portraitierung als Schreibende: „Il faut au moins que j'en parle ici et tenez en écrivant mes yeux tombent sur les doigts de ma main gauche qui retienne la feuille, ces doigts vivants, la peau les enveloppe et on sent les muscles qui vont remuer."[129] (26.1.1884) Hier findet fast so etwas wie eine Auto-Observation statt, bei der der Prozeß des Schreibens mit abgebildet wird. Die ‚écriture'

---

[129] „Ich muß hier doch wenigstens davon erzählen, und während ich schreibe, gleiten meine Augen über die Finger meiner linken Hand, die das Blatt Papier hält, diese lebendigen Finger, umgeben von Haut und man spürt, wie sich die Muskeln darin bewegen."

ergänzt die Malerei in der Funktion des naturgetreuen, naturalistischen Auto-Portraits und wird gleichzeitig in ihrer Prozessualität herausgestellt.[130]

Ein Beispiel ist Bashkirtseffs Selbstbeschreibung in den letzten Tagen ihrer Krankheit, in der sie immer wieder auf die Farbe Weiß rekurriert, sich selbst in weißer Kleidung inszeniert und damit die posthume Rezeption als jungfräuliche Unschuld mit einzukalkulieren scheint: „Dans dix-huit mois ou deux ans un cercueil tout blanc, des roses, et ces dames pleureront beaucoup."[131] (03.06.1884) Die Farbe Weiß wird dabei aber umfunktionalisiert, bildet weniger ein Symbol für Reinheit, sondern bietet ein geeignetes Setting, eine Leinwand für das darauf umso theatralischer erscheinende Blut: „Il y a deux gouttes de sang sur mon mouchoir."[132] (19.06.1884) Bashkirtseff überführt hier die Materialität der Symptome gleichsam in die Schrift, nutzt ihr affektives Potential. Die emotionalisierende Wirkung ihres Schreibens wird abermals von ihr selbst reflektiert, wie in dem folgenden Beispiel, das eine geradezu moralistische Pointe enthält: „Ah! je suis une jolie misérable avec mes sentiments tendres. Oh! méprisable caractère, je pleure en écrivant et je pense que les traces de ces larmes vont me faire une réputation de bon cœur auprès de ceux qui liront."[133] (05.06.1884)

Marie Bashkirtseff zeichnet sich im Vergleich zu den meisten anderen jungen Tagebuchschreiberinnen im 19. Jahrhundert dadurch aus, daß sie im Schreiben zum einen ihr vielfältiges kulturelles Wissen verarbeitet, mit diversen Anspielungen und Polyvalenzen spielt, und daß in ihren Einträgen zum anderen auch ein selbstreflexiver Diskurs mitläuft. In vielen Passagen thematisiert die Autorin das Verhältnis zum Leser, der als permanent mitgedachter, aber zunächst abwesender Adressat zuallererst er-schrieben werden muß, und auf diese Weise die Umwegigkeit, die Unabgeschlossenheit der ‚écriture' mit begründet. Reflektiert wird somit auch die Frage der Wirkung des von ihr Geschriebenen und vor allem das Verhältnis von Bildlichkeit und Schriftlichkeit, die trotz ihrer

---

130 Das macht Bashkirtseff vor allem an den Bildern von Jules Bastien-Lepage deutlich, der für sie ein großes Vorbild in naturalistischer Malerei ist. In ihrer (vermutlich recht unkritischen) Verehrung geht Bashkirtseff so weit, zu postulieren, daß man im Zuge des Prinzips der Imitation der Natur nicht an Lepage vorbeikomme, da er selbst in seiner Kunst die Natur schaffe: „Bastien-Lepage est désespérant quand on étudie la nature de près, quand on veut l'imiter absolument il est impossible de ne pas penser tout le temps à cet immense artiste. / Il possède tous les secrets de l'épiderme, ce que font les autres est de la peinture, lui c'est la nature même." (3.8.1883)
131 „In achtzehn Monaten oder zwei Jahren ein weißer Sarg, Rosen, und die Damen werden sehr viel weinen."
132 „Es sind zwei Tropfen Blut auf meinem Taschentuch."
133 „Oh, ich bin schon eine schöne Elende mit meinen zärtlichen Gefühlen. Oh, welch verachtungswürdiger Charakter, während ich schreibe, weine ich und muß daran denken, daß die Spuren dieser Tränen bei meinen Lesern meinen Ruf als großherziger Mensch begründen werden."

entgegengesetzten Beschaffenheit – Dauerhaftigkeit vs. Dynamik – gerade in ihrer Wechselseitigkeit für die Subjektkonstitution Bashkirtseffs von Bedeutung werden. Das Schreiben wird zunehmend als der Malerei gleichwertige künstlerische Tätigkeit wahrgenommen, die der Selbstverwirklichung dient. Mit näherrückendem Tod will sie schließlich idealerweise alle Künste ausführen und sich in ihnen verzehren: „Il y a des moments où on se croit naïvement apte à tout. Si j'avais le temps je sculpterais, j'écrirais, je serais musicienne… C'est un feu qui vous dévore… / Et la mort au bout, inévitable, que je me consume en vains désirs ou non."[134] (25.06.1884)

In den letzten Wochen ihres Lebens wird für Bashkirtseff die eingangs diskutierte Frage nach der Authentizität des Tagebuchs – allgemeiner gesprochen: der autobiographischen Selbstdarstellung – zu einem zentralen Thema. Sie formuliert dabei auch den Grund dafür, daß sich innerhalb des Selbstzeugnisses kein eindeutiges oder einheitliches Bild der eigenen Person ergeben kann, und dieser Grund liegt in der Natur der ‚écriture journalière' selbst: in dem Schreiben über das eigene Leben fällt das Subjekt auseinander in ein betrachtendes und ein betrachtetes Ich: „Moi spectateur vient de relire le charabia de moi-auteur. Moi-spectateur est parfaitement indifférent mais il veut bien que je m'amuse dans cette voie…"[135] (15.08.84); „J'ai vraiment honte de bien parler de moi, mais il faut bien me défendre, je me crois très impartiale, je suis à la fois acteur et spectateur, le vrai spectateur juge la peinture du moi-acteur."[136] (28.05.84) Was Bashkirtseff hier als „moi-spectateur" und „moi-acteur" unterscheidet, begründet eine Spaltung oder Verdopplung der Identität, die als umso entscheidender zu erachten ist, als es sich um die Betrachtung eines kranken Subjekts handelt. In dem Tagebuchschreiben über die eigene Krankheit kommt deshalb die Gleichzeitigkeit einer vermeintlich observierenden, objektivierenden Instanz – die aber geprägt ist von existierenden kulturellen Bildern – und einer unmittelbaren (Leid- oder Angst-)Erfahrung, die nach Ausdruck verlangt, in besonderer Weise zum Tragen. Die Selbstdarstellung verläuft deshalb immer auch über den Umweg der Fremddarstellung, an der sie sich abarbeiten und die sie in Teilen fast notwendig integrieren muß.

---

134 „In manchen Augenblicken fühlt man sich auf ganz naive Weise zu allem in der Lage. Wenn ich die Zeit hätte, würde ich Skulpturen schaffen, schreiben und musizieren... Ein inneres Feuer verzehrt mich... Und ob ich mich nun in eitlen Wünschen verzehre oder nicht, am Ende steht unentrinnbar der Tod."

135 „Mein Zuschauer-Ich liest gerade noch einmal das Kauderwelsch des Autoren-Ich. Das Zuschauer-Ich ist gleichgültig, hat aber gar nichts dagegen, wenn ich mich auf diesem Weg amüsiere."

136 „Ich schäme mich, gut von mir selbst zu sprechen, aber ich muß mich doch verteidigen und glaube auch, daß ich unparteiisch bin, ich bin zugleich Schauspieler und Zuschauer, und der wirkliche Zuschauer beurteilt das Bild des Schauspieler-Ichs."

Gleichzeitig läßt sich anhand des Tagebuchs der Bashkirtseff verdeutlichen, daß das Schreiben der Kranken selbst immer auch eine Ergänzung und Erweiterung der bereits existierenden Diskurse möglich macht. Während die Fremddarstellung die ‚reale Frau' opfern muß, indem sie die Dimension der Körperlichkeit ausblendet und den Aspekt der sozialen Herausbildung von Krankheitsvorstellungen verschleiert, werden in der Selbstdarstellung auch die unschönen Seiten der Krankheit artikuliert, werden widersprüchliche Erklärungsansätze nebeneinandergestellt und wird die soziale Gemachtheit der Krankheit immer wieder in den Fokus gerückt. Indem das Schreiben über die eigene Schwindsucht zudem die Möglichkeit bildet, der Krankheit eine selbst gewählte Richtung zuzuschreiben, in welche die ‚consumption' gelenkt wird, verwandelt sich das objektivierende Opfer in ein aktives Selbstopfer im Schreiben.

Marie Bashkirtseff artikuliert in ihrem Tagebuch ein Bewußtsein über die Differenz zwischen herrschendem Krankheitsbild und erlittener Krankheit, eine Reflexion über die Macht und Vorgängigkeit prägender kultureller Bilder, unter deren Einfluß das Schreiben von Pauline de Beaumont, Céleste de Chateaubriand und Joséphine Sazerac de Limagne stand. Sie nutzt zwar die mythisierenden Schwindsuchtsstereotype für ihre Selbstdarstellung. Gleichzeitig zeigt sie aber eine Lebenszugewandtheit, die ahnen läßt, daß es sich bei diesem Zitierspiel nur um ein weiteres Verfahren handelt, ihr eigenes Leben in ein Kunstwerk zu verwandeln. Das Modell der Selbstaufgabe zugunsten des Geliebten oder im Sinne gottfürchtiger Demut wird entschieden abgelehnt. Stattdessen strebt Bashkirtseff nichts weniger an, als aus eigener Kraft ein unvergessenes ‚Gestirn' zu werden: „Ah! Mon Dieu laissez-moi indépendante, laissez-moi travailler et au lieu de faire de moi une femme du monde qui est aux pieds d'un homme de génie, faites que je devienne moi un astre véritable."[137] (16.11.1883)

---

[137] „Oh, Gott, laß mich unabhängig sein und laß mich lieber arbeiten, anstatt aus mir eine Frau von Welt zu machen, die einem genialen Manne zu Füßen liegt, mach, daß ich selbst zu einem wahrhaftigen Gestirn werde."

V. Literaturverzeichnis

Quellen

Art. „Maladies de poitrine; inflammation; pneumonie, péripneumonie et fluxion de poitrine, points de coté; hydrothorax; pleurésie; rhume négligé; phtisie", in: François-Vincent Raspail, *Manuel annuaire de la santé*, Paris / Bruxelles 1888, S. 338–343.

Art. „Phtisie", in: Joseph Capuron / Pierre Hubert Nysten (Hgg.), *Nouveau dictionnaire de médecine, de chirurgie, de chimie, et des autres sciences accessoires à la médecine*, avec étymologie de chaque terme; suivi de deux vocabulaires, l'un latin, l'autre grecque, 2. Aufl. Paris 1810, S. 349.

Art. „Phtisie", in: Pierre Hubert Nysten (Hg.), *Dictionnaire de médecine, de chirurgie, de pharmacie, des sciences accessoires et de l'art vétérinaire*, 5e édition refondue de nouveau et considérablement augmentée par MM. Bricheteau, Henry et Jh. Briand, Paris 1833, S. 716–718.

Art. „Phtisie", in: Pierre Hubert Nysten (Hg.), *Dictionnaire de médecine, de chirurgie, de pharmacie, des sciences accessoires et de l'art vétérinaire de P.-H. Nysten*, 10e édition, entièrement refondue par É. Littré, Ch. Robin, ouvrage augmenté de la synonymie latine, grecque, allemande, anglaise, italienne et espagnole et suivi d'un glossaire de ces diverses langues, Paris 1855, S. 964–965.

Art. „Phtisie", in: Emile Littré / Charles Robin (Hgg.), *Dictionnaire de médecine, de chirurgie, de pharmacie, de l'art vétérinaire et des sciences qui s'y rapportent*, publ. par J.-B. Baillière et Fils, 13e édition, entièrement refondue par E. Littré et Ch. Robin, ouvrage contenant la synonymie latine, grecque, allemande, anglaise, italienne et espagnole et le glossaire de ces diverses langues, Paris 1873, S. 1182–1184.

Art. „Phtisie", in: Emile Littré (Hgg.), *Dictionnaire de médecine, de chirurgie, de pharmacie, de l'art vétérinaire et des sciences qui s'y rapportent*, publ. par J.-B. Baillière et Fils, 16e édition, mise au courant des progrès des sciences médicales et biologiques et de la pratique journalière, Paris 1886, S. 1222–1227.

Art. „Vésicatoire", in: *Dictionnaire des sciences médicales par une société de médecins et de chirurgiens (dit le „Panckoucke")*, Paris 1821, S. 343–368.

Barrès, Maurice, *Huit jours chez M. Renan*, Paris [1888] 1913.

Bashkirtseff, Marie, *Journal de Marie Bashkirtseff*, hg. von André Theuriet, Bd. 1, Paris 1890.

Bashkirtseff, Marie, *Mon journal*, hg. von Ginette Apostolescu, 16 Bde, Montesson 1995–2005.

Baudelaire, Charles, *Œuvres complètes*, hg. von Claude Pichois, 2 Bde, Paris 1975.

Bichat, Marie-François-Xavier, *Recherches physiologiques sur la vie et la mort. Paris (an VII–1800)*, 4. Aufl., Paris 1822.

Chateaubriand, Céleste de, *Les cahiers de madame de Chateaubriand*, hg. von Jean-Paul Clément, Paris 2001.

Chateaubriand, Céleste de, *Lettres inédites à M. Clausel de Coussergues*, Bordeaux 1888.

Chateaubriand, René de, *Lettres de Chateaubriand à Madame Récamier pendant son ambassade à Rome*, publiées avec une introduction et des notes par Emmanuel Beau de Loménie, Paris 1929.

Chateaubriand, René de, *Mémoires d'outre tombe*, hg. von Maurice Levaillant, Georges Moulinier, 2 Bde, Paris 1951.
Chateaubriand, René de, *Erinnerungen*, hg. und übers. von Sigrid von Massenbach, Darmstadt 1968.
Chateaubriand, René de, *Itinéraire de Paris à Jérusalem*, hg. von Jean Mourot, Berchet Jean-Claude, Paris 1968.
Chateaubriand, René de, *Correspondance générale I (1789–1807)*, hg. von Béatrix d'Andlau, Pierre Christophorov, Pierre Riberette, Bd. 1, Paris 1977.
Chateaubriand, René de, *Lettres à Madame Récamier*, Paris 1998.
Cochin, Augustin, *Le Récit d'une sœur*, in: ders., *Conférences et lectures*, Paris 1871, S. 302–391.
Craven, Pauline, *Récit d'une sœur. Souvenirs de famille*, Recueillis par Mme Augustus Craven née La Ferronnays, 2. Aufl., 2 Bde, Paris 1866.
Delarc, Odéen Jean Marie, *Notice biographique*, in: Joséphine Sazerac de Limagne, *Pensées, journal et correspondance*, précédés d'un avant-propos et d'une notice biographique par M. l'Abbé Delarc, 3. Aufl., Paris 1890.
Dumas Fils, Alexandre, *La dame aux camélias*, hg. von Hans-Jörg Neuschäfer, Gilbert Sigaux, Paris [1848] 1981.
Dumas, Alexandre, *Die Kameliendame*, übers. von Walter Hoyer, Frankfurt a.M. 1999.
Dupanloup, Félix-Antoine-Philibert, *De la haute éducation*, Paris 1866.
Dupanloup, Félix-Antoine-Philibert, *Lettres sur l'éducation des filles et sur les études qui conviennent aux femmes dans le monde*, hg. von F. Lagrange, Paris 1879.
Falloux, Alfred de, *Préface*, in: Sophie Swetchine, *Lettres de Mme Swetchine*, Paris 1862, S. I–VII.
Goncourt, Edmond de, *La faustin*, Paris 1892.
Goncourt, Edmond et Jules de, *Madame Gervaisais*, Paris 1982.
Goncourt, Edmond de, *Chérie*, hg. von Philippe Hamon, Jean-Louis Cabanès, Jaignes 2002.
Guérin, Eugénie de, *Journal et lettres*, publiés avec l'assentiment de sa famille par G. S. Trébutien, Paris 1862.
Guérin, Eugénie de, *Lettres d'Eugénie de Guérin*, publiées par Trébutien, Paris 1865.
Laënnec, René Théophile Hyacinthe, *De l'auscultation médiate, ou Traité du diagnostic des maladies des poumons et du cœur, fondé principalement sur ce nouveau moyen d'exploration*, 2 Bde, Paris 1819.
Lamartine, Alphonse de, *Correspondance d'Alphonse de Lamartine. Deuxième série (1807-1829)*, hg. von Christian Croisille, Bd. II: 1816–1819, Paris 2004.
Les correspondants de Joseph Joubert, 1785–1822. Lettres inédites de M. de Fontanes, Mme de Beaumont, M. et Mme de Chateaubriand, M. Molé, Mme de Guitaut, M. Fristel, Mlle de Chastenay, hg. von Paul de Raynal, Paris 1883.
Liguori, Alphonse de, *Nouveau Pensez-y bien, très pieuses considérations sur les fins dernières et la Passion de Jésus-Christ pour tous les jours de la semaine*, Laval 1862.
Malaurie, F., *Vie de Mme de Chantal,... ou le parfait modèle de la femme chrétienne dans toutes les positions de la vie*, par F. Malaurie, ancien professeur de philosophie, membre de l'Académie des Arcades de Rome, etc., Paris 1848.
Marcellus, Marie-Louis-Jean-André-Charles Demartin du Tyrac, *Chateaubriand et son temps*, Paris 1859.
Marie Danré ou La Jeune Postulante de Marie-Réparatrice par l'abbé Poindron, Saint-Quentin 1888.
Mémoires et lettres de Madame de Chateaubriand, hg. von Joseph Le Gras, Paris 1929.

Montalembert, Charles Forbes de, *Histoire de sainte Elisabeth de Hongrie, duchesse de Thuringe*, Paris 1836.
Perreyve, Henri, *La journée des malades*, avec une introduction par le R. P. Pététot Supérieur de L'Oratoire. Ouvrage approuvé par Monseigneur l'Archevêque de Paris, deuxième édition revue et augmentée, Paris 1864.
Perreyve, Henri, *Rosa Ferrucci. Ses lettres et sa mort*, in: ders., *Biographies et panégyriques*, Paris 1877, S. 136–224.
Poe, Edgar Allan, *Tales, Poems, Essays*, London / Glasgow 1965.
Rousseau, Jean Jacques, *Confessions*, hg. von Bernard Gagnebin, Marcel Raymond, Paris 1959.
Sazerac de Limagne, Joséphine, *Pensées, journal et correspondance*, précédés d'un avant-propos et d'une notice biographique par M. l'Abbé Delarc, 3. Aufl., Paris 1890.
Scupoli, Lorenzo, *Le combat spirituel*, traduit nouvellement de l'Italien par le R. Père Brignon de la Compagnie de Jésus, Bruxelles 1709.
Souvenirs d'une mère. Courte notice dédiée à mes enfants sur la vie et la mort de leur bien-aimée sœur Marie-Thérèse, Paris-Auteuil 1876.
Swetchine, Sophie, *Madame Swetchine. Sa vie et ses œuvres*, hg. von Alfred de Falloux, 2 Bde, Paris 1860.
Swetchine, Sophie, *Lettres de Mme Swetchine*, hg. von Alfred de Falloux, 2 Bde, Paris 1862.
Swetchine, Sophie, *Journal de sa conversion. Méditations et Prières*, hg. von Alfred de Falloux, Paris 1863.
Swetchine, Sophie, *Lettres inédites de Mme Swetchine*, hg. von Alfred de Falloux, Angers 1866.
Zola, Émile, *Le roman experimental*, Paris 1887.

Weiterführende Literatur

Art. „Opfer", in: Gerhard Müller (Hg.), *Theologische Realenzyklopädie*, Berlin / New York 2000, Bd. 25, S. 253–299.
Albers, Irene, „Der Photograph der Erscheinungen. Émile Zolas Experimentalroman", in: Peter Geimer (Hg.), *Ordnungen der Sichtbarkeit. Fotografie in Wissenschaft, Kunst und Technologie*, Frankfurt a.M. 2002, S. 211–251.
Albert, Jean-Pierre, *Le sang et le Ciel. Les saintes mystiques dans le monde chrétien*, Paris 1997.
Bähr, Christine / Suse Bauschmidt / Thomas Lenz / Oliver Ruf (Hgg.), *Überfluss und Überschreitung. Die kulturelle Praxis des Verausgabens*, Bielefeld 2009.
Bailbé, Joseph-Marc, „Autour de *La dame aux camélias*. Présence et signification du thème de la courtisane dans le roman français", in: Paul Viallaneix / Jean Ehrard (Hgg.), *Aimer en France 1760–1860*. Actes du Colloque International de Clermont-Ferrand, Clermont-Ferrand 1980, S. 227–239.
Bannour, Wanda, *Eugénie de Guérin ou une chasteté ardente*, Paris 1983.
Benjamin, Walter, *Schriften*, Bd. IV, Erster Teil, Frankfurt a.M. 1972.
Beauvoir, Simone de, *Le deuxième sexe*, Paris 1949.
Boehm, Gottfried / Helmut Pfotenhauer, *Beschreibungskunst – Kunstbeschreibung. Ekphrasis von der Antike bis zur Gegenwart*, München 1995.
Boudet, Micheline, *La fleur du mal. La véritable histoire de* La dame aux camélias, Paris 1993.

Bourgeois, Pierre, „De la phtisie romantique à la tuberculose, maladie commune", in: *Bulletin de l'Académie Nationale de Médicine* 170.7 (1986), S. 904–914.

Bourgeois, Pierre, „La phtisie romantique", in: *Histoires des sciences médicales: organe officiel de la Société Française d'Histoire de la Médicine* 21.3 (1987), S. 235–244.

Bovenschen, Silvia, *Die imaginierte Weiblichkeit*, Frankfurt a.M. 1979.

Brendecke, Arndt / Ralph P. Fuchs, Edith Koller, *Die Autorität der Zeit in der frühen Neuzeit*, Berlin 2007.

Bricard, Isabelle, *Saintes ou pouliches. L'éducation des jeunes filles au XIXe siècle*, Paris 1985.

Brink, Margot, *Ich schreibe, also werde ich. Nichtigkeitserfahrung und Selbstschöpfung in den Tagebüchern von Marie Bashkirtseff, Marie Lenéru und Catherine Pozzi*, Königstein / Taunus 1999.

Bronfen, Elisabeth, *Nur über ihre Leiche. Tod, Weiblichkeit und Ästhetik*, München 1994.

Cabanis, José, „Chateaubriand et le Dr. Récamier: un dossier médical inédit", in: *Bulletin Chateaubriand* 18 (1975), S. 13–28.

Cahuet, Albéric, *Moussia. Ou la vie et la mort de Marie Bashkirtseff*, Paris 1926.

Canguilhem, Georges, *Le normal et le pathologique*, 8. Aufl., Paris 1998.

Chartier, Marie-Eléonore, „Marie Bashkirtseff: les complexités d'une censure", in: Catherine Viollet (Hg.), *Genèse, censure, autocensure*, Paris 2005, S. 115–130.

Clément, Jean-Paul, *Chateaubriand*, Paris 1998.

Collister, Peter, „Marie Bashkirtseff in Fiction: Edmond de Goncourt and Mrs. Humphry Ward", in: *Modern Philology* 82.1 (1984), S. 53–69.

Cosnier, Colette, *Marie Bashkirtseff – Un portrait sans retouches*, Paris 1985.

Cosnier, Colette, *Marie Bashkirtseff. Ich will alles sein. Ein Leben zwischen Aristokratie und Atelier*, Berlin 1994.

Couser, G. Thomas, *Recovering Bodies. Illness, Disability, and Life Writing*, Madison 1997.

Cuchet, Guillaume, *Le crépuscule du purgatoire*, Paris 2005.

Danou, Gérard, *Le corps souffrant: littérature et médecine*, Seyssel 1994.

Dauzet, Marie-Dominique, *La mystique bien tempérée*, Paris 2006.

Delumeau, Jean, *Le péché et la peur. La culpabilisation en Occident (XIIIe–XVIIIe siècles)*, Paris 1990.

Derrida, Jacques, *De la grammatologie*, Paris 1967.

Didier, Béatrice, *Le journal intime*, Paris 1976.

Die Bibel nach der Übersetzung Martin Luthers, Bibeltext in der revidierten Fassung von 1984, Stuttgart 1985.

Diesbach, Ghislain de, *Chateaubriand*, Paris [1995] 2004.

Dinges, Martin / Vincent Barras (Hgg.), *Krankheit in Briefen im deutschen und französischen Sprachraum, 17.–21. Jahrhundert*, Stuttgart 2007.

Drexler, Josef, *Die Illusion des Opfers. Ein wissenschaftlicher Überblick über die wichtigsten Opfertheorien ausgehend vom deleuzianischen Polyperspektivismusmodell*, München 1993.

Dubos, René / Jean Dubos, *The White Plague: Tuberculosis, Man, and Society*, New Brunswick 1987.

Duffin, Jacalyn, *To See with a Better Eye. A Life of R.T.H. Laennec*, Princeton 1998.

Dufief, Pierre-Jean, *Les écritures de l'intime de 1800 à 1914: autobiographies, mémoires, journaux intimes et correspondances*, Rosny 2001.

Filatre, Annabel, „Maladie du corps, reflets des maladies de l'âme", in: Andrée Mansau (Hg.), *Des femmes. Images et écritures*, Toulouse 2004, S. 69–80.

Fischer-Homberger, Esther, *Krankheit Frau. Zur Geschichte der Einbildungen*, Darmstadt 1984.

Foucault, Michel, *Naissance de la clinique: une archéologie du regard médical*, Paris 1983.
Foucault, Michel, „L'écriture de soi", in: ders., *Dits et écrits, 1976-1988*, Paris 2001, Bd. II, S. 1234–1249.
Frank, Arthur, *The Wounded Storyteller. Body, Illness and Ethics*, Chicago / London 1995.
Fumaroli, Marc, „Préface", in: Edmond et Jules de Goncourt, *Madame Gervaisais*, Paris 1982, S. 7–64.
Gadille, Jacques / Jean-Marie Mayeur, „Les milieux catholiques libéraux en France: continuité et diversité d'une tradition", in: Jacques Gadille (Hg.), *Les catholiques libéraux au XIXe siècle*. Actes du Colloque international d'histoire religieuse de Grenoble des 30 septembre–3 octobre 1971, Grenoble 1974, S. 185–207.
Gamm, Gerhard, *Flucht aus der Kategorie. Die Positivierung des Unbestimmten als Ausgang der Moderne*, Frankfurt a.M. 1994.
Geitner, Ursula, „Zur Poetik des Tagebuchs. Beobachtungen am Text eines Selbstbeobachters", in: Jürgen Schings (Hg.), *Der ganze Mensch. Anthropologie und Literatur im 18. Jahrhundert*, Stuttgart 1994, S. 629–659.
Geyer-Kordesch, Johanna, *Medizinische Fallbeschreibungen und ihre Bedeutung in der Wissensreform des 17. und 18. Jahrhunderts*, Stuttgart 1990, in: *Medizin, Gesellschaft und Geschichte. Jahrbuch des Instituts für Geschichte der Medizin der Robert Bosch-Stiftung*, Bd. 9, S. 8–19.
Girard, Alain, *Le journal intime*, Paris 1963.
Girard, René, *La violence et le sacré*, Paris 1972.
Grassi, Marie-Claire, *L'art de la lettre au temps de la* Nouvelle Héloïse *et du romantisme*, Génève 1994.
Grellet, Isabelle / Caroline Kruse, *Histoires de la tuberculose. Les fièvres de l'âme 1800–1940*, Paris 1983.
Grenon, Anne-France, „‚Ich habe zu leiden gelernt, Madame!' Rousseau und der Briefdiskurs über Krankheit", in: Martin Dinges / Vincent Barras (Hgg.), *Krankheit in Briefen im deutschen und französischen Sprachraum, 17.–21. Jahrhundert*, Stuttgart 2007, S. 123–130.
Grisi, Stéphane, *Dans l'intimité des maladies. De Montaigne à Hervé Guibert*, Paris 1996.
Grmek, Mirko, *Histoire de la pensée médicale*, Paris 1995.
Gronemann, Claudia, *Postmoderne / Postkoloniale Konzepte der Autobiographie in der französischen und maghrebinischen Literatur*, Hildesheim 2002.
Guillaume, Pierre, *Du désespoir au salut: les tuberculeux aux XIXe et XXe siècles*, Paris 1986.
Hawkins, Anne Hunsaker, *Reconstructing Illness: Studies in Pathography*, 2. Aufl., West Lafayette 1999.
Herzlich, Claudine / Janine Pierret, *Kranke gestern, Kranke heute. Die Gesellschaft und das Leiden*, München 1991.
Honegger, Claudia, *Die Ordnung der Geschlechter. Die Wissenschaften vom Menschen und das Weib. 1750–1850*, Frankfurt a.M. / New York 1991.
Hörning, Karl / Julia Reuter (Hgg.), *Doing culture. Neue Positionen zum Verhältnis von Kultur und sozialer Praxis*, Bielefeld 2004.
Hydén, Lars-Christer / Jens Brockmeier, *Health, Illness and Culture. Broken Narratives*, New York / London 2008.
Issartel, Christiane, *Les dames aux camélias: de l'histoire à la légende*, Paris 1981.
Jacques, Georges, „*La dame aux camélias*, roman de Dumas fils: une réhabilitation nécessaire", in: *Les lettres romanes* 37.1-2 (1983), S. 259–285.

Jordanova, Ludmilla, *Sexual Visions. Images of Gender in Science and Medicine between the Eighteenth and Twentieth Centuries*, Wisconsin 1989.
Kalisch, Eleonore, „Aspekte einer Begriffs- und Problemgeschichte von Authentizität und Darstellung", in: Erika Fischer-Lichte / Isabel Pflug (Hgg.), *Inszenierung von Authentizität*, Tübingen/Basel 2000, S. 31–70.
Lachmund, Jens / Gunnar Stollberg, *Patientenwelten. Krankheit und Medizin vom späten 18. bis zum frühen 20. Jahrhundert im Spiegel von Autobiographien*, Opladen 1995.
Latimer, Dan, „Erotic Susceptibility and Tuberculosis: Literary Images of a Pathology", in: *MLN* 105 (1990), S. 1016–1031.
Lawlor, Clark, *Consumption and Literature: The Making of the Romantic Disease*, Basingstoke 2006.
Lecler, Joseph, „La spiritualité des catholiques libéraux", in: Jacques Gadille (Hg.), *Les catholiques libéraux au XIXe siècle*. Actes du Colloque international d'histoire religieuse de Grenoble des 30 septembre - 3 octobre 1971, Grenoble 1974, S. 367–419.
Leeuw, Gerardus von der, „Die do-ut-des-Formel in der Opfertheorie", in: *Archiv für Religionswissenschaft* 20 (1920–21), S. 241–253.
Lejeune, Philippe, *Le pacte autobiographique*, Paris 1975.
Lejeune, Philippe, *Der autobiographische Pakt*, Frankfurt a.M. 1994.
Lejeune, Philippe, *Le moi des demoiselles. Enquête sur le journal de jeune fille*, Paris 1993.
Lejeune, Philippe, „Le moi de Marie. Réception du Journal de Marie Bashkirtseff (1887–1899)", in: Jacques Tramson (Hg.), *Du livre au jeu: points de vue sur la culture de jeunesse. Mélanges pour Jean Perrot*, Paris 2003, S. 235–260.
Lejeune, Philippe / Catherine Bogaert, *Le journal intime. Histoire et anthologie*, Paris 2006.
Lepenies, Wolf, *Das Ende der Naturgeschichte: Wandel kultureller Selbstverständlichkeiten in den Wissenschaften des 18. und 19. Jahrhunderts*, Frankfurt a.M. 1978.
Lintz, Bernadette C., „Concocting *La dame aux camélias*: Blood, Tears, and other Fluids (Alexandre Dumas fils)", in: *Nineteenth-Century French Studies* 33.3-4 (2005), S. 287–307.
Malsch, Katja, *Literatur und Selbstopfer: Historisch-systematische Studien zu Gryphius, Lessing, Gotthelf, Storm, Kaiser und Schnitzler*, Würzburg 2007.
Mayeur, Françoise, *L'éducation des filles en France au XIXe siècle*, Paris 1979.
Moorman, Lewis Jefferson, *Tuberculosis and Genius*, Chicago 1940.
Neuschäfer, Hans-Jörg, *Populärromane im 19. Jahrhundert. Von Dumas bis Zola*, München 1976.
Nickenig, Annika / Eva Siebenborn, „Pathologie – Raum – Geschlecht: Die Schwindsüchtige als Figur der Liminalität im Roman *Madame Gervaisais* (1869) der Gebrüder Goncourt", in: Lidia Becker / Alex Demeulenaere / Christine Felbeck (Hgg.), *Grenzgänger & Exzentriker. Beiträge zum XXV. Forum Junge Romanistik in Trier (3.–6. Juni 2009)*, München 2010, S. 273–289.
Oehring, Andrea, *Die Schwindsucht als Sinnbild. Studie zur symbolischen Ordnung einer Krankheit des 19. Jahrhunderts*, Dissertation, Freiburg i. Brsg. 1984.
Ormesson, Jean d', *Mon dernier rêve sera pour vous: une biographie sentimentale de Chateaubriand*, Paris 1982.
Pailhès, Gabriel, *La Duchesse de Duras et Châteaubriand, d'après des documents inédits*, Paris 1910.
Palacio, Jean, „La poétique du crachat", in: *Romantisme* 94.4 (1996), S. 73–88.
Palacio, Marie-France de (Hg.), *L'écriture de la maladie dans les correspondances*. Actes du colloque de Brest – avril 2002, Brest 2004.

Weiterführende Literatur

Parsons, Talcott, „Definitionen von Gesundheit und Krankheit im Lichte der Wertbegriffe und der sozialen Struktur Amerikas", in: ders., *Sozialstruktur und Persönlichkeit*, Eschborn 2005, S. 323–366.
Price Herndl, Diane, *Invalid Women. Figuring Feminine Illness in American Fiction and Culture, 1840–1940*, Chapel Hill/London 1993.
Reid, Martine (Hg.), *Correspondance. Mit Beiträgen zu Marie Bashkirtseff und Guy de Maupassant*, Arles 2000.
Richard-Pauchet, Odile, „Diderot als medizinischer Berichterstatter in den Briefen an Sophie Volland", in: Martin Dinges / Vincent Barras (Hgg.), *Krankheit in Briefen im deutschen und französischen Sprachraum, 17.–21. Jahrhundert*, Stuttgart 2007, S. 157–166.
Riha, Ortrun, „Leben im Fieber. Die Erfindung der Tuberkulose", in: Regine Pfrepper / Sabine Fahrenbach / Natalja Decker (Hgg.), *„Wer vieles bringt, wird manchem etwas bringen" – ein medizin- und wissenschaftshistorisches Florilegium. Festgabe für Ingrid Kästner zum 60. Geburtstag*, Aachen 2002, S. 29–40.
Rißler-Pipka, Nanette, *Das Frauenopfer in der Kunst und seine Dekonstruktion*, München 2005.
Roebling, Iris, *„Acte gratuit". Variationen einer Denkfigur von André Gide*, München 2009.
Rosenbaum, Catherine, „Images-souvenirs de première communion", in: Jean Delumeau (Hg.), *La première communion. Quatre siècles d'histoire*, Paris 1987, S. 133–170.
Sarasin, Philipp, *Reizbare Maschinen. Eine Geschichte des Körpers 1765–1914*, Frankfurt a.M. 2001.
Sédouy, Jacques-Alain de, *Madame de Chateaubriand*, Paris 1996.
Simonet-Tenant, Françoise, *Le journal intime. Genre littéraire et écriture ordinaire*, Paris 2001.
Sontag, Susan, *Krankheit als Metapher*, München 1978.
Storck, Barbara, *Erzählte Enge. Raum und Weiblichkeit in französischen Erzähltexten des 18. und frühen 19. Jahrhunderts*, Heidelberg 2009.
Thomalla, Ariana, *Die „femme fragile". Ein literarischer Frauentypus der Jahrhundertwende*, Düsseldorf 1972.
Thorun, Claudia, *Sarah Bernhardt. Inszenierungen von Weiblichkeit im Fin de siècle*, Hildesheim 2006.
Vigarello, Georges, *Le sain et le malsain: santé et mieux être depuis le Moyen Age*, Paris 1993.
Voigt, Sabine, *Die Tagebücher der Marie Bashkirtseff*, Dortmund 1997.
Voisin, Cyr, „Destin des maladies et littératures – l'exemple de la tuberculose", in: Arlette Bouloumié (Hg.), *Écriture et maladie*, Paris 2002, S. 15–25.
Watroba, Maria, „Madame Gervaisais, roman hystérique ou mystique?", in: *Nineteenth-Century French Studies* 25.1-2 (1996–97), S. 154–166.
Weigel, Sigrid, *Topographien der Geschlechter. Kulturgeschichtliche Studien zur Literatur*, Hamburg 1990.
West, Candace / Don H. Zimmerman, „Doing Gender", in: *Gender & Society* 1 (1987), S. 125–151.
Wilson, Sonia, „Making an Exhibition of Oneself in Public: the Preface to Marie Bashkirtseff's Journal Intime", in: *French Studies* 55.4 (2001), S. 483–497.

LITERATUR – KULTUR – GESCHLECHT
STUDIEN ZUR LITERATUR- UND KULTURGESCHICHTE
GROSSE REIHE

Eine Auswahl.

Band 50: Isabelle Stauffer
WEIBLICHE DANDYS, BLICK-MÄCHTIGE FEMMES FRAGILES
IRONISCHE INSZENIERUNGEN DES GESCHLECHTS IM FIN DE SIÈCLE
2008. VIII, 351 S. Br.
ISBN 978-3-412-20252-1

Band 51: Verena Ronge
IST ES EIN MANN?
IST ES EINE FRAU?
DIE (DE)KONSTRUKTION VON GESCHLECHTERBILDERN IM WERK THOMAS BERNHARDS
2009. 291 S. Br.
ISBN 978-3-412-20325-2

Band 52: Ralf Junkerjürgen
HAARFARBEN
EINE KULTURGESCHICHTE IN EUROPA SEIT DER ANTIKE
2009. X, 321 S. Br.
ISBN 978-3-412-20392-4

Band 53: Marie Biloa Onana
DER SKLAVENAUFSTAND VON HAITI
ETHNISCHE DIFFERENZ UND HUMANITÄTSIDEALE IN DER LITERATUR DES 19. JAHRHUNDERTS
2010. X, 217 S. Br.
ISBN 978-3-412-20453-2

Band 54: Lydia Bauer
VOM SCHÖNSEIN
IDEAL UND PERVERSION IM ZEITGENÖSSISCHEN FRANZÖSISCHEN ROMAN
2010. 316 S. 24 s/w-Abb. auf 16 Taf. Br.
ISBN 978-3-412-20477-8

Band 55: Inwon Park
PARADOXIE DES BEGEHRENS
LIEBESDISKURSE IN DEUTSCHSPRACHIGEN UND KOREANISCHEN PROSATEXTEN
2010. VIII, 276 S. Br.
ISBN 978-3-412-20470-9

Band 56: Julie Miess
NEUE MONSTER
POSTMODERNE HORRORTEXTE UND IHRE AUTORINNEN
2010. 320 S. Mit 34 s/w-Abb. Br.
ISBN 978-3-412-20528-7

Band 57: Ulrike Stamm
DER ORIENT DER FRAUEN
REISEBERICHTE DEUTSCHSPRACHIGER AUTORINNEN IM FRÜHEN 19. JAHRHUNDERT
2010. 368 S. 1 s/w-Abb. Br.
ISBN 978-3-412-20548-5

Band 58: Susanne Goumegou, Marie Guthmüller, Annika Nickenig
SCHWINDEND SCHREIBEN
BRIEFE UND TAGEBÜCHER SCHWINDSÜCHTIGER FRAUEN IM FRANKREICH DES 19. JAHRHUNDERTS
2011. Ca. 256 S. Br.
ISBN 978-3-412-20663-5

Band 59: Eva Blome
REINHEIT UND VERMISCHUNG
LITERARISCH-KULTURELLE ENTWÜRFE VON RASSE UND SEXUALITÄT (1900–1930)
2011. Ca. 352 S. Br.
ISBN 978-3-412-20682-6

Band 60: Alexandra Tacke
REBECCA HORN
KÜNSTLERISCHE SELBSTPOSITIONIERUNGEN IM KULTURELLEN RAUM
2011. 293 S. Mit 101 s/w-Abb. Br.
ISBN 978-3-412-20683-3

böhlau

BÖHLAU VERLAG, URSULAPLATZ 1, 50668 KÖLN. T: +49(0)221 913 90-0
INFO@BOEHLAU-VERLAG.COM, WWW.BOEHLAU-VERLAG.COM | WIEN KÖLN WEIMAR